Entgeltklauseln
in der Kreditwirtschaft
und E-Commerce
von Kreditinstituten

Bankrechtstag 2001

BrV 19

Schriftenreihe der Bankrechtlichen Vereinigung

herausgegeben von

Walther Hadding, Mainz
Klaus J. Hopt, Hamburg
Herbert Schimansky, Karlsruhe

Band 19

Walter de Gruyter · Berlin · New York

Entgeltklauseln in der Kreditwirtschaft und E-Commerce von Kreditinstituten

Bankrechtstag 2001

2002
Walter de Gruyter · Berlin · New York

♾ Gedruckt auf säurefreiem Papier, das die US-ANSI-Norm über Haltbarkeit erfüllt.

Die Deutsche Bibliothek – CIP-Einheitsaufnahme

Entgeltklauseln in der Kreditwirtschaft und E-Commerce von Kreditinstituten / Bankrechtstag 2001. – Berlin ; New York : de Gruyter, 2002
(Schriftenreihe der Bankrechtlichen Vereinigung ; Bd. 19)
ISBN 3-11-017172-4

Printed in Germany
Druck und buchbinderische Verarbeitung: Werner Hildebrand, Berlin
Umschlaggestaltung: Angela Dobrick, Hamburg

Vorwort

Zwei aktuellen Themen von hoher kreditwirtschaftlicher Tragweite hat die Bankrechtliche Vereinigung – wissenschaftliche Gesellschaft für Bankrecht e.V. ihren Bankrechtstag 2001 in Kiel gewidmet. „Entgeltklauseln in der Kreditwirtschaft“ und „e-Commerce von Kreditinstituten“. Die Entgeltgestaltung von Kreditinstituten auf der Grundlage von Allgemeinen Geschäftsbedingungen hat inzwischen die Rechtsprechung seit mehr als zehn Jahren intensiv beschäftigt, steht aber immer noch, z.B. neuerdings hinsichtlich Zinsanpassungsklauseln, im Vordergrund des Interesses (vgl. *Schimansky*, WM 2001, 1169 ff.). Einerseits spielt es eine entscheidende Rolle, ob vom Entgelt für eine vereinbarte Leistung ausgegangen werden kann oder ob durch eine Nebenabrede Kosten überwälzt werden. Andererseits sollen Klauseln über Entgelte und ihre Änderung hinreichend bestimmt und für den Kunden nachvollziehbar sein. Zu diesem Problemfeld werden hier die Vorträge von *P. Kindler*, *P. Derleder* und *H. Bruchner* zugänglich gemacht. Der e-Commerce von Kreditinstituten gewinnt infolge der technischen Entwicklung, namentlich etwa für Anwendungen des online-banking, steigende Bedeutung und bringt zahlreiche Rechtsfragen mit sich, z.B. hinsichtlich der Vertragsabschlüsse bei Kommunikation im Internet und der dabei zu wahrenden Datensicherheit. Diesem Themenkreis, auch zu den betriebswirtschaftlichen Herausforderungen, waren die Vorträge von *A. Picot*, *G. Spindler* und *W. Hartmann* gewidmet.

In ausführlichen Berichten über den Bankrechtstag 2001 sind die Referate sowie die Stellungnahmen der Vortragenden und der Teilnehmer in den Diskussionen wiedergegeben worden. Hingewiesen sei deshalb auf die umfänglichen Berichte von *Th. Mackenthun/J. Sonnenhol*, WM 2001, 1585-1594, sowie *A.-K. Pahlke*, ZBB 2001, 287-296.

Die Druckvorbereitung dieses Bands hat dankenswerterweise neben Herrn wiss. Assistent *Hans-Philipp Rühland* Frau *I. Stahl*, beide Max-Planck-Institut für ausländisches und internationales Privatrecht, Hamburg, vorgenommen. Die Mitglieder der BrV erhalten den Tagungsband nunmehr im Rahmen des seit 1.1.2002 geänderten Beitrags.

Allen, die zum Gelingen des Bankrechtstags 2001 mitgewirkt haben, vor allem Frau *W. Preis*, die jetzt das Sekretariat der BrV seit zehn Jahren zuverlässig und engagiert betreut, sei besonders gedankt.

Mainz, Hamburg, Marxell
Im Januar 2002

Hadding, Hopt, Schimansky

Inhaltsverzeichnis

I. Abteilung:
Entgeltklauseln in der Kreditwirtschaft
Leitung: *Professor Dr. Norbert Horn*
Direktor des Instituts für Bankrecht
an der Universität zu Köln

Entgeltklauseln in der Kreditwirtschaft*

Professor Dr. *Peter Kindler*, Ruhr-Universität Bochum

---

* Der Beitrag beruht auf dem Referat des Verfassers auf dem Bankrechtstag am 29.6.2001 in Kiel.

I. Einführung

Ein Leitspruch des Handelsrechts lautet: „Der Kaufmann tut nichts umsonst." Nach § 354 Abs. 1 HGB kann der Kaufmann, der für einen anderen Geschäfte besorgt oder Dienste leistet, dafür auch ohne Verabredung Provision fordern. Das Handelsrecht geht dabei davon aus, dass für das Tätigwerden von Kaufleuten grundsätzlich ein Entgelt zu entrichten ist und dies auch allgemein bekannt ist. Freilich hat es mit dieser – vielen der hier Anwesenden gewiss sympathischen – Vorschrift für mein Thema nicht sein Bewenden. Mitnichten ergibt sich aus § 354 Abs. 1 HGB nämlich heute schon im Regelfall eine Entgeltpflicht für Banktätigkeiten. Grund hierfür ist das AGB-Gesetz, insbesondere mit der dort in § 9 bestimmten Inhaltskontrolle von Allgemeinen Geschäftsbedingungen – eine Vorschrift, die die Rechtsprechung immer häufiger zur Begrenzung der Preisgestaltung in der Kreditwirtschaft heranzieht.[1] Die Urteile zu § 9 AGB-Gesetz sind inzwischen Legion. Um das mir aufgegebene Thema strukturell und umfänglich zu bewältigen, werde ich deshalb wie folgt vorgehen: Zunächst soll der Gegenstand der richterlichen Inhaltskontrolle äußerlich beschrieben werden, d.h. die Klauselwerke, in denen sich die Entgeltbestimmungen typischerweise finden (nachfolgend unter II.). In der Sache will ich mich sodann auf zwei Problemschwerpunkte beschränken: die Eingrenzung der kontrollfähigen Entgeltklauseln nach § 8 AGB-Gesetz (nachfolgend unter III.) und den

1 Vgl. generell zu der in Kreisen der Wirtschaft verbreiteten Einschätzung, die Gerichte würden die Inhaltskontrolle auf der Grundlage von § 9 AGBG zu weit treiben *Ulmer*, in: Schulze/Schulte-Noelke (Hrsg.), Schuldrechtsreform und Gemeinschaftsrecht, S. 217 mit Fn. 14.

Prüfungsmaßstab für die Inhaltskontrolle nach § 9 AGB-Gesetz (nachfolgend unter IV.-VI.). Abschließend ist zu einigen aktuellen Fragen der Entgeltgestaltung in der Kreditwirtschaft Stellung zu nehmen.

Unberücksichtigt bleiben die Einbeziehung von AGB (weil dieser Fragenkreis für die hauptsächlich interessierenden Verbandsklageverfahren keine Rolle spielt, vgl. § 13 Abs. 1 AGB-Gesetz) und die Sonderproblematik der einseitigen Preisbestimmungs- und Änderungsvorbehalte einschließlich der Zinsanpassungsklauseln (§ 315 BGB).[2]

II. Rechtsgrundlagen kreditwirtschaftlicher Preisgestaltung: AGB-Preisaushang – Preisverzeichnis

Zunächst zum äußeren Gewand der Klauselwerke, wie diese in der Bankpraxis vorkommen. Der Generaltatbestand zu Grund und Höhe von Zinsen, Entgelten sowie Auslagen der Bank findet sich in Nr. 12 AGB-Banken.[3] Nach Nr. 12 Abs. 1 S. 2 und Abs. 2 gehen ausdrückliche Vereinbarungen über die Höhe der geschuldeten Vergütung durch Individualabrede oder Formularvertrag jeder anderen Preisbestimmung vor; praktische Bedeutung hat dies vor allem für bestimmte Sondersegmente wie etwa Kredite mit variablen Zinsen und Geldanlageformen.[4] Fehlt es an einer individual- oder formularvertraglichen Preisbestimmung, so ist gemäß Nr. 12 Abs. 1 S. 1 AGB-Banken der Preisaushang und – ergänzend – das Preis- und Leistungsverzeichnis maßgeblich. Dem Preisaushang (i.S. von § 3 PangVO) sind die „Regelsätze im standardisierten Privatkundengeschäft" zu entnehmen. Wie schon die Bezeichnung nahe legt, hängt der Preisaushang meist in den Schalterhallen der Kreditinstitute aus. Dagegen ist das ergänzende Preis- und Leistungsverzeichnis[5] wesentlich detaillierter; die Kunden können es wäh-

---

2 Vgl. zu Letzterem *Derleder* S. 55 ff. und *Bruchner* S. 93 ff. (beide in diesem Band).

3 In der Fassung vom 1.1.2000, Textabdruck in WM 2000, 93, 95 ff.; *Baumbach/Hopt*, HGB, 30. Aufl. 2000, S. 1398 ff.

4 Vgl. Deutscher Sparkassenverlag, Arbeitsmappe Bankentgelte, Fassung Nov. 2000, S. 7; Bankrechtshandbuch/*Bunte*, 2. Aufl. 2001, § 17 Rdnr. 1.

5 Dass es sich hierbei auch um ein Leistungsverzeichnis handeln muss, ist seit der Neufassung vom 1.1.2000 (vgl. Fn. 1) durch § 675 a Abs. 1 S. 2 BGB i.d.F. des Überweisungsgesetzes (G.v.21.7.1999, BGBl. I, 1642) bedingt, vgl. *Baumbach/Hopt* (Fn. 3), Nr. 12 AGB-Banken Rdnr. 1.

rend der Schalteröffnungszeiten einsehen.[6] Die Verweisung auf die Preislisten, d.h. Preisaushang sowie Preis- und Leistungsverzeichnis, durch Nr. 12 Abs. 1 S. 1 AGB-Banken bewirkt die Einbeziehung dieser Klauselwerke nach § 2 AGB-Gesetz.[7] Entgeltansprüche des Kreditinstitutes entstehen auf diesem Wege, wenn einer der im Preisaushang oder im Preis- und Leistungsverzeichnis aufgeführten Entgelttatbestände verwirklicht wird.[8] Ein derartiger Anspruch setzt neben der Einbeziehung der Klauselwerke freilich noch voraus, dass die betreffende Klausel wirksam ist; dies ist im Hinblick auf eine Reihe von Entgeltbestimmungen unter dem Gesichtspunkt der AGB-rechtlichen Inhaltskontrolle zweifelhaft.

III. Eingrenzung der kontrollfähigen Entgeltklauseln

1. Die Vorgaben der EG-Klauselrichtlinie: Kontrollfähigkeit aller intransparenten AGB-Bestimmungen

Maßstab der Inhaltskontrolle ist das in § 9 AGB-Gesetz niedergelegte Verbot, durch AGB-Klauseln den Vertragspartner des Verwenders entgegen den Geboten von Treu und Glauben unangemessen zu benachteiligen.[9] Bevor in eine Inhaltskontrolle anhand dieser Kriterien eingetreten werden kann, muss freilich untersucht werden, ob nicht § 8 AGB-Gesetz die betreffende Klausel von vornherein von einer derartigen, die rechtlichen Interessen beider Vertragsteile gegeneinander abwägenden Angemessenheitsprüfung ausnimmt. Die Vorschrift begrenzt die Inhaltskontrolle anhand der §§ 9-11 AGB-Gesetz auf solche AGB-Klauseln, durch die von Rechtsvorschriften abweichende oder diese ergänzende Regelungen vereinbart werden. Dazu gehören reine Preisvereinbarungen grundsätzlich nicht, ebenso wenig wie die in AGB

---

6 Zu den gesetzlichen Preisangabenpflichten s. §§ 3, 4 PangVO und hierzu Bankrechtshandbuch/*Bunte* (Fn. 4), § 17 Rdnr. 11; zur jüngst – hier nicht einschlägigen – Änderung der PangVO mit Wirkung zum 1.9.2000 (G.v. 28.7.2000, BGBl. I, 1238) *Wimmer*, WM 2001, 447 ff.

7 Die Einbeziehung erfolgt nach § 2 Abs. 1 AGB-Gesetz durch Hinweis und Möglichkeit zur Kenntnisnahme, Wolf/*Horn*/Lindacher, AGB-Gesetz, 4. Aufl. 1999, § 23 AGB-Gesetz Rdnr. 709.

8 Bankrechtshandbuch/*Bunte* (Fn. 4), § 17 Rdnr. 12.

9 Die besonderen Klauselverbote der §§ 10, 11 AGB-Gesetz kommen vorliegend kaum in Betracht, vgl. aber nachfolgend im Text unter VI. 3. d) zum pauschalierten Schadensersatz (§ 11 Nr. 5 AGB-Gesetz).

enthaltenen Leistungsbeschreibungen. Eindeutig steht dies spätestens seit dem 1.1.1995 fest; seit diesem Datum unterliegt das AGB-Gesetz dem Gebot der EG-konformen Auslegung nach Maßgabe der EG-Klauselrichtlinie Nr. 13/93/EG vom 5.4.1993[10].[11]

Grundnorm für die Eingrenzung der kontrollfähigen AGB-Klauseln ist Art. 4 Abs. 2 der Richtlinie. Kontrollfrei sind danach grundsätzlich zwei Gruppen von Klauseln. Die Vorschrift bestimmt, dass die Missbrauchsprüfung weder (1) den Hauptgegenstand des Vertrages noch (2) die Angemessenheit zwischen dem Preis bzw. Entgelt und den Dienstleistungen bzw. Gütern betreffen darf, die die Gegenleistung darstellen, sofern die betreffende Klausel klar und verständlich abgefasst ist. Die im letzten Halbsatz der Richtlinienbestimmung enthaltene Lockerung der Kontrollsperre bei intransparenten Klauseln erklärt sich aus dem hohen Rang des AGB-rechtlichen Transparenzgebots in Art. 5 S. 1 der Richtlinie.[12] Danach müssen schriftliche AGB-Klauseln in Verbraucherverträgen stets klar und verständlich abgefasst sein.

Aus Art. 4 Abs. 2 der Richtlinie ergibt sich vor allem, dass transparente *Leistungsbeschreibungen* in AGB, mittels derer die Parteien das Ob der Leistung sowie deren Gegenstand, Art und Umfang festlegen, kontrollfrei sind.[13]

---

10 ABlEG Nr. L 95/29 = NJW 1993, 1838 = WM 1993, 1111 = EWS 1993. Die EG-Kommission hat zwischenzeitlich eine Datenbank angelegt, in der Urteile zu missbräuchlichen Klauseln aus allen Mitgliedstaaten dokumentiert werden: CLAB, http://europa.eu.int/comm/dg 24, hierzu *Schulte-Noelke*, NJW 1999, 3176. Zur Umsetzung in Deutschland vgl. das Gesetz zur Änderung des AGB-Gesetzes v. 24.7.1996, BGBl. I, 1013 und hierzu z.B. *Heinrichs*, NJW 1996, 2190 ff.

11 EuGH v. 27.6.2000 – Rs. C-240/98 bis C-244/98, Slg. 2000, I-4941 = NJW 2000, 2571 (Ls. 1); MünchKommBGB/*Basedow*, BGB, 4. Aufl. 2001, vor § 1 AGB-Gesetz Rdnr. 41 mit Fn. 104; ferner etwa *Klein*, Festschr. für Everling, 1995, S. 641, 643.

12 Vgl. *Wolf*/Horn/Lindacher (Fn. 7), § 4 AGB-Gesetz Rdnr. 21: Art. 4 Abs. 2 der Richtlinie als „Unterfall“ des allgemeinen Transparenzgebots in Art. 5.

13 So auch die deutsche Rspr. zu § 8 AGB-Gesetz, vgl. BGHZ 93, 358; BGH NJW 1990, 761; BGH NJW-RR 1991, 1013; BGH NJW 1992, 688 und 1993, 1128; vgl. zum Begriff der „Leistungsbeschreibung“ BGH NJW 1986, 2574, 2575; BGHZ 93, 358, 360 („Abreden über den unmittelbaren Gegenstand der Leistung“) – Zusatzwasser; zum Ganzen etwa Ulmer/*Brandner*/Hensen, AGB-Gesetz, 9. Aufl. 2001, § 8 AGB-Gesetz Rdnr. 26; *Wolf*/Horn/Lindacher (Fn. 7),

Denn durch derartige Klauseln wird die gesetzliche Regelung weder ergänzt noch abbedungen.[14] Hauptbeispiele für leistungsbeschreibende AGB sind Prospekte, Kataloge, formularmäßige Baubeschreibungen usw. mit einer näheren Beschreibung des Gegenstandes der Hauptleistung, Beschaffenheit und Menge der zu liefernden Waren oder der zu erbringenden Dienstleistungen.[15] In diese Kategorie fallen kreditwirtschaftliche Entgeltklauseln naturgemäß nicht; sie betreffen gerade die Gegenleistung, sind demnach als *Preisvereinbarungen* (und nicht als Leistungsbeschreibungen) grundsätzlich kontrollfrei, wenn sie klar und verständlich abgefasst sind.[16]

Diese Feststellung ist für unmittelbar preisregelnde Hauptabreden vor dem Hintergrund der hierzu vorliegenden Rechtsprechung bedeutsam. Der BGH hatte nämlich bislang – d.h. in Urteilen aus der Zeit vor Inkrafttreten der Richtlinie – das Transparenzgebot nur bei der Inhaltskontrolle sog. Preisnebenabreden nach § 9 AGB-Gesetz herangezogen, die unmittelbar preisregelnden Hauptabreden hingegen von vornherein – d.h. auch bei Intransparenz! – kontrollfrei gestellt. So heißt es im Urteil vom 24.11.1988 zu den Zinsberechnungsklauseln apodiktisch: „§ 8 AGB-Gesetz läßt (...) keine Inhaltskontrolle über solche AGB-Bestimmungen zu, die Art und Umfang der vertraglichen Hauptleistung *und den dafür zu zahlenden Preis* unmittelbar regeln."[17] Den Grund für die generelle Kontrollsperre bei Regelungen der Vergütungshöhe sieht das Gericht in dem Umstand, dass der Durchschnittskunde der Vereinbarung über die Hauptleistung mehr Aufmerksamkeit widmet als den Nebenpunkten.[18] Dahinter steht die Überlegung,

---

§ 8 AGB-Gesetz Rdnr. 10; *Staudinger/Coester,* AGB-Gesetz, 1998, Bearbeitung 13, § 8 AGB-Gesetz Rdnr. 28.

14 BGHZ 137, 174, 175.

15 Vgl. *Ulmer/Brandner/Hensen* (Fn. 13), § 8 AGB-Gesetz Rdnr. 26.

16 Bloß deklaratorische Klauseln, die die einschlägigen Rechtsvorschriften wiederholen und deshalb kontrollfrei sind – vgl. *Wolf*/Horn/Lindacher (Fn. 7), § 8 AGB-Gesetz Rdnr. 22; Ulmer/*Brandner*/Hensen (Fn. 13), § 8 AGB-Gesetz Rdnr. 30 – bleiben im Folgenden außer Betracht, weil es keine Rechtsvorschrift für Bankentgelte gibt und diese Fallgruppe für das hier behandelte Thema deshalb nicht von Bedeutung ist.

17 BGHZ 106, 42, 46 (Hervorhebung durch den Verf.); ähnlich BGHZ 112, 115, 117 f.: „Der Preis selbst ist (...) gem. § 8 AGB-Gesetz der materiellen Inhaltskontrolle nach §§ 9-11 AGB-Gesetz entzogen."

18 BGHZ 95, 362, 370 (Stundungszinsen); BGHZ 106, 42, 46 (Zinsberechnungsklauseln); BGHZ 112, 115, 117 (Zinsberechnungsklauseln).

dass der Kunde insoweit des Schutzes des Transparenzgebotes gar nicht bedarf, weil er bei unklaren Preishauptvereinbarungen eigenverantwortlich entweder den Vertragsabschluss ablehnen wird oder auf Erläuterung der betreffenden Klausel drängen wird. Derartige Erwägungen dürften allerdings vor dem Hintergrund von Art. 4 Abs. 2 der Richtlinie keinen Bestand mehr haben. Denn das europäische Recht unterwirft unterschiedslos alle Preisregelungen dem Transparenzgebot. Mit Recht stellt *Canaris* daher fest, dass die Unterscheidung von Preisnebenabreden und unmittelbar preisregelnden Hauptabreden inzwischen bedeutungslos ist, soweit es um den Anwendungsbereich des Transparenzgebots geht.[19] Auch intransparente Preishauptabreden sind daher nach § 8 AGB-Gesetz – in richtlinienkonformer Auslegung – kontrollfähig. Bedeutung hat dies etwa für undurchschaubare Zinsberechnungsklauseln.[20]

2. *Kontrollfreiheit aller transparenten Preisabreden?*

a) Transparente Preishauptabreden

aa) Preise für echte Hauptleistungen

Grundsätzlich kontrollfrei sind preisregelnde Hauptabreden, d.h. Klauseln mit einer Festlegung des Preises für die vom Klauselverwender erbrachte Hauptleistung, sofern diese nicht gegen das Transparenzgebot verstoßen (siehe soeben 1., S. 5). Aufgabe der Gerichte ist es nicht, Preise auf ihre betriebswirtschaftliche Rechtfertigung hin zu prüfen.[21] Das klassische Hauptentgelt im Bankwesen ist der Zins, geschuldet für die Überlassung von Kapital auf Zeit;[22] hierzu hat die Rspr. gerade im Hinblick auf Darlehenszinsen die Kontrollfreiheit nach § 8 AGB-Gesetz anerkannt: BGHZ 98, 174, 177 f. stellte sogar ausdrücklich die Vereinbarung eines überhöhten Zinssatzes nach § 8 AGB-Gesetz kontrollfrei und verwies auf die – unabhängig vom AGB-Charakter derartiger Abreden bestehende – Möglichkeit der Sittenwidrig-

---

19 *Canaris*, AcP 200 (2000), 273, 328 f.

20 *Canaris*, AcP 200 (2000), 273, 330 f.

21 BGHZ 106, 42, 46 (Zinsberechnungsklauseln); BGHZ 137, 27 (Kreditkartenklauseln); *Köndgen*, NJW 1996, 558, 563; *Canaris*, AcP 200 (2000), 273, 328 (freilich unter Einschluss intransparenter preisregelnder Hauptabreden).

22 Vgl. BGHZ 106, 42, 46 (Zinsberechnungsklauseln); *Derleder/Metz*, ZIP 1996, 573.

keitsprüfung anhand des Tatbestands des wucherähnlichen Geschäfts (§ 138 Abs. 1 BGB).[23] Das Schrifttum stimmt der Kontrollfreiheit transparenter Preishauptabreden einhellig zu, variiert allerdings in der Frage der sachlichen Rechtfertigung hierfür: Überwiegend sieht man den Grund für das Eingreifen der Kontrollsperre hier im Fehlen gesetzlicher Kontrollmaßstäbe;[24] teilweise wird auch auf das Primat von Markt und Wettbewerb verwiesen.[25] Diese Überlegungen haben Eingang in die EG-Klauselrichtlinie gefunden, die in diesem Punkt (Art. 4 Abs. 2) auf deutschen Rechtsvorstellungen beruht; eine frühere Fassung der Richtlinie hatte eine Kontrollfreiheit für Preisvereinbarungen noch nicht vorgesehen und war deshalb auf Kritik gestoßen.[26]

bb) Preise für Sonderleistungen

Der vertraglichen Hauptleistung stellt die Rechtsprechung in diesem Zusammenhang zusätzlich angebotene („echte") Sonderleistungen gleich.[27] Kontrollfrei sind daher auch solche Klauseln, die das Entgelt für vom vertraglichen Hauptzweck isolierbare Sonderleistungen regeln, wenn für die Frage der Entgeltlichkeit einer solchen Leistung keine gesetzlichen Regelungen bestehen, von denen die Klausel – i.S. des § 8 AGB-Gesetz – abweichen könnte. Entschieden wurde dies für Postenpreise bei Barverfügungen am Geldautomaten,[28] für das Zusatzentgelt beim Auslandseinsatz von Kreditkarten[29] und für die Vergütungspflicht der Ausstellung eines Ersatzspar-

---

23 Im Grundsatz auch BGHZ 106, 42, 46: „Die Vereinbarung der Zinshöhe unterliegt (...) – abgesehen von § 138 BGB – grundsätzlich keiner richterlichen Kontrolle."

24 Vgl. nur *Wolf*/Horn/Lindacher (Fn. 7), § 8 AGB-Gesetz Rdnr. 13; wohl auch BGHZ 137, 27, 30: „Da es ein gesetzlich geregeltes Leitbild des Kreditvertrages nicht gibt ..." und schon BGHZ 114, 238, 241.

25 Insbesondere bei *Canaris*, NJW 1987, 609, 613; wohl auch BGHZ 141, 380, 383: „Dies ist die Konsequenz aus dem im Bürgerlichen Recht geltenden Grundsatz der Vertragsfreiheit." (Kontopfändung).

26 *Brandner/Ulmer*, BB 1991, 701; *Horn*, WM-Sonderbeil. Nr. 1 zu Heft 11/1997, S. 19.

27 Z.B. in BGHZ 137, 27, 30 (Auslandseinsatz der Kreditkarte); BGH BB 1998, 1864 (Ausstellung eines Ersatzsparbuchs).

28 BGHZ 133, 10, 17.

29 BGHZ 137, 27, 30.

buchs.[30] Gerade der Ersatzsparbuchfall verdeutlicht freilich die europarechtliche Dimension des Begriffs der Preisvereinbarung. Es ist nämlich nicht mit letzter Sicherheit auszuschließen, dass § 8 AGB-Gesetz dieses Merkmal in einem weiteren Sinne verwendet als Art. 4 Abs. 2 der Richtlinie. Das innerstaatliche Recht enthielte dann eine stärkere Kontrollsperre als die Richtlinie und bliebe folglich hinter dem Verbraucherschutzstandard der Richtlinie zurück.[31] Im Hinblick auf Klauseln, die ein Nebenleistungsentgelt für eine zusätzlich angebotene Sonderleistung regeln (wenn für eine solche Sonderleistung keine rechtlichen Regelungen bestehen), ist daher die Kontrollfreiheit besonders sorgsam zu begründen. Zwar darf nach Art. 4 Abs. 2 der Richtlinie das nationale Recht den Hauptgegenstand des Vertrages sowie die Angemessenheit von Preis und Gegenleistung von der Inhaltskontrolle ausnehmen, und dieser Wortlaut spricht im Grundsatz gegen eine Preiskontrolle gleichermaßen bei Haupt- wie Nebenleistungen. Indessen hat z.B. der Hoge Raad[32] das angeglichene niederländische Recht dahin verstanden, dass ganz allgemein nur Absprachen über die Hauptgegenstände des Vertrages (essentialia negotii) kontrollfrei seien.[33] Zur Reichweite des Art. 4 Abs. 2 der Richtlinie ist daher europaweit kein Konsens festzustellen; teilweise haben sich Mitgliedstaaten sogar bewusst – in Ausnutzung des durch Art. 8 der Richtlinie gewährten Spielraums für eine Erweiterung des Verbraucherschutzes – dafür entschieden, den Hauptgegenstand des Vertrages unter Einschluss des vereinbarten Preises im Anwendungsbereich der Inhaltskontrolle zu belassen.[34] Die Frage der Kontrollunterworfenheit von Entgelten für zusätzlich angebotene Sonderleistungen bedarf deshalb der Klärung durch den EuGH.[35]

---

30 BGH BB 1998, 1864 mit krit. Anm. *Ulmer*; ablehnend hierzu auch Ulmer/*Brandner*/Hensen (Fn. 13), § 8 AGB-Gesetz Rdnr. 4 c.

31 Vgl. nochmals *Ulmer/Brandner/Hensen* (Fn. 13) § 8 AGB-Gesetz Rdnr. 4 c.

32 Urt. v. 19.9.1997 Nederlandse Jurisprudentie 1998 Nr. 6; ähnlich im deutschen Recht schon BGHZ 100, 158, 174.

33 Vgl. MünchKommBGB/*Basedow* (Fn. 11), § 8 AGB-Gesetz Rdnr. 5; *Ulmer*, BB 1998, 1865, 1866 mit Nachw.

34 Dies gilt für die nordischen Länder und für Griechenland; vgl. die Nachweise bei MünchKommBGB/*Basedow* (Fn. 11) § 8 AGB-Gesetz Rdnr. 5.

35 Ebenso *Ulmer*, BB 1998, 1865; *Brandner*, MDR 1999, 6, 7 f.; MünchKommBGB/*Basedow* (Fn. 11) § 8 AGB-Gesetz Rdnr. 15; umfassend zur Vor-

b) Transparente Preisnebenabreden

aa) Grundsätzliche Kontrollfähigkeit von Preisnebenabreden

Von den eigentlichen Preisvereinbarungen über die vertragliche Hauptleistung oder eine dieser gleich zu achtenden zusätzlich angebotenen echten Sonderleistung (soeben a) bb) S. 5) sind sog. Preisnebenabreden zu unterscheiden. Die Rspr. verstand darunter herkömmlicherweise Klauseln, die sich bloß mittelbar auf den Preis auswirken, an deren Stelle aber, wenn eine wirksame vertragliche Regelung fehlt, dispositives Gesetzesrecht treten kann.[36] Den Begriff der Preisnebenabrede bezeichnet der BGH nunmehr als „etwas missverständlich“,[37] freilich ohne sich auf einen deutlicheren Ersatzbegriff festzulegen. Im Folgenden soll deshalb weiterhin von der Preisnebenabrede gesprochen werden, schon weil sich dieser Ausdruck zwischenzeitlich eingebürgert hat.

Typische Preisnebenabreden – und daher nach § 8 AGB-Gesetz kontroll*fähig* – sind der Rspr. zufolge z.B. Zinsberechnungs- und Tilgungsverrechnungsklauseln,[38] das Entgelt für Löschungsbewilligungen bei der Freigabe von Grundpfandrechten,[39] die Vereinbarung von höheren Überziehungszinsen bei einem Kredit ohne ausdrückliche Vereinbarung oder über den vereinbarten Vertrag hinaus,[40] Gebühren für Ein- und Auszahlungen am Kassenschalter,[41] die Vereinbarung rückwirkender Zinsen für den Fall der Überschreitung des Zahlungszieles in Kreditkartenbedingungen,[42] Postenpreise für Ein- und Auszahlungen am Kassenschalter,[43] das Entgelt für die Bearbeitung von Anträgen auf Freistellung von der Kapitalertragssteuer,[44] das

---

lagepflicht bei Verbraucherverträgen zuletzt etwa *Borges*, Die Inhaltskontrolle von Verbraucherverträgen, 2000, bes. S. 78 ff.

36 Zuletzt etwa BGHZ 137, 27, 29 (Auslandseinsatz von Kreditkarten); BGHZ 141, 380 (Kontopfändung); Palandt/*Heinrichs*, BGB, 60. Aufl. 2001, § 8 AGB-Gesetz Rdnr. 5 mit Nachw.

37 BGHZ 141, 380, 383; krit. auch Ulmer/*Brandner*/Hensen (Fn. 13), § 8 AGB-Gesetz Rdnr. 21 b mit Fn. 78.

38 BGHZ 106, 42.

39 BGHZ 114, 330.

40 BGHZ 118, 126.

41 BGHZ 124, 254.

42 BGHZ 125, 343.

43 BGHZ 133, 10.

44 BGHZ 136, 261.

Entgelt bei Nichtausführung von Kundenaufträgen mangels Deckung,[45] das Entgelt für die Bearbeitung und Überwachung von Pfändungsmaßnahmen gegen den Bankkunden,[46] und – jüngst entschieden – das Entgelt für die Benachrichtigung des Kontoinhabers in bestimmten Fällen.[47]

Für die Abgrenzung dieser kontrollfähigen Preisnebenabreden zu den kontrollfreien Preisvereinbarungen lässt sich den erwähnten Urteilen die Grundregel entnehmen, dass nur Entgelte für echte Zusatzleistungen wie z.B. die Bereitstellung von Geldautomaten, die Möglichkeit des Auslandseinsatzes von Kreditkarten oder die Ausstellung eines Ersatzsparbuches (oben a) bb), S. 8) kontrollfrei sind, nicht aber Entgelte für Nebenleistungen, die ohnehin zu den Vertragspflichten der Bank gehören.[48] Diese Unterscheidung ist zwar stark wertungsabhängig, doch kann es andererseits nicht im Belieben des Klauselverwenders stehen, die AGB-rechtliche Inhaltskontrolle schlicht dadurch auszuschalten, dass bestimmte Tätigkeiten als entgeltpflichtige Sonderleistung ausgewiesen werden.[49] In der Tat ist eine „Freiheit zur Aufspaltung des Preises in Teilentgelte“, die es ermöglichen würde, Entgelte für derartige Tätigkeiten von vornherein kontrollfrei zu halten, nicht anzuerkennen.[50] Denn erstens wird im Falle der Preisnebenabreden der Globalpreis für bestimmte vertragliche Leistungen nicht aufgespalten, sondern erhöht, und zwar um das Nebenentgelt für die künstlich aus dem vertraglichen Pflichtenprogramm herausgetrennte Tätigkeit. Und zweitens ist es ganz allgemein anerkannt, dass die Betitelung des Rechtsgeschäfts, d.h. sein nomen iuris, noch nichts über seine typologische Einordnung besagt.[51] Entscheidend ist der Inhalt der Abrede.

---

45 BGHZ 137, 43, 45.

46 BGHZ 141, 380 und BGH NJW 2000, 651.

47 BGH NJW 2001, 1419 (hierzu nachfolgend im Text unter VII. 3).

48 Vgl. nochmals die Nachweise soeben in Fn. 28-30.

49 Sehr deutlich in diesem Sinne BGHZ 141, 380, 383: „Der Begriff der Leistung steht nicht zur Disposition des Verwenders von Allgemeinen Geschäftsbedingungen.“; a.A. *Horn* (Fn. 26), S. 12; *Früh*, WM 1998, 63, 64.

50 A.A. auch insoweit *Horn* (Fn. 26), S. 10.

51 Vgl. hierfür nur BAG ZIP 1997, 1714; BGH ZIP 1998, 2104 (zur Grenzziehung zwischen Arbeitsvertrag und Franchise-Vertrag).

bb) Kontrollfreiheit bei Transparenz

Folgt man diesen Grundsätzen, lässt man sich mithin auf eine Einordnung der Klausel als Preisnebenabrede anhand der dargestellten Grundsätze der Rspr. ein, so bleibt die prinzipielle Frage, ob Preisnebenabreden jedenfalls dann kontrollfrei sind, wenn sie dem Transparenzgebot genügen.[52] Der BGH schien dies – jedenfalls vor Ablauf der Umsetzungsfrist der EG-Klauselrichtlinie – zu verneinen. Dies zeigt eine Entscheidung des XI. Zivilsenats zu den ABB einer Landesbausparkasse vom 9.7.1991. Dort hat das Gericht verschiedene Klauseln – z.B. über eine Verzögerung des Zinsbeginns (§ 6 Abs. 2 ABB Berlin) – nur deshalb gebilligt, weil sie „materiell" angemessen i.S. des § 9 AGB-Gesetz waren *und zugleich* das Transparenzgebot respektierten.[53] Eine derartige doppelspurige Prüfung von AGB-Klauseln ist nur dann erforderlich, wenn schon die Fehlerhaftigkeit unter *einem* der beiden geprüften Gesichtspunkte – hier: ein Transparenzverstoß – zur Verwerfung der Klausel führen kann.[54] Diesen Ansatz hat der BGH erst jüngst wieder in seinem Urteil vom 19.9.1999 zur Unentgeltlichkeit der Drittschuldnererklärung bestätigt.[55]

Die EG-Klauselrichtlinie ergibt zu dieser Fragestellung unmittelbar nichts. Zwar scheint Art. 4 Abs. 2 der Richtlinie genau die These der Kontrollfreiheit transparenter Preisnebenabreden zu bestätigen, doch enthält die Richtlinie nach ihrem Art. 8 nur einen Mindeststandard an Schutz für den Vertragspartner des Klauselverwenders. Das mitgliedstaatliche Recht kann deshalb sogar soweit gehen, zugunsten des Klauselverwenders unterschiedslos alle transparenten Klauseln – Preishauptabreden wie Preisnebenabreden – der Inhaltskontrolle zu unterwerfen. Wenn demgegenüber argumentiert wird, das Inkrafttreten des Art. 4 Abs. 2 der Richtlinie habe dennoch für die *transparenten* Klauseln eine „neue Rechtslage" geschaffen, weil überschießendes – d.h. kundenfreundlicheres – innerstaatliches Recht eine im Interesse der Rechtsangleichung prinzipiell unerfreuliche Divergenz zur

52 Eingehend hierzu *Canaris*, AcP 200 (2000), 273, 329 ff., 331.

53 BGH NJW 1991, 2559, 2560 (unter II. 2 b, c zu § 6 Abs. 2 ABB), ferner aaO. S. 2561 (unter V. 2. a, b zu § 20 Abs. 1 S. 2, 3 ABB; unter VI. 2 zu § 5 Abs. 1 S. 5 ABB; unter VII. 2 a, b zu § 20 Abs. 7 ABB).

54 Krit. insoweit *Horn* (Fn. 26), S. 22 bei Fn. 215.

55 BGH NJW 2000, 651, 652 unter II. 3.

Rechtslage in anderen Mitgliedstaaten herbeiführe,[56] dann wird dabei unterstellt, dass andere Mitgliedstaaten für den Verbraucherschutz ebenfalls allein auf das Transparenzgebot bauen, und demzufolge inhaltlich unangemessene, aber durchschaubare AGB-Klauseln zulassen. Dies trifft z.B. für die nordischen Staaten und Griechenland nicht zu. Wie schon erwähnt (oben a), Fn. 34), hat man in den dort erlassenen Durchführungsbestimmungen zur Klauselrichtlinie abweichend von Art. 4 Abs. 2 der Richtlinie den Hauptgegenstand des Vertrages unter Einschluss des vereinbarten Preises im Anwendungsbereich der Inhaltskontrolle belassen.[57] Und das höchste niederländische Gericht hat Art. 4 Abs. 2 der Richtlinie dahin verstanden, dass nur die essentialia negotii kontrollfrei seien, ohne die „ein Vertrag mangels hinreichender Bestimmtheit der Verpflichtungen nicht zu Stande kommt".[58] Diese Beispiele zeigen, dass aus dem in einer Richtlinie festgelegten Mindestschutzstandard – hier: Art. 8 der Klauselrichtlinie – nicht darauf geschlossen werden kann, andere Mitgliedstaaten würden bei der Umsetzung und/oder Auslegung der Richtlinie nicht über diesen Mindestschutzstandard hinausgehen. Damit entfällt das Argument, im Interesse der Rechtsangleichung seien die Vorschriften des innerstaatlichen Rechts *im Zweifel* im Sinne des in der Richtlinie festgelegten Mindeststandards auszulegen. Vor allem aber verkehrt sich das Argument von der Vermutung der Geltung des Mindeststandards schnell in sein Gegenteil, wenn man sich einmal vorstellt, die Mehrzahl der übrigen Mitgliedstaaten würde von Art. 8 der Richtlinie Gebrauch machen: Müsste man dann nicht im Interesse der Rechtsangleichung im Verein mit der Mehrzahl der Mitgliedstaaten oder jedenfalls im Gleichlauf mit den anderen „Großen" (Frankreich, Italien, Spanien, Großbritannien) wieder eine strengere, kontroll-offenere Auslegung des § 8 AGB-Gesetz favorisieren? Dies wäre gewiss nicht im Sinne der Rechtssicherheit, die gerade von den Verwendern allgemeiner Geschäftsbedingungen mit Recht im besonderen Maße eingefordert wird. Ob eine einzelstaatliche Vorschrift über den Schutzstandard der Richtlinie hinausreicht, sollte deshalb unabhängig von ihrem europarechtlichen Hintergrund nach innerstaatlichen Auslegungsgrundsätzen entschieden werden. In *diesem* Rahmen dürfte der Hinweis von *Canaris* auf die Eigenverantwortlichkeit des Kunden in der Tat

---

56 So *Canaris*, AcP 200 (2000), 273, 329.

57 Nachw. bei MünchKommBGB/*Basedow* (Fn. 11), § 8 AGB-Gesetz Rdnr. 5.

58 Vgl. nochmals oben Fn. 32.

der sachlich entscheidende Gesichtspunkt sein: Wer den belastenden Charakter einer Entgeltklausel zu erkennen vermag, bedarf des Schutzes durch die Inhaltskontrolle nicht mehr; er ist durch die (negative) Abschlussfreiheit hinreichend geschützt.[59]

cc) Schuldrechtsmodernisierung

Sollte allerdings § 307 BGB i.d. Fassung des Entwurfes eines Schuldrechtsmodernisierungsgesetzes[60] ohne Änderungen seinen Weg ins Bundesgesetzblatt finden, dann wäre dieser Betrachtungsweise ab 1.1.2002 die Grundlage entzogen. Diese Bestimmung soll an die Stelle der bisherigen §§ 8, 9 AGB-Gesetz treten. § 307 Abs. 1 BGB-E ist wortgleich mit dem bisherigen § 9 Abs. 1 AGB-Gesetz. § 307 Abs. 2 BGB-E übernimmt den bisherigen § 9 Abs. 2 AGB-Gesetz, enthält aber – und dies ist vorliegend höchst bedeutsam – in Nr. 3 als *eigenständige* Vermutung für die unangemessene Benachteiligung der Kunden den Fall, dass die AGB-Bestimmung „nicht klar und verständlich“ ist. Damit würde das schon bisher von der h.M. in § 9 AGB-Gesetz hineingelesene Transparenzgebot[61] kodifiziert werden. Zugleich würde damit verdeutlicht, dass *transparente* AGB-Bestimmungen, ganz so, wie dies der BGH in der erwähnten Entscheidung zu den ABB einer Landesbausparkasse gesehen hat,[62] – durchaus wegen ihrer Unvereinbarkeit mit wesentlichen Grundgedanken der gesetzlichen Regelung (§ 9 Abs. 2 Nr. 1 AGB-Gesetz/§ 307 Abs. 2 Nr. 1 BGB-E) oder wegen der durch sie bewirkten Einschränkung wesentlicher vertraglicher Rechte und Pflichten (§ 9 Abs. 2 Nr. 2 AGB-Gesetz/§ 307 Abs. 2 Nr. 2 BGB-E) unangemessen

---

59 *Canaris*, AcP 200 (2000), 273, 330; ebenso *Horn* (Fn. 26), S. 19; s. auch *Borges* (Fn. 35), S. 88 f.

60 Entwurf eines Gesetzes zur Modernisierung des Schuldrechts (Stand 9.5.2001), in: www.bmj.bund.de und BT-Drs. 14/6040.

61 BGHZ 112, 115, 116 f.: „... und dass auch ein Verstoß gegen die Verpflichtung des AGB-Verwenders, die Rechte und Pflichten seines Vertragspartners in den AGB möglichst klar und durchschaubar darzustellen (Transparenzgebot), zur Unwirksamkeit nach § 9 Abs. 1 AGB-Gesetz führen kann.“; s. auch den Ls. („Transparenzgebot nach § 9 AGB-Gesetz“); ferner BGHZ 140, 25, 28 f. (Barter-Geschäft); *Ulmer*, EuZW 1993, 337, 344.

62 Oben Fn. 53.

sein können.[63] Folgerichtig könnte dann die Wahrung des Transparenzgebots nicht schon im Vorfeld – d.h. bei der Prüfung der Kontrollfähigkeit der Klausel – ausschließen, dass eine Angemessenheitsprüfung anhand der genannten materiellen Kriterien überhaupt noch stattfindet.

Dies soll zudem ein neuer § 307 Abs. 3 BGB-E sicherstellen; die Bestimmung entspricht dem bisherigen § 8 AGB-Gesetz, verdeutlicht darüber hinausgehend aber auch, dass die Kontrollsperre nicht für die in § 307 Abs. 2 Nr. 3 BGB-E normierte Inhaltskontrolle des Transparenzgebots gilt. Dem Transparenzgebot unterliegen daher – im Gegenschluss aus § 307 Abs. 3 BGB-E – nach der Intention des Gesetzgebers des Schuldrechtsmodernisierungsgesetzes auch solche AGB-Bestimmungen, die *keine* von Rechtsvorschriften abweichende oder diese ergänzende Regelungen enthalten.[64] Der genaue Regelungsgehalt des geplanten § 307 Abs. 3 BGB-E erschließt sich freilich erst vor dem Hintergrund der bisherigen Rspr. zum Transparenzgebot. Eine Durchsicht dieser Rspr. ergibt, dass der BGH dieses Kriterium ansatzweise schon sehr früh, nämlich zehn Jahre vor Erlass der Richtlinie,[65] zur Begründung der Kontrollfähigkeit bestimmter Preisvereinbarungen, eben der „Preisnebenabreden" herangezogen hat.[66] Preisnebenabreden unterliegen danach insoweit der Inhaltskontrolle, als sie gegen das Transparenzgebot verstoßen.[67] Als grundlegend sind in diesem Zusammenhang die Urteile des III. und XI. Senats zu den Tilgungsverrechnungsklauseln beim Darlehen anzuführen,[68] ferner etwa das Urteil vom 19.10.1999 zum Bearbeitungsentgelt bei Kontopfändungen.[69] Diese Rspr. will der Gesetzgeber ausweislich der Regierungsbegründung zu § 307 Abs. 3 BGB-E i.d.F. des Gesetzentwurfs

---

63 In diesem Sinne auch die Regierungsbegründung zum Entwurf v. 9.5.2000 (Fn. 60) S. 351 f.

64 Vgl. hierzu generell nochmals *Ulmer*, EuZW 1993, 337, 344 und *ders.*, in: *Schulze/Schulte-Noelke* (Fn. 1), S. 215, 222; *ders.*, JZ 2001, 491 mit Fn. 1.

65 Vgl. zur EG-Klauselrichtlinie die Fn. 10.

66 BGH NJW 1984, 171, 172; weitere Nachw. in BGHZ 106, 42, 49.

67 BGHZ 106, 42, 49 f. (Tilgungsverrechnungsklausel); BGHZ 112, 115, 117 (Zinsberechnungsklausel für Annuitätendarlehen).

68 BGHZ 106, 42, 49 f. (III. Senat); BGHZ 112, 115, 117 f. (XI. Senat); BGH NJW 1998, 3114, 3116; BGHZ 140, 25, 31 f.

69 BGH NJW 2000, 651, 652 unter II. 3.

zur Schuldrechtsmodernisierung[70] nunmehr kodifizieren. Zugleich ist offenbar nicht beabsichtigt, der Rspr. den Boden zu entziehen, die auch *transparente* AGB-Klauseln einer materiellen Inhaltskontrolle unterstellt.[71] Zumindest für die Zukunft wird daher davon auszugehen sein, dass auch transparente Preisnebenabreden der Inhaltskontrolle nach § 9 AGB-Gesetz/ § 307 Abs. 2 Nr. 1, 2 BGB-E unterliegen.[72]

IV. Stufen der Inhaltskontrolle

1. Materielle Unangemessenheit: Vermutungstatbestand und Gesamtabwägung

AGB-Klauseln sind nach § 9 Abs. 1 AGB-Gesetz unwirksam, wenn sie die Kunden entgegen den Geboten von Treu und Glauben unangemessen benachteiligen. Dies ist in den Fällen des § 9 Abs. 2 AGB-Gesetz zu vermuten, d.h. bei einer Abweichung von wesentlichen Grundgedanken der Rechtsordnung (Nr. 1) und – dieser Vermutungstatbestand hat bei Bankentgelten bislang keine Rolle gespielt – bei der Gefährdung des Vertragszwecks (Nr. 2). Greift eine derartige Vermutung ein, so ist die Klausel freilich nur dann zu verwerfen, wenn sie auch bei Gesamtwürdigung aller Umstände die Kunden unangemessen benachteiligt. So hat der BGH etwa das Entgelt für die Verwaltung von Freistellungsaufträgen im Urteil vom 15.7.1997 nicht allein wegen eines Verstoßes gegen § 9 Abs. 2 Nr. 1 AGB-Gesetz verworfen, sondern erst aufgrund einer darüber hinausgehenden Interessenabwägung.[73] Im Postenpreis-Fall – dort ging es um die AGB-rechtliche Kontrolle von Postenpreis-Klauseln für Ein- und Auszahlungen am Kassenschalter – hat die Gesamtwürdigung sogar erbracht, dass die hier nach Auffassung des BGH vorliegende Abweichung von gesetzlichen Vor-

70 Oben Fn. 63; zust. insoweit (aber nicht hinsichtlich der Integration des AGB-Gesetzes in das BGB) *Ulmer*, JZ 2001, 491 mit Fn. 1.

71 Wie z.B. im Bausparkassen-Fall, BGH NJW 1991, 2559 (o. Fn. 53), im Postenpreis-Fall, BGHZ 133, 10 und im Kontopfändungs-Urteil v. 19.10.1999, NJW 2000, 651, 652 unter II. 3.

72 Ablehnend insoweit *Canaris*, AcP 200 (2000), 273, 331 f.

73 BGHZ 136, 261, 266 f.; ebenso schon im Löschungsbewilligungs-Urteil, BGHZ 114, 330, 335 und in den Kontopfändungsurteilen, BGHZ 141, 380, 390, NJW 2000, 651, 652 unter II. 2. d.

schriften (Pflicht zur kostenlosen Erfüllung der Kundenforderung aus unregelmäßiger Verwahrung, § 700 Abs. 1 S. 3 BGB) im Ergebnis unschädlich ist, weil die dem Kunden gewährten Freiposten insgesamt die Angemessenheit der Klausel wieder herstelle.[74] Bisweilen beschränkt sich der zweite Prüfungsschritt allerdings auf die Feststellung, die Abweichung vom dispositivem Recht (§ 9 Abs. 2 Nr. 1 AGB-Gesetz) indiziere eine unangemessene Benachteiligung i.S. des § 9 Abs. 1 AGB-Gesetz und gegenteilige Anhaltspunkte seien nicht ersichtlich.[75]

2. *Eigenständiger Charakter des Transparenzgebots*

a) Die Doppelfunktion des Transparenzgebots

Unabhängig von den Vermutungstatbeständen des § 9 Abs. 2 AGB-Gesetz hat die Rspr. seit geraumer Zeit AGB-Klauseln als unwirksam angesehen, wenn der Verwender das Transparenzgebot verletzt, mithin dann, wenn dem Kunden nicht hinreichend deutlich erkennbar gemacht wird, welches die für ihn nachteiligen Auswirkungen der Klausel sind.[76] Derart intransparente Klauseln sind stets unwirksam. Das Transparenzgebot entscheidet folglich zugleich über Zulassung und Maßstab der Inhaltskontrolle. *Horn* verdeutlicht dies zutreffend dahin, dass die mangelnde Transparenz die Kontrollunterworfenheit i.S. des § 8 AGB-Gesetz auslöse, eine gravierende Intransparenz sodann die Unangemessenheit i.S. der Inhaltskontrolle nach § 9 AGB-Gesetz indiziere.[77]

b) Entbehrlichkeit der Gesamtabwägung bei Transparenzverstößen?

Anders als in den Fällen des § 9 Abs. 2 AGB-Gesetz soll bei Transparenzverstößen nach der Rspr. nicht erforderlich sein, dass die Klausel zusätzlich auch inhaltlich unangemessen ist oder für den Kunden die Gefahr einer inhaltlichen Benachteiligung begründet.[78] Grundlegend für den Bereich der

74 BGHZ 133, 10, 15 ff.
75 So z.B. BGH NJW 2001, 1419, 1421 (Benachrichtigungsentgelt).
76 Allgemein hierzu etwa *Bork*, Allgemeiner Teil des Bürgerlichen Gesetzbuchs, 2001, Rdnr. 1781 ff.
77 *Horn* (Fn. 26), S. 19. In der Rspr. z.B. BGHZ 114, 25, 31 f. (Barter-Geschäft).
78 Vgl. nur Palandt/*Heinrichs* (Fn. 36), § 9 AGB-Gesetz Rdnr. 16 c.

Preisnebenabreden ist in diesem Zusammenhang das BGH-Urteil zu den Zinsberechnungsklauseln beim Annuitätendarlehen vom 10.7.1990.[79]

Ferner ist hier das Urteil vom 5.11.1998 zum Barter-Geschäft anzuführen, wo es ausdrücklich heißt, dass der Verstoß gegen das Transparenzgebot „bereits für sich allein genommen" zur Unwirksamkeit der Klausel führt.[80]

Diese formale Handhabung des Transparenzgebots durch die Rspr., die von jeder inhaltlichen Bewertung der Rechtsstellung des Kunden absieht, vermag kaum zu überzeugen. Dies zeigt schon die Überlegung, dass intransparente Klauseln selbstverständlich dann zu billigen sind, wenn sie für den Kunden ausschließlich Vorteile enthalten. Hier wäre es geradezu widersinnig, dem Kunden diese Vorteile mit dem Argument der Intransparenz aus der Hand zu schlagen.[81] Die intransparente Regelung muss also, und sei es auch nur teilweise, die Rechtslage des Kunden materiell verschlechtern.[82] Nur bei diesem Verständnis des Transparenzgebots wird der eigentliche Schutzzweck des AGB-Gesetzes verwirklicht. Denn das Marktversagen[83], dem das Gesetz begegnen soll, liegt darin, dass der Kunde das „Kleingedruckte" deshalb nicht näher prüft, weil eine solche Prüfung sich in aller Regel wegen des damit verbundenen Aufwands an Zeit und Mühe nicht lohnt. Indessen geht es nicht darum, den Verwender dafür zu bestrafen, dass der Kunde die in AGB geregelten Einzelheiten des Vertrages, den er abzuschließen beabsichtigt, nicht genügend klar vor Augen geführt erhält.[84]

Diesen Überlegungen wird auch durch die geplante Neuregelung des AGB-Rechts im Zuge der Schuldrechtsmodernisierung[85] nicht der Boden entzogen. Zwar ist nach dem Wortlaut des § 307 Abs. 2 Nr. 3 BGB-E eine

79 BGHZ 112, 115; hierzu MünchKommBGB/*Basedow* (Fn. 11), § 9 AGB-Gesetz Rdnr. 28; s. auch schon BGHZ 106, 42, 49; 106, 259, 264.

80 BGHZ 140, 25, 31; schon in NJW 1981, 117, 118 hatte der BGH generell festgestellt, dass die Reichweite des § 9 Abs. 1 AGB-Gesetz über die Beispielsfälle des § 9 Abs. 2 AGB-Gesetz hinausgeht; ablehnend hierzu MünchKommBGB/Basedow (Fn. 11), § 9 AGB-Gesetz Rdnr. 3.

81 So mit Recht *Wolf*/Horn/Lindacher (Fn. 7), § 9 AGB-Gesetz Rdnr. 146.

82 *M. Wolf*, JZ 1988, 719; *ders.*/Horn/Lindacher (Fn. 7), § 9 AGB-Gesetz Rdnr. 146; MünchKommBGB/*Basedow* (Fn. 11), § 9 AGB-Gesetz Rdnr. 31 f.; *Horn* (Fn. 26), S. 21 f.; Wolf/*Horn*/Lindacher (Fn. 7), § 23 AGB-Gesetz Rdnr. 633.

83 Vgl. zu diesem Aspekt schon *Canaris*, NJW 1987, 609, 613.

84 So zutr. MünchKommBGB/*Basedow* (Fn. 11), § 9 AGB-Gesetz Rdnr. 32 mit Nachw.

85 Oben Fn. 60.

unangemessene Benachteiligung im Zweifel anzunehmen, wenn eine Bestimmung nicht klar und verständlich ist. Damit wird die Intransparenz den bisher in § 9 Abs. 2 Nr. 1 und 2 AGB-Gesetz geregelten Fällen der Unvereinbarkeit mit Grundgedanken der Rechtsordnung und der Gefährdung des Vertragszwecks redaktionell völlig gleichgestellt. Genau dieser gesetzessystematische Gesichtspunkt spricht aber dafür, ergänzend zur Transparenzprüfung, ebenso wie dies zu den beiden anderen Vermutungstatbeständen seit langem anerkannt ist (oben 1., S. 16), eine Gesamtabwägung aller Umstände vorzunehmen, die die materielle Angemessenheit der Klausel zum Gegenstand hat.

V. Inhaltskontrolle anhand des Transparenzgebots

Für Preisnebenabreden im engeren Sinne, d.h. Klauseln über ein Entgelt für besondere Tätigkeiten des Kreditinstituts, hat das Transparenzgebot erst in jüngster Zeit eine gewisse Bedeutung erlangt. Ungleich wichtiger war und ist das Transparenzgebot bei den verdeckten Modifikationen zu den Hauptabreden wie z.B. Zinsberechnungsklauseln.[86] So hat der BGH im Urteil vom 19.10.1999 zu den Pfändungsentgelten einen Transparenzverstoß darin erblickt, dass die pauschale Vereinbarung einer Rahmengebühr für die Bearbeitung von Kontopfändungen die Kunden darüber im Unklaren lasse, für welche konkreten Tätigkeiten der Bank sie in welcher Höhe in Anspruch genommen werden sollen.[87] Das Transparenzgebot wird hier zu einem Aufschlüsselungsgebot. Im Urteil vom 15.12.2000 über die Bankentgelte für Aktienzeichnungen hat das LG Dortmund das unklare Verhältnis der Zeichnungsgebühr zur Provision nach den Bedingungen für Wertpapiergeschäfte[88] beanstandet.[89] Diesen Entscheidungen ist hinsichtlich der Anwendung der Transparenzmaßstäbe nicht zu widersprechen; zu bemängeln ist allerdings das Fehlen einer sich hieran anschließenden Gesamtabwägung, ob

---

86 Hierzu BGHZ 106, 42, 46, 49; 106, 259, 264; 112, 115 und oben im Text unter 2., S. 18.

87 BGH NJW 2000, 651, 652 unter II. 3.

88 Vgl. Nr. 17 der Bedingungen für Wertpapiergeschäfte (Sparkassen), Fassung 1.1.1995 mit Änderungen zum 1.4.2000; Textabdruck mit Erläuterung in *Baumbach/Hopt* (Fn. 3), S. 1439 ff.

89 LG Dortmund WM 2001, 774.

die festgestellte Intransparenz tatsächlich zu einer unangemessenen Benachteiligung der Kunden führt (näher unter VII. 2).

VI. Materielle Unangemessenheit

Die meisten Urteile zu Entgeltklauseln beruhen auf einer materiellen Angemessenheitsprüfung am Maßstab des dispositiven Rechts nach § 9 Abs. 2 Nr. 1 AGB-Gesetz. Unwirksam sind danach AGB-Klauseln, die mit wesentlichen Grundgedanken der gesetzlichen Regelung nicht vereinbar sind. Eine Durchsicht des hier vorliegenden Fallmaterials ergibt, dass die Rspr. das gesetzliche Leitbild der Vertragsbeziehung zwischen der Bank und den Kunden für die Beurteilung der Entgeltfähigkeit bankseitiger Tätigkeiten im Wesentlichen auf drei Grundprinzipien zurückführt:[90]

(1) Unzulässig sind nach der Rspr. Entgelte für Tätigkeiten, die *keine Dienstleistung* an oder für den Kunden darstellen, z.B. Tätigkeiten im Zusammenhang mit der Nichtausführung von Kundenaufträgen bei fehlender Deckung,[91] oder die Bearbeitung von Kontopfändungen.[92]
(2) Unzulässig sind nach der Rspr. ferner Entgelte für Tätigkeiten, die das Kreditinstitut ohnehin aufgrund einer unselbständigen vertraglichen Nebenpflicht zu erbringen hat, wie z.B. die Erteilung einer Löschungsbewilligung bei der Freigabe von Grundpfandrechten,[93] Tätigkeiten im Zusammenhang mit Ein- und Auszahlungen am Bankschalter,[94] die Bearbeitung von Buchungsreklamationen[95] und Benachrichtigungen im Falle der Nichtausführung von Kundenaufträgen bei fehlender Deckung.[96]
(3) Unzulässig sind nach der Rspr. schließlich Entgelte für Tätigkeiten, die aufgrund allgemeiner gesetzlicher Pflichten zu erbringen sind, wie z.B. die Verwaltung von Freistellungsaufträgen[97] oder – wollte man darin eine

---

90 Vgl. die zutreffende Systematisierung bei *Steppler*, WM 2001, 1176, 1178.
91 BGHZ 137, 43, 46.
92 BGHZ 141, 380; BGH NJW 2000, 651.
93 BGHZ 114, 330.
94 BGHZ 124, 254; 133, 10.
95 LG Köln VuR 2001, 19, 20.
96 BGH NJW 2001, 1419.
97 BGHZ 136, 261; bestätigt durch BVerfG NJW 2000, 3635.

Dienstleistung an oder für den Kunden sehen – die Bearbeitung von Kontopfändungen.[98]

Diese drei Grundprinzipien sind im Folgenden hinsichtlich ihrer dogmatischen Tragfähigkeit und ihrer Anwendung durch die Rspr. näher zu betrachten (nachfolgend unter 2., 3.). Dabei wird unterstellt, dass die untersuchten Klauseln entgegen der hier vertretenen Auffassung überhaupt kontrollfähig sind; für transparente Preisnebenabreden wurde dies verneint (o. III. 2 b) bb), S. 12). Zuvor sei jedoch eine gesetzliche Bestimmung in Erinnerung gerufen, deren Leitbildfunktion für die Beurteilung der Entgeltpflichtigkeit kaufmännischer Tätigkeit in Vergessenheit zu geraten droht: die Vorschrift des § 354 Abs. 1 HGB.

1. § 354 Abs. 1 HGB: Das vergessene Leitbild der materiellen AGB-Inhaltskontrolle

Nach § 354 Abs. 1 HGB kann, wer in Ausübung seines Handelsgewerbes einem anderen Geschäfte besorgt oder Dienste leistet, dafür auch ohne Verabredung Provision verlangen.[99] Eine Geschäftsbesorgung oder Dienstleistung i.S. der Vorschrift liegt dann vor, wenn die Tätigkeit *im Interesse* des anderen Teils erfolgt.[100] Nur wenn die Tätigkeit dem anderen Teil einen Nutzen bringt, ist es gerechtfertigt, ihm hierfür eine Vergütung abzuverlangen. Anders als beim Aufwendungsersatz (§ 670, 675 BGB)[101] geht es also nicht um den Ausgleich von Vermögens*opfern*, die der *Tätige* zum

---

98 BGH 141, 380, 383 ff.

99 Im persönlichen Anwendungsbereich der Vorschrift fallen unabhängig vom tatsächlichen Betreiben eines Handelsgewerbes auch alle Kaufleute kraft Rechtsform i.S. des § 6 Abs. 1 HGB, s. nur Ebenroth/Boujong/Joost/*Kindler*, HGB, 2001, § 354 HGB Rdnr. 3 und *ders.* aaO. § 1 HGB Rdnr. 35; die Kaufmannseigenschaft besitzen ferner Sparkassen, *ders.*, aaO., § 1 HGB Rdnr. 29, und Genossenschaften (§ 17 Abs. 2 GenG), *ders.*, aaO., § 6 HGB Rdnr. 12. Die Kaufmannseigenschaft des anderen Teils verlangt § 354 Abs. 1 HGB nicht (§ 345 HGB).

100 St. Rspr., z.B. BGH BB 1993, 818; Staub/*Canaris*, HGB, 3. Aufl., 2001, § 354 HGB Rdnr. 10; Ebenroth/Boujong/Joost/*Kindler* (Fn. 99), § 354 HGB Rdnr. 10 ff.

101 Hierzu aus ökonomisch-juristischer Sicht *Köndgen*, ZBB 1997, 117, 130 f.

Zwecke der Auftragsdurchführung auf sich genommen hat,[102] sondern um die Abgeltung eines Vermögens*vorteils*, der beim *Nutznießer* dieser Tätigkeit eingetreten ist. Darin liegt zugleich der Unterschied zum Schadensersatzanspruch, der in umgekehrter Perspektive – genau wie der Aufwendungsersatzanspruch – auf die Vermögenslage beim Gläubiger abstellt. Die Vorschrift des § 354 Abs. 1 HGB bezweckt demgegenüber, dass die aus den Diensten gezogenen Vorteile im wirtschaftlichen Ergebnis jedenfalls nicht vollständig beim Empfänger der Dienste verbleiben sollen, sondern in Gestalt ihres Gegenwertes – der „Provision" – an den Erbringer der Dienste erstattet werden. Diese im Kern bereicherungsabschöpfende Aufgabe der Entgeltlichkeitsvermutung[103] bezieht ihren besonderen Gerechtigkeitsgehalt aus der allgemein bekannten Tatsache, dass der Kaufmann nichts umsonst tut, und dass dies jeder weiß oder wissen muss, der mit dem Kaufmann in geschäftliche Beziehungen tritt.[104] Tatbestandlich trifft dieser Grundgedanke auf Kreditinstitute ohne weiteres zu;[105] die Kunden erfahren deshalb im Hinblick auf solche Banktätigkeiten keine Benachteiligung i.S. des § 9 Abs. 1, Abs. 2 Nr. 1 AGB-Gesetz, für die auch ohne die streitige Klausel ein Entgeltanspruch des Kreditinstituts aus § 354 Abs. 1 HGB bestünde.

Im Schrifttum zur Inhaltskontrolle vorformulierter Entgeltklauseln der Kreditwirtschaft findet sich dennoch bisweilen die Aussage, § 354 Abs. 1 HGB komme als gesetzliches Leitbild i.S. der Klauselkontrolle nach § 9 Abs. 2 Nr. 1 AGB-Gesetz nicht in Betracht.[106] Zur Begründung wird zum einen geltend gemacht, die Entgeltlichkeitsvermutung des § 354 Abs. 1 HGB setze das Fehlen einer Verabredung über den Preis ja gerade voraus.[107] Dies trifft zwar zu, da im Falle einer Verabredung die Entgeltlichkeit schon aus der Verabredung folgt.[108] Die sachliche Rechtfertigung der Entgeltlichkeitsvermutung liegt jedoch nicht, auch nicht teilweise, im *Fehlen* einer Verab-

---

102 Vgl. nur Staudinger/*Wittmann*, BGB, 13. Bearb. 1995, § 670 BGB Rdnr. 5.

103 Näher *Kindler*, Gesetzliche Zinsansprüche im Zivil- und Handelsrecht, 1996, S. 128 f.

104 Vgl. nochmals BGH BB 1993, 818 sowie grundlegend RGZ 122, 229, 232; Staub/*Canaris* (Fn. 100), § 354 HGB Rdnr. 1; Ebenroth/Boujong/Joost/*Kindler* (Fn. 99), § 354 HGB Rdnr. 1.

105 Ebenso z.B. *Klaas*, EWiR 1996, 817 (zu BGHZ 133, 10 – Postenpreis-Klausel).

106 So *Canaris*, WM 1996, 237, 240; *ders.*, AcP 200 (2000), 273, 333 f.

107 *Canaris*, WM 1996, 237, 240.

108 Vgl. nur Ebenroth/Boujong/Joost/*Kindler* (Fn. 99), § 354 HGB Rdnr. 18.

redung über die Vergütung, sondern im Tätigwerden eines Kaufmanns für einen anderen. Nicht weil, sondern obwohl es an einer Vergütungsabrede fehlt, ist die Tätigkeit nach § 354 Abs. 1 HGB entgeltlich.[109] Darin besteht der Grundgedanke des § 354 Abs. 1 HGB.

Ein zweiter Einwand geht dahin, die Vorschrift unterwerfe alle Geschäftsbesorgungen und Dienstleistungen von Kaufleuten einer umfassenden AGB-Preiskontrolle und hierin liege eine nicht zu rechtfertigende Andersbehandlung dieser Verträge.[110] Diese Befürchtung hat ihre Wurzel offenbar im Verweis des § 354 Abs. 1 HGB auf die „üblichen Sätze". Dieser Maßstab dürfte indessen kaum mehr zu den – für eine Inhaltskontrolle nach § 9 Abs. 2 Nr. 1 AGB-Gesetz allein maßgeblichen – „Grundgedanken" des § 354 Abs. 1 HGB zählen. Zudem scheitert eine über § 138 Abs. 1 BGB hinausgehende Preiskontrolle schon am Fehlen tauglicher Kontrollmaßstäbe.[111]

Dies dürfte auch die Beurteilung durch die Rspr. sein, die die Vorschrift des § 354 Abs. 1 HGB mehrfach, wenn auch nicht als tragenden Baustein der Begründung herangezogen hat. So ist bereits im Löschungsbewilligungs-Urteil vom 7.5.1991 zu lesen, ein Entgelt für die Ausstellung der Löschungsbewilligung finde in § 354 Abs. 1 HGB keine Stütze, weil keine Dienstleistung der Bank für den Bodenkreditnehmer vorliege.[112] Im Barauszahlungs-Fall hatte die Vorinstanz schon die Kontrollfähigkeit der Bankentgelte u.a. mit Rücksicht auf § 354 Abs. 1 HGB verneint;[113] der BGH entschied gegenteilig, u.a. weil es an einer Geschäftsbesorgung oder Dienstleistung der Bank i.S. des § 354 Abs. 1 HGB fehle.[114] Mit dem gleichen Argument verwarf das Gericht das Bankentgelt für die Verwaltung von Freistellungsaufträgen, hier aber im Rahmen der Gesamtabwägung nach § 9 Abs. 1 AGB-Gesetz (vgl. oben IV. 1., S. 16).[115]

---

109 Vgl. RGZ 122, 229, 232: „... gleichgültig, ob ein Vertragsverhältnis (...) vorliegt oder nicht."

110 *Canaris*, WM 1996, 237, 240.

111 Näher *Horn* (Fn. 26), S. 17 f.

112 BGHZ 114, 330, 335.

113 OLG Frankfurt NJW 1993, 1402, 1403.

114 BGHZ 124, 254, 258 f.; ebenso in der Sache BGHZ 141, 380, 386 f. und BGH NJW 2000, 651 (beide zur Kontopfändung), wo die Kontrollfähigkeit der Entgeltklausel mangels Vorliegen einer „Leistung" angenommen wurde.

115 BGHZ 136, 261, 266.

Der Gegenschluss aus diesen Entscheidungen drängt sich auf. Handelt es sich bei der Banktätigkeit um eine Dienstleistung oder Geschäftsbesorgung i.S. des § 354 Abs. 1 HGB, so ist die hierauf bezogene Entgeltklausel ohne weiteres wirksam, ja vielleicht nicht einmal kontrollfähig, weil die Klausel genau dieselbe Rechtsfolge vorsieht wie die Rechtsvorschrift des § 354 Abs. 1 HGB (als bloß deklaratorische AGB-Klausel). Dieses Ergebnis ist vor allem deshalb einleuchtend, weil die Entgeltklausel ja nur die Wertung des § 354 Abs. 1 HGB übernimmt, mithin also – im Sprachgebrauch des § 9 Abs. 2 Nr. 1 AGB-Gesetz – von dessen „wesentlichen Grundgedanken" nicht nur nicht abweicht, sondern diesen Grundgedanken sogar bestätigt. Bei dieser Betrachtungsweise wird der Begriff der Dienstleistung bzw. Geschäftsbesorgung i.S. des § 354 Abs. 1 HGB zum Zentralbegriff der Inhaltskontrolle von Entgeltklauseln für Banktätigkeiten.[116] Dass dem so ist, wird aus den vorliegenden Entscheidungen freilich nicht immer hinreichend deutlich.

2. *Fallgruppen der Unwirksamkeitsvermutung*

a) Fehlender Dienstleistungscharakter der Banktätigkeit

Ausgangspunkt der BGH-Rspr. zur Inhaltskontrolle von Nebenentgelten in der Kreditwirtschaft war das Urteil vom 7.5.1991. Dort hat das Gericht eine Klausel verworfen, wonach für die Ausfertigung von Löschungsbewilligungen bei der Grundschuldfreigabe[117] ein Entgelt zu entrichten war. Leitend war dabei für den BGH, wie soeben erwähnt, die Überlegung, dass die Erfüllung von Nebenpflichten, die dem Institut im Rahmen der Vertragsbeziehung ohnehin obliegen, nicht zusätzlich bepreist werden kann.[118] Arbeiten zur Erfüllung seiner eigenen gesetzlichen Verpflichtungen führe ein Schuldner – hier: die Bank – nach der Wertung des Gesetzes stets im eigenen Interesse und nicht im Interesse des anderen Teils durch;[119] hieraus rechtfertige sich der Grundsatz, dass jeder die ihm obliegenden Verpflichtungen zu erfüllen habe, ohne dafür ein besonderes Entgelt verlangen zu können.[120]

---

116 Wie hier im Ansatz *Köndgen,* BB 1997, 117, 134 r. Sp.; MünchKommHGB/*Hadding/Häuser*, Bd. 5, 2001, Recht des Zahlungsverkehrs, Rdnr. A 77.

117 Vgl. § 27 GBO.

118 BGHZ 114, 330, 333 ff.

119 BGHZ 114, 330, 335.

120 BGHZ 114, 330, 335.

Weil die Erteilung einer Löschungsbewilligung zur gesetzlichen Freigabeverpflichtung des Grundpfandgläubigers gehöre – der XI. Zivilsenat folgerte dies im Erst-recht-Schluss aus § 1144 BGB – könne hierin keine Dienstleistung liegen, und zwar weder im Sinne der klagegegenständlichen AGB-Klausel noch im Sinne des § 354 Abs. 1 HGB.[121]

Das Löschungsbewilligungs-Urteil kreist damit zwar gewissermaßen um den Begriff der Dienstleistung, beruht in der Sache aber doch auf einer ganz anderen Wertung, nämlich dem Entgeltverbot bei der Erfüllung vertraglicher oder gesetzlicher Verpflichtungen. Denn dass im gegebenen Fall eine Dienstleistung vorlag, steht wegen der *objektiven Nützlichkeit* der Banktätigkeit für den Empfänger der Löschungsbewilligung fest; für den Dienstleistungsbegriff kommt es auf den subjektiven Beweggrund des tätigen Kaufmanns nicht an, weil die Vergütungspflicht, wie oben 1. (S. 23) dargelegt, sich nur aus der *objektiv* gegebenen Nützlichkeit der Tätigkeit für den Entgeltschuldner rechtfertigen lässt. Ob die Bank zur Vornahme der Tätigkeit ohnehin verpflichtet ist, ist deshalb für den Dienstleistungsbegriff bei § 354 Abs. 1 HGB entgegen dem Löschungsbewilligungs-Urteil[122] unerheblich.

Erstmals zutreffend angewandt hat der XI. Zivilsenat den Dienstleistungsbegriff im nachfolgenden Urteil vom 21.10.1997 zur *Nichtausführung von Kundenaufträgen* mangels Deckung.[123] Schon tatbestandlich lag hier keine Dienstleistung vor, und zwar weder für den Zahlungspflichtigen noch für den einziehenden Kunden des Einziehungsinstituts. Denn die Bank wird bei der Prüfung der ausreichenden Deckung ausschließlich im Eigeninteresse tätig.[124] Diesen Gedanken hat der BGH auch in der Kontopfändungs-Entscheidung vom 18.5.1999 herangezogen, wenn dort das Vorliegen einer „Leistung" verneint wird.[125] Dem Urteil vom 21.10.1997[126] ist beizupflichten, wenn es für den Begriff der Dienstleistung darauf abstellt, in wessen Interesse die Tätigkeit erbracht wird. Ohne die Vorschrift zu erwäh-

---

121 BGHZ 114, 330, 335.

122 BGHZ 114, 330.

123 BGHZ 137, 43 (Lastschriftrückgabe).

124 So auch *van Gelder*, WM 2000, 101, 110 m. Fn. 94; a.A. *Canaris*, EWiR 1998, 49, 50.

125 BGHZ 141, 380, 386.

126 BGHZ 137, 43.

nen, zieht der BGH hier die Abgrenzungsmerkmale des § 354 Abs. 1 HGB heran. Für eine Entgeltpflicht ist nach dem Grundgedanken dieser Vorschrift nämlich nur erforderlich, dass der Kaufmann zumindest auch im Interesse des anderen Teils tätig wird.[127] Unanwendbar ist § 354 Abs. 1 HGB nur dann, wenn der Kaufmann ausschließlich im eigenen Interesse oder im Interesse eines Dritten handelt;[128] die Vermutung kehrt sich dann gleichsam in ihr Gegenteil: ein Entgelt ist in diesen Fällen nicht geschuldet. Die bereicherungsabschöpfende Funktion der Entgeltvermutung ginge ins Leere, weil es bei der als Empfänger der Dienste in Betracht gezogenen Person keine Vorteile abzuschöpfen gibt. Kritisch ist gegenüber dem Lastschriftrückgabe-Urteil allenfalls anzumerken, dass es nicht offen legt, dass es den Prüfungsmaßstab der Inhaltskontrolle einer Vorschrift des geltenden Rechts entnommen hat, nämlich § 354 Abs. 1 HGB.

Zieht man stattdessen § 354 Abs. 1 HGB offen als Leitbild i.S. des § 9 Abs. 2 Nr. 1 AGB-Gesetz heran, dann hätte übrigens auch das Urteil zum Entgelt für Drittschuldnererklärungen wesentlich knapper ausfallen können, soweit es dort um die Feststellung einer Abweichung vom dispositivem Recht geht. Mit Recht stellt der BGH dort heraus, dass die Drittschuldnererklärung i.S. des § 840 ZPO keine Dienstleistung für den Vollstreckungsschuldner ist, weil sie – im Hinblick auf die Schadensersatzhaftung aus § 840 Abs. 2 Satz 2 ZPO – allein im eigenen Interesse der Bank erfolge, keinesfalls aber im Interesse des Kunden.[129] Warum hat es der XI. Zivilsenat nicht bei dieser Feststellung bewenden lassen? Nach dem Grundgedanken des § 354 Abs. 1 HGB steht nämlich bereits aufgrund des fehlenden Dienstleistungscharakters der Tätigkeit bei der Bearbeitung von Kontopfändungen fest, dass ein Entgelt nicht geschuldet ist. Auf die weiteren Erwägungen, insbesondere die öffentlichrechtliche Verpflichtung zur Abgabe der Erklärung nach § 840 ZPO kommt es allenfalls für die anschließende Gesamtabwägung (oben IV.

---

127 Staub/*Canaris* (Fn. 100), § 354 HGB Rdnr. 10; im Ergebnis auch BGHZ 62, 71, 79; BGH NJW 1984, 435, 436.

128 Staub/*Canaris* (Fn. 100), § 354 HGB Rdnr. 10.

129 BGHZ 141, 380, 386 f.; zust. *Hadding*, WuB IV C. § 9 AGBG 9.99.

1, S. 16) an, nicht aber für die Begründung der Unwirksamkeitsvermutung nach § 9 Abs. 2 Nr. 1 AGB-Gesetz.[130]

b) Ohnehin vertraglich geschuldete Bankdienstleistungen

aa) Das Leitbild der unentgeltlichen Pflichterfüllung

Die Vermutung des § 354 Abs. 1 HGB steht unter dem Vorbehalt einer abweichenden vertraglichen Regelung zwischen den Parteien. Wie der BGH schon früh festgestellt hat, kommt ein Anspruch aus § 354 Abs. 1 HGB[131] dann nicht in Betracht, wenn die fragliche Tätigkeit nach dem Vertrag unentgeltlich zu erbringen ist.[132] Ob dies der Fall ist, ist im vorliegenden Zusammenhang eine Frage der Auslegung des Girovertrages (§§ 133, 157 BGB). Zum gleichen Ergebnis gelangt man, wenn man die betreffende Tätigkeit als bereits abgegolten betrachtet, beim Girovertrag z.B. durch den Grundpreis, durch Postenpreise oder durch Überlassung des sog. Bodensatzes.[133] Denn § 354 Abs. 1 HGB führt nicht zu einer Verdoppelung der Vergütungspflicht. So betrachtet, enthält die gesetzliche Regelung ein Verbot der Kumulierung von Entgelten für die gleiche Dienstleistung.[134]

In diese Fallgruppe gehört das oben vor 1. (S. 20) dargestellte zweite Grundprinzip der Rspr., wonach für Leistungen, die das Kreditinstitut ohnehin einer unselbständigen vertraglichen Nebenpflicht zu erbringen hat, kein gesondertes Entgelt verlangt werden darf. Eine Dienstleistung oder Geschäftsbesorgung i.S. des § 354 Abs. 1 HGB ist hier entgegen dem BGH allerdings durchaus gegeben, weil die Tätigkeit zumindest auch im Interesse

---

130 Die wirtschaftliche Bedeutung der Frage nach der Entgeltfähigkeit von Drittschuldnererklärungen hat im Hinblick auf die jüngst entschiedene Pfändbarkeit der Kreditlinie (BGH NJW 2001, 1937) weiter zugenommen.

131 Zur Rechtsnatur der Vorschrift als Anspruchsgrundlage (Wortlaut!) s. BGH BB 1993, 818; Ebenroth/Boujong/Joost/*Kindler* (Fn. 99), § 354 HGB Rdnr. 1; a.A. Staub/*Canaris* (Fn. 100), § 354 HGB Rdnr. 2, 4.

132 BGHZ 62, 71, 81 f.; Ebenroth/Boujong/Joost/*Kindler* (Fn. 99), § 354 HGB Rdnr. 18.

133 Vgl. *Canaris*, Bankvertragsrecht, 3. Auf. 1988, Rdnr. 317.

134 Ebenso im Ergebnis OLG Hamburg NJW 1996, 1902, 1903 (rechte Spalte unter II. 1.); zweifelnd *Horn* (Fn. 26), S. 16.

des Kunden erfolgt.[135] Zuzustimmen ist dem BGH in der Grundannahme, dass jedermann die ihm obliegenden vertraglichen Nebenpflichten unentgeltlich zu erfüllen hat.[136] Denn die Nebenpflichten stellen lediglich sicher, dass der Gläubiger in den uneingeschränkten Genuss der Hauptleistung kommt,[137] und für *deren* Erfüllung hat der Gläubiger ja bereits bezahlt oder schuldet er jedenfalls ganz fraglos ein Entgelt (beim Girovertrag: Grundgebühr, Postenpreise oder Bodensatz).

bb) Zur Grundlage der unselbständigen vertraglichen Nebenpflichten

Die Reihe der hier einschlägigen Entscheidungen beginnt mit dem *Löschungsbewilligungsurteil* vom 7.5.1991.[138] Dort hat das Gericht völlig zu Recht an die allgemeine Gläubigerpflicht zur Ausstellung einer Quittung angeknüpft (§§ 368, 369 BGB);[139] die Existenz einer derartigen Pflicht ist angesichts der eindeutigen Vorgaben des dispositiven Rechts nicht zu leugnen. Zum gleichen Ergebnis gelangt, wer auf die allgemeine vertragliche und – in Anspruchskonkurrenz hierzu stehende – bereicherungsrechtliche Verpflichtung zur Rückgabe gestellter Sicherheiten aus dem Sicherungsvertrag[140] abhebt.[141]

Im *Barauszahlungs-Fall*[142] kam es vor allem auf die vertragstypologische Einordnung des Girokontos und des Girovertrags an. Betrachtet man mit dem BGH und der herrschenden Lehre den Girovertrag als bloßen Rahmenvertrag, daneben das passive Girokonto als einen rechtlich eigenständigen Darlehensvertrag (§§ 607 ff. BGB) und das aktive Girokonto als einen Fall

135 A.A. BGHZ 114, 330, 335 (Löschungsbewilligung); 124, 254, 258 f. (Barauszahlung); dagegen gehört das ebenfalls auf § 354 Abs. 1 abstellende Urteil BGHZ 136, 261, 266 (Freistellungsaufträge) die sogleich im Text unter c) zu behandelnde Fallgruppe der „kraft allgemeiner gesetzlicher Pflicht geschuldeten Bankdienstleistungen“.

136 Zuletzt BGH NJW 2001, 1419, 1420; grundsätzlich a.A. *Köndgen,* ZBB 1997, 117, 134 f.; *Steppeler*, WM 2001, 1176, 1182, 1190 f.

137 Vgl. nur *Larenz*, Schuldrecht AT, Bd. I, 14. Aufl. 1987, § 2 I, S. 9 ff. und § 10 II e, S. 138 f.

138 BGHZ 114, 330.

139 BGHZ 114, 330, 333 ff.; zustimmend i.Er. auch *Steppeler*, WM 2001, 1176, 1183.

140 Vgl. nur *Schwab/Prütting*, Sachenrecht, 29. Aufl. 2000, Rdnr. 768, 773.

141 *Steppeler*, WM 2001, 1176, 1183 f.

142 BGHZ 124, 254.

der unregelmäßigen Verwahrung (§ 700 Abs. 1 S. 3 BGB)[143] oder jedenfalls als einen dieser gleichgestellten Vertrag eigener Art[144], so führt an der Schlussfolgerung kein Weg vorbei, dass die Entgegennahme von Einzahlungen und die Vornahme von Auszahlungen zu den vertragstypischen Pflichten des Kreditinstituts als *Darlehensgeber bzw. Verwahrer* gehört.

Zu einer ganz anderen Einordnung gelangt, wer für die Prüfung der Angemessenheit der Entgeltklausel die Pflicht zur Entgegennahme von Einzahlungen und zur Vornahme von Auszahlungen nicht den hier jeweils zugrunde liegenden Darlehens- bzw. Verwahrungsverträgen zuordnet, sondern dem diesen Einzelvertragsverhältnissen übergeordneten Girovertrag als Rahmenvertrag. Dass die genannten Banktätigkeiten *doppelrelevant* sein können, bedeutsam auf der einzelvertraglichen wie auf der rahmenvertraglichen Ebene, hat auch der BGH implizit anerkannt, wenn er in der Barauszahlungs-Entscheidung festhält, dass Ein- und Auszahlungen auf das Girokonto „auch" – d.h.: nicht nur! – Akte zur Begründung oder Erfüllung der genannten Schuldverhältnisse (Darlehen, unregelmäßige Verwahrung) oder einzelner Pflichten aus ihnen sind.[145] Die Zuordnung der Banktätigkeit bei Ein- und Auszahlungen zum Girovertrag als Rahmenvertrag ist für die Prüfung der Entgeltklauseln deshalb vorzugswürdig, weil nur diese Betrachtungsweise die Funktion des Girovertrags sachgerecht zu erfassen vermag, die u.a. darin liegt, Bar- in Buchgeld zu verwandeln und umgekehrt.[146] Dieser Vorgang hat mit den Rechtswirkungen der Einzahlungen und Auszahlungen auf der Ebene der Darlehens- und Verwahrungsverträge nichts zu tun. Er bewirkt lediglich den für praktische Zwecke nötigen Wechsel des Geldes von einem „Aggregatszustand" zu einem anderen – rechtlich gesprochen: Bei der Einzahlung den Wechsel vom Eigentum an Geldscheinen und Münzen zum

---

143 Hierzu BGHZ 124, 254, 257; ferner *Canaris* (Fn. 133), Rdnr. 318; *ders.*, WM 1996, 237, 238; Soergel/*Teichmann*, BGB, 12. Aufl. 2000, § 700 BGB Rdnr. 6; zusammenfassend *Steppeler*, WM 2001, 1176, 1179 f.

144 Weil Buchgeld nicht i.S. des § 700 Abs. 1 S. 1 BGB „übereignet" werden kann, so zutr. MünchKommBGB/*Hüffer*, 3. Aufl. 1997, § 700 BGB Rdnr. 17.

145 Vgl. BGHZ 133, 10, 14.

146 Zutr. *Canaris*, WM 1996, 237, 244 linke Sp.; *Horn* (Fn. 26), S. 14 f.; MünchKommHGB/*Hadding/Häuser* (Fn. 116), Recht des Zahlungsverkehrs, Rdnr. A77 a.E.

abstrakten Schuldversprechen der Bank,[147] bei der Auszahlung die Erfüllung des hierauf gerichteten Anspruchs des Kunden auf Rückgabe des Verwahrungsgegenstandes bzw. Darlehensgewährung durch Verschaffung von Eigentum an Geldscheinen und Münzen. Die Banktätigkeit bei Ein- und Auszahlungen am Schalter ist daher *zugleich* als Hauptleistung aus dem Girovertrag und als Nebenpflicht aus unregelmäßiger Verwahrung bzw. Darlehen geschuldet.[148] Bei dieser, dem wirtschaftlichen Zweck des Girovertrags besser gerecht werdenden Betrachtungsweise ist die Banktätigkeit im Zusammenhang mit Aus- und Einzahlungen am Schalter ohne weiteres als „Dienstleistung" jedenfalls auch im Interesse der Kunden zu qualifizieren, mit der Folge, dass hierfür ohne eine entsprechende Klausel ein Entgelt aus § 354 Abs. 1 HGB geschuldet wäre. Zum gegenteiligen Ergebnis gelangt man nur, wenn man die Darlehens- bzw. Verwahrungsverträge isoliert betrachtet, d.h. losgelöst von ihrer Einbindung in das Giroverhältnis. Richtigerweise kommt man jedoch für den Normalfall entgegen BGHZ 124, 254 nicht zu der Annahme, dass es sich bei den Ein- und Auszahlungen am Bankschalter um ohnehin vertraglich geschuldete Bankdienstleistungen handeln würde, weshalb hier ein Entgelt mit der gesetzlichen Wertung des § 354 Abs. 1 HGB konform geht.[149]

Fasst man mit der hier vertretenen Auffassung die Banktätigkeit bei typischen girovertraglichen Geschäftsvorfällen als Bestandteil der girovertraglichen Hauptleistungspflichten auf, so kommt auch für die AGB-rechtliche Beurteilung von *Postenpreisklauseln* entgegen BGHZ 133, 10 nicht das Leitbild des Darlehensvertrages bzw. der unregelmäßigen Verwahrung zum Zuge – wonach in der Tat die dort geschuldeten Erfüllungshandlungen unentgeltlich vorzunehmen sind –,[150] sondern wiederum das Leitbild des § 354 Abs. 1 HGB.[151] Weil die Vornahme der einzelnen

147 Zu dieser Rechtsnatur der Gutschrift vgl. *Canaris*, WM 1996, 237, 241 m. Nachw.; *ders.* (Fn. 133), Rdnr. 415, 424.

148 Für eine ausschließliche Zuordnung zum Girovertrag *Steppeler*, WM 2001, 1176, 1184 f.

149 So auch die Vorinstanz zu BGHZ 124, 254: OLG Frankfurt NJW 1993, 1402, 1403; krit. zu BGHZ 124, 254 auch *Fischer*, WuB IV B. § 8 AGBG 1.94; *Graf von Westphalen*, WM 1995, 1209, 1217.

150 BGHZ 133, 10, 15.

151 Wie hier *Klaas*, EWiR 1996, 817 (zu BGHZ 133, 10 – Postenpreisklauseln beim Girokonto).

Buchungen hier eine Dienstleistung zumindest auch im Interesse der Kunden ist, scheidet eine Prüfung der Entgeltklauseln anhand des gesetzlichen Leitbildes der unentgeltlichen Pflichterfüllung[152] aus. Auch für Postenpreise lässt sich daher eine Einordnung als Entgelt für ohnehin geschuldete Bankdienstleistungen nicht aufrechterhalten.

cc) Kraft allgemeiner gesetzlicher Pflicht geschuldete Bankdienstleistungen

Die Reihe der in diese – letzte – Fallgruppe einzuordnenden Urteile beginnt mit den beiden Entscheidungen zur *Verwaltung von Freistellungsaufträgen* vom 15.7.1997.[153] Dort hat der BGH eine AGB-Entgeltklausel verworfen, derzufolge für die Änderung von Freistellungsaufträgen nach dem Zinsabschlagsgesetz[154] ein Entgelt zu entrichten war. Leitend war hierfür die Erwägung, dass die Banktätigkeit im Zusammenhang mit dem Einzug der Quellensteuer im öffentlichen Interesse liegt[155] und aufgrund einer dem Staat gegenüber bestehenden Pflicht zu erbringen sei.[156] Zwar erkannte der XI. Senat an, dass auch die Kunden aus der Bearbeitung der Freistellungsaufträge einen Nutzen ziehen, doch soll dieser Umstand nicht zum Vorliegen einer Dienstleistung an den oder für die Kunden i.S. des § 354 Abs. 1 HGB führen.[157]

Dabei wird zwar ein zu enger Dienstleistungsbegriff zugrunde gelegt. Tatbestandlich greift § 354 Abs. 1 HGB anerkanntermaßen nämlich schon dann ein, wenn die Tätigkeit *unter anderem* im Interesse des anderen Teils liegt. Ob weitere Nutznießer der Tätigkeit – wie im Falle der Einzahlung die Bank selbst oder im Falle der Bearbeitung von Freistellungsaufträgen der Fiskus – vorhanden sind, ist demgegenüber nicht von Bedeutung. Dennoch ist dem Freistellungs-Urteil im Ergebnis zuzustimmen, weil die Entgeltvermutung des § 354 Abs. 1 HGB für diese Dienstleistung mit doppelter Interessenrichtung letztlich nicht zum Tragen kommt. Eine Schwerpunkt-

152 Vgl. *Köndgen*, ZBB 1997, 117, 134.
153 BGHZ 136, 261 (XI ZR 269/96) und BGH NJW 1997, 2753 (XI ZR 279/96); hierzu auch BVerfG NJW 2000, 3635 (nachfolgend im Text unter VII.5.).
154 G.v. 9.11.1992, BGBl. I, 1853.
155 BGHZ 136, 261, 265.
156 BGHZ 136, 261, 266.
157 BGHZ 136, 261, 266.

betrachtung ergibt, dass die Banktätigkeit jedenfalls ganz überwiegend im öffentlichen Interesse liegt und schon deshalb nicht mehr „in Ausübung des Handelsgewerbes“ (§ 354 Abs. 1 HGB) der Bank erfolgt. Die Bank ist hier gewissermaßen – auch wenn das die hier anwesenden Bankenvertreter mit Unbehagen erfüllt – als Außenstelle des Finanzamts tätig; das öffentlichrechtliche Schrifttum bezeichnet derart für den Verwaltungsvollzug in Anspruch genommene Private als Verwaltungshelfer, und der Streit geht nur um die verfassungsrechtliche Frage, ob der Verwaltungshelfer *vom Fiskus* eine angemessene Vergütung verlangen kann.[158] Der öffentlichrechtliche Primärcharakter der Dienstleistung schließt es demgegenüber aus, die – gewissermaßen reflexhaft – hieraus auch einen Nutzen ziehenden Kontoinhaber mit einem Entgelt zu belegen. Der Kontoinhaber steht hier dem Kreditinstitut nicht in seiner Eigenschaft als Kunde, sondern in seiner Eigenschaft als Steuerbürger gegenüber. Als solcher hätte er auch an den Staat kein Entgelt dafür zu entrichten, dass dieser von der Einbehaltung und Abführung einer nicht geschuldeten Steuer absieht.[159]

Zur gleichen Beurteilung gelangt man nach diesen Maßstäben hinsichtlich der Entgeltklauseln für die *Bearbeitung von Kontopfändungen*.[160] Selbst wenn man hier – entgegen den obigen Ausführungen unter a), S. 24 – eine Dienstleistung für den Kontoinhaber bejahen wollte, so liegt doch auf der Hand, dass diese jedenfalls vorwiegend im Interesse des Vollstreckungsgläubigers, wenn nicht sogar im überwiegenden Interesse des Staates erfolgt, der auf eine wirkungsvolle Zwangsvollstreckung zur Rechtfertigung seines Gewaltmonopols und somit einer der Grundlagen unserer rechtsstaatlichen Ordnung unverzichtbar angewiesen ist. Wiederum spricht der öffentlichrechtliche Charakter der Verpflichtung zur Mitwirkung an hoheitlicher Tätigkeit (Zwangsvollstreckung) dafür, einen Vergütungsanspruch allenfalls im Verhältnis zum Staat oder zum Vollstreckungsgläubiger zu erwägen, zumal Letzterer die Kosten der Zwangsvollstreckung beim Schuldner beitreiben

158 Z.B. *Burgi*, GewA 45 (1999), 393, 401 (speziell zu BGHZ 136, 261 – Freistellungsaufträge).

159 Zutreffend BGHZ 136, 261, 267.

160 BGHZ 141, 380; BGH NJW 2000, 651.

kann (§ 788 ZPO).[161] Der Kontoinhaber ist in diesen Fällen nicht in erster Linie Bankkunde, sondern Vollstreckungsschuldner.

3. *Gesamtabwägung*

Im Rahmen der von § 9 Abs. 1 AGB-Gesetz geforderten Gesamtabwägung (o. IV. 1., S. 16) ist zu prüfen, ob schutzwürdige Interessen des Verwenders ausnahmsweise doch ein Abweichen der Klausel vom gesetzlichen Leitbild (§ 9 Abs. 2 Nr. 1 AGB-Gesetz) rechtfertigen.[162] Nach dem bisher Gesagten kommt eine Gesamtabwägung im Hinblick auf Entgeltklauseln bei der Barauszahlung und bei den Postenpreisen nicht mehr in Betracht, da insoweit *Hauptpflichten* aus dem Girovertrag erfüllt werden (2. b) bb), S. 28) und schon deshalb keine AGB-rechtlichen Bedenken bestehen. Für die Wirksamkeit folgender Klauseln ist hingegen die Gesamtabwägung entscheidend: Entgeltklauseln für Banktätigkeiten, die keinen Dienstleistungscharakter haben (Nichtausführung bei fehlender Deckung, Kontopfändung, oben 2. a), S. 24); Entgeltklauseln für Bankdienstleistungen, die ohnehin vertraglich geschuldet sind (z.B. die Ausstellung einer Löschungsbewilligung, oben 2. b) bb), S. 28); Entgeltklauseln für Tätigkeiten, die zugleich der Erfüllung allgemeiner gesetzlicher Pflichten dienen (Verwaltung von Freistellungsaufträgen oder Kontopfändungen; oben 2. b) cc), S 31 ff.).

a) Verursacherprinzip und Vertretenmüssen des Kunden

Als hauptsächlicher Gesichtspunkt, aus dem sich ein Entgelt in den vorgenannten Fällen AGB-rechtlich rechtfertigen lassen soll, obwohl bei Fehlen einer entsprechenden Klausel die Bank leer ausginge, wird immer wieder das sog. Verursacherprinzip angeführt.[163] Danach soll es ein Gebot der Gerech-

---

161 Vgl. hierzu auch BGHZ 141, 380, 384: Kein unmittelbarer Erstattungsanspruch des Drittschuldners gegen den Vollstreckungsschuldner.

162 Vgl. nur BGHZ 115, 38, 43 f.; ferner *Brehm/Kleinheisterkamp*, JZ 2000, 59, 60 (zu BGHZ 141, 380); allg. Darstellung der Abwägungsgesichtspunkte bei MünchKommBGB/*Basedow* (Fn. 11) § 9 AGB-Gesetz Rdnr. 9-33; *Wolf*/Horn/Lindacher (Fn. 7), § 9 AGB-Gesetz Rdnr. 99-155; Staudinger/*Coester* (Fn. 13), § 9 AGB-Gesetz Rdnr. 65-159.

163 Vgl. etwa *Köndgen*, ZBB 1997, 117, 125 f. (aus juristisch-ökonomischer Sicht); *Horn* (Fn. 26) S. 16 f.; *Rohe,* NJW 1998, 1284 f.; *Brehm/Kleinheisterkamp*, JZ

tigkeit sein, die Kosten der im Einzelfall erbrachten Banktätigkeit nach Möglichkeit dem Verursacher aufzuerlegen.[164] Der BGH hat diesen Ansatz bislang bei der Angemessenheitsprüfung von Entgeltklauseln stets verworfen. Die Begründung für diese ablehnende Haltung variiert. Im Schaltergebühr-Urteil vom 30.11.1993 wurde darauf abgestellt, dass der Kunde keine kostenfreie Alternative zur Bareinzahlung habe.[165] Für das Freistellungsauftrags-Urteil vom 15.7.1997 war entscheidend, dass der Klauselverwender seine Gemeinkosten durch Leistungspreise im freien Wettbewerb erwirtschaften müsse.[166] Im Kontopfändungs-Urteil vom 18.5.1999 und im Urteil zu den Benachrichtigungsentgelten vom 13.2.2001 heißt es, das Verursacherprinzip gehe von vornherein fehl, da es für die Preisgestaltung im nicht regulierten Wettbewerb bedeutungslos sei.[167]

Im Schrifttum heißt es dazu unbarmherzig, mit derlei Überlegungen verkenne der BGH die Problematik schon im Grundsätzlichen; die Kostenumlage – so Canaris – auf den Verursacher sei ein Gebot der Gerechtigkeit.[168] Daran ist richtig, dass die ausgleichende Gerechtigkeit im Verhältnis zwischen Bank und Kunde es gewiss nahe legt, dem Kunden als Verursacher der Banktätigkeit die bei der Bank hierfür angefallenen Kosten aufzuerlegen, schon weil dies dem materiellen Äquivalenzprinzip entspricht. Und es ist gewiss im Sinne der austeilenden Gerechtigkeit, wenn diejenigen Kunden, die die Banktätigkeiten im Zusammenhang mit dem Girokonto weniger beanspruchen, auch weniger bezahlen als andere Kunden, die vermehrt Zusatzkosten auslösen. Dass diesem Personenkreis keine unangemessene Benachteiligung i.S. des § 9 Abs. 1 AGB-Gesetz widerfährt, hat der XI. Zivilsenat bei seiner Gesamtabwägung zur Zulässigkeit AGB-mäßiger Postenpreisklauseln sogar ausdrücklich anerkannt. Der BGH unterscheidet dort zwischen Kunden, bei denen eine „normale Inanspruchnahme" des Girokontos vorliegt und Kunden, die das Girokonto „in außergewöhnlichem

---

2000, 59, 60 (zu BGHZ 141, 380); *Canaris*, AcP 200 (2000), 273, 337 ff.; ablehnend *Derleder/Metz*, ZIP 1996, 573, 577.

164 Vgl. etwa die Formulierung von *Steppeler*, WM 2001, 1176: „... die Kosten dort anzubinden, wo sie entstehen und verursacht werden."

165 BGHZ 124, 254, 260.

166 BGHZ 136, 261, 266.

167 BGHZ 141, 380, 385 (Kontopfändung); BGH NJW 2001, 1419, 1420 (Benachrichtigungsentgelt).

168 *Canaris*, AcP 200 (2000), 273, 373, 338 f.; ähnlich schon *Horn* (Fn. 26), S. 16 f.

Ausmaß“ in Anspruch nehmen; Letztere würden durch Klauseln nicht unangemessen benachteiligt, wenn sie „in maßvollem Umfang zu einem Entgelt für den damit verbundenen Aufwand“ des Kreditinstituts herangezogen würden.[169]

Im Ergebnis vermag das Verursacherprinzip dennoch eine Abweichung vom gesetzlichen Leitbild des § 354 Abs. 1 HGB, wonach in den hier vorausgesetzten Fällen gerade kein Entgelt geschuldet ist (oben 2. a) – b) cc), S. 24 ff.), nicht zu rechtfertigen. Dies folgt zwar nicht aus den vom BGH angeführten Argumenten, wohl aber aus der dogmatischen Natur des Verursacherprinzips: Das Verursacherprinzip ist ein Kriterium für die *Zurechnung von Schäden*, wie schon seine Herkunft aus dem Umweltrecht deutlich macht.[170] Dagegen folgt aus der Verursachung einer bestimmten Banktätigkeit und der hieraus bei der Bank entstehenden Kosten noch nicht ein entsprechender Vorteil beim Kunden, für den ein Entgelt zu entrichten wäre.[171] In der Sache geht es den Vertretern des Verursacherprinzips auch gar nicht um den Preis für die Vorteile, die der Kunde aus der Banktätigkeit zieht, sondern um eine gerechte Verteilung der bankseitig angefallenen Kosten.[172] Dies aber ist nur in Gestalt eines Schadens- oder Aufwendungsersatzes zu erreichen, mit dem bedeutsamen Unterschied, dass derartige Ansprüche der Höhe nach im Bestreitensfalle grundsätzlich zu rechtfertigen sind.[173] Aus dem Gesagten folgt, dass auch das Vertretenmüssen für die Entgeltpflich-

---

169 BGHZ 133, 10, 16 f.

170 Vgl. §§ 1, 6 UmwHG v. 10.12.1990, BGBl. I, 2634.

171 Zur Maßgeblichkeit der Vermögenslage des Entgelt*pflichtigen* (und nicht des Entgeltberechtigten) s. o. im Text unter 1., S. 21; unrichtig schon im Ansatz daher auch BGHZ 133, 10, 17 (vgl. soeben Fn. 170), wonach das Entgelt „für den (...) Aufwand“ des Entgelt fordernden Kreditinstituts – und nicht als Abgeltung des Kundenvorteils! – gerechtfertigt sei.

172 Z.B. *Canaris*, AcP 200 (2000), 273, 373 „Kosten“ u.ö.; *Rohe*, NJW 1998, 1284 f.; *Schmidt-Lademann*, LM § 8 AGB-Gesetz Nr. 28, 29 (zu BGHZ 136, 261 – Freistellungsauftrag): „Kostengerechtigkeit“, unter 2.; *Horn* (Fn. 26), S. 16 f.; *Steppeler*, WM 2001, 1176, 1182.

173 Genau diese Konsequenz bedauert denn auch *Canaris*, AcP 200 (2000), 273, 342 („realitätsfremd“); wie hier *Derleder/Metz*, ZIP 1996, 573, 577; mit Recht krit. gegenüber der Entgeltpraxis der Kreditinstitute in diesem Zusammenhang BGHZ 141, 480, 388 f. (Kontopfändung), wo beanstandet wird, dass der tatsächliche Aufwand für die Entgeltbemessung überhaupt keine Rolle spielt.

tigkeit nichts ergibt, weil dieser Vorwurf sich auf Pflichtverletzungen – und mithin wiederum auf eine Schadensersatzhaftung des Kunden – bezieht.[174]

b) Sphärengedanke

Noch weiter als das Verursacherprinzip geht der Sphärengedanke: Danach soll der Kunde ohne weiteres für Zusatzkosten haften, die „auf einen Mangel in der Sphäre des Kunden" beruhen, z.B. auf der fehlenden Deckung seines Kontos.[175]

Die dogmatischen Wurzeln dieser Figur führen freilich erneut in das Leistungsstörungsrecht. Zum einen ergibt sich hier aus Einzelregelungen des Annahmeverzugs (§§ 294, 304 BGB), des Wegfalls der Leistungspflicht bei Unmöglichkeit (§§ 323, 324 BGB) und des Fortbestands der Vergütungspflicht des Bestellers beim Werkvertrag (§§ 642, 645 BGB) die allgemeine gesetzliche Wertung, dass ein bestehender Anspruch nicht aus Gründen wegfallen soll, die ihre Ursache im Risikobereich des Anspruchsverpflichteten haben.[176] Für die hier behandelte Problematik ist die gesetzliche Wertung indessen nicht einschlägig, weil sie dem Erhalt eines bereits *anderweitig* begründeten Entgeltanspruchs, z.B. aus §§ 433 Abs. 2, 611 Abs. 1, 631 Abs. 1 BGB, dient, nicht aber für sich genommen das Entgelt rechtfertigt. Als *eigenständige* Anspruchsgrundlage kommt eine vertragliche Haftung nach Gefahrenbereichen (Sphärenhaftung) anerkanntermaßen nur für Risiken in Betracht, die ihre Ursache ausschließlich in der Sphäre eines Vertragsteils haben und vom anderen Vertragsteil nicht beherrscht werden können.[177] Selbst eine derartige, verschuldensunabhängige Schadensersatzhaftung könnte formularmäßig indessen nicht begründet werden, wie der

---

174 Vgl. § 276 BGB; zutr. insoweit BGH NJW 2001, 1419, 1421 (Benachrichtigungsentgelt); s. auch BGHZ 137, 43, 46 (Nichtausführung bei fehlender Deckung).

175 *Canaris*, AcP 200 (2000), 273, 341 f., zu BGHZ 137, 43 (Nichtausführung bei fehlender Deckung); ähnlich schon *ders.*, EWiR 1998, 49, 50 („Risikobereich").

176 Insoweit zutr. *Canaris*, EWiR 1998, 49, 50 (zu BGHZ 137, 43); umfassend z.B. *Koller*, Die Risikozurechnung bei Vertragsstörungen in Austauschverträgen, 1979, S. 173 ff.; einführend z.B. *Brox*, Allgemeines Schuldrecht, 27. Aufl. 2000, Rdnr. 197, 259, 305; *Brox/Walker*, Besonderes Schuldrecht, 25. Aufl. 2000, Rdnr. 246, 283.

177 BGHZ 114, 238, 243.

XI. Zivilsenat zur Überwälzung des Geschäftsunfähigkeitsrisikos und des Missbrauchsrisikos bei Kundenkreditkarten bereits zutreffend entschieden hat.[178]

c) „Solidargemeinschaft sorgfältiger Kontoinhaber“

In die gleiche Richtung wie die bisher behandelten Ansätze geht schließlich die etwas gefühlsbetonte Berufung auf eine angeblich bestehende „Solidargemeinschaft sorgfältiger Kontoinhaber“, der nicht zugemutet werden könne, dass man sie mit den Kosten aus der Nachlässigkeit einiger „schwarzer Schafe“, z.B. von Kunden, bei denen es mangels Deckung zur Nichtausführung von Aufträgen kommt, belastet.[179] Zu leicht macht es sich zwar, wer das Bild von der Solidargemeinschaft als „typische Nebelkerze“ abtut.[180] Das damit umschriebene Gerechtigkeitsproblem der Quersubventionierung der unsorgfältigen durch die sorgfältigen Kontoinhaber – ein Problem der austeilenden Gerechtigkeit (oben 3. a), S. 33) – kommt durch dergleichen Polemik einer Lösung nicht näher,[181] zumal in der Rspr. die Berücksichtigung von Gruppeninteressen anderer Vertragspartner des Verwenders durchaus ihren Platz hat.[182] Die Schwäche des Solidaritätsgedankens liegt aber wiederum im unpassenden Bezugspunkt. Die Rechtfertigung eines Entgelts

---

178 BGHZ 114, 238, 243 ff. (Kundenkreditkartenmissbrauch); BGHZ 115, 38, 43 ff. (Schadensersatzhaftung bei Geschäftsunfähigkeit); vgl. auch OLG Celle WM 2000, 2237, 2239 (Ersatzbeschaffung einer Kreditkarte).

179 So z.B. KG, WM 1992, 729, 730 (Vorinstanz zu BGHZ 137, 43); im Anschluss hieran z.B. AG Kassel, NJW-RR 1994, 630; ähnlich in der Tendenz schon OLG Nürnberg NJW-RR 1989, 880; OLG Zweibrücken WM 1991, 67.

180 So aber *Nobbe*, in: Rostocker Schriften zum Bankrecht, 1998, S. 81 f.; ihm zust. *van Gelder*, WM 2000, 101, 110 mit Fn. 96.

181 Zutr. *Canaris*, AcP 200 (2000), 273, 341 mit Fn. 240; *Rohe*, NJW 1998, 1284, 1285; *Brehm/Kleinheisterkamp*, JZ 2000, 58, 60 (zu BGHZ 141, 380 – Kontopfändung); *Schmidt-Lademann*, aaO. (Fn. 173); vgl. schließlich auch BGHZ 133, 10, 16 f.: Nutzung des Girokontos „in außergewöhnlichem Ausmaß“ als Rechtfertigung für Postenpreise (hierzu schon oben bei Fn. 71); BGH NJW 1991, 2559, 2561: Gemeinschaft der Bausparer (zu dieser Entscheidung schon o. bei Fn. 53).

182 Grundlegend BGH NJW 1959, 1423, 1424 und hierzu (allerdings krit.) MünchKommBGB/*Basedow* (Fn. 11), § 9 AGB-Gesetz Rdnr. 27; allg. hierzu auch *Wolf*/Horn/Lindacher (Fn. 7), § 9 AGB-Gesetz Rdnr. 110, 141.

hat beim Vermögensvorteil des Entgeltpflichtigen anzusetzen, nicht beim Vermögensnachteil des Entgeltberechtigten oder einer von diesem repräsentierten Interessengruppe.

d) Umdeutung leitbildwidriger Entgeltklauseln in eine Vereinbarung über pauschalierten Schadensersatz bzw. Aufwendungsersatz

Können die unter a) – c) behandelten Abwägungsgesichtspunkte ein Abweichen vom Leitbild der Unentgeltlichkeit der Banktätigkeit bei fehlendem Dienstleistungscharakter, bei Erfüllung von Nebenpflichten und bei der Erfüllung allgemeiner gesetzlicher Pflichten nicht zu rechtfertigen, so bleibt die Frage, ob die beanstandeten Klauseln als Regelungen des Aufwendungsersatzes (§§ 670, 675 Abs. 1 BGB) oder des Schadensersatzes aus positiver Vertragsverletzung (nach § 280 BGB-E i.d. Fassung des Schuldrechtsmodernisierungsgesetzes[183]: „Pflichtverletzung") aufrechterhalten werden können. Dabei sind zwei Prüfungsschritte zu unterscheiden: (1) Besteht auch ohne die Klausel ein Aufwendungs- oder Schadensersatzanspruch in gleicher Höhe, weshalb die Klausel für die Kunden schon gar keine Benachteiligung im Vergleich zum dispositivem Recht bewirkt?[184] (2) Besteht ein derartiger Anspruch nach dispositivem Recht nicht oder nicht in gleicher Höhe: Kann die Klausel entgegen ihrer Bezeichnung als „Entgelt" in eine Aufwendungsersatz- oder Schadensersatzpauschale umgedeutet werden?

aa) Aufwendungs- und Schadensersatzansprüche nach dispositivem Recht

Nach §§ 670, 675 Abs. 1 BGB hat der Geschäftsbesorger – hier: das Kreditinstitut[185] – gegen den Dienstberechtigten einen Anspruch auf *Aufwendungsersatz*. Dabei handelt es sich nicht um einen am Vorteil des in Anspruch Genommenen orientierten Vergütungsanspruch, sondern einen Anspruch des Tätigen auf Ausgleich der von ihm freiwillig erbrachten Ver-

183 Oben Fn. 60.

184 So im Ansatz *Pfeiffer*, LM § 9 AGB-Gesetz Nr. 67, unter 2. c) (zu BGH NJW 2001, 1419 – Benachrichtigungsentgelt).

185 Zum Girovertrag als Geschäftsbesorgungsvertrag vgl. MünchKommBGB/*Seiler*, 3. Aufl. 1997, § 675 BGB Rdnr. 64 ff.; BGH NJW 1991, 978; MünchKommHGB/*Hadding/Häuser* (Fn. 116), Recht des Zahlungsverkehrs, Rdnr. A 75.

mögensopfer,[186] z.B. seiner Auslagen für Telefon, Porto und Papier.[187] Umstritten, aber hier nicht zu entscheiden ist, ob der Aufwendungsersatzanspruch auch eine Entschädigung für die Dienstleistungen des Geschäftsbesorgers umfasst.[188] Im vorliegenden Zusammenhang kommt ein konkurrierender Aufwendungsersatzanspruch aus dispositivem Recht schon deshalb nicht in Betracht, weil Nr. 12 Abs. 5 AGB-Banken eine Sonderregelung für den Aufwendungsersatz enthält, derzufolge das Kreditinstitut seine Aufwendungen konkret zu berechnen hat. Dieser Anspruch geht auf Erstattung aller Auslagen, schließt aber darüber hinausgehende Ansprüche aus § 670 BGB aus, weil Nr. 12 Abs. 5 AGB-Banken diesen gesetzlichen Anspruch konkretisiert.[189] Hinzu kommt, dass häufig schon gar keine Geschäftsbesorgung vorliegen wird, so etwa in der Fallgruppe des fehlenden Dienstleistungscharakters der Banktätigkeit (o. 2. a), S. 24).[190] Und schließlich wird der Bank im Verbandsklageverfahren kaum der Nachweis gelingen, dass in *allen* von der Klausel erfassten Fällen ein Aufwand genau in Höhe des Entgeltbetrages entsteht.

Vorteilhafter scheint sich die Rechtslage auf den ersten Blick für die Kreditinstitute bei bestimmten Fallgestaltungen unter dem Gesichtspunkt des *Schadensersatzes* aus positiver Vertragsverletzung darzustellen. Ein derartiger Anspruch erfordert dem Grunde nach eine Pflicht des Kunden, es gar nicht erst zu einer Situation kommen zu lassen, in der die streitige Banktätigkeit notwendig wird, ferner eine schuldhafte Verletzung dieser Pflicht.[191] Welche Fallgestaltungen kommen hier in Betracht? Orientiert man sich wiederum an den oben (vor a), S. 20 f.) skizzierten drei Fallgruppen, so erscheinen allein die Nichtausführungs-[192] und die Benachrichtigungs-

---

186 BGHZ 141, 380, 384 (Kontopfändung); MünchKommBGB/*Seiler* (Fn. 186), § 670 BGB Rdnr. 6.

187 BGHZ 141, 380, 388; BGH NJW 2001, 1419, 1421.

188 Dafür *Canaris*, AcP 200 (2000), 273, 343 (Analogie zu § 1835 Abs. 3 BGB); RGZ 149, 121, 124; dagegen MünchKommBGB/*Seiler* (Fn. 186), § 670 BGB Rdnr. 19 (Gegenschluss aus § 1835 Abs. 3 BGB); vgl. auch *Kindler* (Fn. 103), S. 127.

189 Bankrechtshandbuch/*Bunte* (Fn. 4), § 17 Rdnr. 63; BGH NJW 1989, 1284 unter I. mit umfangr. Nachw.

190 Vgl. BGHZ 137, 43, 46 f. (Bankgebühr bei fehlender Deckung); BGHZ 141, 380, 389 (Drittschuldnererklärung).

191 Allgemein hierzu (aber im Ergebnis verneinend) BGHZ 141, 380, 384 f.

192 BGHZ 137, 43.

gebühr[193] bei fehlender Deckung näherer Betrachtung wert.[194] In seinem jüngsten Urteil vom 13.2.2001 zu den Benachrichtigungsentgelten lässt der BGH immerhin ausdrücklich offen, ob den Kunden gegenüber seiner Bank die vertragliche Nebenpflicht trifft, für Belastungsbuchungen eine ausreichende Deckung zu gewährleisten; zugleich deutet das Gericht an, dass die Verletzung einer derartigen Pflicht zu einer Schadensersatzhaftung des Kunden gegenüber der Bank führen würde.[195] Diese Feststellungen sind deshalb bemerkenswert, weil sie – im Hinblick auf den Kunden *belastende* Dispositionen – den Weg für die Annahme einer generellen Deckungsvorsorgepflicht des Kunden ebnen. Für eine solche Pflicht spricht schon die allgemeine, aus Treu und Glauben (§ 242 BGB) folgende Verpflichtung der Parteien, im Rahmen vertraglicher Beziehungen u.a. den anderen Teil vor vermeidbaren Vermögensschädigungen zu bewahren.[196] Vermeidbar ist der mit der Nichtausführung eines Dauerauftrags oder einer Überweisung verbundene bankseitige Aufwand deshalb, weil der Kunde jederzeit seinen Kontostand erfragen kann und bei fehlender Deckung den Dauerauftrag aussetzen bzw. von der Überweisung Abstand nehmen kann, wenn ein Ausgleich der fehlenden Deckung oder eine Zustimmung der Bank zur Kontoüberziehung ausscheiden. Zur Begründung einer solchen Pflicht müssen deshalb weder die Modalitäten des Lastschriftverfahrens[197] noch das gemeinsame Ziel aller Teilnehmer am Giroverkehr, die Transaktionen möglichst kostengünstig durchzuführen,[198] bemüht werden. Trotz des folglich dem Grunde nach ohne weiteres gegebenen Schadensersatzanspruchs des

---

193 BGH NJW 2001, 1419.

194 Dagegen lässt sich eine Pflicht des Kunden, es nicht zu einer Kontopfändung kommen zu lassen (BGHZ 141, 380, 384) wohl genauso wenig ernsthaft vertreten wie eine Pflicht zur Unterlassung der Kredittilgung, um die Ausstellung von Löschungsbewilligungen zu vermeiden (BGHZ 114, 330), eine Pflicht zur Unterlassung von Bardispositionen am Kassenschalter (BGHZ 124, 254; 133, 10) oder zur Unterlassung von Freistellungsaufträgen (BGHZ 136, 261).

195 BGH NJW 2001, 1419, 1421; ebenso schon BGHZ 137, 43, 47 f. (Nichtausführung wegen fehlender Deckung).

196 Vgl. BGH NJW 1983, 2813, 2814; 1979, 1651, 1652; *Jauernig/Vollkommer*, BGB, 6. Aufl. 1991, § 242 BGB Anm. II. 3 e; *Brox*, Allgemeines Schuldrecht, 27. Aufl. 2000, Rdnr. 81.

197 *Steppeler*, WM 2001, 1176, 1188.

198 *Rohe*, NJW 1998, 1284 f.

Kreditinstituts für die zusätzlichen Kosten, die im Zusammenhang mit der Rückbuchung[199] entstehen, ist die Vermutung der Unangemessenheit der Entgeltklausel auch in den Nichtausführungs-Fällen kaum auszuräumen. Denn jedenfalls im Verbandsklageverfahren wird die Bank den Nachweis nicht führen können, dass in allen von der Klausel erfassten Einzelfällen ein Schaden genau in Höhe des Entgeltbetrages entsteht.

bb) Aufrechterhaltung unwirksamer Entgeltklauseln als Aufwendungs- oder Schadensersatzpauschalierungen ?

Die Aufrechterhaltung unwirksamer Entgeltklauseln als pauschalierter *Aufwendungsersatz* scheitert schon daran, dass der dort enthaltene Entgeltbetrag ganz unabhängig vom tatsächlichen Aufwand des Kreditinstituts im Einzelfall ist[200] und zudem das Klauselverbot des § 11 Nr. 5 AGB-Gesetz betreffend die Pauschalierung von Schadensersatzansprüchen hier anerkanntermaßen entsprechend eingreift.[201]

Eine Aufrechterhaltung als *Schadenspauschalierung* scheitert nicht nur an § 11 Nr. 5 AGB-Gesetz, weil Entgeltklauseln jedenfalls aus der Sicht des rechtsunkundigen Durchschnittskunden den Nachweis eines tatsächlich niedriger eingetretenen Schadens nicht zulassen.[202] Hinzu kommt, dass die Entgeltpflicht meist verschuldens*unabhängig* ausgestaltet ist, und hierin liegt ein Verstoß gegen einen wesentlichen Grundgedanken der Rechtsordnung (§ 9 Abs. 2 Nr. 1 AGB-Gesetz): das Verschuldensprinzip im Haftungsrecht (vgl. schon oben b), S. 36).

4. Der Ausweg: Verwendung AGB-rechtlich zulässiger Schadensersatz- und Aufwendungsersatzpauschalen

Als Ausweg verbleibt den Kreditinstituten im Hinblick auf Tätigkeiten, für die nach dem Grundgedanken des § 354 Abs. 1 HGB kein Entgelt geschuldet

---

199 Zum technischen Ablauf vgl. *Steppeler*, WM 2001, 1176 insbesondere zur Funktion der sog. „Überziehungsliste“.

200 Vgl. BGHZ 141, 380, 388 f. (Kontopfändung).

201 St. Rspr., BGH NJW 1985, 632, 633; 1992, 3163; zust. Wolf/*Horn*/Lindacher (Fn. 7), § 11 Nr. 5 AGB-Gesetz Rdnr. 12.

202 Vgl. BGHZ 137, 43, 47 f.; BGHZ 141, 380, 385.

ist, sonach nur die Vereinbarung von Schadensersatz- und Aufwendungsersatzpauschalen. In Betracht kommt dies *dem Grunde nach* freilich nur für die Fälle, in denen nach dispositivem Recht ein Schadensersatz- oder Aufwendungsersatzanspruch überhaupt besteht; anderenfalls liegt wiederum ein Verstoß gegen Grundgedanken der Rechtsordnung i.S. des § 9 Abs. 2 Nr. 1 AGB-Gesetz vor.[203] Als AGB-rechtliche Grenze der Gestaltungsfreiheit sind ferner *hinsichtlich der Höhe der Pauschale* die Verbote der Festsetzung generell überhöhter Beträge[204] und des Abschneidens des Gegenbeweises für den Eintritt eines tatsächlich niedrigeren Schadens bzw. Aufwands zu beachten (§ 11 Nr. 5 AGB-Gesetz).[205]

Eleganter ist demgegenüber möglicherweise eine generelle Anhebung der Grundpreise für die Kontoführung, verbunden mit großzügigen periodischen Rückvergütungen für solche Kunden, die nur geringen oder überhaupt keinen Zusatzaufwand auslösen.[206] Vorbild könnte insoweit das System der Beitragsrückerstattung in der privaten Krankenversicherung sein.

VII. Aktuelle Einzelfälle

1. Ersatzsparbuch/Ersatzkreditkarte

Der BGH hat im Urteil vom 7.7.1998[207] die Ausstellung eines Ersatzsparkassenbuches ohne Kraftloserklärung[208] als Sonderleistung qualifiziert, hinsichtlich derer die Preisgestaltung kontrollfrei sei (oben III. 2. a) bb),

203 Vgl. *Wolf*/Horn/Lindacher (Fn. 7), § 11 Nr. 5 AGB-Gesetz Rdnr. 3: „Wird in AGB ein Schadensersatzanspruch dem Grunde nach geregelt, so ist § 9 anzuwenden."

204 Dabei hat der Klauselverwender allerdings einen Beurteilungsspielraum, der eindeutig überschritten sein muss, um zur Unwirksamkeit der Pauschale nach § 11 Nr. 5 a AGB-Gesetz zu führen; *Wolf*/Horn/Lindacher (Fn. 7), § 11 Nr. 5 AGB-Gesetz Rdnr. 20.

205 Wie hier *Rohe*, NJW 1998, 1284, 1285 f.; *Pfeiffer* (Fn. 184), unter 3; zur entsprechenden Anwendung von § 11 Nr. 5 AGB-Gesetz auf Aufwandspauschalen s. *Wolf*/Horn/Lindacher (Fn. 7), § 11 Nr. 5 AGB-Gesetz Rdnr. 12 sowie die Nachweise o. in Fn. 202.

206 Vgl. *Canaris*, AcP 200 (2000), 273, 340: Rückvergütung bei Aufträgen im Telefon- und Online-Banking.

207 NJW-RR 1998, 1661 = BB 1998, 1864 m. Anm. *Ulmer*.

208 Vgl. § 7 NSpVo.

S. 8). Der Schutzzweck des § 8 AGB-Gesetz sei hier nicht berührt, weil der Sparvertrag keine Vergütungspflicht des Kunden für die *Hauptleistung* vorsehe. Nachdem eine derartige Vergütungspflicht fehle, werde die Aufmerksamkeit des Kunden nicht von zusätzlichen Vergütungen – wie der hier vorliegenden Vergütung für die Ausstellung eines Ersatzsparkassenbuchs – abgelenkt, die eine spätere Erweiterung des Leistungsrahmens betreffen. Gerechtfertigt sei das Entgelt, weil ihm eine besondere Zusatzleistung gegenüberstehe.[209] Dem ist zwar in der Sache beizupflichten, doch finden sich derartige Erwägungen weder in Art. 4 Abs. 2 der EG-Klauselrichtlinie noch in dem hier maßgeblichen Erwägungsgrund 19 zur Richtlinie.[210] Mit Recht hat daher *Ulmer* die Entscheidung, die eine Vorlage zum EuGH ohne tragfähige Begründung[211] ablehnt, als Rückfall in die EG-rechtliche Steinzeit gebrandmarkt.[212]

Um eine ähnlich gelagerte Problematik ging es im Ersatzkreditkarten-Urteil des OLG Celle vom 4.5.2000.[213] Zugrunde lag dort die Entgeltklausel aus dem Preisverzeichnis einer Bank, wonach für die Benutzung der Kreditkarte ein Jahresentgelt von DM 40,-- zu entrichten war, für die Erstellung einer Ersatzkarte bei Beschädigung oder Verlust ein Entgelt von DM 20,-- bzw. – bei Versendung außerhalb Europas – von DM 30,--. Bei kundenfeindlichster Auslegung[214] war die Klausel so zu verstehen, dass das Entgelt für die Beschaffung der Ersatzkarte sogar in Fällen zu entrichten war, in denen nicht der Kunde, sondern die Bank die Beschädigung oder den Verlust der Kreditkarte zu vertreten hat. Das Gericht erachtete die Klausel als kontrollfähig i.S. des § 8 AGB-Gesetz, weil die Ausstellung einer Ersatzkreditkarte weder als abtrennbarer Teil zu den vertraglichen Hauptleistungs-

---

209 Vgl. unter II. 2. der Urteilsgründe, BB 1998, 1864 f.

210 Im Erwägungsgrund 19 zur EG-Klauselrichtlinie (Fn. 10) heißt es: „Für die Zwecke dieser Richtlinie dürften Klauseln, die den Hauptgegenstand eines Vertrages oder das Preis-/Leistungsverhältnis der Lieferung bzw. der Dienstleistung beschreiben, nicht als missbräuchlich beurteilt werden. Jedoch kann der Hauptgegenstand des Vertrages und das Preis-/Leistungsverhältnis bei der Beurteilung der Missbräuchlichkeit anderer Klauseln berücksichtigt werden. (...)“

211 Vgl. zu den Fällen, in denen eine Vorlage zum EuGH unterbleiben darf (Art. 234 EGV) und z.B. *Kindler*, ZHR 157 (1993), 1, 21 ff.

212 *Ulmer*, BB 1998, 1865.

213 WM 2000, 2237.

214 Zu diesem Grundsatz BGHZ 124, 254, 257 m. Nachw. zur st. Rspr.

pflichten des Kreditkartenherausgebers gehöre, noch als zusätzliche Sonderleistung zu bewerten sei (vgl. oben III. 2. a), S. 7). Dies trifft zu, weil in der hier vorausgesetzten Fallsituation die von der Bank zu erbringende Hauptleistung zeitweilig unmöglich wird, und zwar aufgrund eines Umstandes, den die Bank zu vertreten hat. In diesen Fällen hat die Bank als Schuldnerin nach § 280 Abs. 1 BGB Schadensersatz zu leisten, hier: durch Verschaffung einer gleichwertigen Sache (funktionsfähige Ersatzkreditkarte).[215] Dafür kann der Schuldner nach dispositivem Recht kein Entgelt verlangen.[216] Da die zur Prüfung gestellte Klausel hiervon abweicht, ist sie gemäß § 8 AGB-Gesetz kontrollfähig.

Die danach eröffnete Inhaltskontrolle führte zur Verwerfung der Klausel, weil sie gegen einen wesentlichen Grundgedanken des geltenden Rechts verstoße (§ 9 Abs. 2 Nr. 1 AGB-Gesetz), wonach eine Verpflichtung zum Schadensersatz regelmäßig nur bei schuldhaftem Verhalten bestehe.[217]

Dieser Grundsatz ist zwar unbestritten (oben VI. 3. b), S. 36), trifft indessen den vorliegenden Fall nicht. Denn die Bank verlangt mit der beanstandeten Entgeltklausel nicht Schadensersatz, sondern Vergütung. Obwohl die Banktätigkeit – Ausstellung und Übersendung der Ersatzkarte – im Interesse des Kunden liegt und daher eine Dienstleistung i.S. des § 354 Abs. 1 HGB darstellt, scheidet dennoch im Ergebnis ein Vergütungsanspruch aus. Denn die Zurverfügungstellung der Ersatzkarte ist von der Bank bereits aus § 280 Abs. 1 BGB i.V. mit dem Kartenvertrag geschuldet, wie das Gericht noch bei der Bejahung der Kontrollfähigkeit im Ansatz zutreffend erkannt hatte. Das Entgeltverbot bei der Beschaffung der Ersatzkarte gehört demnach in die Fallgruppe der ohnehin vertraglich geschuldeten Bankdienstleistungen (oben VI. 2. b) und gesellt sich wertungsmäßig zum Löschungsbewilligungs-Urteil.[218] Die Entscheidung des OLG Celle trifft daher im Ergebnis zu.

---

215 Vgl. nur *Jauernig/Vollkommer* (Fn. 196), § 280 BGB Anm. 3 a; BGH WM 1971, 1414; ebenso §§ 280, 283 BGB i.d.F. des Schuldrechtsmodernisierungsgesetzes (Fn. 60).

216 Undeutliche Begründung insoweit durch das OLG Celle WM 2000, 2237, 2238 f.

217 So das OLG Celle WM 2000, 2237, 2239 m. Nachw.

218 BGHZ 114, 330.

2. *Zeichnungsgebühr*

Vordergründig um eine Anwendung des Transparenzgebots ging es im Urteil des LG Dortmund vom 15.12.2000 zur sog. „Zeichnungsgebühr“ bei Aktienneuemissionen.[219] Im dort entschiedenen Sachverhalt hatte die beklagte Sparkasse in ihren von den Kunden zu unterzeichnenden Vordrucken für den Erwerb von jungen Aktien aus einer Emission eine „Gebühr“ von 15,-- DM pro Auftrag als „Zeichnungsgebühr“ festgesetzt. Erhoben wurde diese Gebühr jedoch allein bei *unterbliebener* Zuteilung; kam der Aktienerwerb zustande, so berechnete die Sparkasse dafür nur ihre Provision nach den Bedingungen für Wertpapiergeschäfte.[220] Das LG ordnete das Vertragsverhältnis des Kreditinstituts zum Kunden als Einkaufskommission ein (§ 383 Abs. 1 Fall 1 HGB), zog daraus aber keine weiteren Schlussfolgerungen, sondern verwarf die Klausel unabhängig davon wegen eines doppelten Transparenzverstoßes: Zum einen gehe es entgegen der Bezeichnung des Entgelts überhaupt nicht um die im Falle der Zeichnung geschuldete Vergütung, sondern die Vergütung bei *Nicht*zustandekommen des Geschäfts; ferner sei das Verhältnis der Zeichnungsgebühr zur Provision unklar.[221]

Dem Urteil ist mit Nachdruck zu widersprechen. Zwar liegt ein Transparenzverstoß vor, weil die Klausel nicht deutlich macht, in welchem Verhältnis die Zeichnungsgebühr zur Provision aus dem Wertpapiergeschäft steht, mit anderen Worten, ob sie auf die Provision angerechnet oder dieser hinzugerechnet wird. Die Klausel ist daher kontrollfähig i.S. des § 8 AGB-Gesetz (oben III. 1, S. 4).

Der Inhaltskontrolle hält die Klausel jedoch stand. Der formale Transparenzverstoß führt nicht zur Unwirksamkeit nach § 9 Abs. 1 AGB-Gesetz, weil dem Kunden hieraus keine unangemessene Benachteiligung erwächst (vgl. oben IV. 2. b), S. 17; V., S. 19). Denn bei kundenfeindlichster Auslegung[222] erwartet der Durchschnittskunde ja nur, die Zeichnungsgebühr in jedem Falle zahlen zu müssen. Gelingt der Aktienerwerb, wird der Kunde die Nichtberechnung der Zeichnungsgebühr erfreut zur Kenntnis nehmen und sich nicht über eine unangemessene Benachteiligung beklagen.[223]

---

219 WM 2001, 774 (rechtskräftig).
220 Vgl. Nr. 17 der Bedingungen ... (Fn. 88).
221 WM 2001, 774, 775.
222 Vgl. hierzu nochmals die Nachw. oben in Fn. 215.
223 Zutr. *Steiner*, EWiR 2001, 455, 456 (zu LG Dortmund WM 2001, 774).

Auch vor dem Leitbild des dispositivem Rechts (§ 9 Abs. 2 Nr. 1 AGB-Gesetz) vermag die Zeichnungsgebühr zu bestehen. Dabei kommt es nicht darauf an, ob man das Bemühen der Bank um einen Erwerb der Aktien als Dienstleistung eigener Art einstuft oder – in Übereinstimmung mit dem LG Dortmund – ein Kommissionsgeschäft annimmt. Im ersteren Fall folgt die Vergütungspflicht aus dem Grundgedanken des § 354 Abs. 1 HGB, weil die Banktätigkeit im Interesse des Kunden liegt und deshalb eine Dienstleistung i.S. dieser Vorschrift darstellt. Mit den Nichtausführungs-Fällen[224] ist die fehlgeschlagene Aktienzeichnung deshalb nicht zu vergleichen, weil dort eine Weigerung *der Bank* vorliegt, die angewiesene Tätigkeit zu erbringen, während hier der fehlende Erfolg auf Gründen beruht, die sich dem Einfluss der Bank entziehen (Ausbleiben der „Zuteilung"[225]).

Betrachtet man das Vertragsverhältnis des Kunden zur Bank indessen als Kommissionsgeschäft i.S. der §§ 383 ff. HGB, was nach dem Wortlaut des § 383 Abs. 1 HGB nahe liegt,[226] so rechtfertigt sich der Vergütungsanspruch aus dem Rechtsgedanken des § 396 Abs. 1 S. 2 HGB. Grundsätzlich ist nach § 396 Abs. 1 S. 1 HGB eine Provision zwar nur geschuldet, wenn das Drittgeschäft zur Ausführung gekommen ist. Nach § 396 Abs. 1 S. 2 Hs. 2 HGB besteht der Provisionsanspruch allerdings auch dann, wenn die Ausführung aus einem in der Person des Kommittenten liegenden Grund unterblieben ist. Dafür ist generell ausreichend, dass das Hindernis aus der Sphäre des Kommittenten stammt. Anders als bei § 324 BGB/§ 283 BGB-E (i.d.F. des Schuldrechtsmodernisierungsgesetzes[227]) kommt es auf ein Verschulden des Kommittenten nicht an.[228] Zwar stammt im vorliegenden Zusammenhang das Hindernis – die Nichtzuteilung – nicht aus der Sphäre des Kommittenten, sondern liegt im Verhalten eines Dritten, der Emissionsbank, begründet, der weder der Sphäre des Kommissionärs noch der Sphäre des Kommittenten

224 BGHZ 137, 43; BGH NJW 2001, 1419.

225 Zur rechtlichen Bedeutung der Zuteilung vgl. KK-*Lutter*, 2. Aufl. 1995, § 185 AktG Rdnr. 7, 11; § 199 AktG Rdnr. 4.

226 Dort ist der Einkauf von Wertpapieren durch den Kommissionär (Effektenkommission) ausdrücklich erwähnt; vgl. *Baumbach/Hopt* (Fn. 3), § 383 HGB Rdnr. 1 unter Hinweis auf die – auch vorliegend einschlägigen – Sonderbedingungen der Banken/Sparkassen für Wertpapiergeschäfte.

227 O. Fn. 60.

228 *Canaris*, Handelsrecht, 23. Aufl. 2000, § 32 Rdnr. 18; *Koller*, BB 1979, 1725, 1729 f.

zuzurechnen ist. Dennoch erscheint es gerechtfertigt, hier dem Kommittenten das Provisionsrisiko aufzuerlegen. Denn der Grundsatz der Erfolgsabhängigkeit der Provision (§ 396 Abs. 1 S. 1 HGB) beruht auf dem Bestreben des Gesetzgebers, den Kommissionär zu motivieren, sich mit allen Kräften um einen Abschluss zu bemühen.[229] Dies hat die Bank mit ihrer Bitte um Zuteilung der Aktien bereits getan; die Verweigerung der Zuteilung durch die Emissionsbank kann die Bank des zeichnungswilligen Kunden nur hinnehmen. Der Rechtsgedanke des § 396 Abs. 1 S. 2 Hs. 2 HGB ist daher auf alle Fallgestaltungen zu erstrecken, in denen das Scheitern des Ausführungsgeschäfts auf einem nicht in der Person des *Kommissionärs* liegenden Grund beruht. Angemessen ist dies hier vor allem deshalb, weil der Kunde von vornherein um die Unsicherheit einer Zuteilung in Folge von Überzeichnungen weiß oder dies jedenfalls wissen muss.[230]

3. *Benachrichtigungsentgelt*

Mit Urteil vom 13.2.2001 hat der BGH entschieden, dass AGB-Klauseln, nach denen die Bank für die Benachrichtigung des Kontoinhabers über die Nichteinlösung von Schecks von Lastschriften sowie über die Nichtausführung von Überweisungen und Daueraufträgen wegen fehlender Deckung ein Entgelt fordern kann, gegen § 9 AGB-Gesetz verstoßen.[231] Dabei stellte das Gericht darauf ab, dass die Bank eine Rechtspflicht zur Unterrichtung des Kunden über die Nichtausführung von Aufträgen trifft.[232] Anerkannt ist eine solche Rechtspflicht zur Kundeninformation für das Einzugsermächtigungsverfahren (als Regelfall des Lastschriftverfahrens),[233] das Abbuchungsverfahren,[234] bei Nichteinlösung von Schecks mangels Deckung[235] und bei der Nichtausführung von Überweisungen bzw. Daueraufträgen jedenfalls

---

229 Näher zur Entstehungsgeschichte des § 396 HGB *Koller*, BB 1979, 1725, 1728.

230 *Steiner*, EWiR 2001, 455, 456; wohl auch Staub/*Koller*, HGB, 4. Aufl. 1986, § 96 Rdnr. 11: „Befreit wird (der Kommittent) von seiner Pflicht zur Provisionszahlung nur dort, wo die Störung außerhalb aller Wahrscheinlichkeit lag ...“.

231 BGH NJW 2001, 1419 = EWiR 2001, 453 (*Reiff*) = LM § 9 AGB-Gesetz Nr. 67 m. Anm. *Pfeiffer*.

232 BGH NJW 2001, 1419, 1420 m. umfangr. Nachw.

233 BGH NJW 1989, 1671.

234 Vgl. BGH NJW 2001, 1419, 1420.

235 *Canaris* (Fn. 133), Rdnr. 690.

dann, wenn der Kunde davon ausgehen durfte, sein Auftrag werde trotz fehlender Deckung ausgeführt.[236]

Die Entscheidung liegt in der Konsequenz des Urteils zur Unzulässigkeit der Nichtausführungs-Entgelte vom 21.10.1997.[237] Systematisch gehört das Urteil zu den Benachrichtigungsentgelten in die Fallgruppe der ohnehin vertraglich geschuldeten Bankdienstleistungen (oben VI. 2. b), S. 27). Dagegen ist nichts einzuwenden. Als Ausweg bleibt den Kreditinstituten daher nur die Vereinbarung von Aufwendungs- oder Schadensersatzpauschalen, Letztere mit Bezug auf die allgemeine Deckungsvorsorgepflicht des Kunden (o. VI. 3. d) bb), S. 41).[238]

4. *Buchungsreklamationen*

Mit Urteil vom 16.8.2000 hat das LG Köln entschieden, dass eine Entgeltklausel unwirksam ist, wonach für die Bearbeitung von Reklamationen eine Gebühr selbst dann erhoben wird, wenn sich die beanstandete Buchung als richtig erweist.[239] Tragend war hierfür die Erwägung, dass sich aus dem Girovertrag eine Pflicht der Bank ihren Kunden gegenüber ergibt, darzulegen und ggf. auf Beanstandung des Kunden hin nachzuweisen, dass sie ihren Verpflichtungen zur Buchung ordnungsgemäß nachgekommen ist.

Die vom LG Köln zu beurteilende Entgeltklausel ist als Preisnebenabrede kontrollfähig. Vor dem Leitbild des dispositivem Rechts (§ 9 Abs. 2 Nr. 1 AGB-Gesetz) konnte die Klausel keinen Bestand haben, weil die Bankdienstleistung – hier: der Nachweis der ordnungsgemäßen Buchung – als girovertragliche Nebenpflicht aus §§ 666, 675 Abs. 1 BGB ohnehin geschuldet ist (o. VI. 2. b), S. 27).[240] Auch hier bleibt den Kreditinstituten nur der Ausweg einer Aufwendungsersatz- oder Schadensersatzpauschale, die jedenfalls dann dem Grunde nach unbedenklich ist, wenn sie sich auf Fälle beschränkt, in denen aus Sicht des Kunden kein Anlass zu einer Beanstandung gegeben war, z.B. weil er selbst die entsprechende Disposition vorgenommen hatte.

---

236 *Canaris* (Fn. 133), Rdnr. 326; w. Nachw. auch in BGH NJW 2001, 1419, 1420.
237 BGHZ 137, 43.
238 Wie hier *Pfeiffer*, *Reiff* (beide Fn. 231).
239 LG Köln VuR 2001, 19; Zusammenfassung in ZIP-aktuell 2000 Nr. 189.
240 Vgl. hierzu nur *Canaris* (Fn. 133), Rdnr. 342.

5. *Bearbeitung von Freistellungsaufträgen*

Mit Beschluss vom 28.8.2000 hat das BVerfG die BGH-Rspr. zur Unentgeltlichkeit der Bearbeitung von Freistellungsaufträgen[241] verfassungsrechtlich bestätigt.[242] Für die Entgeltgestaltung der Kreditinstitute folgt aus dieser Entscheidung generell, dass eine Überwälzung der Kosten aus der Erfüllung öffentlichrechtlicher Verpflichtungen auf die hiervon betroffenen Kunden ausscheidet, wenn nicht der Gesetzgeber diese Möglichkeit im Zusammenhang mit der Auferlegung der Verpflichtung ausdrücklich offengehalten hat.[243]

VIII. Zusammenfassende Thesen

1. Der Inhaltskontrolle unterliegen nach § 8 AGB-Gesetz alle intransparenten Entgeltklauseln, gleichviel ob es sich dabei um Preishauptabreden oder Preisnebenabreden handelt. Kontrollfrei sind demgegenüber alle transparenten Preisnebenabreden, ferner transparente Preishauptabreden unter Einschluss der Preisabreden für echte Sonderleistungen (z.B. Auslandseinsatz von Kreditkarten; Ausstellung eines Ersatzsparbuchs). Nach § 307 Abs. 2 BGB-E i.d.F. des geplanten Schuldrechtsmodernisierungsgesetzes sind auch transparente Klauseln kontrollunterworfen. Die Einstufung einer Klausel als kontrollfrei erfordert im Regelfall eine Vorabentscheidung durch den EuGH (Art. 234 EG).
2. Die Inhaltskontrolle nach § 9 AGB-Gesetz erfordert ein zweistufiges Verfahren: Greift eine Unwirksamkeitsvermutung ein (§ 9 Abs. 2 AGB-Gesetz) oder verstößt die Klausel gegen das Transparenzgebot, so ist zusätzlich im Rahmen einer Gesamtabwägung das Vorliegen einer unangemessenen Benachteiligung des Kunden nach § 9 Abs. 1 AGB-Gesetz zu prüfen.
3. Gesetzliches Leitbild der Inhaltskontrolle von Entgeltklauseln (§ 9 Abs. 2 Nr. 1 AGB-Gesetz) ist § 354 Abs. 1 HGB. Danach ist jede Banktätigkeit, die im objektivem Kundeninteresse liegt („Dienstleistung"), entgelt-

241 BGHZ 136, 261.
242 BVerfG NJW 2000, 3635.
243 Zutr. *Mues*, EWiR 2000, 1113, 1114; *Köndgen*, ZBB 1997, 117, 133, 134.

pflichtig. Die Nichtausführung von Kundenaufträgen und die Bearbeitung von Kontopfändungen liegt nicht im objektivem Kundeninteresse.

4. Die Entgeltlichkeitsvermutung des § 354 Abs. 1 HGB greift nicht ein, wenn die Banktätigkeit – nach dispositivem Recht oder bei ergänzender Auslegung des Bankvertrages (z.B. Girovertrages) – ohnehin als vertragliche Nebenpflicht geschuldet ist. Dies gilt z.B. für Tätigkeiten im Zusammenhang mit der Freigabe von Sicherheiten (z.B. Ausstellen einer Löschungsbewilligung), nicht aber für Ein- und Auszahlungen am Bankschalter und die entsprechenden Buchungen.
5. Die Entgeltlichkeitsvermutung des § 354 Abs. 1 HGB greift auch dann nicht ein, wenn die Banktätigkeit der Erfüllung allgemeiner gesetzlicher Verpflichtungen dient (z.B. bei Verwaltung von Freistellungsaufträgen oder Bearbeitung von Kontopfändungen). In diesen Fällen wird die Bank nicht im Rahmen ihres Handelsgewerbes (§ 354 Abs. 1 HGB) tätig.
6. Im Rahmen der Gesamtabwägung (o. 2.) ergeben sich aus dem Verursacherprinzip, dem Vertretenmüssen des Kunden, den Interessen der „Solidargemeinschaft sorgfältiger Kontoinhaber“ oder dem Sphärengedanken keine Gesichtspunkte, die ein Abweichen der Entgeltklausel vom gesetzlichen Leitbild des § 354 Abs. 1 HGB rechtfertigen würden.
7. Nimmt man entgegen o. 1. die Kontrollfähigkeit aller – auch der transparenten – Preisnebenabreden an, so bleibt den Kreditinstituten für die Fälle, in denen das Leitbild des § 354 Abs. 1 HGB ein Entgelt nicht rechtfertigt, nur der Ausweg, AGB-Gesetz-konforme Aufwendungs- und Schadensersatzpauschalen zu vereinbaren. Bei fehlendem Dienstleistungscharakter der Banktätigkeit (o. 3.) scheidet ein Aufwendungsersatzanspruch aus; ein Schadensersatzanspruch der Bank setzt eine Pflichtverletzung auf Seiten des Kunden voraus. Den Kunden trifft z.B. die vertragliche Nebenpflicht, für Belastungsbuchungen eine ausreichende Deckung zu gewährleisten.

IX. Anhang: Leitsätze zur AGB-rechtlichen Zulässigkeit von Bankentgelten

7.5.1991 BGHZ 114, 330 (XI ZR 244/90) = NJW 1991, 1953 = WM 1991, 1113: Die als Allgemeine Geschäftsbedingung aufzufassende Klausel einer Bank, daß für die Ausfertigung von Löschungsbewilligungen bei Grundpfandrechten ein Entgelt zu entrichten ist, benachteiligt die Kunden unangemessen und ist deshalb unwirksam.

30.11.1993 BGHZ 124, 254 (XI ZR 80/93) = NJW 1994, 318 = WM 1993, 2237:
a) In Allgemeinen Geschäftsbedingungen für private Girokonten enthaltene Gebührenklauseln für Ein- und Auszahlungen am Bankschalter unterliegen als Preisnebenabreden der richterlichen Inhaltskontrolle nach §§ 9 bis 11 AGBG.
b) Gebührenklauseln für Einzahlungen am Bankschalter benachteiligen private Girokunden unangemessen und sind deshalb unwirksam. Gleiches gilt für Gebührenklauseln bei Auszahlungen am *Bankschalter*, die ohne Rücksicht darauf anfallen, ob die Möglichkeit zur kostenfreien Abhebung an Geldausgabeautomaten der Bank besteht.

7.5.1996 BGHZ 133, 10 (XI ZR 217/95) = NJW 1996, 2032 = WM 1996, 1080:
a) In allgemeinen Geschäftsbedingen für private Girokonten enthaltene Postenpreisklauseln, die auch Ein- und Auszahlungen am Kassenschalter erfassen, unterliegen als Preisnebenabreden der richterlichen Inhaltskontrolle nach §§ 9 bis 11 AGBG (im Anschluß an BGHZ 124, 254).
b) Solche Postenpreisklauseln enthalten keinen Verstoß gegen § 9 AGBG, wenn den Kunden zugleich mindestens fünf Freiposten im Monat gewährt werden.
c) Postenpreisklauseln für die Inanspruchnahme von Geldausgabeautomaten unterliegen nicht der Inhaltskontrolle nach §§ 9 bis 11 AGBG, weil sie das Entgelt für eine Sonderleistung des Kreditinstituts regeln.

15.7.1997	BGHZ 136, 261 (XI ZR 269/96) = NJW 1997, 2752 = WM 1997, 1663: Die in Allgemeinen Geschäftsbedingungen enthaltene Klausel einer Bank, daß für die Verwaltung von Freistellungsaufträgen ein Entgelt zu entrichten ist, benachteiligt die Kunden unangemessen und ist deshalb unwirksam (ebenso BGH v. 15.7.1997 – XI ZR 279/96, NJW 1997, 2753 = WM 1997, 1665).
14.10.1997	BGHZ 137, 27 (XI ZR 167/96) = NJW 1998, 383 = WM 97, 2244: Bestimmungen in Allgemeinen Geschäftsbedingungen von Kreditkartenunternehmen, nach denen die Verwendung der Karte im Inland durch das jährliche Überlassungsentgelt abgegolten ist und für die Verwendung im Ausland eine gesonderte Vergütung berechnet wird, unterliegen nicht der richterlichen Inhaltskontrolle nach §§ 9 bis 11 AGBG.
21.10.1997	BGHZ 137, 43 (XI ZR 5/97) = NJW 1998, 309 = WM 1997, 2298: Bestimmungen in Allgemeinen Geschäftsbedingungen, nach denen die Bank für die Nichtausführung eines Dauerauftrags oder einer Überweisung sowie für die Rückgabe eines Schecks oder einer Lastschrift wegen fehlender Deckung ein Entgelt fordert, verstoßen gegen § 9 AGBG. Sie stellen im Hinblick auf § 11 Nr 5 b AGBG auch keine wirksamen Schadenspauschalierungen dar.
7.7.1998	BGH NJW-RR 1998, 1661 (XI ZR 351/97) = WM 1998, 1623 = BB 1998, 1864 m. Anm. Ulmer: Die in Allgemeinen Geschäftsbedingungen enthaltene Klausel einer Sparkasse, daß für die Ausstellung eines Sparkassenbuches ohne Kraftloserklärung ein Entgelt zu entrichten ist, unterliegt nicht der richterlichen Inhaltskontrolle nach §§ 9 bis 11 AGBG.
18.5.1999	BGHZ 141, 380 (XI ZR 219/98) = NJW 1999, 2276 = WM 1999, 1271 = JZ 2000, 56 m. Anm. Brehm/Kleinheisterkamp: Klauseln in Allgemeinen Geschäftsbedingungen von Kreditinstituten, in denen für die Bearbeitung einer Pfändung gegen Kunden von diesen ein Entgelt gefordert wird, verstoßen gegen § 9 AGBG.

19.10.1999 BGH NJW 2000, 651 (XI ZR 8/99) = WM 1999, 2545:
a) Klauseln in Allgemeinen Geschäftsbedingungen von Kreditinstituten, in denen für die Bearbeitung einer Pfändung gegen Kunden von diesen ein Entgelt gefordert wird, verstoßen gegen § 9 AGBG.
b) Einseitige Bestimmungsvorbehalte für Entgelte sind mit dem Transparenzgebot nur vereinbar, soweit sie bei unsicherer Entwicklung der Verhältnisse als Instrument der Anpassung notwendig sind sowie Anlaß, Richtlinien und Grenzen der Ausübung möglichst konkret angeben.
c) § 840 Abs. 1 ZPO ist mit Art. 3 Abs. 1, 12 Abs. 1 und 14 Abs. 1 GG vereinbar.

4.5.2000 OLG Celle WM 2000, 2237 (13 U 186/99): Eine Entgeltklausel, die dem Kunden in „kundenfeindlichster" Auslegung auch in Fällen, in denen gerade die Bank die Beschädigung oder den Verlust der Kreditkarte zu vertreten hat, die Kosten für die Beschaffung einer Ersatzkarte auferlegt, verstößt gegen § 9 Abs. 2 Nr. 1 AGBG und ist deshalb unwirksam.

27.6.2000 EuGH NJW 2000, 2571 (Rs. C-240/98 bis C-244/98):
a) Der Schutz, den die Richtlinie 93/13/EWG des Rates vom 5.4.1993 über mißbräuchliche Klauseln in Verbraucherverträgen den Verbrauchern gewährt, erfordert, dass das nationale Gericht von Amts wegen prüfen kann, ob eine Klausel des ihm vorgelegten Vertrags mißbräuchlich ist, wenn es die Zulässigkeit einer bei den nationalen Gerichten eingereichten Klage prüft.
b) Das nationale Gericht muß die vor oder nach dieser Richtlinie erlassenen nationalen Rechtsvorschriften bei ihrer Anwendung soweit wie möglich unter Berücksichtigung des Wortlauts und des Zwecks dieser Richtlinie auslegen.(...)

16.8.2000 LG Köln, VuR 2001, 19 (26 O 30/00): Eine Klausel in dem Preisverzeichnis einer Bank, wonach für die Bearbeitung von Reklamationen eine Gebühr selbst dann erhoben wird, wenn sich die beanstandete Buchung als richtig erweist, ist nach § 9 AGBG unwirksam. Aus dem Girovertrag ergibt sich die Pflicht der Bank ihren Kunden gegenüber darzulegen und gegebenenfalls auf Beanstandungen des Kunden hin nachzuweisen, daß sie ihren Verpflichtungen zur Buchung nachgekommen ist.

28.8.2000 BVerfG, NJW 2000, 3635 (1 BvR 1821/97) = WM 2000, 2040: Die Entscheidung des Bundesgerichtshofs, die Entgeltklausel eines Kreditinstituts, nach welcher einem Kunden für die Verwaltung seines Freistellungsauftrags ein Entgelt abverlangt wird, nach § 9 AGBG für unwirksam zu erklären, ist mit der Freiheit der Berufsausübung des Kreditinstituts vereinbar.

15.12.2000 LG Dortmund WM 2001, 774 (8 O 377/00): Die formularmäßige Erhebung einer „Zeichnungsgebühr" durch ein Kreditinstitut für die Zeichnung von Aktien einer Neuemission verstößt gegen das Transparenzgebot des § 9 AGBG, wenn das Kreditinsitut offen läßt, ob es die Gebühr sowohl bei Zuteilung als auch bei Nichtzuteilung der gezeichneten Aktien beansprucht.

13.2.2001 BGH NJW 2001, 1419 (XI ZR 197/00) = WM 2001, 563: Bestimmungen in Allgemeinen Geschäftsbedingungen, nach denen die Bank für die Benachrichtigung des Kontoinhabers über die Nichteinlösung von Schecks und Lastschriften sowie über die Nichtausführung von Überweisungen und Daueraufträgen wegen fehlender Deckung ein Entgelt fordert, verstoßen gegen § 9 AGBG.

Transparenz und Äquivalenz bei bankvertragsrechtlicher Zinsanpassung

Professor Dr. *Peter Derleder*, Universität Bremen

I. Einleitung*

Wenn sich auf einem maßgeblichen Sektor des Wirtschaftslebens die bisherigen rechtlichen Beurteilungsmaßstäbe als brüchig erweisen, dann kann die Rechtsprechung die neue Rechtsfindung auf ganz verschiedene Art und Weise organisieren. Sie kann wie ein mutiger Stoßtrupp in das juristische Neuland einmarschieren, eine Bastion errichten und abwarten, ob diese wieder geschliffen wird und der Rückzug angetreten werden muss, d.h., nachher alles Mögliche zurückzunehmen, zu korrigieren oder umzudeuten ist, ein Verfahren, das der Gesellschaftsrechtssenat früher gelegentlich praktiziert hat (Stichwort Stoßtruppjurisdiktion). Zuletzt hat dieser Senat allerdings mit seiner Entscheidung zur Rechtsfähigkeit der Gesellschaft bürgerlichen Rechts in der Art eines Entwicklungsprojekts nach lange eingereichten Plänen eine halbe Brücke errichtet, mit der Botschaft an Praxis und Lehre: Macht was draus! (Stichwort Entwicklungsfragmentbau). Wieder anders ist das Vorgehen des Grundstückssenats zu qualifizieren, der, eine fundamentale Revision des Wohnungseigentumsrechts erwägend, seinen Vorsitzenden als wissenschaftlichen Autor vorpreschen, sich mit Lehre und Praxis im Diskurs abarbeiten ließ und das erstrittene Ergebnis schließlich als Senatsmeinung akzeptierte: Man kann dies als das Modell Thermopylen bezeichnen, wo bekanntlich Leonidas seine Gegner nacheinander abfertigte, um für Athen zu siegen. Der Bankrechtssenat hat demgegenüber zu einem viel liebenswürdigeren Verfahren gegriffen und die mit der gebotenen Akribie auch die Alltagsentscheidungen durchforstenden Bankjustitiare und Verbraucherrechtler durch ein eigentlich nicht hierher gehörendes obiter dictum in Unruhe versetzt. Ich möchte dieses Verfahren die Taschentüchleinmethode nennen, in Erinnerung an eine Form der Kontaktaufnahme vor allem im 19. Jahrhundert, wo etwa die zur Kur weilende und in Liebesdingen unterbeschäftigte Dame durch das Fallenlassen des Tüchleins und die dadurch eröffnete Fundkommunikation aus einem ereignislosen Nachmittag eine Option für ein neues Leben machen konnte. Wie das Taschentüchlein verpflichtet das knappe Wort des Bankrechtssenats zu den Zinsanpassungs-

---

* Es handelt sich um einen Aufsatz des Verfassers, der dem Vortrag vor der Bankrechtlichen Vereinigung zugrunde lag. Die Vortragsform ist teilweise jedoch beibehalten. Der Text enthält zudem über die Parallelveröffentlichung in WM 2001, 2029 hinaus die konkrete Berechnung der Zinsanpassung bei Grundpfandkrediten.

klauseln im Urteil vom 19. Oktober 1999 zu den Pfändungsentgelten noch zu nichts, wie auch sein ehemaliger Vorsitzender bereits tröstlich festgestellt hat. Aber die dadurch entfachte stürmische Werbung vor allem der Bankenseite wird wohl nicht mehr resonanzlos verhallen können. In knapp zwei Jahren hat das bescheidene obiter dictum zu einer Vielzahl von Vorschlägen, Publikationen und Verbandsaktivitäten bis zum Bankrechtstag 2001 geführt, so dass ein umfassender Bericht an dieser Stelle nicht möglich, sondern die Konzentration auf den gedanklichen Kern der Debatte notwendig ist. Der jüngst vor allem von *Bruchner* entwickelte Klauselvorschlag der Bankenseite wirkt, um im Bild zu bleiben, fast schon wie das Ehevertragsangebot eines vermögenden Taschentuchfinders. Der Bankrechtssenat wird aber, will er die Bewerber nicht zu Stalkern machen, eine durchdachte Linie finden müssen, um zu beweisen, dass das Taschentüchleinprinzip den Rechtsfindungsmethoden „Stoßtrupp“, „Entwicklungsfragmentbau“ und „Thermopylen“ gleichwertig ist.

II. Zur Geschichte und Ökonomie der Zinsänderungen in laufenden Bankverträgen

Die bei fast allen Kreditarten geläufigen Zinsanpassungsklauseln sind seit dem erwähnten obiter dictum des XI. Zivilsenats des BGH im Urteil vom 19.10.1999[1] das neue Transparenzanforderungen andeutet, Gegenstand intensiver rechtsdogmatischer Bearbeitung. Ziel muss es sein, die für Dauerschuldverhältnisse dringend notwendige Kontinuität auch in Zukunft wenigstens solange zu sichern, wie seine letzte Grundsatzentscheidung Bestand bewahrt hat.

Die Zinsvorgaben der Deutschen Bundesbank waren zum Aufbau der Nachkriegswirtschaft und eines funktionierenden Geld- und Kapitalmarktes erforderlich. Als ihre Grundlage, die Zinsverordnung, 1967 abgeschafft wurde,[2] wurde dies als Wiederherstellung der Vertragsfreiheit im Passiv- wie im Aktivgeschäft gefeiert, aufgrund derer sich der Wettbewerb der Kreditinstitute am Markt entfalten konnte.[3] Auch bei Verabschiedung des Zinsanpas-

1 BGH WM 1999, 2545, 2547 = ZIP 2000, 16.
2 AufhebungsVO vom 21.3.1967, BGBl. I, 352.
3 *Immenga,* BB 1967, 696.

sungsgesetzes[4] für die in der DDR vergebenen Kredite war man sich einig, dass die Kreditnehmer nur markmäßige Zinsen zu akzeptieren haben und die Kreditinstitute sich zu Marktbedingungen refinanzieren müssen.[5] Und daran anknüpfend wird auch in der gegenwärtigen Debatte ideell nichts anderes als marktmäßige Zinsanpassung postuliert, von *Bruchner*[6] etwa ebenso wie von *Metz*,[7] obwohl doch bei der Implementation dann grundlegende Einschränkungen zum Vorschein kommen, als wünschten beide Seiten immer noch einen Rest von Zinsdirigismus, wenn auch jeweils nur zugunsten der Margenbewahrung der Kreditinstitute oder des Verbraucherschutzes gegenüber als zu hoch empfundenen Marktpreisen.

Gegenüber der drohenden Verschärfung der Inhaltskontrolle von Anpassungsklauseln durch die Judikatur findet in der Bankwirtschaft die Meinung zunehmend Resonanz, dass dann an Stelle von Zinsanpassungsklauseln mit der durch sie gegebenen Notwendigkeit der Angabe eines Anpassungsparameters und angesichts des drohenden Bündels von Annexrechtsfragen der Übergang zu Zinsgleitklauseln mit automatischer Anpassung, also ohne kontrollfähige Leistungsbestimmungsklausel, den Vorzug verdiene. Zweifelhaft ist aber, worauf *Habersack* hinweist,[8] ob sich für Zinsgleitklauseln, bei aller möglichen Transparenz, ein verallgemeinerungsfähiger Refinanzierungsparameter oder Aktivmarktindex finden lässt, auch wenn das Indexierungsverbot des Preisangaben- und Preisklauselgesetzes[9] nach seinem § 2 Abs. 1 Satz 3 nicht für den Geld- und Kapitalverkehr gilt und folglich Indexierungen prinzipiell möglich sind. Gleitklauseln führen zudem mit ihrer Anpassungsautomatik zu geringerer wettbewerblicher Sensibilität. In der Struktur gleichen sie der Verzugszinsregelung in § 288 Abs. 1 Satz 1 BGB, die mit dem Aufschlag von fünf Prozentpunkten auf den jeweiligen Basiszinssatz der Europäischen Zentralbank aber zusätzlich Schuldnersanktionierung eröffnet. Im übrigen müssten anstößige Indizes ebenfalls eine richterliche Kontrolle aus-

---

4 Gesetz vom 24.6.1991, BGBl. I, 1314.

5 BT-Drucks. 12/221, S. 16 u. S. 11.

6 *Bruchner*, in: Bruchner/Metz, Variable Zinsklauseln (2001), Rdnr. 106, spricht von marktbezogener Fortschreibung.

7 *Metz*, in: Bruchner/Metz (vorige Fn.) Rdnr. 437, will die Marktergebnisse nach den Bundesbankstatistiken zugrunde legen.

8 *Habersack*, WM 2001, 757 f.

9 PaPkG vom 9.6.1998 (BGBl. I, 1242); siehe dazu *Vogler*, NJW 1999, 1236.

lösen. Der Weg zu den Zinsgleitklauseln ist daher ebenfalls mit erheblichen Stolpersteinen gepflastert.

Das Dilemma des Bankvertragstypus mit variablen Zinsen besteht allerdings darin, dass mit diesem Dauerschuldverhältnis automatisch Wettbewerbsrestriktionen verbunden sind. Der Kunde wird bei einer Zinsanhebung durch sein Kreditinstitut aufgrund Leistungsbestimmung nach § 315 BGB und noch viel weniger bei einer unterbliebenen Zinssenkung zu einem anderen Kreditinstitut wechseln, solange seine Transaktionskosten beim Wechsel zu einem anderen Kreditinstitut, insbesondere durch Einmalgebühren, höher sind als die verlangten Zusatzkosten. Regelmäßig deckt der Wechselaufwand die neu verlangten oder nicht eingesparten Zinsbeträge für längere Zeit ab. Ökonomisch gesehen ist also in den Dauervertragscharakter eine Art Renteneffekt eingebaut, der es dem Kreditinstitut auch gegenüber dem homo oeconomicus unter den Kunden erlaubt, die Zinserhöhungen bis zur Transaktionskostenschwelle auszureizen oder Zinssenkungen phasenweise oder ganz zu unterlassen. Ökonomisch gesehen ist es daher auch nicht verwunderlich, wenn Kunden erst nach längerer weiterer Laufzeit erkennen, dass ein alsbaldiger Wechsel des Kreditinstituts nach einer Zinserhöhung billiger gewesen wäre als deren Akzeptierung und deswegen relativ spät Ansprüche bei Gericht geltend gemacht werden. Besonders hoch können die Transaktionskosten beim langfristigen Wohnungsbaukredit sein, wo der bis zur Halskrause verschuldete Kreditnehmer oft überhaupt keinen zusätzlichen Aufwand mehr auf sich nehmen kann und damit erst einmal der Zinsanpassung seines Kreditgebers ausgeliefert ist, bei Streitigkeiten über die Höhe einer eventuell auf sie folgenden Kündigung samt Schufa-Dokumentation sogar in seinen existentiellen Grundlagen betroffen sein kann. Die Dauervertragsstruktur ist also mit einem Monopolelement verkoppelt, das bei den Zinsanpassungsklauseln wettbewerbsnahe Lösungen unabweisbar macht. Die Prüfung, inwieweit dies bisher gelungen ist, muss an der Ausgangsentscheidung des III. Zivilsenats des BGH vom 6.3.1986 einsetzen.[10]

---

10 BGHZ 97, 212.

III. Die Analyse der Rechtsgrundsätze seit 1986

Die Entscheidung des Jahres 1986 ist zwar heftig kritisiert worden,[11] hat aber lange standgehalten, was nicht nur ein Signal der Trägheit der beteiligten Institutionen sein kann, sondern auch mit ihrem Regulierungsgehalt zu tun hat. Selbst der kritische heutige Leser findet dann auch überwiegend Urteilselemente, die aufrecht zu erhalten sind.

1. Der Sachverhalt von BGHZ 97, 212

Der Sachverhalt von 1986 betraf den gewerblichen Kredit eines Bauunternehmers, bei dem die kreditgebende Bank sich allgemein vorbehalten hatte, „den Zinssatz zu ändern, wenn sie dies (z.B. wegen der Entwicklung von Geld- und Kapitalmarkt) für erforderlich“ hielt. Der publizierte Tatbestand des Urteils war, obwohl er auch zum Teil irrelevante Angaben über frühere Vertragsphasen enthielt, extrem verkürzt und enthielt nicht einmal eine verbalisierte Kurzangabe über die Vertragszinsentwicklung und die Struktur der unterschiedlichen Berechnungen der Parteien, eine Unsitte, wie sie leider auch gelegentlich bei den Entscheidungen des XI. Zivilsenats festzustellen ist.[12] Damit nähert sich ein Urteil mangels subsumtionsfähiger Tatsachen einer Formulierung von Rechtsgrundsätzen wie bei einem Rechtsentscheid an, ohne dass dem mitdenkenden Leser noch die methodisch notwendige Überprüfung der Interpretationsergebnisse an den Tatsachen gelingen kann. Es ist vielmehr die Aufgabe des Bankrechtssenats, die konkrete Zinsgestaltung an den rechtlichen Maßstäben zu messen. Dann wäre auch die zur Marktzinsentwicklung verquere Vertragszinsentwicklung im Sachverhalt der Entscheidung von 1986 manifest geworden.[13]

2. Die Voraussetzungen eines einseitigen Leistungsbestimmungsrechts

Der III. Zivilsenat hat diesen sogenannten Zinsvorbehalt als formularmäßige Vereinbarung eines einseitigen Leistungsbestimmungsrechts nach § 315

11 Am intensivsten von *Schwarz*, NJW 1987, 626 und *Reifner*, JZ 1995, 866; s. aber auch *Köndgen*, EWiR 1986, 653; NJW 2000, 468, 475; *Habersack*, WM 2001, 756 ff. m.w.N.

12 Siehe zuletzt BGH WM 2001, 1024.

13 Siehe dazu *Metz*, in: Bruchner/Metz (oben Fn. 6), Rdnr. 331 ff.

BGB qualifiziert, die einer Inhaltskontrolle nach § 9 AGBG unterliegt, so dass diese auch für Verträge mit Kaufleuten relevant ist. Derartige Zinsklauseln bedürfen, ob sie nun als Zinsvorbehalte oder als Zinsanpassungsklauseln formuliert sind, eines sachlichen Grundes, den der III. Senat aus den wechselnden Refinanzierungsbedingungen der Kreditinstitute während des Laufs des Kreditvertragsverhältnisses entnommen hat. Darin ist zunächst der überzeugende Ausgangsrechtssatz enthalten, dass auch bei Dauerschuldverhältnissen die Änderung von Leistung und Gegenleistung grundsätzlich einen Konsens der Vertragsparteien voraussetzt, also ein konsensuales Leitbild besteht und nicht etwa von vornherein § 315 BGB zum Leitbild gemacht werden kann. Ein einseitiges Leistungsbestimmungsrecht einer Vertragsseite wäre also ohne sachlichen Grund als unangemessene Benachteiligung des Kunden gemäß § 9 Abs. 1 BGB nichtig.

3. *Die Veränderung der Refinanzierungsbedingungen als sachlicher Grund*

Dass der notwendige sachliche Grund im zweiten Rechtssatz des Urteils an der Änderung der Refinanzierungsbedingungen der kreditgebenden Bank während des Laufs des bankvertragsrechtlichen Dauerschuldverhältnisses festgemacht ist, versteht sich aber keineswegs von selbst. Die Refinanzierung des Kreditinstituts ist für den Kunden bei Vertragsschluss ebenso wie im Zuge der weiteren Vertragsdurchführung ein Buch mit sieben Siegeln, so dass er sich auf eine Vertragsgestaltung nach den jeweiligen Refinanzierungsbedingungen nur auf der Basis blinden Vertrauens einlassen kann. Die Refinanzierungsbedingungen sind zwar Teil des Marktgeschehens, von diesem aber nur das Passivgeschäft der Banken. Aus der Sicht des Kunden, des Partners des Aktivgeschäfts, handelt es sich um Aufwand des Kreditinstituts, also um Kosten, für die er sich in einer Marktwirtschaft nicht zu interessieren braucht. Er vergleicht vielmehr lediglich die Angebote der Kreditinstitute bei Vertragsabschluss, wird den vorhandenen Wettbewerb zu nutzen versuchen und bei rationaler Wahl das günstigste Angebot wählen, ohne dass er sich über die Kosten des jeweiligen Vertragspartners Gedanken zu machen braucht. Daraus könnte umgekehrt der Schluss gezogen werden, dass die Kreditinstitute ihre Zinsen im Laufe des Vertragsverhältnisses nicht wegen Änderungen der Refinanzierungsbedingungen, sondern nur wegen der Veränderungen in den Preisen für die Kunden fortschreiben können, so wie auch der Vermieter von Wohnraum nur wegen gestiegener ortsüblicher Vergleichsmieten[14] und nicht wegen gestiegener Kapitalkosten[15] seine Miete erhöhen kann.

Dennoch vermag auch der zweite Rechtssatz des III. Senats von 1986 zu überzeugen. Er schneidet den Kreditinstituten die Anpassung von Zinssätzen ab, wenn sich die Refinanzierungsbedingungen nicht geändert haben. Er hält sie an ihrer Vertragsentscheidung insoweit fest, als selbst bei einem Anstieg des Marktzinsniveaus im Aktivgeschäft ohne Veränderung der Refinanzierungsbedingungen keine Zinserhöhung vonstatten gehen kann. Das Kreditinstitut kann dann also seine Marge nicht ausweiten, obwohl dies bei neuen Vertragsabschlüssen möglich ist, und braucht sie aus Gründen der Symmetrie auch nicht zu senken, wenn die Zinsen im Aktivgeschäft ansonsten nachgeben. Das bedeutet, dass ein Kreditinstitut, wenn die mit dem Abschluss des Kreditvertrags realisierte Marge nicht beeinträchtigt ist, weder an einem Aufschwung der Zinsen im Aktivgeschäft partizipieren kann noch unter marktmäßigen Abschwungtendenzen im Aktivgeschäft leiden muss. Diese Einschränkung des Aktionsspielraums der Kreditinstitute, die bei unveränderten Refinanzierungsbedingungen selbst dann ihre Marge nicht erweitern können, wenn ein Neuvertragsabschluss dies gestatten würde, legitimiert sich daraus, dass eine solche Veränderung des Äquivalenzverhältnisses nicht über ein einseitiges Leistungsbestimmungsrecht der Bank, sondern nur über eine Änderungskündigung des Kreditinstituts, soweit zulässig, zu realisieren ist, mit der Folge, dass der Kunde ein entsprechendes Signal für eine Überprüfung der Marktverhältnisse und der Angebote der Konkurrenten erhält, bevor er der margenerweiternden Zinserhöhung zustimmt oder die Kündigung akzeptiert. Der zweite Rechtssatz des Jahres 1986 hält also ebenfalls einer kritischen Nachprüfung stand: Es gibt keine einseitige Zinserhöhung ohne Veränderung der Refinanzierungsbedingungen.

4. Das Verbot einseitig begünstigender Klauseln

Die Zinsanpassungsklauseln dürfen die darlehensgewährende Bank nicht einseitig begünstigen, lautete der dritte Rechtssatz des Urteils. Das ist deut-

14 Siehe § 558 BGB n.F. für die Zeit nach dem 1.9.2001.

15 Der frühere § 5 MHG, der unter gewissen Voraussetzungen Kapitalkostensteigerungen auf den Mieter abzuwälzen erlaubte, ist als marktwirtschaftsfremde Regelung gestrichen worden.

lich mehr als das Verbot schrankenloser Leistungsbestimmungsrechte, von dem noch immer gelegentlich die Rede ist.[16] Soweit es um bloße Margenerweiterung ohne veränderte Refinanzierungsbedingungen geht, wäre dieser Rechtssatz redundant. Aus ihm ist aber ferner abzuleiten, dass eine Verbesserung der Refinanzierungskonditionen auch zur Herabsetzung des dem Kunden berechneten Zinssatzes verpflichtet, was der III. Senat dann auch in die verwendeten Zinsanpassungsklauseln hineingeschrieben hat, selbst wenn sich aus ihrer Formulierung kein Anhaltspunkt dafür ergab. Dieses Recht auf Zinssenkung bei Margenerweiterung durch günstigere Refinanzierungsbedingungen ist jedoch ein bloßes nudum ius, wenn es mangels Kenntnis des Kunden von den Refinanzierungsbedingungen in der Realität nicht ausgeübt werden kann. Jede praktische Bedeutung verlöre es zudem, wenn das Kreditinstitut dem Zinssenkungsverlangen bei verbesserten Refinanzierungsbedingungen wiederum Verschlechterungen des Zinsniveaus beim Aktivgeschäft aus der Vergangenheit entgegenhalten könnte. Da verwundert es nicht, dass bisher ein gravierendes Vollzugsdefizit bei Zinssenkungen unverkennbar ist. Die Kunden halten fast immer bei gleichbleibendem Zinssatz still, weil sie die Maßstäbe von Zinssenkungen nicht kennen und die Risiken einer prozentualen Durchsetzung nicht einschätzen können. Der Rechtsgrundsatz zur Symmetrie zwischen Erhöhungen und Senkungen des Zinssatzes verbürgt daher nur dann Ausgewogenheit, wenn sein Implementationsdefizit behoben wird.

5. Das inhaltliche Minimum der Zinsanpassungsklauseln

Der vierte Rechtssatz des III. Senats ging 1986 dahin, die Präzisierung der Voraussetzungen und Grenzen von Zinsänderungen begegne so erheblichen Schwierigkeiten, dass die Konkretisierung der Zinsänderungsklauseln dem Kunden über seinen allgemeinen Wissensstand hinaus keine zusätzlichen Erkenntnisse geben könne und daher auch von den Kreditinstituten keine ausdrückliche Umschreibung zu verlangen sei. Das stand schon 1986 mit der Rechtsprechung anderer Senate im Widerspruch, insbesondere mit der Zeitschriftenabonnements-[17] und der Tagespreisklausel-Entscheidung[18] des

16 Siehe auch *Schimansky,* WM 2001, 1171.
17 BGH WM 1980, 1120, 1121.
18 BGHZ 82, 21, 25 f.

VIII. Zivilsenats, so dass sich der III. Senat auf eine Unvergleichbarkeit der Anpassungsklauseln berufen musste.[19] Die Divergenz dieser durch den XI. Senat übernommenen Rechtsprechungslinie[20] zu der Rechtsprechung anderer Senate ist aber inzwischen so deutlich geworden, dass sie nicht nur zu dem obiter dictum des XI. Senats vom 13.10.1999 geführt, sondern praktisch auch von Seiten der Banken eingeräumt worden ist. Die Schwierigkeiten tatbestandlicher Fixierung der Anpassungsvoraussetzungen erscheinen nach den zwischenzeitlichen Debatten nicht mehr als so groß, dass diese unterbleiben müsste. Konkrete Formulierungsvorschläge sind gemacht, und es besteht eine weitgehende Übereinstimmung dahin, dass es ohne einen Parameter zur Konkretisierung der Zinsanpassungen nicht geht. Der vierte Rechtssatz von 1986 hat sich daher überwiegend erledigt. Aufrecht zu erhalten ist auch von ihm allerdings ein Teilelement, nämlich dass eine transparente Fassung der Voraussetzungen einer Zinsanpassung mehr bieten muss als einen allgemeinen Bezug auf den Wissensstand jedes informierten Kunden, also mehr als einen Hinweis auf den Wandel der Marktverhältnisse durch Veränderung der Refinanzierungskonditionen. Wenn aber ein konkreter Anpassungsklauseltatbestand möglich ist, dann bedarf es auch nicht mehr der interpretatorischen Samariterdienste, wie sie der III. Senat 1986 geleistet hat, indem er einer nichtssagenden Klausel eines Kreditinstituts eine benigna interpretatio wie einem kranken Erblasser hat zuteil werden lassen. Insoweit kann man allerdings kaum von einer geltungserhaltenden Reduktion, sondern muss eher von einer geltungsverschaffenden Überinterpretation sprechen.

6. Die Variabilitätsgrundabrede

Ein fünfter Rechtssatz kann gleichfalls an das Urteil von 1986 anknüpfen. Er baut auf der Trennung zwischen der Vereinbarung veränderter Zinsen und der Festlegung ihrer Voraussetzungen und Maßstäbe auf. Aus der bloßen Abmachung des „jeweiligen" Zinses wurde entnommen,[21] dass der Kreditnehmer nicht auf einen festen Zins vertrauen kann, wie auch immer sonst die

---

19 BGHZ 97, 212, 218 mit der Formulierung, die Festlegung der Zinsen folge anderen Kriterien als die Bestimmung der (Haupt-)Gegenleistung bei Kauf- und Werkverträgen.

20 Zur Entwicklung der weiteren Rechtsprechung des XI. Senats *Schimansky*, WM 2011, 169 f.

21 BGHZ 97, 212, 219.

Klausel formuliert ist. Dementsprechend wird auch in der gegenwärtigen Diskussion selbst im Hinblick auf ansonsten rechtlich nicht mehr haltbare Zinsanpassungsklauseln der Schluss gezogen, eine unzureichende Formulierung der Anpassungsvoraussetzungen stelle den Variabilitätstatbestand nicht in Frage.[22] Insofern könnte man zwischen einer Variabilitätsgrundabrede und einer Abrede zu ihrer Ausgestaltung differenzieren. Hier fragt es sich, ob bereits diese Unterscheidungen nicht eine geltungserhaltende Reduktion implizieren und damit statt der Rückkehr zum Leitbild konsensualer Vertragsgestaltung im Falle eines Verstoßes gegen § 9 Abs. 1 AGBG ein einseitiges Leistungsbestimmungsrecht kreiert wird. Dabei könnte auch noch auf die Formulierung der einzelnen Klausel und den „blue-pencil-Test" abgestellt werden.[23] Bei Würdigung der berechtigten Interessen der Bankvertragsparteien, insbesondere auch der jederzeit verfügbaren Alternativen einer Festzinsvereinbarung erscheint es jedoch als ein ausreichender sachlicher Grund für eine Variabilitätsgrundabrede und das damit verbundene einseitige Leistungsbestimmungsrecht des Kreditinstituts, sofern die Abrede eine wechselnde Höhe des Zinssatzes als gewollt erscheinen lässt. Die Rückkehr zum Konsensualprinzip ist dann nicht gerechtfertigt. Insofern kann auf der Basis der Unterscheidung des Jahres 1986 der Rechtssatz postuliert werden, dass auch bei unwirksamer Ausgestaltung der Zinsanpassungsklausel eine Variabilitätsgrundabrede wirksam sein kann.

7. *Die Risikozuschläge*

Auch bei wirksamer formularmäßiger Vereinbarung eines Leistungsbestimmungsrechts kann es der Kunde nach § 315 BGB beanstanden, wenn das Kreditinstitut von seinem Recht nicht nach billigem Ermessen Gebrauch gemacht hat, und eine bankseitige Bestimmung durch gerichtliches Urteil nach § 315 Abs. 3 Satz 2 BGB erwirken. Dieses Recht ist nach der Entscheidung des III. Senats noch nicht durch das Schweigen auf Tageskontoauszüge und bei Kontroversen über die Zinsgestaltung auch mehrere Jahre lang noch nicht verwirkt, die Leistungsbestimmung der Bank dann auch nicht geneh-

22 So insb. *Habersack*, WM 2001, 760; *Schimansky*, WM 2001, 1175.

23 Siehe dazu Palandt/*Heinrichs*, BGB, 60. Aufl., vor § 8 AGBG Rdnr. 10; BayObLGZ 1997, 159; s. ferner zur Teilbarkeit der Klauseln vor allem BGHZ 107, 190; 108, 112; NJW 1999, 1108.

migt.[24] Auch dieser sechste Rechtssatz kann weiterhin Gültigkeit beanspruchen. In die Leistungsbestimmung nach § 315 BGB aufgrund einer gegenüber allen Kunden verwendeten Anpassungsklausel darf – dies ist der siebte zu erhaltende Rechtsgrundsatz – nicht ein spezieller Risikozuschlag integriert werden. Dieser könnte sich einmal daraus ergeben, dass das Kreditinstitut selbst in eine besonders ungünstige Refinanzierungs- und Kostenstruktur hineingerät und seine betriebswirtschaftliche Kalkulation nur mit dadurch bedingten Preiserhöhungen aufgehen kann. Der Kunde braucht nicht damit zu rechnen, dass er aufgrund einer allgemeinen Anpassungsklausel bei einer Krise seines Kreditinstituts einen Sonderbeitrag zur Verlustvermeidung leisten muss. Dazu bedürfte es einer vertraglichen Zinsänderung. Ebensowenig kann das Kreditinstitut eine Zinsanpassung dazu nutzen, um wegen erhöhten Ausfallrisikos eines bestimmten Kunden bei diesem eine weitergehende Zinserhöhung zu realisieren oder eine sonst gebotene Zinssenkung zu unterlassen. Auch dabei handelt es sich nicht um eine marktbedingte Anpassung, auf die die Anpassungsklauseln zielen, sondern um eine individuelle Risikoerhöhung, deretwegen allein eine Änderungskündigung oder ein Verlangen nach zusätzlicher Sicherheit zulässig sein kann.[25] Risikozuschläge und -abschläge aufgrund der individuellen Lage des Kreditinstituts und seines Kunden müssen daher außerhalb des Geltungsbereichs der Anpassungsklauseln bleiben.

8. *Der anpassungsbezogene Gleichbehandlungsgrundsatz*

Ein achter Rechtssatz der Entscheidung des Jahres 1986 lässt sich als anpassungsbezogener Gleichbehandlungsgrundsatz charakterisieren. Dieser ist zwar etwas knapp formuliert und lässt manches offen. Ein Kreditinstitut darf, so hieß es, einen Kunden seines Hauses oder seiner Niederlassung nicht schlechter behandeln als seine anderen Kreditnehmer, soweit nicht besondere Sachgründe vorliegen.[26] Was für Sachgründe dies sein können, wenn eine Risikoerhöhung bei Kreditinstituten oder bei Kunden dafür nicht in Frage kommt, ist unklar. Für Zinsdifferenzierungen aus sozialen oder politischen Gründen, etwa auch gegenüber rechtsextremen Kunden, fehlt es an jedem Anhalts-

---

24 BGHZ 97, 212, 221.
25 Ebenso *Schimansky,* WM 2001, 1174.
26 BGHZ 97, 212, 223.

punkt in den allgemeinen Anpassungsklauseln, so dass sie nicht in Betracht kommen. Aber auch unterschiedliche Zinsanpassungen in den verschiedenen Niederlassungen eines Kreditinstituts müssen ausscheiden, da die Kunden weder niederlassungsspezifische Refinanzierungskonditionen noch insoweit unterschiedliche Zinsen im Aktivgeschäft gewärtigen müssen. Auch eine Niederlassung mit einer besonders alten und unflexiblen Klientel kann daher ihr einseitiges Leistungsbestimmungsrecht während der Dauer des Vertragsverhältnisses nicht zu einem Sonderzuschlag nutzen. Es gilt also ein institutsspezifischer Gleichbehandlungsgrundsatz bei nicht konsensualen Zinsanpassungen, auch wenn sich der III. Senat 1986 insoweit noch nicht entschieden hat.

9. Das Maß der Zinsanpassungen

Für das Ausmaß der Zinsanpassungen hat sich der III. Senat zunächst an der Veränderung der Refinanzierungsmöglichkeiten der Banken orientiert, obwohl dem Kunden bei Vertragsabschluss die Refinanzierungssituation seines Kreditinstituts nicht bekannt ist. Selbst bei einem Anstieg des Geld- und Kapitalmarktzinses kann eine Zinsanhebung aber nach diesem Urteil ungerechtfertigt sein, wenn frühere Senkungen des Zinsniveaus nicht an den Kunden weitergegeben worden sind. Dies scheint eine strenge Ausrichtung der Zinsanpassung auf das Passivgeschäft des Kreditinstituts zu sein. Der III. Senat vertritt jedoch im Anschluss daran die Auffassung, dass sich das Kreditinstitut grundsätzlich im Rahmen der Zinssätze für Kredite dieser Art und Größenordnung halten muss, wie sie sich aus in den Monatsberichten der Deutschen Bundesbank veröffentlichten Statistiken ergeben, aus denen bereits die höchsten und niedrigsten Zinssätze ausgesondert sind. Der Kunde braucht, hieß es zur Begründung, bei Vertragsabschluss nicht mit unterdurchschnittlichen Refinanzierungsmöglichkeiten seines Kreditinstitutes zu rechnen und also keine Zinserhöhung außerhalb der üblichen Streubreite für entsprechende Kredite zu erwarten.

Bei einer Analyse dieser zunächst etwas sibyllinisch wirkenden Sätze ergibt sich keineswegs ein innerer Widerspruch, wie er wegen der Ausgangsorientierung an den Refinanzierungskonditionen der Kreditinstitute, also dem Passivgeschäft, und der Begrenzung der Zinsanpassung nach den Kreditarten des Aktivgeschäfts konstruiert werden könnte. Vielmehr hat der III. Senat die Refinanzierungskonditionen für die grundsätzliche Bestimmung der Anpassung und die Zinsen des Aktivgeschäfts für die Bestimmung der Anpassungsgrenze herangezogen. Er hat es hinsichtlich der Anpassungsnotwendigkeit vermieden, auf die Refinanzierungssituation des einzelnen Kreditinstituts abzustellen, die weder dem Kunden noch dem Gericht mitzuteilen ist und in einer Wettbewerbswirtschaft ein legitimes Betriebsgeheimnis bleiben kann. Es kommt danach also nur auf die abstrakten Refinanzierungsmöglichkeiten der Kreditinstitute an. Verschlechtern sich diese, kann eine Zinsanpassung erfolgen, wobei 1986 der Grad der notwendigen Veränderung offenblieb. Diese Zinsanpassung muss sich dann aber im Rahmen der Zinsen für Aktivgeschäfte halten. Das entspricht der marktwirtschaftlichen Sichtweise, die auf den Wettbewerb im Aktivgeschäft der Kreditinstitute abstellt. Der Wettbewerb auf dem Aktivsektor war schon für die Festlegung des Äquivalenzverhältnisses maßgeblich und muss daher auch bei der Fortschreibung bedeutsam bleiben. Der III. Senat hat allerdings nicht die ganz erhebliche Streubreite bei den in den Monatsberichten der Deutschen Bundesbank ausgewiesenen Zinssätzen berücksichtigt, deren Ausnutzung darauf hinauslaufen könnte, einen sehr preiswerten Kredit bei der ersten Zinsanpassung in einen sehr teuren umzuwandeln. Dessen ungeachtet bleibt als neunter und wichtigster Rechtssatz des Urteils des III. Senats zu registrieren, dass die Kreditinstitute bei veränderten Refinanzierungsbedingungen die Zinsen anpassen dürfen, sich aber im Rahmen der Marktverhältnisse bei den verschiedenen Kreditarten ihres Aktivgeschäfts halten müssen.

Resümiert man die Rechtsgrundsätze der Entscheidung von 1986, dann ergibt sich am Ende ein hohes Maß an Kontinuität, das auch die Rückwirkungsprobleme einer Inhaltskontrolle langfristiger Verträge von vornherein zu entschärfen geeignet ist. Nimmt man die überholten Begründungselemente heraus, ergibt sich bei Systematisierung der Rechtssätze eine kompakte Basis der weiteren Diskussion: Einseitige Leistungsbestimmungsrechte bedürfen im Hinblick auf das konsensuale Leitbild von Austauschverträgen eines sachlichen Grundes (1). Dieser ergibt sich bei kreditvertragsrechtlichen Dauerschuldverhältnissen mit variablen Zinsklauseln aus den Veränderungen der Refinanzierungsbedingungen der Kreditinstitute (2). Entsprechende Zinsanpassungsklauseln sind nicht nur anstößig, wenn sie schrankenlos sind, sondern dürfen die Kreditinstitute nicht einseitig begünstigen (3). Zinsanpassungsklauseln mit einem Informationsgehalt, wie er dem Wissensstand eines informierten Kunden entspricht, also etwa mit dem Bezug auf die Veränderungen der Marktverhältnisse durch veränderte Refinanzierungskonditionen, sind kein ins Gewicht fallender Transparenzbeitrag (4). Soweit es die Fassung einer Zinsanpassungsklausel nach AGB-rechtlichen Kriterien erlaubt, bleibt auch bei unwirksamer Formulierung einer Zinsanpassungsklausel die Variabilitätsgrundabrede bestehen (5). Mit der aufgrund einer wirksamen allgemeinen Anpassungsklausel erfolgten Zinsänderung darf das Kreditinstitut keinen Risikozuschlag wegen eigener betriebswirtschaftlicher Risiken oder erhöhter Ausfallrisiken bei Kunden verkoppeln (6). Das Kreditinstitut muss seinen Kunden gegenüber einen institutsbezogenen Gleichbehandlungsgrundsatz einhalten[27] (7). Während die Veränderung der Refinanzierungsmöglichkeiten der Kreditinstitute die Anpassung im Ausgangspunkt bestimmt, ergibt sich ihre Begrenzung aus den Zinssätzen der verschiedenen Kreditarten im Aktivgeschäft (8). Das Recht des Kunden, eine Zinsanpassung nach § 315 Abs. 3 BGB anzugreifen, ist noch nicht durch das Schweigen auf Tageskontoauszüge und bei längeren Kontroversen über die Zinsgestaltung auch eventuell nach Jahren noch nicht verwirkt (9).

IV. Die Fixierung des Anpassungsmaßstabs

Die Debatte um die konkrete Bestimmung eines Anpassungsmaßstabs hat sich geradlinig auf der Basis der Entscheidung von 1986 entwickelt. Der grundlegende Aufsatz von *Reifner*,[28] der die Angabe eines Veränderungsparameters, einer Anpassungsschwelle und eines Anpassungszeitpunkts forderte, wurde allerdings nicht sofort rezipiert. In der Praxis herrschte auch, wie die Verbraucherorganisationen deutlich gemacht haben,[29] Konfusion über die Klauselgestaltung, die Veränderungen der Refinanzierungskonditionen und die maßgeblichen Ausweise für sie. Die Verbraucherzentralen registrierten auch im Falle deutlicher Zinssenkungen bei den verschiedenen Kreditarten weitgehend keine oder sehr verspätete Vertragszinssenkungen. Insoweit hat die Diskussion über die Refinanzierungssituation der Kreditinstitute maßgebliche Einsichten gebracht, insbesondere was die zunehmende Refinanzierung durch Interbankengeschäfte, das demgegenüber geringere Maß der Refinanzierung über die EZB und auch die Zinsdifferenzen

27 Wenn man von dem niederlassungsbezogenen Gleichbehandlungsgrundsatz absieht, den sich der III. Zivilsenat offengehalten hat.
28 JZ 1995, 866.
29 *Metz,* in: Bruchner/Metz (oben Fn. 6), Rdnr. 278 ff.

angeht, die sich aufgrund des Zinstenderverfahrens bei einer Finanzierung durch die EZB ergeben, aber auch im Hinblick auf die zunehmende Refinanzierung bei ausländischen Banken. Da eine Berücksichtigung der individuellen Refinanzierungslage eines einzelnen Kreditinstituts, wie dargelegt, aus Gründen der Wettbewerbssicherung, aber auch wegen der Unzulässigkeit der Verkopplung von Kundenkrediten und unternehmerischen Finanztransaktionen der Banken[30] ausscheiden muss, müssen die allgemeinen Refinanzierungsmöglichkeiten zugrunde gelegt werden. *Bruchner*[31] hat insofern den Euribor[32]-Monatsdurchschnittszinssatz für Drei-Monatsgeld, also den Zinssatz für Dreimonatsgeld im Interbankengeschäft des Euro-Raumes, als einen besonders sensiblen Schwankungsausweis vorgeschlagen, während *Habersack* auch den ähnlich aussagekräftigen EONIA-Zinssatz für tauglich erklärt hat.[33] Es versteht sich, dass es hier letztlich um Dezisionen geht, die auch anders ausfallen könnten, sei es für das Sechsmonatsgeld, sei es für eine niedrigere oder höhere Zinsänderungsschwelle. Sollten die Kreditinstitute aufgrund entsprechender Verbandsempfehlungen für den Einstieg in die Zinsanpassung einen Anstieg des Euribor-Dreimonatsgeld-Monatsdurchschnittzinssatzes um 0,25 Prozentpunkte wählen und damit ein Zinsintervall wie die EZB bei ihren Leitzinssatzveränderungen, dann ist dagegen unter dem Gesichtspunkt der Zinsanpassung wegen veränderter Refinanzierungskonditionen nach § 315 BGB nichts einzuwenden. Damit würden Kreditinstitute und Kunden endlich eine klare Berechnungsgrundlage für Zinserhöhungen und Zinssenkungen erhalten, wenn diese nicht wieder durch unüberprüfbare Spielräume entwertet wird.

V. Das Maß des Anpassungsbetrages

1. Allgemeine Grundsätze

Die Kreditinstitute wollen sich aber auch bei Zugrundelegung des Euribor-Parameters offenbar nicht daran binden, dass nur ein dessen Anstieg entsprechender Änderungssatz für Erhöhungen und Senkungen herangezogen wird, sondern fordern einen darüber hinausgehenden Spielraum ein. Das wird

30 *Rolfes,* WM 2001, 763.
31 *Bruchner,* in: Bruchner/Metz (oben Fn. 6), Rdnr. 89 ff.
32 Euro interbanking offered rate.
33 *Habersack,* WM 2001, 758.

zunächst damit begründet, dass Firmen- und Privatkunden sehr sensibel auf laufende Veränderungen reagierten, Zinserhöhungen deswegen oft zeitweilig nicht durchsetzbar seien und auch zum Zwecke der Senkung der Transaktionskosten allzu häufige Zinserhöhungen vermieden würden, mit der Folge, dass Margenschwund drohe und der eingetretene „Zinserhöhungsrückstau" aufzulösen sei.[34] Dies kann jedoch nicht überzeugen. Es ist bereits dargelegt, dass es für eine Reaktion der Kunden eine Transaktionskostenschwelle gibt und vor allem die Masse der Privatkunden keineswegs flexibel reagiert. Wenn Zinserhöhungen phasenweise am Markt nicht durchgesetzt werden können, so können sich Kreditinstitute in einer Marktwirtschaft nicht darüber beklagen, es sei denn, dass sie eine nicht marktabhängige Margenverwaltung für gerechtfertigt halten, eine Art eigenen Zinsdirigismus. Soweit bis zur nächsten Anpassungsschwelle eine Zinsänderung ausgeschlossen ist, ist das notwendig mit der Rechtsstruktur der Anpassungsklauseln verbunden, die es ausschließt, dass Kreditinstitute im wirtschaftlichen Effekt eine automatische Anpassung an jede Marktveränderung wie bei Zinsgleitklauseln verlangen können. Ebensowenig wie ein Zinserhöhungsstau kann aber ein Zinssenkungsstau von den Kunden angeführt werden, die mit Rücksicht auf nicht realisierte frühere Zinssenkungen auch keine stärkere Zinssenkung für eine aktuelle Phase verlangen können. Denn damit würde jede nachprüfbare Berechnung, wie sie durch die Zugrundelegung des Euribor signalisiert ist, wieder unterlaufen. Der III. Senat hat zwar 1986 eine Begrenzung der Erhöhungen mit Rücksicht auf früher unterbliebene Senkungen für möglich gehalten. Mangels nachvollziehbarer Berechnung auf der Basis bestimmter Parameter war dies damals ein legitimes Billigkeitsargument, das jedoch nicht aufrecht erhalten werden kann, wenn damit die angebotene Rechnung auf Euribor-Basis Makulatur würde. Im übrigen wäre die Berechnung eines „Zinserhöhungsrückstaus" nach den vielfältig variierenden Kontoständen ein hochkomplexes Unterfangen.

Die vom III. Senat für notwendig erklärte Begrenzung des finanzierungsbedingten Anstieges durch die Zinssätze für Kredite der jeweiligen Art wird von *Bruchner* gleichfalls in Frage gestellt. Die methodischen Einwände gegen die statistischen Angaben in den Monatsberichten der Deutschen Bundesbank wegen mangelnder Repräsentativität und Zeitnähe sind jedoch nicht triftig, da es sich insofern um ein (nicht leicht mit erträglichem Auf-

---

34 *Bruchner,* in: Bruchner/Metz (oben Fn. 6), Rdnr. 129 ff.

wand verbesserungsfähiges) methodisches Optimum handelt, das die Rechtsprechung auch der Sittenwidrigkeitskontrolle der Konsumentenratenkredite zugrunde gelegt hat und das offenbar von Zeit zu Zeit mit neuen perfektionistischen Anforderungen nach Opportunitätsgesichtspunkten angegriffen wird.[35] Richtig ist allerdings, dass ein lückenloser Ausweis für alle Kreditarten fehlt. Dass nur Standardkredite erfasst werden, zwingt zu besonderen Maßstäben für andere Kreditformen, erweist aber das Begrenzungskriterium des III. Senats insbesondere für Grundpfandkredite und Dispositionskredite an Privatkunden als praktisch umsetzbar.

Damit ist zunächst die Grundsatzfrage zu entscheiden, ob die Zinsen des Aktivgeschäfts als Begrenzungsmaßstab anzuerkennen sind. Dagegen lässt sich marktwirtschaftlich höchstens einwenden, marktgerecht sei nur der Zins, den der Kreditgeber beim Abschluss neuer vergleichbarer Kredite verlange.[36] Damit würde das bei Vertragsabschluss festgelegte Äquivalenzverhältnis missachtet; es käme auch auf die damals vom Kreditinstitut kalkulierte Marge überhaupt nicht mehr an. Außerdem würde der volkswirtschaftlich produktive Verstetigungseffekt der Altkredite völlig ausgeschaltet. Diese Auffassung würde es auch erlauben, die bei Neuverträgen bestimmten Risikogrößen auch in Altverträge einzubeziehen. Sie ist aber auch mit dem Urteil des III. Senats von 1986 schon insofern nicht vereinbar, als Veränderungen der Refinanzierungskonditionen für die Anpassung völlig unmaßgeblich wären. Andererseits verdient es aus marktwirtschaftlicher Sicht den Vorzug, dass die Kreditinstitute bei einer refinanzierungsbedingten Anpassung des Zinssatzes sich den Marktverhältnissen und dem Wettbewerb auf dem Aktivgeschäftssektor stellen müssen und insofern eine Begrenzung nach dessen Marktergebnissen erfolgt, sofern diese erfassbar sind. Die refinanzierungsbedingte Anpassung muss daher eine Deckelung durch das Aktivgeschäft erfahren. Dieser marktwirtschaftstheoretische Deckelungsgrundsatz kann nicht empirisch-methodischen Zweifeln zum Opfer fallen. Würde er bei der künftigen Rechtsentwicklung aufgegeben, wäre dies ein marktwirtschaftlicher Rückschritt. Dieser Grundsatz trägt der Tatsache Rechnung, dass der Refinanzierungsmarkt und der Markt des Aktivgeschäfts sich kurz- und mittelfristig durchaus heterogen entwickeln können, mit Unterschieden je

---

35 Siehe dazu *Büschgen*, BB-Beilage 1/1984, S. 16 f.; *Bruchner*, FS Schimansky, S. 272 ff.

36 So *Schubert*, WM 1992, 45, 48.

nach Kreditart. Insofern kann man von einem Interferenzphänomen sprechen. Es wäre ein bankenbegünstigender Zinsdirigismus, würde es die Rechtsprechung den Kreditinstituten gestatten, sich im Wege der Zinsanpassung dem Markt des Aktivgeschäfts und den Interferenzen zum Passivgeschäft zu entziehen. Ohne Deckelungsmechanismus kann aus einem für den Kunden preiswerten Kredit im Wege von Zinsanpassungen ein teurer Kredit werden.

2. *Die praktische Anwendung der Anpassungskriterien*

a) Der Grundpfandkredit

Da es um recht verschiedene Teilmärkte des Aktivgeschäfts geht, bedarf die Anwendung des refinanzierungsbedingten Änderungsmaßstabs und des Deckelungsgrundsatzes nach dem Aktivgeschäft einer differenzierten Betrachtung. Nimmt man zunächst einmal die Grundpfandkredite, dann ist von vornherein klar, dass es refinanzierungstypische Besonderheiten gibt, vor allem durch das stärkere Gewicht der langfristigen Refinanzierung und die Refinanzierung über niedrigverzinsliche Kundeneinlagen mit und ohne Verbriefung. Zieht man nun dennoch einen sensiblen Parameter für kurzfristiges Geld heran, so kann sich ein deutlich höherer Zinssprung auf dem Refinanzierungssektor ergeben als bei den Zinsen des Aktivgeschäfts mit den Grundpfandkrediten. Nimmt man einmal an, dass die Vertragsparteien bei Vertragsschluss präzise den Durchschnittszinssatz des Aktivgeschäfts vereinbart haben, dann könnte, wenn der Euribor-Zinssatz um 0,75 Prozentpunkte gestiegen ist, die danach gerechtfertigte Zinsanpassung um 0,75 Prozentpunkte dadurch gedeckelt sein, dass der Durchschnittszinssatz für Grundpfandkredite nur um 0,5 Prozentpunkte gestiegen ist. Diese einfache Rechnung wird aber durch zwei Faktoren kompliziert, nämlich dadurch, dass die Monatsberichte der Deutschen Bundesbank auch bei Streichung der je 5 % höchsten und niedrigsten Zinssätze eine erhebliche Streubreite ausweisen und dass die Parteien schon ihren Ausgangsvertragszins keineswegs unbedingt in der Nähe des Durchschnittszinssatzes gefunden haben. Die Deckelung nach der Obergrenze der Streubreite zuzulassen, würde aber – wie dargelegt – bedeuten, dass bei der Anpassung ein für den Kunden preisgünstiger Kredit auf einen Schlag einer der teuersten werden könnte. Deswegen ist auf der Basis der ausgewiesenen Streubreite der arithmetische Mittelwert zu bilden oder aber der von der Bundesbank ermittelte Durchschnittszinssatz als Mittelwert heranzuziehen. Diese Mittelwertbildung ist dann auch die Grundlage für die Erfassung des speziellen Äquivalenzverhältnisses der Vertragsparteien. Dieses darf nicht auf ein bloßes „Grundgefüge“ reduziert werden, in dem Verschiebungen des Äquivalenzverhältnisses zulässig wären. Wenn in der Rechtsprechung mit Rücksicht auf die bisherigen Unschärfen der Berechnung von Zinsanpassungen vom „Grundgefüge“ des Kreditvertrags die Rede war,[37] so ist damit kein das Äquivalenzverhältnis aufweichender neuer Rechtsbegriff gebildet worden. Das Äquivalenzverhältnis ist daher bei der Anpassung nach den Marktbedingungen in jedem Fall als Anpassungsgrenze einzuhalten.

Haben die Vertragsparteien bei Vertragsbeginn einen Zinssatz von z.B. 6,0 % abgemacht und betrug der Mittelwert für Grundpfandkredite bei einer Streubreite zwischen 5,5 und 7,5 % nach den Monatsberichten zu diesem Zeitpunkt 6,5 %, steigt aber der Euribor-Zinssatz bis zum Anpassungszeitpunkt um 0,75 Prozentpunkte, dann ist eine Anpassung in der Weise möglich, dass dafür der Mittelwert für die Grundpfandkredite zum Anpassungszeitpunkt festgestellt wird. Beträgt dieser (bei einer Streubreite zwischen 6 und 8 %) 7 %, dann wird der refinanzierungsbedingt gerechtfertigte Anstieg von 0,75 Prozentpunkten gedeckelt, so dass nur eine Erhöhung um 0,5 Prozentpunkte möglich ist, also von 6,0 auf 6,5 %. Damit wird auch das Äquivalenzverhältnis gewahrt, das dadurch geprägt ist, dass der alte Vertragszins wie der neue um 0,5 Prozentpunkte unter dem Mittelwert der Aktivgeschäftszinsen der Kreditart lag. Eine ähnliche Methode der Berücksichtigung des Äquivalenzverhältnisses hat auch bereits das OLG Celle[38] angewandt, wenn auch zunächst nur unter Einbeziehung des Aktivgeschäfts. Geht man bei der hier vorgeschlagenen Berechnung nicht von dem aufgrund der Streubreite der jeweiligen Kreditart ermittelten Mittelwert, sondern von dem ausgewiesenen durchschnittlichen Zinssatz aus, ergibt sich eine etwas andere Deckelung.

Zur Verdeutlichung soll eine konkrete Zinsanpassung durchgerechnet werden. Ausgegangen werden soll von einem Grundpfandkredit, der für die Zeit seit 1. November 1999 eingegangen worden ist und bei dem eine Zinsanpassung für den November 2000 vollzogen werden soll. Dieser Kredit soll seit November 1999 den für diesen Zeitpunkt relativ ungünstigen Zinssatz von 6,25 % pro Jahr haben. Soll der Zinssatz für November 2000 angepasst

---

37 BGH WM 1991, 179; 1993, 1700.

38 OLG Celle WM 1991, 1025; s. auch OLG Hamm WM 1985, 159.

werden, so ist zunächst zu prüfen, ob der Anstieg des Euribor-Dreimonatsgeldes dies rechtfertigt. Das ist zu bejahen, da der Euribor nach den in den Monatsberichten der Deutschen Bundesbank ausgewiesenen Daten von einem Wert von 3,47 im November 1999 auf 5,09 im November 2000 gestiegen ist. Damit ist ein Anstieg um 1,62 Prozentpunkte zu registrieren. Der Vertragszinssatz darf nun aber nicht einfach um einen solchen Prozentsatz erhöht werden, sondern muss nach dem Anstieg der Hypothekenzinsen für Wohngebäude gedeckelt werden. Die Hypothekenzinsen sind von einem Jahreswert von durchschnittlich 5,94 % im November 1999 auf 6,86 % im November 2000 gestiegen, also um 0,92 Prozentpunkte. Der Anstieg des Vertragszinses muss also auf 0,92 Prozentpunkte begrenzt werden, wenn man die in den Monatsberichten ausgewiesenen Durchschnittszinsen zugrunde legt. Daraus ergibt sich ein neuer Zinssatz von (6,25 + 0,92 =) 7,17 % pro Jahr. Damit liegt der neue Vertragszinssatz im November 2000 genau so viel Prozentpunkte (nämlich 0,31) über dem Durchschnittszinssatz für November 2000 (6,86 %), wie der Vertragszinssatz für November 1999 über dem damaligen Durchschnittszinssatz (5,94 %) lag. Der Kredit ist also, gemessen an Durchschnittszinswerten, trotz der Zinsanpassung vergleichsweise ebenso teuer geblieben wie der vereinbarte Ausgangszinssatz.

Bei einem vergleichsweise günstigeren Ausgangskreditzinssatz von 5,5 % pro Jahr im November 1999 ergäbe sich bei der Zinsanpassung im November 2000 ein paralleles Resultat. Die nach dem Euriborzinssatzanstieg gerechtfertigte Erhöhung um 1,62 Prozentpunkte ist auch hier zu deckeln, so dass nur eine Erhöhung um 0,92 Prozentpunkte möglich ist. Sie ergäbe dann einen neuen Zinssatz von (5,5 + 0,92=) 6,42 %, der ebensoviel Prozentpunkte unter dem Durchschnittszinssatz von 6,86 % für November 2000 läge (nämlich um 0,44 Prozentpunkte), wie der Ausgangszinssatz von 5,5 % unter dem Durchschnittszinssatz von 5,94 % für November 1999 lag. Auch insoweit bliebe also der preiswerte Kredit des Jahres 1999 trotz Zinsanpassung Ende 2000 ein preiswerter Kredit.

Diese Rechnung verändert sich nicht ganz unerheblich, wenn man statt der bei Grundpfandkrediten für Wohngebäude in den Monatsberichten der Deutschen Bundesbank ausgewiesenen Durchschnittszinssätze die arithmetischen Mittelwerte der Streubreite nimmt. Hier ergibt sich für den Durchschnittswert von 5,94 % im November 1999 eine Streubreite zwischen 4,89 und 6,97 %. Der Mittelwert beträgt also hierfür 5,93 %. Für den November 2000 ergibt sich bei einem Durchschnittswert von 6,86 % eine Streubreite zwischen 5,96 und 8,03 %, also ein Mittelwert von 6,995 %. Da die Differenz der Mittelwerte (6,995 ./. 5,93 =) 1,065 Prozentpunkte ausmacht, ergibt sich eine Deckelung in dieser Höhe. Der teure Kredit mit 6,25 % Jahreszins im November 1999 kann daher in der Weise angepasst werden, dass nunmehr (6,25 + 1,065 =) 7,315 % Jahreszins verlangt werden können, während der preiswerte Kredit mit 5,5 % Jahreszins im November 1999 nach der Anpassung einen Jahreszins von (5,5 + 1,065 =) 6,565 % rechtfertigt. Damit ergeben sich bei der Zugrundelegung der Mittelwerte nach der Streubreite der Grundpfandkreditzinsen statt der ausgewiesenen Durchschnittszinsen höhere Werte für den preisgünstigen (6,565 % gegenüber 6,42 %) wie für den teureren Kredit (7,315 % statt 7,17 %). Dies erklärt sich wohl daraus, dass bei einem relativ schnellen Anstieg der Zinsen die für die Streubreite ausgewiesenen Spitzenwerte noch wenig repräsentativ sind und ein relativ geringes Gewicht haben. Umgekehrt könnten die Durchschnittszinsen höher sein als die Mittelwerte, wenn die Zinsen schnell fallen. Mangels gewichteter Zinsstatistik in den Monatsberichten der Deutschen Bundesbank, die die Kreditvolumina nicht einbezieht, bleibt für die Praxis nur die Anknüpfung an die Durchschnittszinsangaben oder die Mittelwerte, wobei erstere noch eine etwas größere Aussagekraft haben dürften.

Mit einer derartigen refinanzierungsbedingten, aktivgeschäftsgedeckelten und äquivalenzwahrenden Zinsanpassung ist etwa für den Grundpfandkredit, wie er in den Monatsberichten der Deutschen Bundesbank ausgewiesen ist, eine exakte Bestimmung der Obergrenze möglich. Insoweit ist allerdings mit einer Vielzahl von Einwänden zu rechnen. Der Einwand einer Überregulierung und zu hohen Komplexität kann jedoch nicht greifen, da die Berechnung viel einfacher ist als etwa diejenige bei der Sittenwidrigkeitskontrolle von Konsumentenratenkrediten und eine so klare Rechnung einen erheblichen Beitrag zur Streitvermeidung und Gerichtsentlastung darstellen kann. Schon ernster zu nehmen ist der Einwand, die Kreditinstitute hätten keinen großen Ermessensspielraum mehr, wie ihn doch § 315 BGB gewährt. Festzuhalten ist demgegenüber zunächst, dass die Banken weiterhin einen erheblichen Ermessensspielraum behalten. Sie können nicht nur eine geringere Zinsanpassung wählen, sondern auch einen anderen vertretbaren Parameter als das Euribor-Dreimonatsgeld zugrunde legen, die Anpassungsspanne womöglich etwas anders dimensionieren als mit 0,25 Prozentpunkten und in ihre Klauseln eventuell auch einen zusätzlichen Toleranzspielraum (z.B. von 0,1 Prozentpunkten) aufnehmen. Eine Cap-Regelung, also eine Kappungsgrenze, durch die eine über die refinanzierungsbedingte Zinsänderung oder über den gedeckelten Änderungsbetrag hinausgehende Zinsschwankung auf eine vorher festgelegte Spanne beschränkt würde, könnte zwar auf der Basis entsprechender Klauselgestaltung eingeführt werden.[39] Ein solcher relativer oder auch ein absoluter Cap ist jedoch marktwirtschaftsfremd und kann demgemäß nicht aus dem Gesetz, auch nicht aus § 315 hergeleitet, sondern allenfalls vertraglich ausbedungen werden. Dem Kreditinstitut bleibt somit insgesamt ein beträchtlicher Spielraum für die Ausgestaltung der Zinsanpassung nach seinem Ermessen und zugleich für eine vernünftige Ermessensselbstbindung. Die Zubilligung eines diffusen Spielraums, der eine von vornherein kalkulierbare und später nachvollziehbare Berechnung nicht ermöglicht, würde jedoch wie in der bisherigen Vertragspraxis dazu führen, dass die Kreditinstitute auch bei einer nach § 9 AGBG unzureichenden Klauselfassung und deswegen notwendigen richterlichen Billigkeitsbestimmung nach § 315 keinen Nachteil hätten, sondern die Gerichte wegen derartiger nicht operationaler Parameter und der mit ihnen verbundenen Bindung an eine diffusen Spielraum weiterhin im Nebel stochern müssten.

Ferner ist mit dem Versuch zu rechnen, durch entsprechende Klauselgestaltung der Deckelung nach den Marktergebnissen des Aktivgeschäfts zu entgehen. Auch wenn sie marktwirtschaftlich nicht begründet werden kann, so wäre doch eine Klausel denkbar, mit der sich das Kreditinstitut während des Bankvertragsverhältnisses seine konkrete Marge stets zu erhalten versucht. Eine solche Art der Kostenzinserhebung kann jedoch, wenn man zunächst den Grundpfandkredit ins Auge fasst, nicht in Betracht kommen. Ein Grundpfandkreditnehmer, insbesondere der Häuslebauer, braucht auch bei einem Wohnungsbaukredit mit variabler Zinsklausel nicht damit zu rechnen, dass er in alle Unregelmäßigkeiten kurzfristiger Liquiditätsbeschaffung und die daraus resultierenden Änderungen des Euribor-Zinssatzes uneingeschränkt hineingezogen werden kann, sondern sich sein Zins nach den weniger unruhigen Marktbewegungen des Grundpfandkreditsektors richten. Eine Klausel, die ausdrücklich die Deckelung nach dem Zinssatz für Grundpfandkredite aufheben würde, wäre wegen unangemessener Benachteiligung des Kunden nach § 9 Abs. 1 AGBG unwirksam.

---

39 Siehe dazu *Bruchner,* in: Bruchner/Metz (oben Fn. 6), Rdnr. 162 ff., und *Metz,* Rdnr. 591 ff.

Zu berücksichtigen ist allerdings, dass die Monatsberichte der Deutschen Bundesbank nur Angaben für erstrangige Grundpfandkredite ausweisen. Die Zinsunterschiede zwischen erstrangigen und nachrangigen Grundpfandkrediten beruhen jedoch im wesentlichen auf den unterschiedlichen Ausfallrisiken, die sich in der Zinsdifferenz zum erstrangigen Kredit erfassen lassen. Daher erscheint mangels weiter ausdifferenzierter Statistik eine Deckelung nach den Zinssätzen des erstrangigen Kredits unter Einbeziehung des ausfallrisikobedingten Zinsunterschieds möglich.

b) Der gewerbliche Kredit

Bei den gewerblichen Krediten, insbesondere den Betriebsmittelkrediten, ist eine Reihe von ökonomischen Unterschieden zu konstatieren, die das für Grundpfandkredite erörterte Berechnungsverfahren auf sie nicht ohne weiteres übertragbar erscheinen lassen. Zunächst ist die Streubreite der Verzinsung wesentlich höher, ferner schwankt der Liquiditätsbedarf viel stärker; er kann deswegen auch eine Ausschöpfung aller kurzfristigen Refinanzierungsquellen erfordern. Daher erscheint es hier näher zu liegen, den Kreditinstituten die Weitergabe der rein refinanzierungsbedingten Zinsänderungen nach Maßgabe des Euribor-Zinssatzes zu gestatten. Damit würde sich das vertragliche Äquivalenzverhältnis zunächst nur noch insoweit auswirken, als jeweils vom ursprünglichen Vertragszins für die Anpassungsrechnung auszugehen ist. Eine Kontrolle nach den Marktergebnissen des gewerblichen Kreditaktivgeschäfts ist aber auch hier insoweit erforderlich, als die Streubreite der Zinssätze für gewerbliche Kredite einzuhalten ist, wie sie für Kontokorrentkredite der Unternehmen in den Monatsberichten der Deutschen Bundesbank ausgewiesen sind. Insofern wäre die Vorgabe des III. Senats einzuhalten, dass sich die refinanzierungsbedingte Zinsanpassung im Rahmen der Zinssatzstreubreite für das auf diese Kreditart bezogenene Aktivgeschäft halten muss. Auch bei dieser Berechnung ist jedoch darauf zu bestehen, dass sie sich nicht in diffusen Zusatzspielräumen wegen eines möglichen Zinserhöhungsrückstaus auflösen darf. Soweit die Kreditinstitute Defizite aufgrund der Anpassungsspanne vermeiden wollen, ist zu überlegen, ob beim gewerblichen Kredit eine niedrigere Anpassungsspanne in den maßgeblichen Klauseln zu verankern ist als 0,25 Prozentpunkte. Es wäre aber ein Widerspruch in sich, dem Kunden bei der Ausgestaltung des Vertrags durch die Angabe einer bestimmten Anpassungsspanne das Gefühl einer gewissen Stetigkeit zu geben und die damit notwendig verbundenen Einschränkungen der Zinsänderung bei jeder dann zulässigen Anpassung zu kompensieren und womöglich aufgrund unüberprüfbarer Berechnungsspielräume sogar überzukompensieren.

c) Der Überziehungskredit

Bei den den Privatkunden eingeräumten Überziehungskrediten, wie sie ebenfalls von den Monatsberichten der Deutschen Bundesbank erfasst sind, ist die Sachlage wieder etwas anders. Die Zinssätze liegen im Schnitt höher als auf den anderen Kreditsektoren, haben eine relativ niedrige Streubreite und der täglich wechselnder Kreditbedarf macht flexibelste Refinanzierung sinnvoll. Die Interferenzen zwischen Euribor-Zinssatzanhebung und Überziehungskreditzinsanhebungen sind demgemäß meist gering. Andererseits orientieren sich die Kunden bei der Wahl ihres Kreditinstituts zunehmend an den feinen Zinsunterschieden gerade beim Überziehungskredit. Daher erscheint es als zu grob, die Einhaltung der Streubreite genügen zu lassen. Vielmehr vermag insoweit nur die Anwendung des gesamten refinanzierungsbedingten, aktivgeschäftsgedeckelten und äquivalenzwahrenden Anpassungsverfahrens zu überzeugen. Wegen der Sensibilität für die Veränderungen kurzfristiger Refinanzierung ist aber auch hier den Kreditinstituten eher die Verwendung einer niedrigeren Anpassungsspanne als beim Grundpfandkredit zuzubilligen, während wiederum der Vorteil einer höheren Spanne nicht mit diffusen Anpassungsspielräumen und praktischer Unkontrollierbarkeit der Berechnungen erkauft werden darf. Insgesamt sind also im Rahmen des § 315 BGB sachgemäße Differenzierungen der Leistungsbestimmung nach der Kreditart offenzuhalten, insbesondere für Grundpfandkredite, gewerbliche Kredite und Überziehungskredite der Privatkunden.

VI. Anpassungsklauselgestaltung und Anpassungspraxis

1. Die Anforderungen an die Klauselgestaltung

Ausgeklammert geblieben ist bislang, was zur Konkretisierung des Leistungsbestimmungsrechts der Kreditinstitute in ihre Klauseln hineingeschrieben sein muss und was der Anpassungspraxis im Einzelfall überlassen werden kann. Pointiert hat hier das LG Dortmund im Urteil vom 30.6.2000[40] die Kriterien formuliert. Als Maßstab für die Inhaltskontrolle einer gegenüber Nichtkaufleuten verwendeten Zinsanpassungsklausel nach § 9 AGBG wandte es § 4 Abs. 1 Satz 4 Nr. 1 Buchst. e VerbrKrG an und verlangte, dass die Parameter „so präzise wie möglich" angegeben würden. Anknüpfungen an „Veränderungen des Marktzinses" und „des allgemeinen Zinsniveaus" genügten nicht. Neben einem Referenzzinssatz müsse auch die Anpassungsmarge angegeben sein. Es sei auch nicht nachvollziehbar, dass die Banken nicht weitgehend für eine laufzeitkongruente Gestaltung ihrer Refinanzierungsbedingungen sorgen. Nach dem Inkrafttreten des VerbrKrG sei das bisherige Verbraucherschutzdefizit durch das Fehlen objektiver Berechnungskriterien nicht hinzunehmen. Das LG Köln ist dieser Linie gefolgt.[41]

Formularmäßige einseitige Leistungsbestimmungsrechte der Kreditinstitute sind in der Tat so zu normieren, dass der Kunde voraussehen kann, unter welchen Voraussetzungen und in welchem Umfang ihn eine höhere Belastung trifft. Diese vom IV. Zivilsenat in einer Grundsatzentscheidung des Jahres 1997[42] postulierten und vom XI. Senat in seinem obiter dictum rezipierten Voraussetzungen[43] müssen auch für das Kreditgewerbe gelten, da sich die 1986 vom III. Senat noch gesehenen Schwierigkeiten einer über den Wissensstand eines allgemein informierten Kunden hinausgehenden formularmäßigen Konkretisierung ausräumen lassen, wie die zwischenzeitliche Debatte gezeigt hat. Insofern ist die auch von Bankenseite grundsätzlich akzeptierte Bezugnahme auf den Euribor-Dreimonatsgeld-Monatsdurchschnittssatz als Indikator der Refinanzierungsveränderungen der erste Schritt. Hinzu kommen muss die Festlegung der Anpassungsspanne, etwa bei einer Veränderung um 0,25 Prozentpunkte, wie sie insbesondere bei Grundpfandkrediten sachgemäß ist, die aber nach den Kreditarten differenziert werden kann. Desgleichen ist der Deckelungsgrundsatz in der Weise zu konkretisieren, dass die Zinsänderungen nicht über die Zinssätze im Aktivgeschäft der betreffenden Kreditart, berechnet nach dem Mittelwert, hinausgehen dürfen, um das vertragliche Äquivalenzverhältnis zu wahren. Beim gewerb-

---

40 LG Dortmund WM 2000, 2095.

41 LG Köln ZIP 2001, 65.

42 BGHZ 136, 394, 402.

43 Siehe ferner den Hinweis des XI. Senats (BGH WM 1999, 2545, 2547) auf *Ulmer,* in: Ulmer/Brandner/Hensen, AGBG, 8. Aufl., § 9 Rdnr. 100, wonach Richtlinien und Grenzen der Ausübung möglichst konkret anzugeben sind.

lichen Kontokorrentkreditverhältnis genügt es, wenn die Zinsänderung auf der Basis des Vertragszinses sich im Rahmen der Streubreite des Aktivgeschäftszinssatzes hält. Darüber hinaus können sich die Kreditinstitute noch operationale Toleranzspielräume ausbedingen, während der Vorbehalt eines diffusen Änderungsspielraums (etwa wegen Zinserhöhungsrückstaus) auszuschließen ist. Die Vereinbarung von Klauseln, die die Abwälzung der speziellen Veränderungen der Refinanzierungssituation des kreditgebenden Instituts erlauben, ist theoretisch nicht ausgeschlossen, dürfte aber wegen des dann notwendigen Nachweises der konkreten Refinanzierungssituation keine praktische Bedeutung erlangen. Durch Klauseln, die diese Anforderungen erfüllen, wird aber nicht nur das Transparenzgebot des § 9 Abs. 1 AGBG eingehalten, weil Kunden die Zinsänderung konkret nachvollziehen und anhand objektivierter Daten berechnen können, sondern zugleich das bisherige strukturelle Defizit beseitigt, dass der Einfluss der Veränderungsfaktoren auf der Passiv- und der Aktivgeschäftsseite und des vertraglich festgelegten Äquivalenzverhältnisses der Parteien gedanklich und rechnerisch unbestimmt war. Es bedarf somit keiner weiteren Kontroverse über die Reichweite des Transparenzgebotes, dessen primäre Funktion nicht die inhaltliche Steuerung von AGB zum Zwecke der Vermeidung unangemessener Äquivalenzverschiebung ist.[44] Vielmehr ist von vornherein eine Klausel, selbst wenn sie in jeder Hinsicht transparent sein sollte, wegen unangemessener Benachteiligung des Kunden unwirksam, wenn sie das bisherige vertragliche Äquivalenzverhältnis und die Marktergebnisse des Aktivgeschäfts für irrelevant erklären sollte.

2. *Zinsanpassung auf der Grundlage (un)wirksamer Anpassungsklauseln*

Bei einer wirksamen konkreten Anpassungsklauselgestaltung bleibt für die Ausübung des Leistungsbestimmungsrechts im Einzelfall im wesentlichen nur zu prüfen, ob die sich aus der Klausel ergebenden Rechenanweisungen eingehalten worden sind. Der Verwender hat von seinem Ermessen insofern weitgehend schon durch die Klauselgestaltung Gebrauch gemacht und sich insoweit gebunden. Ihm bleibt danach nur noch die Entscheidung offen, ob

44 Siehe dazu *Schimansky,* WM 2001, 1170 f.

und wann er die Zinserhöhungsspielräume nach oben ganz oder teilweise ausschöpfen will.

Ein Dilemma ergibt sich jedoch bei einer den Anforderungen des § 9 AGBG nicht genügenden Anpassungsklausel, wenn das Kreditinstitut dennoch eine Zinsanpassung vornimmt. Soweit die Variabilitätsgrundabrede bestehen bleibt, könnte die Zinsanpassung dennoch billigem Ermessen nach § 315 BGB entsprechen, sofern die Grenzen einer refinanzierungsbedingten, gedeckelten und äquivalenzwahrenden Änderung eingehalten werden. Aber auch wenn die Grenzen des § 315 Abs. 1 BGB überschritten sind, könnte die Leistungsbestimmung trotz ihrer Unverbindlichkeit nach § 315 Abs. 3 Satz 1 BGB zunächst wirksam sein, bis sie aufgrund einer Klage durch das Gericht getroffen wird.[45] Dazu bedarf es keiner Feststellungs- oder Gestaltungsklage des Kreditnehmers als Schuldners. Vielmehr kann das Gericht inzident auf Leistungsklage des Kreditinstituts als Gläubigers bestimmen, was billigem Ermessen entspricht,[46] aber auch bei einer (Rück-)Erstattungsklage des Kreditnehmers. Schließlich könnte es sein, dass das Gericht am Ende auch nicht anders entscheidet, als das Kreditinstitut selbst aufgrund einer verbindlichen Anpassungsklausel hätte entscheiden müssen. In jedem Fall droht bei dieser Sachlage ein so gravierendes Sanktionsdefizit für unzureichende Anpassungsklauseln und Zinsanpassungsentscheidungen, dass die Einhaltung der Anforderungen des § 315 BGB wegen der Risikolosigkeit von Verstößen entscheidend gefährdet ist. Hinzu kommt, dass auch Verbandsklagen wegen nichtssagender Anpassungsklauseln, die ohnehin nur für Verbraucherkreditnehmer erhoben werden können, zu verpuffen drohen, wenn den Kreditnehmern, die sich über solche Klauseln beschweren, jederzeit durch korrekte Zinsanpassung die wirtschaftliche Beschwer genommen werden kann.

Andererseits lässt es sich auch nicht rechtfertigen, eine die Billigkeit wahrende Zinsanpassung nur wegen mangelhafter AGB-Klauseln zu ächten oder bei Notwendigkeit einer gerichtlichen Entscheidung strengere Billigkeitsmaßstäbe anzuwenden, als sie sonst gerechtfertigt sind. Daher bleibt in diesem Dilemma im wesentlichen nur der Ausweg, dass die Kunden Zinserhöhungen bei nichtssagenden Klauseln länger ohne Verwirkungsgefahr angreifen und Zinssenkungen länger reklamieren können als bei einer mit dem AGBG konformen Klauselfassung. Insoweit bedarf es einer Ausdiffe-

45 Siehe nur MünchKomm/*Gottwald*, 3. Aufl., § 315 Rdnr. 29.
46 BGHZ 41, 271, 286; BayObLG NJW-RR 1986, 1080.

renzierung der Rechtsgrundsätze zur Verwirkung. Ist aber der Richter schließlich zur Prüfung der Einhaltung des § 315 BGB durch die jeweilige Klausel und die darauf gestützte einseitige Leistungsbestimmung des Kreditinstituts genötigt, dann kann er dem Kreditinstitut in keinem Fall weitergehende Spielräume zur Quantifizierung der Änderung einräumen, als sie sich nach Refinanzierungsmaßstab, Deckelungsgrundsatz und Äquivalenzverhältnis ergeben. Insofern tragen die hier entwickelten Rechtsgrundsätze eine homogene Rechtsanwendung, gleichgültig, ob schon die Klausel oder erst die Leistungsbestimmung durch Kreditinstitute oder Richter die Berechnung steuert.

3. Der Rückgriff auf § 316 BGB

Ein probates Mittel bei nichtssagender Anpassungsklausel könnte der – eventuell über § 6 Abs. 2 AGBG oder gar über eine ergänzende Vertragsauslegung legitimierte – Rückgriff auf § 316 BGB sein, der bei Unbestimmtheit der Gegenleistung im Zweifel dem Gläubiger das Leistungsbestimmungsrecht gibt.[47] Ob der Vorschlag zur Anwendung dieser Vorschrift ganz ernst genommen werden kann, ist jedoch zu bezweifeln. Diese gilt, wenn im Ausgangsvertrag die Leistung nicht bestimmt ist, kann aber nicht zum Zug kommen, wenn aufgrund der Unwirksamkeit eine Anpassungsklausel das Gericht gemäß § 315 Abs. 3 BGB zur Leistungsbestimmung nach billigem Ermessen berufen ist. Sonst könnte das Kreditinstitut als Verwender einer intransparenten Klausel immer wieder durch eigene Leistungsbestimmung nach § 316 BGB die richterliche Bestimmung abwenden.

VII. Die Sanktionierung von Verstößen durch das VerbrKrG

Eine härtere Sanktion für nichtssagende Anpassungsklauseln enthält § 6 Abs. 2 Satz 5 VerbrKrG. Ist bei einem Verbraucherkredit eine Änderung des Zinssatzes vorbehalten, so ist nach § 4 Abs. 1 Satz 4 Nr. 1 Buchst. e VerbrKrG neben dem anfänglichen effektiven Jahreszins anzugeben, unter welchen Voraussetzungen preisbestimmende Faktoren geändert werden können; wird dies nicht angegeben, so entfällt nach § 6 Abs. 2 Satz 5 VerbrKrG

47 Dafür *Habersack,* WM 2001, 760.

die Möglichkeit, diese Faktoren zum Nachteil des Verbrauchers zu ändern. Diese Vorschrift gilt auch für Grundpfandkredite nach § 3 Abs. 2 Nr. 2 VerbrKrG, da insofern nur § 4 Abs. 1 Satz 4 Nr. 1 Buchst. b für unanwendbar erklärt ist. § 6 Abs. 2 Satz 5 VerbrKrG kommt aber nicht für Überziehungskredite zum Zug, da diese unter den Voraussetzungen des § 5 Abs. 1 Satz 1 VerbrKrG nicht dem Schriftformzwang des § 4 VerbrKrG unterliegen. Bei Überziehungskrediten ist jedoch § 5 Abs. 1 Nr. 3 VerbrKrG zu beachten, nach dem das Kreditinstitut vor der Inanspruchnahme des Kredits darüber zu unterrichten hat, unter welchen Bedingungen der Zinssatz geändert werden kann. Für gewerbliche Kredite kann § 4 VerbrKrG nur dann zum Zug kommen, wenn der Kredit für die Aufnahme einer gewerblichen oder selbständigen beruflichen Tätigkeit bestimmt ist und der Nettokreditbetrag 50.000 Euro nicht übersteigt (§ 3 Abs. 1 Nr. 2 VerbrKrG). Bei Unwirksamkeit von Anpassungsklauseln in Grundpfandkreditverträgen kann danach die Zinserhöhung verschlossen sein, wenn nichts zu den Voraussetzungen der Änderungen preisbestimmender Faktoren gesagt ist. Diese Rückkehr zum Konsensualprinzip könnte somit auch eine Variabilitätsgrundabrede hinfällig machen.

Unter § 4 Abs. 1 Satz 4 Nr. 1 Buchst. e fallen auch Zinsanpassungsklauseln.[48] Die gesetzliche Formulierung ist nicht sehr präzise, da es nicht um die Änderung der preisbestimmenden Faktoren, sondern der für sie relevanten Größen, hier der Zinssätze für die Refinanzierungsgeschäfte und die Aktivgeschäfte der maßgeblichen Kreditart geht. Zudem unterscheidet § 4 Abs. 1 Satz 4 Nr. 1 Buchst. e 1. Halbsatz VerbrKrG zwischen der Änderung des Zinssatzes und anderer preisbestimmender Faktoren, so dass es sich nicht von selbst versteht, im zweiten Halbsatz die Änderung der preisbestimmenden Faktoren auf den (variablen) Zinssatz zu beziehen. Bei teleologischer Interpretation sind jedoch auch die Bestimmungsgrößen für Zinssatzänderungen einzubeziehen, zumal diese auch beim (weniger streng geregelten) Überziehungskredit in § 5 Abs. 1 Nr. 3 VerbrKrG für relevant erklärt sind. Auch die systematische Betrachtung führt daher zum selben Ergebnis. Daher gilt die Vorschrift des § 4 Abs. 1 Satz 4 Nr. 1 Buchst. e VerbrKrG auch für die Angabe der Bedingungen einer Zinsänderung.

In der Literatur ist nun der Versuch unternommen worden, die scharfe Sanktion der Verletzung der Schriftform ihrerseits dadurch zu entschärfen,

48 Siehe nur MünchKomm/*Ulmer*, § 4 Rdnr. 44.

dass § 6 Abs. 2 Satz 5 VerbrKrG restriktiv interpretiert wird; diese Vorschrift gelte nur bei Fehlen einer Zinsanpassungsklausel, nicht aber bei inhaltlichen Mängeln, die vielmehr Sache des AGBG seien.[49] So einfach lässt sich der Schriftformzwang jedoch nicht wegzaubern. Fehlt die Zinsanpassungsabrede, so kann ein Leistungsbestimmungsrecht nach § 315 BGB überhaupt nicht ausgeübt werden. Lässt sich dem Vertrag wenigstens eine Variabilitätsgrundabrede entnehmen, dann ist damit über die Bedingungen der Zinsänderung noch nichts gesagt, so dass auch § 4 Abs. 1 Satz 4 Nr. 1 Buchst. e VerbrKrG ebensowenig eingehalten sein kann wie § 5 Abs. 1 Nr. 3 VerbrKrG beim Überziehungskredit. Eine Entschärfung der Sanktion des § 6 Abs. 2 Satz 5 VerbrKrG lässt sich vielmehr nur vertreten, wenn überhaupt der Versuch unternommen worden ist, die Bedingungen einer Zinsänderung durch Angabe eines Referenzzinssatzes, einer Anpassungsspanne und der notwendigen Begrenzung nach dem Aktivgeschäft zu konkretisieren. Wenn es dann mangelhafte Formulierungen im einzelnen geben sollte, ist die harte Sanktion des § 6 Abs. 2 Satz 5 VerbrKrG nicht gerechtfertigt. Soweit der Versuch einer Formulierung im Vertrauen auf die BGH-Entscheidung des Jahres 1986 nicht unternommen worden ist, ist dies eine Frage des Vertrauensschutzes, aber nicht der Auslegung des § 6 Abs. 2 Satz 5 VerbrKrG. Es wäre systematisch kaum angängig, aus dieser wesentlich präziser formulierten Norm mit ihrer strengen Sanktion geringere Anforderungen an die Klauselgestaltung zu entnehmen als aus der Generalklausel des § 9 AGBG.

VIII. Die Umsetzung wirksamer Anpassungsklauseln in der Vertragspraxis

1. Der Zugang der Anpassungserklärung

Die Leistungsbestimmung aufgrund einer wirksamen Anpassungsklausel erfolgt gemäß § 315 Abs. 2 BGB durch einseitige empfangsbedürftige Willenserklärung. Eine formularmäßige Abbedingung des Zugangserfordernisses ist nach h.M. nicht ohne Verstoß gegen § 9 AGBG möglich.[50] Dies gilt insbesondere bei einer Darlehensgewährung ohne Kontokorrentabrede. Beim

49 *Bruchner,* in: Bruchner/Metz (oben Fn. 6), Rndr. 239 f.; *Habersack,* WM 2000, 761.
50 OLG Saarbrücken NJW 1988, 3210; Palandt/*Heinrichs*, § 315 Rdnr. 11.

Überziehungskredit sieht dagegen § 5 Abs. 1 Satz 5 VerbrKrG vor, dass die Unterrichtung über die Änderung des Zinssatzes auch in Form eines Ausdrucks auf dem Kontoauszug erfolgen kann. Diese Sondervorschrift erübrigt wegen des Massencharakters dieser Kreditform und der jederzeitigen Möglichkeit der Inanspruchnahme den vorherigen Zugang einer Gestaltungserklärung, gestattet also die nachträgliche Information.[51] Es handelt sich aber um eine Ausnahmenorm, die auf andere Kreditformen wie den Grundpfandkredit und den gewerblichen Kredit wegen der wesentlich größeren wirtschaftlichen Bedeutung von Zinsänderungen für sie nicht übertragbar ist.[52] Eine die Kreditinstitute bevorzugende Zugangsregelung für Zinsanpassungserklärungen besteht nicht.[53] Die bisher vorgeschlagenen Klauseln über die Mitteilung von Zinsanpassungen durch Kontoauszüge decken einen termingerechten Zugang insbesondere bei Privatkunden nicht ab. Im Anwendungsbereich des § 4 VerbrKrG ist zudem die Schriftform für die Änderung des Zinssatzes einzuhalten.[54] Dem Grundpfandkreditnehmer muss demgemäß eine der Schriftform des § 4 Abs. 1 Satz 1 – 3 VerbrKrG genügende Willenserklärung vor der Zinsänderung zugehen.

2. *Der zeitliche Rhythmus der Zinsanpassung*

Der zeitliche Rhythmus der Veränderungen muss sich von stereotypen Kalenderterminen lösen, da diese im Hinblick auf die Bewegungen des Passivgeschäftssektors nur zufällige Momentaufnahmen ergäben. Entscheidend muss vielmehr die Überschreitung der Anpassungsschwelle im Durchschnitt eines Monats sein, durch die entweder das Kreditinstitut zur Zinserhöhung berechtigt oder zur Zinssenkung verpflichtet ist. Das Erhöhungsrecht braucht das Kreditinstitut nicht auszuschöpfen. Unterlässt es eine gebotene zinssenkende Leistungsbestimmung, ist es zum Schadensersatz wegen positiver Vertragsverletzung verpflichtet. Da auch für die Zinssenkung der Deckelungsgrundsatz zu beachten ist, kann der Schadensersatzanspruch jedoch dadurch eingeschränkt sein.

---

51 Siehe nur MünchKomm/*Ulmer*, § 5 Rdnr. 26, der aber Zeitnähe fordert.
52 Anderer Ansicht wohl *Bruchner,* in: Bruchner/Metz (oben Fn. 6), Rdnr. 153 ff.
53 Siehe auch BGH, Urt. v. 7.10.1997 – XI ZR 93/96, S. 7.
54 Siehe nur MünchKomm/*Ulmer*, § 4 VerbrKrG Rdnr. 14.

IX. Die Kündigung des Kunden bei einer Zinserhöhung oder unterlassenen Zinssenkung

Nach § 609 a Abs. 2 BGB kann der Schuldner ein Darlehen mit veränderlichem Zinssatz jederzeit unter Einhaltung einer Kündigungsfrist von drei Monaten kündigen. Es ist zwar inzwischen weitgehend geklärt, dass dieses Kündigungsrecht keinen Ausgleich für nicht nachvollziehbare Zinsspielräume der Kreditinstitute darstellt,[55] weil die Transaktionskosten einer Kündigung beträchtlich zu sein pflegen.[56] Dennoch ist das Kündigungsrecht für die Wahrnehmung der Chancen des Kunden in einer Wettbewerbswirtschaft von großer Bedeutung. Nach § 609 a Abs. 3 BGB gilt eine Kündigung des Schuldners nach Abs. 2 jedoch als nicht erfolgt, wenn er den geschuldeten Betrag nicht innerhalb von zwei Wochen nach Wirksamwerden der Kündigung zurückzahlt. Schon dem Wortlaut, aber auch dem Zweck der Norm entsprechend gilt dies nur für Darlehen mit veränderlichem, nicht für Darlehen mit verändertem (erhöhtem) Zinssatz, da der Schuldner, selbst wenn er längere Zeit für die Umschuldung braucht, nicht wettbewerbswidrig in die Fortführung eines teurer gewordenen Kredits hineingezogen werden kann. Der Schuldner muss dann aber unverzüglich nach einer Zinserhöhung kündigen. Auch im Fall einer unterbliebenen Zinssenkung kann der Schuldner gemäß § 609 a Abs. 2 BGB kündigen, unter besonderen Umständen sogar fristlos aus wichtigem Grund. Auch in diesem Fall bedarf es einer restriktiven Interpretation des § 609 a Abs. 3 BGB, so dass das Erfordernis der Darlehensrückzahlung als Wirksamkeitsvoraussetzung der Kündigung nicht bei pflichtwidrig unterlassener Zinsherabsetzung gilt. Wenn die Kreditinstitute, die dem Kunden schon bislang im Falle einer Zinserhöhung in ihren AGB[57] ein Recht zur Kündigung des Darlehensvertrags innerhalb eines Monats ohne Zinserhöhung gewähren, nach dem zuletzt vorgelegten Klauselvorschlag dem wegen Zinserhöhung kündigenden Darlehensnehmer eine angemessene Frist zur Abwicklung des Darlehens geben wollen, dann wird die Kündigung gleichfalls aus dem Anwendungsbereich des § 609 a Abs. 3 BGB herausgenommen. Eine entsprechende Kündigungsregelung wegen unterlassener Zinsherabsetzung fehlt jedoch in diesem Vorschlag bisher.

---

55 Erhebliches Gewicht misst dem Kündigungsrecht aber *Bruchner,* in: Schimansky/Bunte/Lwowski, Bankrechtshandbuch Bd. 2, § 78 Rdnr. 67 bei.

56 Siehe dazu genauer *Metz,* in: Bruchner/Metz (oben Fn. 6), Rdnr. 419 ff.

57 Nr. 12 Abs. 4 AGB-Banken; Nr. 17 Abs. 2 Satz 5 AGB-Sparkassen.

X. Die Verwirkung der Rechte des Kunden bei Zinsanpassungen

Es ist verständlich, wenn die Kreditinstitute nach einer Zinsanpassung nicht noch viele Jahre lang auf Reklamationen der Kunden warten wollen. Da § 315 Abs. 3 BGB für die gerichtliche Billigkeitskontrolle einer einseitigen Leistungsbestimmung eines Kreditinstitutes keine Frist vorsieht, bleibt nur die Verwirkung nach § 242 BGB als Ausschlussgrund. Der III. Zivilsenat hat in seiner Entscheidung von 1986 das dafür notwendige Zeitmoment ebenso wie das Umstandsmoment sorgfältig geprüft und in concreto auch eine Verwirkung nach Ablauf mehrerer Jahre verneint, insbesondere wegen der längerwährenden Meinungsverschiedenheiten der Parteien.[58] Er hat allerdings eine illoyale Verzögerung der Klagerhebung als einen Verwirkungsgrund bezeichnet, was jedoch dann irrelevant ist, wenn die Klage vom Kreditinstitut ausgehen muss. Generell hat der III. Senat darauf abgestellt, dass die verspätete Durchsetzung des Rechts zu einem unzumutbaren Nachteil der anderen Seite führen würde,[59] was in den Zeiten ständig verbesserter Informationsverarbeitung nicht so leicht zu bejahen ist. Das OLG Köln hat in einem Urteil des Jahres 1993[60] aber eine Verwirkung des Rechts auf Zinsermäßigung nach Ablauf mehrerer Jahre angenommen, weil sonst wegen der vielfältigen Marktbewegungen die Kalkulationen und Berechnungsgrundlagen lange Zeit archiviert werden müssten und die Banken dadurch übermäßig belastet würden. Darüber will *Bruchner*[61] mit dem rechtsdogmatisch kreativen Vorschlag hinausgehen, wegen der Parallelität zwischen unverbindlicher, aber zunächst wirksamer Leistungsbestimmung durch das Kreditinstitut und einer anfechtbaren Willenserklärung § 124 BGB mit seiner einjährigen Anfechtungsfrist im Falle arglistiger Täuschung anzuwenden und damit auch eine Angleichung an die Einjahresfrist für das Widerrufsrecht nach § 7 Abs. 2 Satz 3 VerbrKrG zu vollziehen. Ferner sollen (auch konkludente) Anerkenntnis- und Bestätigungserklärungen zur Verwirkung führen.

Demgegenüber ist zunächst daran festzuhalten, dass § 315 BGB mangels Befristung keinen generellen fristgenauen Verwirkungstatbestand herzuleiten

---

58 BGHZ 97, 212, 220.
59 BGHZ 97, 212, 221.
60 OLG Köln WM 1994, 1469.
61 *Bruchner,* in: Bruchner/Metz (oben Fn. 6), Rdnr. 204 ff.; and. noch *Bruchner,* (oben Fn. 55), § 78 Rdnr. 66, wo der Rechtsgedanke des § 121 BGB herangezogen wird.

erlaubt. Bestätigungserklärungen können ferner nur vorliegen, wenn der Bestätigende den Nichtigkeits- oder Anfechtungsgrund kennt[62] oder zumindest die mögliche Deutung pflichtgemäß hätte erkennen können.[63] Auch ein abstraktes Schuldanerkenntnis nach § 781 BGB schließt den Rückgriff auf einen fehlenden Rechtsgrund nicht aus, so dass die Einrede des § 821 BGB bei unzutreffender Berechnung begründet sein kann.[64] Es bleiben somit Zeit- und Umstandsmoment zu prüfen. Für das Umstandsmoment ist es von maßgeblicher Bedeutung, ob das Kreditinstitut durch die Angabe von Refinanzierungsparameter, Anpassungsspanne und den Hinweis auf die Begrenzung nach dem Deckelungsgrundsatz in den AGB dem Kunden die Möglichkeit der Nachberechnung einer Zinserhöhung gewährt hat. Für diesen Fall halte ich eine Konkretisierung des Zeitmoments auf die Jahresfrist seit einer Zinserhöhung für gerechtfertigt, während andernfalls die Unsicherheiten der Berechnung aufgrund nichtssagender Zinsklauseln eine längerfristige Orientierungschance des Kunden notwendig machen, um festzustellen, ob eine unbillige Zinsanpassung seine Transaktionskosten bei einem Wechsel des Kreditinstituts deutlich übersteigt.Was unterlassene Zinssenkungen angeht, können die Banken bei ihren Kunden nicht mit einer ständigen Überprüfung der Refinanzierungskonditionen rechnen. Ohne Festschreibung eines Berechnungsmodells in den AGB und ohne Zeitangaben zur notwendigen Zinssenkung kann den Kreditinstituten kein Bonus bei der Anwendung der allgemeinen Rechtsgrundsätze der Verwirkung gewährt werden.[65]

XI. Der Vertrauensschutz bei einer Änderung der Rechtsprechung

Am Ende bleibt zu überdenken, ob die neuen Anforderungen an Zinsanpassungsklauseln der Kreditinstitute, soweit die Rechtsprechung sie übernehmen sollte, nur für die Zukunft gelten können. Im Hinblick auf das beträchtliche Maß an Kontinuität zu der Entscheidung des III. Zivilsenats von 1986 reduziert sich die Rückwirkungsfrage praktisch jedoch darauf, ob das Fehlen der

62 RG 138, 56; BGHZ 129, 377.
63 BGH NJW 1990, 456.
64 Siehe nur BGH NJW 1991, 2140.
65 Im Hinblick auf das Ermessen der Kreditinstitute hinsichtlich des Ob und Wann einer Zinserhöhung bedarf es, wie dargelegt, keiner Normierung einer Frist für die Zinserhöhung nach Veränderung der Refinanzierungskonditionen.

nach § 9 AGBG und § 4 Abs. 1 Satz 4 Nr. 1 Buchst. e VerbrKrG notwendigen Angaben zu den Änderungsfaktoren noch im Wege von Verbandsklagen gegen die betreffenden Klauseln beanstandet werden kann. Auf Verbandsklage hin kann der XI. Senat nicht gut Anpassungsklauseln für die Zeit bis zur Änderung seiner Rechtsprechung für nichtig erklären, die er selbst bis Oktober 1999 und die der IV. Senat noch in seiner Entscheidung vom 6.4.2000[66] gebilligt hat. Daraus ergibt sich jedoch kein praktisch ins Gewicht fallender Vertrauensschutz für die Verwender nichtssagender Klauseln. Einmal kann die Rechtsprechung auch bei den Altverträgen, wenn eine Zinsanpassung im Individualprozess angegriffen wird, auf der Basis der Rechtsgrundsätze des III. Senats ohne weiteres die hier erörterten Berechnungsmethoden zugrunde legen, auch unter Einbeziehung des Euribor-Dreimonatsgeld-Monatsdurchschnittszinssatzes als akzeptablen Refinanzierungsindikators und der Zinsspanne von 0,25 Prozentpunkten, wie sie die EZB bei ihren Zinsanpassungen verwendet. Auch die Begrenzung durch den Deckelungsgrundsatz und das Äquivalenzverhältnis folgt schon den Kriterien von 1986. Zum anderen haben Kreditinstitute bei einer entsprechenden Verschärfung der Anforderungen an Zinsanpassungsklauseln nicht nur die gefundenen Maßstäbe für Neuverträge einzuhalten. Sie können vielmehr auch in den Altverträgen, sofern die Zinsvariabilitätsgrundabrede Bestand hat, kraft einseitiger Leistungsbestimmung die Voraussetzungen einer Anpassung nach § 315 BGB in der gebotenen transparenten und objektivierten Form konkretisieren. Wenn das nicht geschieht, kann allerdings eine Verbandsklage gegen einen Altvertrag mit nichtssagender Anpassungsklausel in Zukunft begründet sein.

XII. Ergebnisse

1. Eine den §§ 9 AGBG und 4 Abs. 1 Satz 4 Nr. 1 Buchst. e VerbrKrG genügende Zinsanpassungsklausel bedarf der Angabe der für eine Berechnung der Zinsänderung notwendigen Parameter.
2. Das Maß der Anpassung bestimmt sich nach der Veränderung der Refinanzierungszinssätze, für die der Euribor-Dreimonatsgeld-Monatsdurchschnittszinssatz ein geeigneter Indikator ist, wird aber nach dem

66 BGH WM 2000, 1141, 1142.

Deckelungsgrundsatz begrenzt durch die Zinssätze der Aktivgeschäfte, wobei für den Grundpfandkredit und den Überziehungskredit der Mittelwert der in den Monatsberichten der Deutschen Bundesbank ausgewiesenen Zinssätze maßgeblich ist, während beim gewerblichen Kredit nur die ausgewiesene Streubreite einzuhalten ist.

3. Die Kreditinstitute können im Rahmen des § 315 BGB auch die Anpassungsschwelle bestimmen (z.B. eine Erhöhung des Euribor-Zinssatzes um 0,25 Prozentpunkte), wobei jedoch eine Differenzierung nach den verschiedenen Kreditarten den unterschiedlichen Refinanzierungsverhältnissen Rechnung zu tragen geeignet ist.

4. Eine refinanzierungsbedingte Zinsanpassung ab einer bestimmten Anpassungsschwelle kann nicht zu einer Erhöhung wegen bislang am Markt nicht realisierbarer Zinserhöhungen führen, wie auch eine wegen früher unterlassener Zinssenkungen erweiterte Zinssenkung (unbeschadet möglicher Schadensersatzansprüche für die Vergangenheit) ausgeschlossen ist.

5. Formularmäßige Abreden, die den Deckelungsgrundsatz gänzlich aufzuheben bestimmt sind, stellen eine unangemessene Benachteiligung des Kunden i.S. des § 9 AGBG dar.

6. Der zeitliche Rhythmus von Zinsänderungen kann sich nicht nach stereotypen Kalenderterminen bestimmen, da diese für die Veränderung der Refinanzierungs- und Aktivgeschäftszinssätze ohne Bedeutung sind. Er bestimmt sich nach der jeweiligen Anpassungsschwelle, wobei sich aus deren Überschreitung keine Obliegenheit zur Zinserhöhung ergibt.

7. Verstößt eine Anpassungsklausel gegen § 9 AGBG, kann die Bank als Verwenderin nicht die richterliche Bestimmung nach § 315 Abs. 3 BGB durch Rückgriff auf § 316 BGB ausschließen.

8. § 6 Abs. 2 Satz 5 VerbrKrG, der auch für Grundpfandkredite gilt, erfasst Anpassungsklauseln nicht, die Parameter für die Berechnung der Zinsänderung angeben, selbst wenn diese Angaben an inhaltlichen Mängeln leiden. Die Norm ist jedoch bei Fehlen einer Zinsanpassungsklausel und bei Vorliegen einer bloßen Variabilitätsgrundabrede anwendbar.

9. Zinsanpassungserklärungen bedürfen abgesehen vom Überziehungskredit an Privatkunden des Zugangs im Sinne des § 130 BGB, also insbeson-

dere auch bei Grundpfandkrediten und gewerblichen Krediten. Die Aufhebung des Zugangserfordernisses durch Formularklauseln verstößt gegen § 9 AGBG. Die bisher vorgeschlagenen Klauseln über die Mitteilung durch Kontoauszüge decken einen termingerechten Zugang nicht ab.

10. § 609 a Abs. 3 BGB gilt bei Darlehen mit veränderlichem, nicht aber mit verändertem (erhöhtem) Zinssatz.

11. Eine kurzfristige Verwirkung der Rechte der Kunden gegenüber Zinserhöhungen (etwa mit der Orientierung an einer Einjahresfrist) kommt nur in Betracht, wenn das Kreditinstitut eine Zinsanpassungsklausel benutzt, die eine objektivierte Berechnung erlaubt, während es gegenüber unterbliebenen Zinssenkungen keiner Modifikationen der allgemeinen Rechtsgrundsätze der Verwirkung bedarf.

12. Soweit der XI. Zivilsenat die Anforderungen an die Konkretisierung der bankvertragsrechtlichen Zinsanpassungsklauseln erhöhen sollte, können die Kreditinstitute Vertrauensschutz für Anpassungsklauseln in Altverträgen, die mit den Rechtsgrundsätzen von BGHZ 97, 212 in Einklang standen, nur in Anspruch nehmen, soweit sie auch ihre Altverträge durch einseitige Leistungsbestimmung gemäß § 315 BGB mittels Angabe der notwendigen Anpassungsparameter aufgrund wirksamer Variabilitätsgrundabrede umgestellt haben, wobei ihnen ein gewisser Umstellungszeitraum zuzubilligen ist.

Zinsanpassung aus der Sicht der Kreditwirtschaft

Dr. *Helmut Bruchner,* Rechtsanwalt, stv. Chefsyndikus
Bayerische Hypo- und Vereinsbank AG, München

I. Rechtliche Rahmenbedingungen für die Gestaltung von Zinsanpassungsklauseln
   1. Beendigung des Zinsdirigismus durch Aufhebung der Zinsverordnung
   2. Grundsatzurteil des BGH vom 6.3.1986
   3. Umsetzung der Grundsätze des Urteils in den Zinsanpassungsklauseln der Kreditpraxis
   4. „Änderung preisbildender Faktoren" i.S.v. § 4 Abs. 1 Satz 4 Nr. 1 e VerbrKrG
   5. Leitbild des Zinsanpassungsgesetzes vom 24.6.1991
      a) Normzweck
      b) Gesetzliche Regelung
      c) Gesetzesbegründung
      d) Grundverständnis des Gesetzgebers
   6. Bestätigung des Grundsatzurteils vom 6.3.1986 durch die höchstrichterliche Rechtsprechung
   7. Obiter dictum des XI. Zivilsenats des BGH-Urteil vom 19.9.1999
   8. Wirtschaftliche Tragweite

II. Wesentliche Aspekte bei der Neugestaltung einer Zinsanpassungsklausel
   1. Anknüpfung an die Veränderung der Refinanzierungssituation
   2. Mischrefinanzierung der Kreditinstitute
   3. Einflussfaktoren auf die Zinsbildung am Geld- und Kapitalmarkt
      a) Wettbewerbsbedingungen und Marktgegebenheiten
      b) Auswirkungen der Zinspolitik der EZB auf die Zinsbildung?
   4. Zinsänderungsparameter
      a) Basiszinssatz?
      b) Zinsangaben für Standardkredite in der amtliche Zinsstatistik der Deutschen Bundesbank?
      c) Monatsdurchschnitt für „Euribor-Dreimonatsgeld" am Interbankenmarkt
   5. Anpassungsschwelle
   6. Zinsanpassung – Leistungsbestimmungsrecht
      a) Normzweck des § 315 BGB
      b) Wesentliche Zinsänderung als Anpassungsvoraussetzung
      c) Marktwirtschaftliche Funktion der Zinsanpassung
      d) Ermessensspielraum bei der Zinsbestimmung – Billigkeitsprüfung
      e) Zeitlicher Rahmen
      f) Ausübung des Leistungsbestimmungsrechtes (§ 315 Abs. 2 BGB) – Zinsänderungsmitteilung

An Zinsanpassungsklauseln hat sich eine heftige rechtliche Diskussion entzündet.

Die seit der Grundsatzentscheidung des III. BGH-Senates vom 6.3.1986[1] verwendeten Zinsanpassungsklauseln sehen vor, dass Kreditinstitute ihre Zinskonditionen den wechselnden Verhältnissen am Refinanzierungsmarkt nach billigem Ermessen anpassen dürfen. Da in der Vergangenheit kein geeigneter Parameter für die Zinsänderungssituation am Refinanzierungsmarkt existierte, waren die banküblichen Zinsanpassungsklauseln zunehmend der Kritik ausgesetzt. Die Thematik zeigt den Zielkonflikt zwischen dem anerkannten, dringenden wirtschaftlichen Bedürfnis der Kreditinstitute nach einer Zinsanpassung und der gebotenen Transparenz der komplexen Funktionszusammenhänge in der Zinsanpassungsklausel.

1 WM 1986, 580.

I. Rechtliche Rahmenbedingungen für die Gestaltung von Zinsanpassungsklauseln

1. Beendigung des Zinsdirigismus durch Aufhebung der Zinsverordnung

Durch die Aufhebung der Zinsverordnung im Jahre 1967[2] wurde nach fast 36-jähriger Zwangswirtschaft die staatliche Zinsreglementierung beendet. In der Phase des Zinsdirigismus waren die Sollzinsen an die diskontpolitischen Maßnahmen der Bundesbank gekoppelt.[3] Durch die Aufhebung der Zinsverordnung wurde die Vertragsfreiheit der Kreditinstitute für ihre Kreditkosten (Sollzinsen, Provisionen) und Einlagen – (Haben)zinsen vollständig wiederhergestellt. Die Aufhebung der Zinsverordnung markierte zugleich die Verwirklichung des marktwirtschaftlichen Kreditsystems auf dem Boden der liberalen Wirtschaftsverfassung.[4] Die Aufhebung der Zinsverordnung bildete die Voraussetzung für die Einführung von Zinsänderungsregelungen in der Kreditpraxis.

Bei Zinsänderungsregelungen ist zwischen Zinsgleitklauseln und Zinsanpassungsklauseln zu unterscheiden:

Bei Zinsgleitklauseln[5] ist der Zinssatz fest an eine vereinbarte veränderliche Bezugsgröße gekoppelt. Zinsanpassungsklauseln[6] räumen dagegen Kreditinstituten insoweit einen Gestaltungsspielraum ein, als sie den Zinssatz bei Veränderung der Refinanzierungsbedingungen am Geld- und Kapitalmarkt nach billigem Ermessen einseitig anpassen dürfen.

Das in Zinsanpassungsklauseln vereinbarte einseitige Leistungsbestimmungsrecht hinsichtlich der Festsetzung der Zinshöhe basiert auf der gesetzlichen Regelung des § 315 BGB.

2. Grundsatzurteil des BGH vom 6.3.1986[7]

Der III. Zivilsenat des BGH hat die Zulässigkeit des einseitigen Leistungsbestimmungsrechtes nach § 315 BGB bei Zinsanpassungsklauseln in einem

2 BGBl. I 1967, S. 352; *Consbruch,* BB 1967, 3949.
3 *Consbruch*, BB 1965, 269, 270.
4 *Immenga*, BB 1967, 696.
5 *Habersack*, WM 2001, 753, 754 m.w.N.
6 *Habersack*, WM 2001, 753, 757 m.w.N.
7 NJW 1986, 1803 = WM 1986, 580.

vielbeachteten Grundsatzurteil vom 6.3.1986 bestätigt. Der BGH hat das berechtigte Interesse der Kreditinstitute anerkannt, ihre Zinskonditionen den wechselnden und bei Vertragsabschluß meist nicht überschaubaren Entwicklungen auf dem Geld- und Kapitalmarkt und einer dadurch bewirkten Änderung der Refinanzierungsmöglichkeiten anzupassen. Der BGH hält daher die Verwendung einer Zinsanpassungsklausel für angemessen, in der sich eine Bank einseitig vorbehält, die Vertragszinsen entsprechend den geld-/kapitalmarktbedingten Wandlungen der Refinanzierungsmodalitäten nach billigem Ermessen (§ 315 BGB) zu erhöhen. Zinsanpassungsklauseln dürfen die darlehensgebende Bank jedoch nicht einseitig begünstigen. Sie müssen vielmehr gewährleisten, dass eine Bank bei sinkendem Zinsniveau und Verbesserung der Refinanzierungskonditionen auch zur entsprechenden Herabsetzung des Zinssatzes gegenüber dem Kreditnehmer verpflichtet ist (Anpassungssymmetrie).

3. *Umsetzung der Grundsätze des Urteils in den Zinsanpassungsklauseln der Kreditpraxis*

Die Kreditwirtschaft hat die Grundsätze des III. Zivilsenats bei der Gestaltung von Zinsanpassungsklauseln entsprechend umgesetzt.

Nr. 17 Abs. 2 der AGB Sparkassen enthält folgende Zinsanpassungsregelung:

> „Soweit nicht anderes vereinbart ist, werden die Entgelte im Privat- und Geschäftskundenbereich von der Sparkasse unter Berücksichtigung der Marktlage (z.B. Veränderung des allgemeinen Zinsniveaus) und des Aufwandes nach gemäß § 315 des Bürgerlichen Gesetzbuches nachprüfbarem billigen Ermessen festgelegt und geändert."

Demgegenüber enthalten die AGB-Banken keine ausformulierte Zinsänderungsklausel. Vielmehr wird in Nr. 12 der AGB-Banken auf die jeweiligen Kreditverträge verwiesen.

In der Kreditpraxis werden typischerweise etwa folgende Formulierungen verwendet:

> „Bei Krediten mit variablem Zinssatz ist die Bank berechtigt, den Zinssatz unter Berücksichtigung der Veränderungen der Refinanzierungsmöglichkeiten am Geld- und Kapitalmarkt jeweils in angemessener Weise zu erhöhen; sie wird den Zinssatz bei veränderten Refinanzierungsgegebenheiten zugunsten des Kunden entsprechend senken."

oder

> „Die Bank ist berechtigt, den Zinssatz in angemessener Weise anzuheben, wenn sich die allgemeinen Refinanzierungsmöglichkeiten am Geldmarkt verteuert haben; bei einer Verbilligung dieser Refinanzierungsmöglichkeiten wird die Bank den Zins in angemessener Weise herabsetzen."

4. „Änderung preisbildender Faktoren" i.S.v. § 4 Abs. 1 Satz 4 Nr. 1 e VerbrKrG

Artikel 4 Abs. 2 der EG-Verbraucherkredit-Richtlinie vom 22.12.1986[8] sieht vor, dass in der Kredit-Vertragsurkunde die Bedingungen anzugeben sind, unter denen der effektive Jahreszins geändert werden kann. Der deutsche Gesetzgeber hat diese Pflichtangabe in § 4 Abs. 1 Satz 4 Nr. 1 e VerbrKrG entsprechend umgesetzt: Danach ist

> „der effektive Jahreszins oder, wenn eine Änderung des Zinssatzes oder anderer preisbildender Faktoren vorbehalten [...], der anfängliche effektive Jahreszins anzugeben ist; zusammen mit dem anfänglichen effektiven Jahreszins ist auch anzugeben, unter welchen Voraussetzungen preisbestimmende Faktoren geändert werden können".

Wie genau die Voraussetzungen anzugeben sind, unter denen diese preisbestimmenden Faktoren geändert werden können, richtet sich nach der Gesetzesbegründung zum VerbrKrG[9] ausdrücklich „nach den allgemeinen Grundsätzen über die Zulässigkeit von Preisanpassungsklauseln". Dabei knüpft der Gesetzgeber an die in der Entscheidung des III. Zivilsenates des BGH vom 6.3.1986 zu Zinsanpassungsklauseln entwickelten Grundsätze[10] an.

Die Denkweise des Gesetzgebers wird auch aus der Gesetzesbegründung zum Zinsanpassungsgesetz ersichtlich, das nur ein halbes Jahr nach Inkrafttreten des Verbraucherkreditgesetzes verkündet wurde. Die Ausführungen des Gesetzgebers in den amtlichen Materialien zum Zinsanpassungsgesetz liegen exakt auf der Argumentationslinie der Grundsatzentscheidung des III. Zivilsenates des BGH vom 6.3.1986.

---

8 87/102/EWG – ABl. Nr. L 42/48 vom 12.2.1987.

9 Vgl. BT-Drucks. 11/5462 vom 25.10.1989.

10 Vgl. *Bruchner*, in: Bruchner/Metz, RWS-Skript 327, Rz. 9, 42 ff.

5. *Leitbild des Zinsanpassungsgesetzes vom 24.6.1991*[11]

a) Normzweck

Der Beitritt der neuen Bundesländer hatte die Beendigung der staatlichen Zinsreglementierung für die in der vormaligen DDR abgeschlossenen Kreditverträge zur Folge. Das Zinsanpassungsgesetz vom 24.6.1991 sollte eine abschließende Rechtsgrundlage für die Einführung von Marktzinsen für Kreditnehmer, also die Verbraucher in den neuen Bundesländern schaffen.[12]

b) Gesetzliche Regelung

Nach § 1 des Zinsanpassungsgesetzes sind die Kreditinstitute – also die Rechtsnachfolger der Banken der ehemaligen DDR – berechtigt, den Zinssatz für Kredite, die in der Deutschen Demokratischen Republik bis zum 30. Juni 1990 gewährt worden sind, durch einseitige Erklärung gegenüber dem Kreditnehmer mit Wirkung zum 3. Oktober 1990 an die zu diesem Zeitpunkt bestehenden Marktzinssätze anzupassen. Die Erklärung muss dem Kreditnehmer bis zum 30. September 1991 zugegangen sein. Die Bestimmung der Leistung ist nach billigem Ermessen zu treffen. Der Kreditnehmer kann den Kreditvertrag innerhalb von 6 Monaten von dem Zugang der Erklärung kündigen.

Kreditinstitute können gleichzeitig durch einseitige Erklärung gegenüber dem Kreditnehmer bestimmen, dass die Zins- und Tilgungsmodalitäten zum 1. Juli 1991 an die dann bestehenden marktüblichen Modalitäten angepasst werden.[13]

c) Gesetzesbegründung

In den Gründen zum Zinsanpassungsgesetz heißt es:[14]

> „Die Aufhebung der Zinsbindungen ist erforderlich, weil sich die Kreditinstitute seit dem 1. Juli 1990 zu Marktbedingungen refinanzieren müssen. ... Ferner wird durch das Gesetz den Kreditinstituten für die Zukunft das Recht eingeräumt, die Zins- und Tilgungsmodalitäten

11 BGBl. I 1991, S. 1314.
12 Vgl. Gesetzentwurf, BT-Drucks. 12/221, S. 1.
13 BGBl. I 1991, S. 1314.
14 BT-Drucks. 12/221, S. 11.

an die jeweiligen Markkonditionen anzupassen. Der Kreditnehmer kann von dem Kreditinstitut verlangen, dass die Bedingungen über die Zins- und Tilgungsleistungen im Rahmen der von dem Kreditinstitut üblicherweise für den Neuabschluss von Kreditverträgen angebotenen Bedingungen neu festgesetzt werden."[15]

„Die Anpassung an die Marktzinsen ist entsprechend § 315 BGB nach billigem Ermessen vorzunehmen. Das bedeutet, dass die Kreditnehmer keine höheren Zinsen als die marktmäßigen zu akzeptieren haben. Die Anpassung erfolgt durch Erklärung des Kreditinstitutes gegenüber dem Kreditnehmer und wird mit ihrem Zugang wirksam. Die Erklärung muss aus Gründen der Rechtsklarheit bis zum 31. September 1991 zugegangen sein. Der Kreditnehmer kann innerhalb eines Monats von dem Zugang der Erklärung kündigen."[16]

§ 1 Abs. 2 des Zinsanpassungsgesetzes ermöglicht eine Neufestsetzung der Zins- und Tilgungsmodalitäten unter Aufrechterhaltung der übrigen Vertragsbedingungen... Die Neufestsetzung der Zins- und Tilgungsmodalitäten ermöglicht es den Kreditinstituten, entweder variable oder zeitlich befristete oder für die restliche Laufzeit feste Zinsen zu bestimmen. § 1 Abs. 2 des Zinsanpassungsgesetzes bietet dem Kreditnehmer die Möglichkeit, im Rahmen der vom Kreditinstitut üblicherweise im Neugeschäft angebotenen Modalitäten die Neufestsetzung der Zins- und Tilgungsmodalitäten zu verlangen. Hierdurch und durch das Kündigungsrecht erhält der Kreditnehmer eine zusätzliche Möglichkeit, auf den Inhalt des Vertrages Einfluss zu nehmen."[17]

d) Grundverständnis des Gesetzgebers

Der Gesetzgeber lehnt aufgrund der marktwirtschaftlich orientierten Wirtschaftsverfassung und des darauf beruhenden Kreditsystems jegliche staatliche Zinsreglementierung ab. Dieses Prinzip hat der Gesetzgeber bereits durch Aufhebung der Zinsverordnung im Jahre 1967 endgültig aufgegeben.

Kreditinstitute müssen sich ihrerseits auf der Passivseite „zu Marktbedingungen refinanzieren";[18] es muss den Kreditinstituten daher erlaubt sein, ihrerseits die Zinsen für die von ihnen ausgegebenen Kredite (– auf der Aktivseite) im Falle variabler Verzinsung „an die jeweiligen Marktzinsen bzw. Marktkonditionen anzupassen".[19] Nach dem Grundverständnis des

15 BT-Drucks. 12/221, S. 11.
16 BT-Drucks. 12/221, S. 16.
17 BT-Drucks. 12/221, S. 16.
18 BT-Drucks. 12/221, S. 11.
19 BT-Drucks. 12/221, S. 11, 16.

Gesetzgebers besteht also zwischen den Möglichkeiten der Refinanzierung einer Bank zu aktuellen Marktbedingungen auf der Passivseite und dem für den an den Kreditnehmer ausgereichten Kredit in Ansatz gebrachten Zins auf der Aktivseite ein wechselbezüglicher wirtschaftlicher Zusammenhang.

Ein Zinssatz kann nach der Intention des Gesetzes als marktgerecht angesehen werden, wenn der betreffende Kreditgeber diesen Zinssatz am Markt zum angegebenen Zeitpunkt beim Abschluss neuer vergleichbarer Kredite üblicherweise zugrunde gelegt hat.[20] Bei marktgerechtem Zinssatz handelt es sich daher nicht um den durchschnittlichen, am Markt erzielbaren Zinssatz, wie er etwa in der Monatsstatistik der Deutschen Bundesbank für bestimmte Normkreditarten ermittelt wird; einen derartigen Einheitszinssatz für bestimmte Standardkreditarten gleichsam für alle Kreditinstitute hat der Gesetzgeber gerade nicht gewollt. Eine zinsmäßige Gleichschaltung wäre auch mit dem marktwirtschaftlichen Kreditsystem nicht vereinbar.

Der Gesetzgeber bestätigt – in Anlehnung an die Grundsatzentscheidung des BGH vom 6.3.1986 – das Recht der kreditgebenden Bank, die Kreditzinsen unter Berücksichtigung der Marktentwicklung nach § 315 BGB nach billigem Ermessen durch einseitige Erklärung anzupassen[21] und räumt den Kreditinstituten dabei einen Handlungsspielraum nach billigem Ermessen ein. Der Gesetzgeber sieht darüber hinaus keine weitere Einschränkung dieses einseitigen Leistungsbestimmungsrechtes vor. Er knüpft die Ausübung dieses Zinsfestsetzungsrechtes insbesondere nicht an konkrete Parameter oder sonstige einschränkende Kriterien.

Von Interesse ist auch, dass das Zinsanpassungsgesetz vom 24. Juli 1991 ein halbes Jahr nach Inkrafttreten des VerbrKrG Geltung erlangt hat. Der Gesetzgeber hatte bei Kodifizierung des VerbrKrG Kenntnis von den in der Kreditpraxis üblicherweise verwendeten Zinsanpassungsklauseln Kenntnis. Dem Gesetzgeber war insbesondere bewusst, dass die gesamte Kreditwirtschaft in ihren Kreditverträgen bzw. einschlägigen AGB-Regelungen das Grundsatzurteil des BGH vom 6.3.1989 entsprechend umsetzt;[22] er hat die

---

20 *Schubert*, Gesetz über die Anpassung von Kreditverträgen an Marktbedingungen sowie über Ausgleichsleistungen an Kreditnehmer – Zinsanpassungsgesetz, WM 1992, 45, 48.

21 BT-Drucks. 12/221, S. 16.

22 Vgl. hierzu Gesetzesbegründung zum VerbrKrG: BT-Drucks. 11/5462 vom 25.10.1989.

Verfahrensweise der Kreditwirtschaft und die Verwendung entsprechender Klauseln offensichtlich für ausreichend erachtet. Andernfalls hätte der Gesetzgeber – ein halbes Jahr nach Inkrafttreten des VerbrKrG – bei Kodifizierung des Zinsanpassungsgesetzes Gelegenheit gehabt, eine Präzisierung bzw. Konkretisierung der Zinsanpassung vorzunehmen und sich hierzu in der Gesetzesbegründung zu äußern. Der Gesetzgeber sah jedoch keinen Handlungsbedarf. Die damals banküblichen Zinsänderungsregelungen genügten nach Ansicht des Gesetzgebers offensichtlich den Anforderungen von § 4 Abs. 1 Satz 4 Nr. 1 e VerbrKrG; danach sind die Voraussetzungen anzugeben, unter denen preisbestimmende Faktoren geändert werden können.

Dies ist bei der Auslegung und Interpretation von § 4 Abs. 1 S. 4 Nr. 1 e VerbrKrG zu berücksichtigen. Ebenso ist davon auszugehen, dass der Gesetzgeber die Sanktionsfolge von § 6 Abs. 2 Satz 5 VerbrKrG wegen Fehlens der Angabe der Voraussetzungen, unter denen preisbestimmende Faktoren geändert werden können, offensichtlich nicht für den Fall gewollt hat, dass eine Zinsänderungsklausel, die die Grundsatzentscheidung des BGH vom 6.3.1986 umsetzt, später wegen der sich inzwischen verschärfenden Anforderungen an das Transparenzgebot, im Einzelfall für unwirksam erklärt wird.[23]

Diese Gesetzesinterpretation bzw. Auslegung ist auch richtlinienkonform. Die EG-Verbraucherkredit-Richtlinie vom 22.12.1986[24] sieht nämlich in den Erwägungsgründen vor, dass es den Mitgliedstaaten überlassen bleibt, Sanktionen zum Schutze der Verbraucher zu erlassen.

6. Bestätigung des Grundsatzurteils vom 6.3.1986 durch die höchstrichterliche Rechtsprechung

Der XI. BGH-Senat führt in seinem Urteil vom 4.12.1990[25] aus, dass die in der Grundsatzentscheidung des III. BGH-Senates von 1986 entwickelten Grundsätze der Rechtsprechung an sich für einen gewerblichen Kredit gedacht waren bzw. entwickelt worden sind, er wendet diese jedoch auch auf einen Verbraucherkredit (hier: Idealkredit) an. Der XI. Zivilsenat bestätigte,

---

23 Vgl. hierzu *Habersack*, WM 2001, 753; *Bruchner*, in Bruchner/Metz, RWS-Skript 327, S. 71.

24 87/102/EWG – ABl. Nr. L.42/48 vom 12.2.1987.

25 AZ: XI ZR 340/89, WM 1991, 179 ff.

dass eine solche Zinsänderungsklausel grundsätzlich dahin auszulegen sei, dass sie der Bank lediglich eine Anpassung des Vertragszinses an kapitalmarktbedingte Änderungen ihrer Refinanzierungskosten gemäß § 315 BGB ermöglicht. Der XI. BGH-Senat hat diese Grundsätze in seiner richtungsweisenden Entscheidung zur Bestimmung von Überziehungszinsen[26] nochmals ausdrücklich bestätigt. Nach Ansicht des XI. Zivilsenats können solche AGB-Klauseln, auch wenn sie die Voraussetzungen und Grenzen für die vorbehaltene Bestimmung der Zinsen nicht ausdrücklich umschreiben, Billigung finden, wenn dafür ein sachlicher Grund besteht. Ein solcher Grund liege in dem unabweisbaren Bedürfnis der Kreditinstitute, ihre Zinskonditionen den wechselnden und bei Vertragsabschluss meist nicht überschaubaren künftigen Finanzierungsmarktverhältnissen anzupassen. Zur Wahrung der Interessen des Kunden seien solche Klauseln grundsätzlich dahin auszulegen, dass sie das Kreditinstitut nicht nur zur Zinserhöhung berechtigen, sondern auch zur Berücksichtigung der Marktverhältnisse zugunsten des Kunden verpflichten. Dem Kunden verbleibe außerdem das Recht, die Zinsbestimmung im Einzelfall gemäß § 315 Abs. 3 BGB gerichtlich überprüfen zu lassen. Auch der IX. Zivilsenat hat in seiner Bürgschaftsentscheidung vom 6.4.2000[27] die zugrundeliegende – bankübliche – Zinsanpassungsklausel ausdrücklich als AGBG-konform gewertet.

Aufgrund der ständigen höchstrichterlichen Rechtsprechung durften die Kreditinstitute in der Vergangenheit darauf vertrauen, dass die banküblichen Zinsänderungsklauseln, die die von der ständigen höchstrichterlichen Rechtsprechung entwickelten Grundsätze umgesetzt haben, den Anforderungen des AGB-Gesetzes genügen und daher wirksam sind.

7. Obiter dictum des XI. Zivilsenats des BGH-Urteil vom 19.9.1999

Der XI. Zivilsenat des BGH hat sich in seiner Entscheidung vom 19. Oktober 1999[28] zur Zulässigkeit von Entgelten bei Kontopfändungen in einem obiter dictum mit den Anforderungen an AGB-Klauseln befasst, die einseitige Bestimmungsvorbehalte enthalten.

---

26 Urteil vom 14.4.1992 – AZ: XI. ZR 196/91, WM 1992, 940 = ZIP 1992, 751 ff.
27 AZ: IX ZR 2/98 Hamm = WM 2000, 1141, 1142.
28 AZ: XI ZR 8/99, WM 1999, 2545, 2547.

Der XI. Zivilsenat weist darauf hin, dass eine konkrete Klausel das sich aus § 9 AGBG ergebende Transparenzgebot beachten müsse. Danach seien Verwender allgemeiner Geschäftsbedingungen entsprechend den Grundsätzen von Treu und Glauben verpflichtet, Rechte und Pflichten ihrer Vertragspartner möglichst klar und durchschaubar darzustellen. Dazu gehöre auch, dass allgemeine Geschäftsbedingungen wirtschaftliche Nachteile und Belastungen soweit erkennen lassen, wie dies nach den Umständen gefordert werden kann.

Der XI. Senat führt desweiteren aus:

> „Deshalb verstoßen Anpassungsklauseln, die dem Verwender ein uneingeschränktes Änderungsrecht vorbehalten, ohne dass der Kunde vorhersehen kann, unter welchen Voraussetzungen und in welchem Umfang ihn höhere oder weitere Gebühren treffen, gegen das Transparenzgebot und sind unwirksam.“[29]

Auch einseitige Bestimmungsvorbehalte können nur hingenommen werden,

- soweit sie bei unsicherer Entwicklung der Verhältnisse als Instrument der Anpassung notwendig sind und
- den Anlass, aus dem das Bestimmungsrecht entsteht,
- sowie die Richtlinien und Grenzen seiner Ausübung möglichst konkret angeben.[30]

Das obiter dictum des XI. Zivilsenates darf dahin verstanden werden, dass die bisherige ständige höchstrichterliche Rechtsprechung zu Zinsanpassungsklauseln und damit die entsprechenden AGB-Regelungen vom BGH möglicherweise einer erneuten grundsätzlichen AGB-rechtlichen Überprüfung unterzogen werden.

8. *Wirtschaftliche Tragweite*

Die volkswirtschaftliche Abteilung des Bundesverbandes deutscher Banken (BdB) hat sich in einer Expertise vom 14.12.2000 mit der Frage nach dem Umfang der variabel verzinsten Bankkredite in Deutschland befasst. In Er-

29 Urteil des IV. Zivilsenats vom 8.10.1997, BGHZ 136, 394, 402 = WM 1998, 558.

30 *Brandner*, in: Ulmer/Brandner/Hensen, AGBG, 8. Aufl., § 9 Rdnr. 100 – (Strukturierung der zitierten Urteilspassage erfolgte durch den Verfasser).

mangelung anderer Quellen knüpft die Schätzung des BdB an eine vergleichende Untersuchung an, die im April 1995 als Working paper Nr. 24 der Bank für internationalen Zahlungsausgleich unter dem Titel „The structure of credit to the non-government sector and the transmission mechanism of monetary polica: a cross-country comparison“ (Autor: Claudio E.V. Borio) veröffentlicht wurde. In dieser Publikation wird versucht, die Reagibilität von Bankzinsen auf Änderungen von Notenbankzinsen zu erfassen. Dabei spielt der Anteil variabel verzinslicher Kredite eine wesentliche Rolle.

Die Schätzung des BdB hat die dem Working-paper zugrundeliegenden Anteilswerte der Kredite mit variabler Verzinsung auf die aktuellen Kreditvolumina – bezogen auf den Zeitpunkt September 2000: Basis der Bankenstatistik der Deutschen Bundesbank – übertragen. Der BdB kommt bei seiner Schätzung zu dem Ergebnis, dass sich das Volumen der per Ende September 2000 offenen mittelfristigen (1 Jahr bis 5 Jahre) und langfristigen Kredite (über 5 Jahre) mit variabler Verzinsung auf rund 800 Mrd. DM beläuft; dabei entfallen drei Viertel auf Privatkunden und ein Viertel auf Unternehmen. Die von der höchstrichterlichen Rechtsprechung entwickelten Grundsätze geltend auch für Kreditverträge mit Unternehmen. Hinzuzurechnen sind zu diesem Betrag noch die kurzfristigen Kredite (Laufzeit bis 1 Jahr), deren Volumen sich per Ende September 2000 auf 670 Mrd. DM belief, so dass sich das in Rede stehende Gesamtvolumen auf 1.470 Mrd. DM beläuft. Hierin ist allerdings auch ein gewisser Anteil an „Koppelungskrediten“ enthalten, bei denen der Zins an eine variable Bezugsgröße gekoppelt ist. Die geschätzte Größenordnung zeigt die wirtschaftliche Tragweite der Thematik.

Das Funktionieren der Zinsänderungsmethodik und die damit verbundene Zinsflexibilität ist ein wesentlicher Faktor des marktwirtschaftlichen Kreditprinzips. Ein rückwirkender Wegfall der Befugnis der Zinsänderung und eine Einschränkung der bisherigen Zinsänderungsmethodik kann zu tiefgreifenden Marktstörungen führen.

Für den Fall, dass die AGB-rechtlichen Maßstäbe für die Anforderungen an Zinsanpassungsklauseln in Abweichung von der bisherigen höchstrichterlichen Rechtsprechung verändert würden, stellt sich die Frage der faktischen bzw. unechten Rückwirkung.[31]

---

31 Vgl. *Medicus,* NJW 1995, 2577.

II. Wesentliche Aspekte bei der Neugestaltung einer Zinsanpassungsklausel

1. Anknüpfung an die Veränderung der Refinanzierungssituation

Die Suche nach einer – möglichst transparenten – Zinsanpassungsklausel erweist sich als sehr schwierig.

Es erscheint sachgerecht, das Recht und die Pflicht zur Zinsanpassung in Übereinstimmung mit den Grundsätzen der BGH-Rechtsprechung[32] von 1986 auch künftig an die Veränderung der Refinanzierungsverhältnisse zu knüpfen. Dabei kommt der Auswahl eines geeigneten Parameters, an der die Änderung der Refinanzierungsbedingungen tendenziell erkennbar werden, besondere Bedeutung zu.

Die Beurteilung, ob und in welchem Umfang eine Änderung der maßgeblichen Verhältnisse auf der Refinanzierungsseite, also der Passivseite, eingetreten ist, ist eine Tatsachenfeststellung. Erst wenn eine wesentliche Änderung der Refinanzierungssituation eingetreten ist, stellt sich die Frage nach dem Umfang der Zinsanpassung. Die Zinsfestsetzung selbst ist sodann eine Ermessensentscheidung. Zur Beurteilung der Refinanzierungsverhältnisse sind in der gebotenen Kürze vorab einige Sachverhalte abzuklären und zwar:

- Wie funktionieren die Refinanzierungssysteme von Kreditinstituten?
- Welche Faktoren haben Einfluss auf die Zinsbildung am Geld- und Kapitalmarkt?
- Welche Bedeutung kommt dabei den Leitzinsen der Europäischen Zentralbank zu?

2. Mischrefinanzierung der Kreditinstitute

Die Kreditinstitute nehmen im passiven Kreditgeschäft gewerbsmäßig Kapital auf, um ihrerseits sodann das aktive Kreditgeschäft betreiben zu können. Das Zinsverhalten auf der Aktivseite wird daher wesentlich durch die Passivverzinsung bestimmt.[33]

---

32 BGH WM 1986, 580.

33 Vgl. *Schwarz*, Der variable Zins, 1989, S. 24 ff. m.w.N.; *Hagenmüller* III, S. 333.

Dies hat zur Folge, dass ein Kreditinstitut in eine Schieflage geraten kann, wenn die Kosten der Refinanzierung den Eigenzins der vergebenen Aktivkredite übersteigen. Kreditinstitute refinanzieren sich bevorzugt durch Mittel am Geld- und Kapitalmarkt. Der Geldmarkt ist der Markt für kurzfristige Gelder; hier werden insbesondere täglich fälliges Geld, Monatsgeld und Dreimonatsgeld umgesetzt. Der Kapitalmarkt umfasst den Handel mit mittel- und langfristigen Finanzierungsmitteln, die in verbriefter und unverbriefter Form auftreten. Hierunter fallen insbesondere Pfandbriefe, börsenfähige und nicht börsenfähige Schuldverschreibungen, öffentliche Anleihen mit einer Laufzeit von in der Regel mindestens zwei Jahren.

Kreditinstitute besorgen sich die benötigten Mittel vor allem am Geldmarkt durch Geldaufnahme bei anderen Banken, die über überschüssige Liquidität verfügen; die Banken sind daher nicht auf die Bereitstellung von Zentralbanknotengeld durch die Deutsche Bundesbank bzw. die Europäische Zentralbank angewiesen.[34] Ein Kreditinstitut wird sich i.d.R. nur dann um Zentralbanknotengeld bemühen, wenn die Zinsen der Zentralnotenbank unter den Marktzinsen liegen.[35] Im Zuge der globalen Vernetzung werden auch zunehmend Refinanzierungsquellen der Auslandsmärkte genutzt.

Da die einzelnen Kreditinstitute verschiedene geschäftspolitische Ziele verfolgen, unterschiedliche Geschäftssparten betreiben und vielfältige Finanzierungsquellen nutzen, sind ihre Refinanzierungsstrukturen zwangsläufig sehr unterschiedlich.

Kreditinstitute betreiben regelmäßig eine „Mischfinanzierung" aus verschiedenen Refinanzierungsquellen mit institutsspezifischer unterschiedlicher Gewichtung. Dabei befinden sich die Konditionen der täglich neu abzuschließenden Refinanzierungsgeschäfte rund um die Uhr in permanenter Bewegung.

Mit Ausnahme von Spezialbanken ist die Refinanzierungssituation des Kreditgebers regelmäßig durch verschiedene Refinanzierungsarten bestimmt.[36] Aus diesem Grunde lässt sich ein Kredit (mit variabler Verzinsung)

---

34 *Büschgen*, Kleines Banklexikon, 2. Aufl. 1997, S. 1436.

35 *Büschgen*, a.a.O., S. 1458; Börsenzeitung vom 10.5.2000, S. 2; Börsenzeitung vom 26.8.2000, S. 2.

36 *Schwarz*, Der variable Zins, 1989, S. 24 ff. m.w.N.; *Hagenmüller* I, S. 270; *Büschgen*, BB-Beilage 9/1984, S. 16 f.

in der Regel nicht einer konkreten Refinanzierung bzw. einer bestimmten Refinanzierungsart zuzuordnen.[37]

Zwischen der Veränderung der Refinanzierungssituation und der Anpassung des Kreditzinses besteht zwar ein wirtschaftlicher Zusammenhang und ist auch eine gewisse Relation zu beschreiben. Diese kann jedoch aufgrund der komplexen Mischrefinanzierung freilich nicht mathematisch exakt berechnet werden. Vielmehr ist der Bank angesichts der komplexen Funktionsabläufe dabei ein angemessener Bewertungs- und Handlungsspielraum zuzugestehen.

3. Einflussfaktoren auf die Zinsbildung am Geld- und Kapitalmarkt

a) Wettbewerbsbedingungen und Marktgegebenheiten

Die Zinsbildung am Geld- und Kapitalmarkt erfolgt nach den Wettbewerbsbedingungen des Marktes in einem permanenten Prozess; auf diesen wirken sehr zahlreiche und verschiedene Faktoren ein, deren Entwicklung ebenfalls nicht mit Sicherheit prognostizierbar ist. Die jeweiligen Zinssätze werden von den Marktteilnehmern unter Berücksichtigung von Angebot und Nachfrage bestimmt.

Da die Kreditinstitute sich die aktuell benötigten Refinanzierungsmittel überwiegend durch Geldaufnahme bei anderen Banken besorgen, kommt den jeweiligen Interbankenzinssätzen eine wichtige Bedeutung bei Zinsbildung am Geldmarkt zu. Die Konditionen für Geldmarktkredite werden zwischen den Banken individuell ausgehandelt. Seit Einführung des Euribor am 1.1.1999 werden entsprechende Referenzzinssätze in den Monatsberichten der Deutschen Bundesbank und der EZB veröffentlicht, die aus dem jeweiligen Briefsatz ausgesuchter Banken errechnet werden.

Die Höhe der auf diese Weise ermittelten Euribor-Zinssätze ist jedoch nicht für alle Kreditinstitute gleichermaßen repräsentativ, da sich die jeweilige Bonität und insbesondere das Rating des einzelnen refinanzierenden Kreditinstitutes bei Abschluss des individuell ausgehandelten Kontraktes auf die Preisbildung, also auf den Zinssatz auswirken: je besser das Rating ist, um so günstiger ist der Zinssatz.

37 So auch BGH ZIP 2001, 20; *Rösler,* WM 2000, 164.

Gleichwohl vermittelt jedoch die Abfolge der monatlichen Euribor-Durchschnittssätze – also die darin ablesbaren Zinsschwankungen – einen wichtigen Indikator für die tatsächlich eingetretenen Zinsänderungen am Geldmarkt.[38]

b) Auswirkungen der Zinspolitik der EZB auf die Zinsbildung?

aa) Zinspolitische Instrumente der Europäischen Zentralbank seit Einführung des Euro (1.1.1999).

Mit Einführung des Euro ging am 1. Januar 1999 die Verantwortung für die europäische Geldpolitik auf die europäische Zentralbank (EZB) über. Das geldpolitische Instrumentarium der EZB weicht von den Instrumenten der Bundesbank nicht unwesentlich ab.

Die Hauptrefinanzierungsgeschäfte, die die EZB wöchentlich ausschreibt, und die von den nationalen Notenbanken der Mitgliedsländer ausgeführt werden, sind das wichtigste Instrument, mit dem die EZB den Kreditinstituten im Euro-Raum Zentralbankgeld zur Verfügung stellt.[39] Diese Geschäfte, die Teil der Offenmarktpolitik der Notenbank sind, wurden seit 1.1.1999 als Mengentender und seit 28.6.2000 als Zinstender ausgeschrieben.[40]

Als zweite Refinanzierungsmöglichkeit dienen die sogenannten „längerfristigen Refinanzierungsgeschäfte“.[41] Dies sind liquiditätszuführende befristete Transaktionen, die monatlich durchgeführt werden und eine Laufzeit von 3 Monaten haben. Die längerfristigen Refinanzierungsgeschäfte werden nach dem holländischen Zuteilungsverfahren als Zinstender ausgeschrieben. (Dabei entspricht der Zuteilungssatz für alle zum Zuge kommenden Gebote dem Zinssatz, bei dem das gewünschte Zuteilungsvolumen erreicht wird.

38 *Bruchner*, in: Bankrechts-Handbuch, 2. Aufl. § 78, 21 a ff.

39 Vgl. Europäische Zentralbank – Die einheitliche Geldpolitik in Stufe 3 – Allgemeine Regelungen für die geldpolitischen Instrumente der EZB, Sept. 1998, 12 f., 23 ff.

40 Vgl. Pressemitteilung der EZB vom 16.6.2000 über: Umstellung auf Zinstender bei Hauptrefinanzierungsgeschäften, abgedruckt in den Monatsberichten der Deutschen Bundesbank, Juli 2000, S. 12.

41 EZB – Allgemeine Regelungen für die geldpolitischen Instrumente, a.a.O., S. 12.

Mit Hilfe der sogenannten „Spitzenrefinanzierungsfazilität" und der „Einlagefazilität" wird Liquidität über Nacht bereit gestellt oder abgeschöpft. Die Zinssätze für diese ständigen Fazilitäten markieren normalerweise jeweils die Ober- bzw. die Untergrenze der Geldmarktsätze für Tagesgelder: Sie bilden also einen „Zinskanal für Tagesgeld".[42]

bb) Auswirkungen des Mengentenders und des Zinstenders

Die Europäische Zentralbank signalisiert beim Mengentender mit der Festlegung der Leitzinsen für die Refinanzierungssätze ihre zinspolitischen Vorstellungen und versucht damit auf das Zinsniveau am Geld- und Kapitalmarkt des Euro-Raumes Einfluss zu nehmen.

Das wichtigste geldpolitische Instrument der EZB sind Offenmarktgeschäfte, durch die den nachfragenden Banken Liquidität zur Verfügung gestellt werden soll. Als „Hauptrefinanzierungsinstrument" wird im wöchentlichen Turnus Zentralbankgeld mit je zwei Wochen Laufzeit als sogenannter „Mengentender" ausgeschrieben.[43] Dabei geben die Kreditinstitute im Euro-Raum den nationalen Notenbanken in ihren Geboten den Betrag an Zentralbankgeld an, den sie zu einem von der EZB bestimmten Zinssatz (Leitzinssatz) wünschen. Übersteigt das Bietungsaufkommen den angestrebten Zuteilungsbetrag, dann werden die Gebote anteilig im Verhältnis des vorgesehenen Zuteilungsbetrages zum gesamten Bietungsaufkommen zugeteilt. In Erwartung einer Repartierung gaben die Kreditinstitute regelmäßig sehr hohe Gebote ab und setzten so einen „Bietungswettlauf" in Gang.

Während die Repartierungsquote in 1999 im Durchschnitt knapp über 10% lag, ging sie bei dem Anfang Mai 2000 ausgebotenen Mengentender in Höhe von 72 Mrd. Euro auf rekordniedrige 1,13% zurück.[44] Tatsächlich machen die von den Kreditinstituten bei der Notenbank aufgenommenen Mittel nur einen Bruchteil ihres aktuellen Refinanzierungsbedarfes aus.

Die Überbietungen stellten in der Tat ein augenfälliges Problem dar. Die hohen Bietungen hatten ihre Ursache darin, dass sich die Zinssteigerungs-

42 Vgl. Handelsblatt vom 8./9.1.1999.

43 Europäische Zentralbank – Die einheitliche Geldpolitik in Stufe 3 – Allgemeine Regelungen für die geldpolitischen Instrumente des ESZB, Sept. 1998, S. 3 ff., 12.

44 Vgl. Börsenzeitung vom 10.5.2000, S. 1, 2.

erwartungen des Geldmarktes von dem Leitzinssatz, also dem Refinanzierungssatz der Notenbank entfernt hatten.

Da das Zentralbankgeld im Vergleich zu den Zinssätzen am Geldmarkt günstiger war, gaben die Kreditinstitute bei den Mengentendern besonders hohe Kreditvolumenangebote ab.[45]

Die Tatsache der länger anhaltenden Überbietungsphase zeigt zugleich, dass die realen Zinsen am Geldmarkt nicht unwesentlich über den Leitzinsen der EZB lagen. Die EZB reagierte auf die massiven Überbietungen mit Beschluss vom 8.6.2000.[46] Danach sind ab dem 26.6.2000 die Hauptrefinanzierungsgeschäfte des Euro-Systems als Zinstender nach amerikanischem Verfahren (multiple rate auction) durchzuführen.

In der Ankündigung des jeweiligen Zinstenders gibt die EZB den Mindestbietungssatz an; darüber hinaus teilt sie zugleich den von ihr erwarteten Liquiditätsbedarf des Bankensystems mit. Der Mindestbietungssatz übernimmt die geldpolitische Signalfunktion, die zuvor der Leitzinssatz für Mengentender erfüllt hat.[47]

Beim Zinstender können die Banken in ihren Geboten neben dem Betrag auch den Zinssatz angeben, zu dem sie das Geschäft abschließen wollen. Die Banken können bis zu 10 verschiedene Kombinationen aus Zinssatz und Betrag nennen. Die EZB stellt sodann die Zinsgebote in absteigender Reihenfolge zusammen. Die Gebote mit den höchsten Zinssätzen werden zuerst zugeteilt. Nachfolgende Gebote mit niedrigeren Zinssätzen werden solange angenommen, bis der für die Zuteilung vorgesehene Gesamtbetrag erreicht wäre. Der niedrigste berücksichtigte Zinssatz wird als „marginaler Zins" bezeichnet.[48] Der Zinssatz, zu dem nicht mehr alle Gebote bedient werden können, der sogenannte „marginale Zinssatz" ist somit faktisch der neue Leitzins.[49]

---

45 FAZ vom 13.5.2000, S. 25.

46 Pressemitteilung der EZB vom 16.6.2000, abgedruckt in: Monatsbericht der Deutschen Bundesbank, Juli 2000, S. 12.

47 Vgl. Pressemittlung der EZB vom 16.6.2000, a.a.O.

48 Pressemitteilung der EZB vom 16.6.2000 a.a.O., S. 13.

49 Vgl. Börsenzeitung vom 27.6.2000, S. 2.

Tatsächlich verzichtet die EZB mit dem Wechsel zum Zinstenderverfahren auf die Angabe eines Leitzinssatzes und überlässt somit im Ergebnis dem Markt die Zinsfindung.[50]

Die beteiligten Banken kann das Zinstenderverfahren freilich teuer kommen, wenn sie den Markt falsch einschätzen, da sie für ihre Gebote einstehen müssen. Wer zu hoch bietet, erhält das Geld zu teuer, wer zu niedrig bietet, geht leer aus.[51]

Die Änderungen der Leitzinsen der EZB haben in der Praxis nicht in gleichem Umfange zur Anpassung der Zinsen am Geldmarkt geführt. Vielmehr bleiben die Wettbewerbsverhältnisse sowie insbesondere Angebot und Nachfrage die entscheidenden Faktoren für die Zinsbildung am Geldmarkt. Ob und inwieweit die geldpolitisch motivierten Änderungen der Leitzinsen auf die Zinsbildung am Geld- und Kapitalmarkt durchschlagen, hängt maßgeblich von der Verhaltensweise der Banken und den übrigen Marktteilnehmern sowie den aktuellen Marktverhältnissen ab. Dies gilt für die festgelegten Leitzinsen für Mengentender ebenso wie bei der Bestimmung des Mindestbietungssatz im Zinstenderverfahren durch die EZB.

Eine ganz entscheidende Rolle für die Zinsbildung am Geldmarkt spielt die Erwartung des Marktes in die künftige Zinsentwicklung. Bereits Zinsdiskussionen, Zinssorgen und Zinsphantasien können starke Bewegungen der Zinsen am Geldmarkt auslösen.[52] Der Markt nimmt insbesondere die erwartete Erhöhung der Leitzinsen bzw. des Mindestbietungssatzes in der Regel vorweg.[53] Daher wird die erwartete Zinserhöhung von den Teilnehmern des Geldmarktes im Zinssatz regelmäßig bereits „eingepreist“. Da freilich im voraus nicht feststeht, ob die EZB die Leitzinsen um 0,25 oder 0,5 Prozentpunkte anhebt, wirkt sich die unterschiedliche Prognose der Teilnehmer am Geldmarkt auf die Preisbildung, also auf die Zinsen am Geldmarkt auch verschieden aus.

Darüber hinaus kann sich bei der Zinsbildung am Geldmarkt auch die Erwartung der Marktteilnehmer mit der Maßgabe auswirken, dass die EZB

50 FAZ vom 13.5.2000, S. 25; Börsenzeitung vom 23.6.2000.
51 Börsenzeitung vom 11.5.2000, S. 2.
52 Börsenzeitung vom 1.9.2000, S. 2, Bericht über den Geldmarkt.
53 Vgl. die Berichte über den aktuellen „Geldmarkt“ in der Börsenzeitung, jeweils S. 2, vom 9.3.2000; 10.3.2000; 15.3.2000; 21./22.4.2000; 24.5.2000; 17.8. 2000; 23.8.2000; 26.8.2000; 31.8.2000; 1.9.2000.

letztlich bei der Festsetzung des Umfanges der Leitzinserhöhung den vom Markt in Erwartung der Zinserhöhung bereits geschaffenen Verhältnissen folgen wird.[54] Insoweit besteht in der Tat eine wechselseitige Beeinflussung zwischen der Zinsbildung am Geldmarkt und der Festlegung der Leitzinsen bzw. des Mindestbietungssatzes. Ebenso gut ist es auch möglich, dass der Markt im Einzelfall nicht in der von der EZB gewünschten Weise reagiert.

Die Schwäche des Mengentenders und der damit verbundenen Festlegung der Leitzinsen wurde bereits oben aufgezeigt. Dies hatte letztlich den Wechsel zum „Zinstender“ ausgelöst. Mit dem Übergang zum Zinstender überlässt die EZB jedoch dem Markt die Zinsfindung und verzichtet auf die Zinsführerschaft.[55] Darüber hinaus hat der Zinstender zur Folge, dass der marginale Zinssatz, also der niedrigste berücksichtigte Zinssatz, erst am Ende des Zinstenderverfahrens bekannt wird.

Die EZB versucht aus geldpolitischen Motiven, das Zinsniveau am Markt mit Hilfe festgelegter Leitzinsen zu beeinflussen. Da dies nur in dem Umfang gelingt, wie sich dies unter Berücksichtigung der Marktgegebenheiten durchsetzen lässt, können sich zwischen den in Schritten von mindestens 0,25 Prozentpunkten festgelegten Leitzinsen und der tatsächlichen Zinsentwicklung am Geld- und Kapitalmarkt nicht unerhebliche Diskrepanzen ergeben. Die Änderung der Leitzinsen der EZB erscheint daher als Paramenter für das Ausmaß der tatsächlichen Änderungen der Zinsen am Geld- und Kapitalmarkt nicht geeignet. Eine Anknüpfung an die Leitzinsen wäre im übrigen faktisch ein Rückfall in die Vergangenheit der staatlichen Zinsreglementierung, die mit Aufhebung der Zinsverordnung im Jahre 1967 überwunden wurde. Dies stünde auch in Widerspruch zum Prinzip des marktwirtschaftlichen Kreditsystems.

Es stellt sich daher die Frage nach geeigneten Indikatoren für die Bemessung von Zinsänderungen am Geldmarkt.

---

54 Börsenzeitung vom 31.8.2000, S. 3.
55 Vgl. FAZ vom 13.5.2000, S. 25.

4. *Zinsänderungsparameter*

a) Basiszinssatz?

§ 1 Diskontsatzüberleitungsgesetz (DÜG)[56] sieht vor, dass der Basiszinssatz am 1. Januar, 1. Mai und 1. September jeden Jahres sich um die Prozentpunkte verändert, um welche sich der Zinssatz für längerfristige Refinanzierungsgeschäfte verändert. Der Basiszinssatz wird jedoch nicht angepasst, wenn sich die Bezugsgröße um weniger als 0,5 Prozentpunkte (Schwellenwert) verändert hat. Aufgrund der periodischen Überprüfungsmethodik fehlt dem Basiszinssatz die erforderliche Aktualität und zeitliche Marktnähe.[57]

Die im DÜG angegebene Bezugsgröße, nämlich die „Zinsen für längerfristige Refinanzierungsgeschäfte" umfasst nur ein Segment von mehreren möglichen Refinanzierungsgeschäften und ist insoweit für die Zinsentwicklung am Geldmarkt, dem Umschlagplatz für kurzfristige Gelder, nicht ohne weiteres repräsentativ.

Schließlich fungiert der Basiszinssatz als Maßstab für die Ermittlung des gesetzlichen Regelverzugszinssatzes mit pönalem Einschlag und dient somit einem anderen Zweck als ein Referenzzinssatz, der marktnahe Änderungen der Refinanzierungsbedingungen am Geld- und Kapitalmarkt widerspiegeln soll. Der Basiszinssatz ist daher als Orientierungsgröße nur sehr bedingt und mit großer Einschränkung geeignet.

b) Zinsangaben für Standardkredite in der amtliche Zinsstatistik der Deutschen Bundesbank?

In der amtlichen Statistik der Deutschen Bundesbank sind Durchschnittszinssätze für Standardkredite abgedruckt. Die angegebenen Zinssätze beziehen sich insbesondere auf erstrangige Hypothekarkredite, Kontokorrentkredite (unter DM 200.000, von DM 200.000 bis 1 Mio, von DM 1 Mio bis DM 5 Mio), auf Dispositionskredite (eingeräumte Überziehungskredite an Privatkunden) und (Konsumenten-)Ratenkredite von DM 10.000,-- bis DM 30.000,--.

Die bezeichneten Kreditarten sind eigenständige Standardkredite, da die Voraussetzungen der Kreditvergabe im wesentlichen jeweils gleichartig sind.

---

56 Vgl. hierzu *Bruchner*, in: Bankrechts-Handbuch, 2. Aufl., § 78 Rz. 21 b.
57 *Habersack*, WM 2001, 753, 758.

Nur Norm- bzw. Standardkredite mit gleichartigen Kreditbedingungen sind einer statistischen Erfassung überhaupt zugänglich.[58] Kredite mit besonderen Kreditfaktoren, wie z.B. mit individuellem Kreditrisiko oder einzelfallbezogener Besicherung, finden daher keine Berücksichtigung, da sich diese Aspekte auf die Zinsbildung auswirken.

Darüber hinaus führt die nicht repräsentative Stichprobenerhebung der Deutschen Bundesbank bei nur 480 ausgewählten Kreditinstituten und die angewandte Erhebungsmethodik zu statistischen Ungenauigkeiten.[59]

Es kommt ferner hinzu, dass zwischen der statistischen Erfassung der abgefragten Zinssätze, der Ermittlung der Durchschnittssätze und der Veröffentlichung im Ergebnis mehrere Wochen liegen, so dass den in der amtlichen Statistik angegebenen Zinssätzen auch die zeitliche Marktnähe fehlt.

Die in der amtlichen Zinsstatistik der Deutschen Bundesbank bezeichneten Zinssätze für Standardkredite können auch nicht schematisch auf Nicht-Standardkredite übertragen werden.

Schließlich ist zu berücksichtigen, dass es sich bei den in den Monatsberichten der Deutschen Bundesbank abgedruckten Sätzen um Zinssätze von Kreditinstituten für an Kunden ausgereichte Kredite und nicht um kapital- und geldmarktbezogene Zinssätze handelt, die für die Refinanzierung maßgebend sind. Die Refinanzierungsverhältnisse auf der Passivseite und die Marktsituation bei Abschluss von neuen Kreditverträgen auf der Passivseite unterliegen unterschiedlichen Einflussfaktoren und können sich daher unterschiedlich entwickeln.[60]

Die in der amtlichen Zinsstatistik wiedergegebenen Zinssätze für bestimmte Standardkredite sind daher als Parameter für Zinsänderungen bei diesen Kreditarten nicht hinreichend geeignet.

Bei Hypothekarkrediten ist zudem zu berücksichtigen, dass in der amtlichen Statistik der Deutschen Bundesbank nur Zinsen für erstrangig gesi-

58 Vgl. *Bruchner*, ZHR 153 (1988) 101, 106.

59 *Büschgen*, Die Eignung des in der Zinsstatistik „Ratenkredite" der Deutschen Bundesbank veröffentlichten Durchschnittszinses als repräsentativer Preis, BB-Beilage 9/1984 S. 16 f., vgl. auch eingehend *Bruchner*, FS Schimansky, S. 272 ff.

60 *Bruchner*, in: BKR, 2001, 16, 18 f.

cherte Hypothekarkredite, nicht aber für nachrangige Kreditteile abgebildet werden.[61]

In der Abfolge der monatlichen Durchschnittssätze für erstrangige Hypothekarkredite mit Gleitzinsen kann allenfalls die Wiedergabe eines Zinstrends für diese Kreditart mit gewissen Abweichungstoleranzen und einer erheblichen zeitlichen Verzögerung zwischen der Stichprobenerhebung durch die Deutsche Bundesbank und der Darstellung der Zinsen in der amtlichen Statistik gesehen werden.

Nach Ansicht des BGH[62] unterliegen auch formularmäßige Zinsanpassungsvereinbarungen mit Kaufleuten der Inhaltskontrolle nach § 9 des AGBG. Da Zinsen von gewerblichen Krediten in der amtlichen Zinsstatistik nicht ausgewiesen sind, scheidet die amtliche Zinsstatistik auch insoweit als Indikator für Zinsveränderungen aus.

c) Monatsdurchschnitt für „Euribor-Dreimonatsgeld" am Interbankenmarkt

In der amtlichen Zinsstatistik der Deutschen Bundesbank und der Europäischen Zentralbank sind die Monatsdurchschnittssätze für die Zinsen des Euribor – und zwar für Wochengeld, Monatsgeld, Dreimonatsgeld, Sechsmonatsgeld, Neunmonatsgeld und Zwölfmonatsgeld – am Interbankenmarkt ausgewiesen. Bei Euribor-Geldern handelt es sich um Geldmittel, die Kreditinstitute zur Deckung ihres Refinanzierungsbedarfs bei anderen Banken aufnehmen.[63] Bei der Ermittlung der Durchschnittssätze werden die Briefsätze ausgesuchter Banken zugrunde gelegt; dabei bleiben die höchsten und die niedrigsten 15 % der Satzmeldungen unberücksichtigt.

Da die Euribor-Monatsdurchschnittssätze an Hand der Konditionen nur einiger ausgewählter Banken gebildet werden, sind die ermittelten Zinssätze der Höhe nach nicht für alle Kreditinstitute repräsentativ. Die „Reihe" der Euribor-Monatsdurchschnittssätze bildet jedoch einen wichtigen Indikator für die tatsächlichen Zinsschwankungen am Geldmarkt. Da die Banken einen

---

61 Vgl. BGH vom 20.6.2000, AZ: XI ZR 237/99, DB 2000, 2471; vgl. auch eingehend *Bruchner*, WM 1999, S. 825 ff.; *ders.* in: FS Schimansky, S. 263, 271 ff.

62 BGH WM 1986, 580, 581.

63 *Bruchner*, in: Bankrechts-Handbuch, 2. Aufl., § 78 Rz. 63 c.

erheblichen Teil ihres aktuellen Refinanzierungsbedarfs am Interbankenmarkt decken, sind Änderungen der Euribor-Zinssätze ein wichtiger Faktor.

Das „Dreimonatsgeld“ nimmt unter den in der amtlichen Zinsstatistik der Deutschen Bundesbank und der Europäischen Zentralbank ausgewiesenen Euribor-Zinssätze einen Mittelwert ein. Die hierfür ausgedruckten Monatsdurchschnittszinssätze können daher als ein Indikator für den Umfang von Zinsschwankungen am Geldmarkt angesehen werden.

Das „Euribor-Dreimonatsgeld“ hat mit Einführung des Euro gewissermaßen die Nachfolge der früheren „Dreimonatsgelder im Interbankengeschäft“ angetreten. Bereits die Väter des VerbrKrG haben die Zinssätze für Dreimonatsgeld als repräsentativen Kostenfaktor für den kurzfristigen Refinanzierungsbedarf angesehen und bei der Findung des Regelverzugszinses in § 11 VerbrKrG maßgeblich zugrundegelegt.[64] Insoweit ist das Dreimonatsgeld im Interbankengeschäft ein auch vom Gesetzgeber akzeptierter Indikator. Die Durchschnittssätze für „Euribor-Dreimonatsgeld“ sind daher als objektiver Gradmesser für das Ausmaß von Zinsänderungen am Geldmarkt geeignet.

Möglicherweise kommen auch andere Euribor-Durchschnittssätze sowie die EONIA-Sätze als Indikatoren für Zinsänderungen am Geldmarkt in Betracht.[65]

5. *Anpassungsschwelle*

Ist ein geeigneter Indikator gefunden, so stellt sich die Frage, welchen Umfang, also welchen Schwellenwert eine Zinsänderung erreicht haben muss, um eine Zinsanpassung nach oben bzw. nach unten auszulösen.

Dabei erscheinen die von der EZB bei zinspolitischen Maßnahmen gesetzten Mindestzinsschritte von 0,25 Prozentpunkten angemessen und praktikabel. Geringere Schwellenwerte hätten dagegen sehr zahlreiche Zinsanpassungen zur Folge; dies wäre mit erheblichen Transaktionskosten verbunden.

---

64 Vgl. amtliche Begründung BT-Drucks. 11/5462, S. 14; *Bruchner*, in: Bankrechts-Handbuch, 2. Aufl., § 81 Rdnr. 194 m.w.N.

65 Vgl. *Habersack*, WM 2001, 753, 758.

Vorstellbar wäre in Anlehnung an die gesetzlich vorgesehenen Anpassungsintervalle beim Basiszinssatz auch ein Schwellenwert von 0,5 Prozentpunkten.

6. *Zinsanpassung – Leistungsbestimmungsrecht*

a) Normzweck des § 315 BGB

Im Vertrag kann vereinbart werden, dass die Bestimmung der Leistung dem billigen Ermessen einer Vertragspartei überlassen sein soll. Der Vertrag bestimmt daher in diesem Falle nur den Rahmen der Leistungspflicht; die Ausfüllung dieses Rahmens erfolgt dann durch Erklärung der bestimmungsberechtigten Partei. Während beim Vertragsschluss die Leistungsbestimmung auf der Willenseinigung beider Parteien beruht, übt beim Vertragsmuster des § 315 BGB eine Partei die einseitige Leistungsbestimmung als ein den Vertrag ausfüllendes Gestaltungsrecht aus. Das BGB beschränkt jedoch die Rechtsmacht des Bestimmungsberechtigten insoweit, als dieser die Leistungsbestimmung nur „nach billigem Ermessen" ausüben darf. Die Leistungsbestimmung ist nur dann verbindlich, wenn sie der Billigkeit entspricht. Ist dies nicht der Fall oder wird die Bestimmung verzögert, so erfolgt die Bestimmung nach § 315 Abs. 3 BGB durch Urteil.[66]

b) Wesentliche Zinsänderung als Anpassungsvoraussetzung

Kreditinstitute refinanzieren sich – mit Ausnahme von Spezialbanken – regelmäßig durch eine komplexe Mischrefinanzierung. Ob und in welchem Umfang eine wesentliche Änderung der maßgeblichen Verhältnisse auf der Refinanzierungsseite (Passivseite) eingetreten ist, ist eine reine Tatsachenfeststellung.

In der Vergangenheit hat sich in Rechtsprechung, Literatur und Kreditpraxis kein geeigneter und verlässlicher Indikator herausgebildet, an dem sich der Grad der Zinsänderung in verallgemeinerungsfähiger und gültiger Form hätte konkretisieren lassen. Der III. BGH-Senat hat sich daher in seiner Grundsatzentscheidung vom 6.3.1986 mit einer allgemeinen Beschreibung

---

66 Vgl. *Mayer-Maly*, in: Staudinger, § 315 Rdnr. 16 ff.; *Horn*, Sonderbeilage Nr. 1 WM 1997, S. 11 m.w.N.

behelfen müssen, wie die Kreditzinsen auf der Aktivseite anzupassen sind, wenn sich die Refinanzierungsbedingungen wesentlich verändert haben. Da ein objektivierbarer Bestimmungsmaßstab für Zinsänderungen in der Vergangenheit nicht existierte und damit eine weitere Konkretisierung der Voraussetzungen einer Zinsanpassung tatsächlich nicht möglich war, konnte und musste hierauf zwangsläufig verzichtet werden.[67] Erst seit Einführung des Euro sind mit der Veröffentlichung der amtlich ermittelten Durchschnittszinssätze für Euribor-Gelder im Interbankenmarkt Indikatoren erkennbar geworden, die als objektiver Gradmesser für Zinsänderungstendenzen am Geldmarkt nach nunmehr zweijähriger Erfahrung akzeptabel erscheinen[68].

c) Marktwirtschaftliche Funktion der Zinsanpassung

Der gewerbliche Kreditgeber überlässt Kredite regelmäßig gegen Zahlung von Zinsen. Zins im Rechtssinne ist der Preis für die Gebrauchsüberlassung eines auf Zeit überlassenen Kapitals.[69] Bei der Kalkulation des Zinses finden die Kosten der Refinanzierung, der Eigenkapitalunterlegung, des Verwaltungsaufwandes für die Abwicklung des Kredites, die Kreditrisiken (Risikoprämie) sowie die Ertragsmarge und Marktfaktoren Berücksichtigung. Durch die Vereinbarung des variablen Zinses im Kreditvertrag erfolgt eine Verlagerung des Zinsänderungsrisikos auf den Kreditnehmer. Gleichzeitig hat der Kreditnehmer aufgrund der AGB-Banken bzw. AGB-Sparkassen die Möglichkeit, sich bei Zinserhöhungen von der Vereinbarung zu lösen.

Bei Abschluss eines Kreditvertrages mit variabler Verzinsung ist für die Vertragsparteien die Entwicklung der Marktzinsen regelmäßig nicht absehbar, sondern unsicher. Der Kreditnehmer hält sich mit der Vereinbarung des variablen Zinssatzes die Möglichkeit offen, zu einem ihm günstig erscheinenden Zeitpunkt, wenn er z.B. mit einem Zinsanstieg rechnet, auf eine Festzinsvereinbarung „umzusteigen“.

Die Bank erfüllt durch Zinsanpassungen zugleich ihre Funktion als aktiver Teilnehmer eines permanenten marktwirtschaftlichen Entwicklungsprozesses, in dem die Refinanzierungsbedingungen sich marktbedingt fort-

---

67 Vgl. *Brandner*, AGBG-Kommentar, § 9 Rdnr. 100 ff.

68 Siehe oben II 4 c.

69 BGH NJW 1981, 1206; NJW-RR 1992, 592; *Hopt/Mülbert*, in: Staudinger Kreditrecht, § 608 Rdnr. 1.

laufend ändern. Die komplexen wirtschaftlichen Zusammenhänge stellen ein Phänomen dar, das gewissermaßen einem lebendigen wirtschaftlichen Organismus gleicht. Die Aktualisierung und marktbezogene Weiterentwicklung der ursprünglich vereinbarten kontrollfreien Hauptleistung (= Ausgangszinssatz) ist ein Wesenselement des Funktionierens marktwirtschaftlicher Kreditprinzipien.

Auch wenn der BGH die Zinsklauseln, die dem Darlehensgeber ein einseitiges Leistungsbestimmungsrecht nach § 315 BGB zugestehen, der Inhaltskontrolle nach § 9 AGBG unterwirft, so ist bei der Gesamtbewertung stets mitzuberücksichtigen, dass die Zinsanpassung in ihrem Wesenskern die Aktualisierung und Fortschreibung der an sich nach § 8 AGBG kontrollfreien Preisbestimmung ist. Dadurch enthält die Zinsanpassungsklausel im Vergleich zu Preisnebenabreden eine eigene rechtliche Qualität.[70]

d) Ermessensspielraum bei der Zinsbestimmung – Billigkeitsprüfung

Bei der Zinsanpassung ist im Zweifel anzunehmen, dass die Bestimmung nach billigem Ermessen zu treffen ist (§ 315 Abs. 1 BGB). § 315 bindet die Gestaltungsmacht an billiges Ermessen und unterwirft die getroffene Bestimmung einer gerichtlichen Billigkeitskontrolle; dadurch wird der typischerweise sozial Schwächere geschützt.[71] Aus diesem Schutzgedanken ergeben sich Schranken gegen den Missbrauch privatautonomer Gestaltungsmacht.[72] Darüber hinaus sind bei der Ausübung des einseitigen Rechts zur Zinsanpassung Aspekte und Überlegungen zu berücksichtigen, die Lehre und Rechtsprechung für eine Billigkeitsprüfung entwickelt haben:

aa) Willkürverbot

Die Zinsanpassung darf insbesondere nicht gegen das allgemein geltende Willkürverbot verstoßen.[73]

Der III. BGH-Senat hat ein schrankenloses Zinsanpassungsrecht insoweit verneint als sich die Zinsanpassungen in den Grenzen der Änderung ihrer

---

70 Vgl. hierzu auch *Horn*, Sonderbeilage Nr. 1, WM 1997, S. 11 m.w.N.
71 Palandt/*Heinrichs*, § 315 Rdnr. 2.
72 Palandt/*Heinrichs*, § 315 Rdnr. 2 m.w.N.
73 *Mayer-Maly*, in: Staudinger, 12. Aufl., § 315 Rdnr. 60 m.w.N., 70.

Refinanzierungsmöglichkeiten halten müssen. Der III. Zivilsenat hat jedoch berücksichtigt, dass eine Präzisierung der Voraussetzungen und/oder der Grenzen der Zinsänderungen erhebliche Schwierigkeiten mit sich bringt. Der BGH hat zudem darauf hingewiesen, dass ein Kreditnehmer, der sich für einen variablen Zinssatz entscheidet, damit nicht nur das Risiko der Erhöhung der Zinsen in Kauf nimmt, sondern auch die ihm vorteilhafte Chance einer Zinssenkung wahrnehmen will.[74] Außerdem war für die Gesamtbewertung der Billigkeit von Bedeutung, dass dem Kreditnehmer die Möglichkeit eingeräumt war, sich im Falle einer Zinserhöhung vom Kreditvertrag zu lösen.

Der IX. BGH-Senat hat in seinem obiter dictum in der Entscheidung vom 19. Oktober 1999[75] unter Hinweis auf die Entscheidung des IV. Zivilsenates des BGH vom 8.10.1997[76] ausgeführt, dass Anpassungsklauseln, die dem Verwender ein uneingeschränktes Änderungsrecht vorbehalten, ohne dass der Kunde vorhersehen kann, unter welchen Voraussetzungen und in welchem Umfang ihn höhere oder weitere Gebühren treffen, gegen das Transparenzgebot verstoßen und daher unwirksam sind.

Der Entscheidung des IV. BGH-Senates lagen Leistungsanpassungsklauseln in allgemeinen Versicherungsbedingungen zugrunde. Die Versicherung hatte sich darin ein völlig uneingeschränktes Abänderungsrecht vorbehalten. Die Klausel enthielt keinerlei Einschränkung oder Grenzen für die Anpassung der Tarifbestimmungen, Beiträge und sonstigen versicherungsvertraglichen Rechte und Pflichten. Der Versicherungsnehmer war vielmehr jeder Beurteilung der Versicherung über die Richtigkeit und Notwendigkeit einer Anpassung ausgeliefert, ohne dass er vor Vertragsabschluß oder auch nur danach vorhersehen konnte, unter welchen Voraussetzungen und in welchem Umfang ihn zusätzliche Belastungen treffen werden. Ein so weitgehendes Bestimmungsrecht des AGB-Verwenders ist nach Ansicht des IV. BGH-Senates unangemessen.[77]

Im Gegensatz zu der inkriminierten Versicherungsbedingung enthalten jedoch die in Umsetzung der Grundsatzentscheidung des III. BGH-Senates

74 BGH WM 1996, 580, 582.
75 WM 1999, 2545, 2547.
76 BGHZ 136, 394, 402 = WM 1998, 558.
77 Soweit Urteil des IV. BGH-Senates vom 8.10.1997 = BGHZ 136, 394, 402 = WM 1998, 558.

von 1986 (s.o.) entwickelten Anpassungsklauseln regelmäßig die wichtige Einschränkung, dass Kreditinstitute eine Zinsanpassung nur bei Eintritt von wesentlichen Änderungen der Marktzinsen und der sich hieraus ergebenden Veränderungen der Refinanzierungsbedingungen in angemessener Art und Weise durchführen dürfen. Auch die Anwendung der Maßstäbe der Entscheidung des IV. BGH-Senates auf die banküblichen Zinsanpassungsklauseln begründen daher allein keine Unwirksamkeit wegen Verstoßes gegen § 9 AGBG.

bb) Äquivalenz der Zinsvereinbarung

Steht der bei Abschluss des Kreditvertrages vereinbarte variable Anfangszinssatz im Vergleich zu anderen gleichartigen Standardkrediten in einer bestimmten Relation, so sind diese Proportionen bei Zinsanpassungen grundsätzlich aufrechtzuerhalten. Die sich ergebenden Relationen stellen das „Grundgefüge" dar.[78] Das „Grundgefüge" ist zugleich Bestandteil des bei Vertragsabschluß vereinbarten Äquivalenzverhältnisses.

Zinsanpassungen dürfen die Zinskonditionen nicht in ihrem „Grundgefüge" verändern.[79] Es ist nicht Sinn einer Billigkeitskontrolle nach § 315 BGB, etwa bei einem teuren, aber noch zulässigen Kredit, die wirksam vereinbarten Kreditkonditionen anlässlich einer Zinsanpassung in ihrem Grundgefüge zugunsten des Kreditnehmers zu verändern.[80]

Der Kreditgeber ist auch nicht verpflichtet, einen ursprünglich im oberen Bereich vereinbarten Zinssatz bei künftigen Anpassungen dem Mittelwert der Schwerpunktsätze anzupassen.[81] Der Darlehensgeber darf aber folgerichtig einen mit dem Kunden vereinbarten Zinssatz im unteren Bereich der Zinsstreubreite für Normkredite bei Änderungen des Marktzinsniveaus nicht durch Zinsanpassungen einseitig in den oberen, also den teuren Zinsbereich

---

78 Vgl. BGH WM 91, 199; ZIP 1993, 1700; *Bruchner*, in: Bankrechts-Handbuch § 78 Rdnr. 61.

79 BGH WM 1991, 179 = ZIP 1991, 301; BGH ZIP 1993, 1700; vgl. ferner OLG Köln NJW-RR 1992, 375; vgl. dazu *Bruchner*, in: Bankrechts-Handbuch, § 78 Rdnr. 61.

80 BGH NJW 1991, 832 = WM 1991, 179; *Canaris,* WM Sonderbeilage 4/1987, 10; vgl. auch OLG Celle WM 1991, 1025 und OLG Köln WM 1994, 1469.

81 So zutreffend *Wenzel*, in: WuB IV A. § 315 BGB 1.94 unter Hinweis auf OLG Köln WM 1994, 1469.

verlagern.[82] Durch die Zinsanpassung darf letztlich keine Störung des Gleichgewichtes von Leistung und Gegenleistung eintreten.[83]

Da das „Grundgefüge" nur als tendenzielle Bezugsgröße in Erscheinung tritt, können die damit verbundenen Zinsrelationen bei der Zinsanpassung nur im Rahmen des billigen Ermessens Berücksichtigung finden. Eine Unbilligkeit ist daher dann anzunehmen, wenn die Zinsanpassung das Äquivalenzverhältnis – ohne sachliche Rechtfertigung – deutlich verändert.

Eine nachhaltige Störung der Äquivalenz zu Lasten der Bank kann dadurch eintreten, dass die Bank die durch die Änderung der Refinanzierungsbedingungen berechtigte Zinserhöhung aufgrund der Konkurrenzsituation am Markt nicht – oder nicht in dem zulässigen Umfang – durchsetzen kann. Die Bank muss in diesem Fall eine Verschlechterung der Zinsrelationen bzw. des ursprünglich vereinbarten Zinsgefüges zu Lasten ihres Ertrages hinnehmen oder sich vom Kreditvertrag lösen.

cc) Zinsstreubreite

Der III. BGH-Senat hat in seinem Grundsatzurteil vom 6.3.1986[84] unter Hinweis auf OLG Hamm[85] ausgeführt, dass sich der Kreditgeber bei Zinsanpassungen grundsätzlich im Rahmen der in der amtlichen Zinsstatistik für bestimmte Standardkredite veröffentlichten Zinsstreubreite halten müsse.

Nach Ansicht des III. Zivilsenates brauche der Kreditnehmer daher nicht anzunehmen, dass ihm Zinserhöhungen berechnet werden, die das Maß dessen übersteigen, was nach den auslösenden Veränderungen des allgemeinen Zinsniveaus noch als „normal", d.h. innerhalb der üblichen Streubreite für entsprechende Normkredite anzusehen seien.[86]

Nach Ansicht des III. Zivilsenates ist die Bank – soweit nicht besondere Sachgründe vorlägen – verpflichtet, den einzelnen Kreditnehmer nicht schlechter als andere Kreditnehmer zu behandeln, denen die Bank Kredite dieser Art und Größe gewährt hat. Der BGH geht dabei im Rahmen der Ausübung des einseitigen Leistungsbestimmungsrechtes im Rahmen des billigen

82 *Bruchner*, in: Bankrechts-Handbuch, § 78 Rdnr. 61.
83 Vgl. *Köndgen/König*, ZIP 1984, 129, 132.
84 Vgl. I.
85 WM 1985, 159, 161.
86 So BGH WM 1986, 580, 583.

Ermessens von der Beachtung des Grundsatzes der Gleichbehandlung der Kunden aus. Der III. Zivilsenat verlangt, dass die Bank bei Zinsanpassungen den in der Gesamtbank oder in der betreffenden Niederlassung allgemein verlangten „Normalsatz“ zugrundegelegt.[87] Der BGH gesteht damit bei den gebotenen Zinsanpassungen niederlassungsbezogene örtliche Differenzierungen zu. Damit trägt der BGH dem Umstand Rechnung, dass auch im Einzugsbereich einer großen Geschäftsbank aufgrund marktbedingter unterschiedlicher Entwicklungen tatsächlich auch regional verschiedene Marktgegebenheiten bestehen können, zumal sich berechtigte Zinsanpassungen aufgrund der örtlichen Wettbewerbssituation am Markt häufig tatsächlich nicht durchsetzen lassen.

Es wurde bereits oben ausgeführt, dass die Aussagekraft der in der amtlichen Zinsstatistik abgebildeten Zinsstreubreite für Standardkredite nachweislich begrenzt ist. Der für Normkredite angegebenen Streubreite kommt insbesondere keine Aussagekraft über die Refinanzierungssituation des konkreten Kreditgebers zu.[88]

Den im Rahmen der ausgewiesenen Streubreiten dargestellten Eckzinssätzen kann auch keine verbindliche Fixierung von Zinskorridoren mit zivilrechtlichen Absolutheitsanspruch zugemessen werden.[89] Auch insoweit verbietet sich jede schematische Lösung. Bei der Gesamtbeurteilung der Frage, ob die einzelne Zinsanpassung der Billigkeit entspricht, sind vielmehr alle in Betracht kommenden rechtlichen und tatsächlichen Aspekte zu berücksichtigen.

dd) Auswirkungen der Marktgegebenheiten/Kompensation

Verteuert sich die Refinanzierung, so hängt es maßgeblich von den konkreten Marktgegebenheiten und der jeweiligen Konkurrenzsituation ab, ob das Kreditinstitut in der Lage ist, den erhöhten Refinanzierungsaufwand durch Anhebung der Kreditzinsen weiterzugeben und beim Kreditnehmer durchzusetzen. Dabei können sich insbesondere bei verschiedenen Kreditarten und Kundengruppen Unterschiede ergeben. Die Konkurrenzsituation kann insbesondere auch regional sehr unterschiedlich sein. So ist es durchaus

87 BGH WM 1986, 850, 853.

88 Vgl. *Büschgen,* BB, Beilage 9/1994, S. 4, 16 f.

89 Vgl. *Bruchner*, in: FS Schimansky, S. 263, 274 m.w.N.

nicht unüblich, dass etwa ein regional orientiertes Kreditinstitut aufgrund seiner sehr günstigen Refinanzierungsstruktur die Konkurrenz mit besonders günstigen Zinsen unterbietet. Ebenso versuchen Kreditinstitute mitunter in das Stammgebiet der Konkurrenz mit „Dumping-Konditionen“ einzubrechen, um in einem ausgewählten Expansionsgebiet Marktanteile zu gewinnen. Für das Marktverhalten spielt auch die jeweilige Bankendichte eine wesentliche Rolle. Darüber hinaus machen sich zunehmend Aktivitäten ausländischer Konkurrenten am Markt bemerkbar, die mit günstigen Zinskonditionen Fuß fassen wollen. Hinzu kommt, dass sich die Transparenz der Konditionen im Internet auf das Konkurrenzverhalten auszuwirken beginnt.

Kann die refinanzierungsbedingte Verteuerung wegen der Marktgegebenheiten nicht über eine angemessene Zinsanpassung an die Kreditnehmer weitergegeben werden, so tritt eine Inkongruenz ein.[90] Der Kunde hat auf die faktische Reduktion der an sich gerechtfertigten, aber nicht (voll) durchsetzbaren Zinserhöhung keinen Anspruch. Es ist daher nicht unbillig, wenn die Bank diese Äquivalenzstörung zu einem späteren Zeitpunkt in angemessener Weise kompensiert.

ee) Veränderung des Kreditrisikos

Es stellt sich die Frage, ob die Bank die Erhöhung des Kreditrisikos auch bei der Zinsanpassung durch Ausübung des einseitigen Leistungsbestimmungsrechtes entsprechend berücksichtigen darf.

Der BGH hat dies in seiner Grundsatzentscheidung vom 6.3.1986 mit der Begründung verneint, dass die seiner Entscheidung zugrundeliegende konkrete Zinsanpassungsklausel keine Regelung enthielt, die die Bank berechtigt, bei Erhöhung des Kreditausfallrisikos einen Risikozuschlag in Ansatz zu bringen. Der BGH schließt jedoch in seiner Urteilsbegründung die Zulässigkeit einer entsprechenden AGB-Regelung nicht grundsätzlich aus. Im Gegensatz zur Versicherungswirtschaft fehlt den Kreditinstituten jedoch – soweit ersichtlich – bislang eine breite Basis historischer Erhebungen über die Ausfallwahrscheinlichkeit von Risikoklassen, die die konkrete Grundlage für eine entsprechende „abstrakt“ formulierte AGB-Regelung bilden können.

90 *Bruchner*, Bankrechts-Handbuch, 2. Aufl., § 78 Rdnr. 64 b.

Auch die bei gewerblichen Krediten mitunter verwendeten Covenants[91] vermögen dieses Problem bislang noch nicht befriedigend zu lösen. Insoweit besteht innerhalb der Kreditwirtschaft noch weiterer Klärungsbedarf. Dies schließt freilich im Einzelfall nicht aus, dass die Bank wegen der „konkreten“ Verschlechterung des Kreditrisikos im Einzelfall berechtigt ist, die Erhöhung des Zinssatzes wegen Anhebung der Risikoprämien ggf. im Wege der beschriebenen Änderungskündigung durchzusetzen.

ff) Veränderung sonstiger Kosten

Nach Ansicht des BGH[92] ist eine Bank nicht berechtigt, den Zinssatz einseitig, etwa aus Gründen der innerbetrieblichen Kalkulation, z.B. wegen Lohnerhöhungen anzuheben.

Ändern sich die gesetzlichen Vorschriften zur Eigenkapitalunterlegung, so darf die Bank den dadurch erhöhten Aufwand bei der Zinsanpassung grundsätzlich mitberücksichtigen.[93]

Das Rating eines Kreditinstituts durch internationale Agenturen hat Einfluss auf die Höhe des Zinssatzes, zu dem sich eine Bank am Geld- und Kapitalmarkt refinanzieren kann. Wird ein Kreditinstitut zurückgestuft, so muss es wegen der darin zum Ausdruck kommenden Erhöhung des Risikos bei Geldaufnahme am Geld- und Kapitalmarkt seinerseits etwas höhere Zinsen bezahlen. Dadurch verteuert sich die Refinanzierung entsprechend. Nach Ansicht von *Habersack*[94] kann die Bank die dadurch eintretende Verteuerung der Refinanzierung nicht an den Kreditnehmer weitergeben.

e) Zeitlicher Rahmen

Der Impuls zur Zinsanpassung wird ausgelöst, wenn der festgelegte Schwellenwert (s.o.) überschritten wird.

---

91 Vgl. *Bruchner*, in: Bankrechts-Handbuch, 2. Aufl., § 79 Rdnr. 580; *Wittig*, WM 1996, 1381.

92 WM 1986, 580.

93 *Gößmann/Wagner-Wieduwilt/Weber*, Allgemeine Geschäftsbedingungen der Banken (BuB) 1/339.

94 WM 2001, 753 ff.

Für die Durchführung der Zinsanpassung erscheint ein Zeitrahmen von einem Monat angemessen,[95] zumal die Umsetzung bei größeren Instituten, einen erheblichen administrativen Aufwand mit sich bringt. Zinsanpassungen sind für den Kreditnehmer nicht überraschend, sondern absehbar, da er die Zinsentwicklung des Dreimonats-Euribor täglich in der Wirtschaftspresse verfolgen kann.

Die Bank darf eine Zinserhöhung ggf. auch erst nach der Monatsfrist durchführen, da eine Verzögerung der Zinsanhebung für den Kreditnehmer keine Nachteile mit sich bringt, sondern vorteilhaft ist. Eine Verschiebung der Zinserhöhung kann für die Bank von Interesse sein, wenn die letzte Zinsanpassung erst kurze Zeit zurückliegt und eine weitere Zinserhöhung deshalb im Markt nicht in vollem Umfange durchsetzbar ist. Vorstellbar, wenngleich nicht zwingend, ist eine Regelung, wonach sich die Bank bereit erklärt, eine Zinserhöhung innerhalb eines bestimmten Zeitraums, z.B. von 3 Monaten nach Überschreitung des Schwellenwertes durchzuführen.

f) Ausübung des Leistungsbestimmungsrechtes (§ 315 Abs. 2 BGB) – Zinsänderungsmitteilung

Die Leistungsbestimmung erfolgt nach § 315 Abs. 2 BGB durch Erklärung gegenüber dem Vertragspartner. Die herrschende Lehre sieht darin die Ausübung eines Gestaltungsrechtes.[96] Die Wirksamkeit der Zinsänderung setzt daher grundsätzlich den Zugang der empfangsbedürftigen Erklärung voraus. Dies folgt auch aus dem Schutzgedanken des § 315 BGB, da die Akzeptierung der Zinsanpassung deren Kenntnisnahme voraussetzt. Die Übersendung einer Zinsänderungsmitteilung ist daher insbesondere bei Darlehensverhältnissen erforderlich, da diese nicht das Bestehen eines laufenden Kontos voraussetzen.

Demgegenüber erlaubt § 5 Abs. 1 Satz 5 VerbrKrG, dass die Unterrichtung über die Änderung des Zinssatzes bei einem Überziehungskredit auch in Form eines Aufdruckes auf dem Kontoauszug erfolgen kann. Insoweit gestattet das VerbrKrG bei Überziehungskrediten eine Auflockerung der Mitteilungspflicht des § 315 Abs. 2 BGB. Der Grund hierfür liegt darin, dass sich der Kreditnehmer bei Inanspruchnahme eines Überziehungskredites

95 *Habersack*, WM 2001, 753, 759.
96 *Mayer-Maly*, in: Staudinger, § 315 Rdnr. 16 ff.

eines laufenden Kontos bedient; dies hat zur Folge, dass er regelmäßig Kontoauszüge und deshalb zeitnah eine Information über die festgesetzte Zinsänderung erhält. Die Wirksamkeit der Zinsänderung hängt danach nicht vom tatsächlichen Zeitpunkt des Aufdrucks auf dem Kontoauszug bzw. vom Zugang desselben beim Kreditnehmer ab. Der Gesetzgeber toleriert mithin bei Überziehungskrediten in Abweichung von § 315 Abs. 2 BGB auch eine nachträgliche Information über die eingetretene Zinsänderung.[97]

Infolge der gesetzlichen Auflockerung der strengen Mitteilungspflicht des § 315 Abs. 2 BGB erscheint es zulässig, eine entsprechende Regelung auch bei Kontokorrentkrediten zu vereinbaren, da diese ebenfalls auf einem laufenden Konto zur Verfügung gestellt werden und somit regelmäßig eine zeitnahe Unterrichtung über Zinsanpassungen erfolgt.

Einem Kontoauszug stehen ein auf Wunsch des Kunden übersandter Monatsauszug für ein laufendes Konto[98] gleich. Die Unterrichtung des Inhabers eines laufenden Kontos ist auch gewährleistet, wenn dieser mit dem Kreditinstitut die Möglichkeit vereinbart hat, Kontoauszüge über Auszugsdrucker oder auf elektronischem Wege abzurufen.

III. Konzeption einer neuen Zinsanpassungsklausel

In der umfassenden bankrechtlichen Diskussion hat sich eine Zinsanpassungsklausel herausgebildet, die den vorstehenden Kriterien Rechnung trägt. Sie hat folgenden Wortlaut:

> „*Zinsanpassung durch die Bank bei Veränderung der allgemeinen Refinanzierungsverhältnisse*
>
> Erhöht sich der letzte veröffentlichte Monatsdurchschnittssatz für Euribor-Dreimonatsgeld gegenüber dem im Vormonat der letzten Zinsanpassung bzw. Zinsvereinbarung ermittelten Monatsdurchschnittssatz um mehr als 0,25 Prozentpunkte, so ist die Bank berechtigt, den Vertragszinssatz nach billigem Ermessen (§ 315 BGB) anzuheben; entsprechend wird die Bank den Vertragszinssatz nach billigem Ermessen senken, wenn sich der Monatsdurchschnittssatz für Euribor-Dreimonatsgeld um mehr als 0,25 Prozentpunkte ermäßigt hat. Bei der Ausübung des billigen Ermessens bleiben Faktoren wie Veränderungen

---

97 *Bruchner*, in: Bankrechts-Handbuch, § 81 Rdnr. 41.

98 *Wagner-Wieduwilt*, in: Bruchner/Ott/Wagner-Wieduwilt, VerbrKrG Komm, 2. Aufl. 1994, Rdnr. 60 zu § 5.

des Kreditausfallrisikos des Kunden, des Ratings der Bank sowie der innerbetrieblichen Kostenkalkulation außer Betracht.

Zinssenkungen erfolgen unverzüglich nach Veröffentlichung der vorbezeichneten Änderung des Monatsdurchschnittssatzes durch Erklärung gegenüber dem Kreditnehmer. Zinserhöhungen darf die Bank innerhalb von drei Monaten, gerechnet von demselben Zeitpunkt an, vornehmen. Die Unterrichtung über die Zinsänderung darf auch in Form eines Ausdruckes auf dem Kontoauszug für das laufende Konto erfolgen, über das der Kredit in Anspruch genommen wird.

Bei einer Erhöhung des Vertragszinssatzes kann der Kreditnehmer, sofern nichts anderes vereinbart ist, den Kredit innerhalb von sechs Wochen nach Bekanntgabe der Änderung mit sofortiger Wirkung kündigen. Kündigt der Kreditnehmer, so wird der erhöhte Vertragszinssatz dem gekündigten Kredit nicht zugrunde gelegt. Die Bank wird dem Kreditnehmer zur Abwicklung des Kredits eine angemessene Frist einräumen.

Hinweis:

Bei der Dreimonats-European-Inter-Bank-Offered-Rate (Euribor) handelt es sich um einen Satz, zu dem sich Banken, die im Gebiet der Europäischen Wirtschafts- und Währungsunion ansässig sind, untereinander Dreimonatsgelder leihen. Die Durchschnittssätze für Euribor-Dreimonatsgeld werden monatlich in der amtlichen Zinsstatistik der Deutschen Bundesbank und im Wirtschaftsteil überregionaler Tageszeitungen veröffentlicht. Diese spiegeln jedoch wegen der vielschichtigen Refinanzierungsmethodik der Bank die Änderungen der Refinanzierungsbedingungen nicht exakt wieder."

IV. Rechtsfolgen unwirksamer Zinsanpassungsklausel

Genügt im Einzelfall eine verwendete Zinsanpassungs-Klausel den verschärften Anforderungen an das Transparenzgebot nicht, so stellt sich die Frage nach den Rechtsfolgen. Dabei ist für die rechtliche Beurteilung entscheidend, dass sich die Regelungen zur Zinsanpassung im Kreditvertrag aus zwei Teilen[99] zusammensetzen:

Zum einen ist die Vereinbarung der Variabilität des Zinses gewissermaßen die Geschäftsgrundlage des Vertrages, da der Kreditnehmer gerade auch die Chance der Zinsermäßigung bei sinkendem Zinsniveau nutzen will. Im übrigen ist der Kunde auch regelmäßig damit einverstanden, dass die Bank den Zinssatz bei Veränderung der Refinanzierungsverhältnisse ent-

99 *Habersack*, WM 2001, S. 753, 759 f.

sprechend anpassen darf. Demgegenüber bezieht sich der zweite Teil der Zinsanpassungsregelung auf die Art und Weise der Durchführung der Zinsanpassung, also auf das „wie" der Zinsanpassung; eine etwaige Unwirksamkeit des zweiten Teils der Zinsregelung berührt die Wirksamkeit der Vereinbarung der Zinsvariabilität nicht.

Ist die Regelung über die Durchführung der Zinsanpassung unwirksam, so tritt nach § 6 Abs. 2 AGBG die Auslegungsregel des § 316 BGB im Wege der ergänzenden Vertragsauslegung an ihre Stelle; danach steht dem Gläubiger bei Unbestimmtheit der für eine Leistung versprochenen Gegenleistung ein Leistungsbestimmungsrecht zu.[100] Dieses Recht ist sodann nach billigem Ermessen – und zwar unter Berücksichtigung der jeweiligen Refinanzierungsbedingungen – auszuüben.

V. Rechtsfolgen fehlerhafter Zinsanpassung

1. Fehlerhafte Leistungsbestimmung

Die Zinsfestsetzung ist fehlerhaft, wenn sie nicht der Billigkeit im Sinne von § 315 BGB entspricht, d.h. wenn das Kreditinstitut die Grenzen des ihr eingeräumten Ermessens überschritten hat.[101] Ein einseitig bestimmter Preis ist „billig" im Sinne von § 315 BGB, wenn das verlangte Entgelt im Rahmen des „Marktüblichen" liegt und dem entspricht, was regelmäßig als Preis für eine vergleichbare Leistung verlangt wird.[102]

Eine Zinsanhebung ist insbesondere auch fehlerhaft, wenn sie unter Berücksichtigung der Veränderungen der Geld- und Kapitalmarktbedingungen und der hieraus resultierenden Veränderungen der Refinanzierungsbedingungen nicht oder zumindest nicht in dieser Höhe gerechtfertigt ist. Ebenso ist das Verhalten einer Bank fehlerhaft, wenn diese trotz deutlich gesunkenem Zinsniveau die gebotene Zinsermäßigung unterlässt. Die Aufrechterhaltung eines Zinssatzes trotz deutlich gesunkenen Zinsniveau stellt ebenfalls eine Leistungsbestimmung im Sinne von § 315 Abs. 2 BGB – durch Unterlassen – dar.

---

100 Vgl. *Habersack,* WM 2001, 753, 760; so auch *Bruchner*, in: Bruchner/Metz, RWS-Skript 327, 241 ff.; a.A. *Schimansky*, WM 2001, 1169, 1175.

101 *Gottwald*, in: MünchKomm, § 315 Rdnr. 29.

102 BGH NJW-RR 1992, 183, 184; *Gottwald*, in: MünchKomm, § 315 Rdnr. 17.

2. *Relative Unverbindlichkeit*

Ist die Zinsanpassung unbillig, so ist die Zinsfestsetzung zwar unverbindlich, jedoch zunächst wirksam.[103] Die gegenüber dem Kreditnehmer erklärte Zinsanpassung wird nach Ansicht des XI. Zivilsenates Urteil vom 7.10. 1997[104] wirksam, wenn dieser die Zinsfestsetzung nicht zurückweist. Die Unverbindlichkeit ist also eine relative. Die Bank bindet sich durch ihre einmal getroffene Bestimmungserklärung.[105] Der Kreditgeber verbraucht mit der Leistungsbestimmung das ihm zustehende Gestaltungsrecht.[106] Die unverbindliche Bestimmung wird spätestens dann endgültig wirksam, wenn das Klagerecht nach § 315 Abs. 3 BGB, gegen die Leistungsbestimmung vorzugehen, verwirkt ist.[107] Erhebt der Kreditnehmer Klage gegen eine fehlerhafte oder eine verzögerte (unterlassene) Bestimmung, so erfolgt die Bestimmung durch Urteil nach § 315 Abs. 3 Satz 2 BGB.

Die §§ 315 ff. BGB sehen keine Frist zur Erhebung einer Klage vor; der Betroffene kann jedoch durch illoyale Verzögerung der Klageerhebung sein Klagerecht aus § 315 Abs. 3 Satz 2 verwirken.[108]

Das Klagerecht ist verwirkt, wenn längere Zeit verstrichen ist und besondere Umstände hinzutreten, die die verspätete Geltendmachung als Verstoß gegen Treu und Glauben erscheinen lassen. Letzteres ist der Fall, wenn die Verpflichtete bei objektiver Betrachtung aus dem Verhalten des Verpflichteten entnehmen durfte, dass dieser sein Recht nicht mehr geltend machen werde. Ferner muss sich der Verpflichtete im Vertrauen auf das Verhalten des Berechtigten in seinen Maßnahmen so eingerichtet haben, dass ihm durch verspätete Durchsetzung des Rechtes ein unzumutbarer Nachteil entstehen würde.[109]

Eine Verwirkung des Rechts auf Zinsermäßigung hat das OLG Köln[110] angenommen, wenn der Kreditnehmer Abrechnungen mehrmals nicht beanstandet hat, es danach zu einer neuen, die ursprüngliche Kreditvereinbarung

---

103 *Gottwald*, in: MünchKomm, § 315 Rdnr. 29.
104 AZ: XI ZR 93/96 – nicht veröffentlicht.
105 Vgl. *Mayer-Maly*, in: Staudinger, 12. Aufl., § 315 Rdnr. 73.
106 *Mayer-Maly*, in: Staudinger, § 315 Rdnr. 74.
107 *Gottwald*, in: MünchKomm, § 315 Rdnr. 29 m.w.N.
108 *Gottwald*, in: MünchKomm, § 315 Rdnr. 32.
109 BGH, Urteil vom 6.3.1986, WM 1986, 580, 582.
110 WM 1994, 1469 m. Anm. v. *Wenzel*, WuB IV A. § 315 BGB I.94 m.w.N.

ersetzenden vorbehaltlosen Vereinbarung gekommen war und die unterlassene Zinsanpassung mehrere Jahre zurücklag. Die Verwirkung des Klagerechtes wurde u. a. damit begründet, dass es für die Bank angesichts der oft kurzfristigen und häufigen Veränderungen auf dem Geld- und Kapitalmarkt eine übermäßige und auch durch eine eventuell unzutreffende Festsetzung der Zinsen nicht zu rechtfertigende Belastung darstellt, über viele Jahre ihre gesamten Kalkulationen und die dazu notwendigen Berechnungsgrundlagen zu archivieren, um anschließend noch darlegen zu können, auf welchen Berechnungen ihre Zinsfestsetzungen für einzelne mögliche kurze Zeiträume beruhten.[111] Demgemäß sei es dem Kunden zumutbar, die Zinsfestsetzungen der Bank in angemessenen Zeitabstand zu überprüfen.

3. *Einschränkung/Ausschluss der Ansprüche des Darlehensnehmers*

Das Klagerecht nach § 315 Abs. 3 BGB kann auch dann entfallen, wenn der Kreditnehmer die fehlerhafte Zinsanpassung anerkannt hat.

a) Anerkennung der Zinsanpassung durch konkludentes Verhalten

Der Kreditnehmer ist grundsätzlich verpflichtet, die ihm von der Bank zugegangenen Mitteilungen und Erklärungen unverzüglich zu überprüfen. Dies ist eine bank- bzw. girovertragliche Nebenpflicht.[112] Die in Nr. 11 Abs. 4 AGB Banken bezeichnete Pflicht zur Prüfung und Geltendmachung von Einwendungen bei Mitteilungen der Bank bezieht sich auf die beispielhaft angegebenen Sachverhalte; sie stellt jedoch keine abschließende Regelung dar.[113] Da die Bestandskraft von Zinsanpassungen für das gesamte Rechenwerk der Bank von erheblicher Bedeutung ist, muss auch das Verhalten des Kreditnehmers insoweit für die Bank berechenbar sein.

Jeder Kunde kann sich in den Tageszeitungen mit einem größeren Wirtschaftsteil über das allgemeine Zinsniveau und über die aktuellen Zinsen am Markt für die verschiedenen Standardkredite informieren. Der Kreditnehmer kann daher bereits anhand dieser allgemein zugänglichen Informationen ab-

---

111 OLG Köln WM 1994, 1469.

112 Vgl. *Hopt*, HGB, 30. Aufl. 2000, AGB-Banken (8) Rdnr. 9; OLG Hamm WM 1986, 704, 707.

113 *Gößmann/Wagner-Wieduwilt/Weber*, AGB der Banken, 1/308.

schätzen, ob die ihm gegenüber erklärte oder aber auch die Unterlassung einer Zinsanpassung marktkonform ist. Es ist dem Kreditnehmer zuzumuten, eine von ihm nicht akzeptierte Zinsanpassung zeitnah zurückzuweisen. Auch der Gesetzgeber des Zinsanpassungsgesetzes weist dem Kreditnehmer/Verbraucher im Zusammenhang mit der Zinsbestimmung eine aktive Rolle zu (s.o.).

Verletzt der Kreditnehmer seine Pflicht, die ihm zugegangenen Mitteilungen und Erklärungen der Bank unverzüglich zu prüfen, so können deshalb Ersatzansprüche der Bank aus positiver Forderungsverletzung entstehen; aus der Pflichtverletzung allein kann jedoch noch keine Genehmigung bzw. Anerkennung der fehlerhaften Zinsanpassung abgeleitet werden.[114]

Hat ein Kreditnehmer jedoch aufgrund der ihm gegenüber ausdrücklich erklärten Zinsanpassung – z.B. in Form einer Zinsänderungsmitteilung bei Immobiliendarlehen – die von der Bank neu festgesetzte Leistung erbracht, so liegt hierin regelmäßig eine Zustimmung zur Zinsanpassung bzw. eine Anerkennung durch schlüssiges Verhalten. Dies ist insbesondere dann anzunehmen, wenn der Darlehensnehmer die vom Kreditinstitut neu bestimmten Zinsen über einen längeren Zeitraum hinweg bezahlt.[115]

b) Bestätigung der Zinsanpassung durch Anerkennung des Rechnungsabschlusses (Nr. 7 AGB-Banken/Nr. 7 AGB-Sparkassen)

Der Grundsatzentscheidung des BGH vom 6.3.1986 lag eine Zinsanpassung bei einem Hypothekarkredit zugrunde, bei dem – im Gegensatz zu Kontokorrentkrediten – kein Rechnungsabschluss festgestellt wird. Insoweit stellte sich die Frage der Genehmigungsfiktion nach den AGB-Banken nicht.

Bei einem eingeräumten Überziehungskredit i.S.v. § 5 VerbrKrG oder einen vereinbarten Kontokorrentkreditrahmen wird der Kredit über ein laufendes Konto in Anspruch genommen. Der Kreditnehmer wird sodann über die Zinsanpassung entweder in Form einer Zinsänderungsmitteilung oder durch einen entsprechenden Aufdruck auf dem Kontoauszug unterrichtet. In jedem Falle wird die auf der Grundlage der mitgeteilten Zinsänderung neu

114 Vgl. hierzu *van Gelder,* WM 2000, S. 101, 105.

115 Vgl. hierzu BGH WM 1979, 994, 995; WM 1991, 1630; *van Gelder,* WM 2000, 101, 105.

errechnete Zinsforderung sodann in das Kontokorrentkonto eingestellt, über die dem Kreditnehmer in der vereinbarten Periodizität ein Rechnungsabschluss übermittelt wird.

Die Unterlassung von Einwendungen gegen den Rechnungsabschluss führt zum Abschluss eines Anerkenntnisvertrages.[116] Es stellt sich daher die Frage, ob mit Zustandekommen des Anerkenntnisvertrages gleichzeitig die Genehmigung der im Rechnungsabschluss eingestellten Zinsforderung anzunehmen ist, die in Ausübung des Leistungsbestimmungsrechts nach § 315 BGB durch die Zinsänderungsmitteilung wirksam begründet worden ist. Dies ist m. E. zu bejahen, da das Giroverhältnis zwischen Kreditnehmer und Kreditgeber der Rechtsgrund für die Genehmigung ist.[117] Die Zustimmung zur Zinsanpassung erfolgte insoweit durch schlüssiges Verhalten.

Die Genehmigungsfiktion bei Saldoanerkenntnissen (nach Nr. 7 der AGB-Banken bzw. AGB-Sparkassen) kommt nach allgemeinen Grundsätzen jedoch nicht zum Tragen, wenn das Kreditinstitut nicht mit dem Einverständnis des Kunden rechnen kann; dies ist z.B. bei Maßnahmen der Bank ohne Auftrag des Kunden, gefälschtem Überweisungsauftrag oder bei unrechtmäßigen Verfügungen der Bank der Fall.[118]

Die Genehmigungsfiktion gilt z.B. dann nicht, wenn das Kreditinstitut das Leistungsbestimmungsrecht grenzüberschreitend in so unbilliger Weise ausübt, dass es dem Unwertgehalt einer unrechtmäßigen Verfügung gleichkommt. Ist im Rechnungsabschluss eine Zinsbelastung aufgrund einer offensichtlich unbilligen Zinsanpassung eingegangen, so kann der Kreditnehmer auch nach Ablauf der sechswöchigen Einwendungsfrist eine Berichtigung des Rechnungsabschlusses verlangen; auch für diesen Fall gilt freilich eine Umkehrung der Beweislast. (Nr. 7 Abs. 2 AGB-Banken). Ein Berichtigungsanspruch berührt aber die Wirksamkeit des Rechnungsabschlusses selbst nicht.[119]

---

116 *Baumbach/Hopt*, HGB, § 355 Rdnr. 7 ff. und (8). AGB-Banken 7 Rdnr. 3 ff.; *van Gelder,* WM 2000, 100, 101.
117 Vgl. hierzu *van Gelder*, WM 2000, 101, 105.
118 Vgl. *Hopt*, HGB, AGB-Banken (8) Rdnr. 4.
119 *Hopt*, HGB, AGB-Banken (8) Rdnr. 4.

c) Analoge Anwendung der Jahresfrist des § 124 BGB

Ist eine Zinsfestsetzung unbillig, so ist sie nach § 315 Abs. 3 BGB für den Kreditnehmer unverbindlich. Die Unverbindlichkeit kommt jedoch nicht der Unwirksamkeit gleich, sondern hat geringere Konsequenzen.[120] Weist der Kreditnehmer die ihm gegenüber erklärte Zinsänderungsmitteilung nicht zurück, so entfaltet auch die unbillige Bestimmungserklärung im Ergebnis Gestaltungswirkung.[121] Die ihm gegenüber erklärte Zinsanpassung wird somit wirksam.[122]

Die „Unverbindlichkeit" stellt eine Sonderform der Anfechtbarkeit dar.[123] Da der Urheber der Bestimmungserklärung jedoch nicht auf unabsehbare Zeit über die Geltung seiner Erklärung im Unklaren gelassen werden kann, kann eine Berufung auf die Unbilligkeit einer Leistungsbestimmung nicht auf unbegrenzte Zeit zulässig sein. Es wird daher in Anlehnung an den Rechtsgedanken des § 121 Abs. 1 BGB die Auffassung vertreten, dass eine Berufung auf die Unbilligkeit einer Leistungsbestimmung nach § 315 BGB nur in angemessener Frist möglich ist.[124] Die von *Mayer-Maly* eingeräumte Frist von einem Monat erscheint jedoch bei Zinsanpassungen zu knapp bemessen.

Für die Frage, wie lange die Frist anzusetzen ist, innerhalb der ein Darlehensnehmer die Ausübung des Zinsbestimmungsrechts angreifen bzw. widersprechen muss, sind gesetzliche Rechtsfiguren bei vergleichbarer Interessenlage aufschlussreich und entsprechend heranzuziehen. Sachgerecht erscheint dabei eine Orientierung an der einjährigen Anfechtungsfrist des § 124 im Falle der arglistigen Täuschung.

In gewisser Weise liegt insoweit auch die Parallele zur Einjahresfrist im Sinne von § 7 Abs. 2 Satz 3 VerbrKrG vor. Danach erlischt das Widerrufsrecht bei fehlender Widerrufsbelehrung spätestens ein Jahr nach Abgabe der auf den Abschluss des Kreditvertrages gerichteten Willenserklärung des

---

120 *Mayer-Maly* in: Staudinger, § 315 Rdnr. 3; *Kornblum*, Die Rechtsnatur der Bestimmung der Leistung in den §§ 315 bis 319 BGB, AcP 168 (1968), 450 ff.

121 *Mayer-Maly*, in: Staudinger, § 315 Rdnr. 73.

122 Vgl. unveröffentlichte Entscheidung des BGH vom 7.10.1997, AZ: XI ZR 93/96.

123 BAGE 18, 54, 59.

124 *Mayer-Maly*, in: Staudinger, § 315 Rdnr. 73; *Wenzel*, WuB IV A § 315 BGB 1.94.

Verbrauchers. Auch der BGH hat die Einjahresfrist in seinem Vorlagebeschluss zum Europäischen Gerichtshof vom 29. November 1999[125] unter Hinweis auf *Schramm/Pamp*[126] als eine verallgemeinerungsfähige zeitliche Schranke präferiert. Danach wurde das auf §§ 1, 2 HWiG gestützte Widerrufsrecht bei Grundpfandkrediten ebenfalls der Jahresschranke nach § 7 Abs. 2 Satz 3 VerbrKrG mit der Begründung unterworfen, dass damit eine Verletzung berechtigter Verbraucherinteressen nicht verbunden sei, weil die Jahresfrist in ausreichendem Maße Gelegenheit gebe, die Umstände einer „Haustürsituation" zu erkennen und hierauf – ggf. nach vorheriger rechtlicher Prüfung und Beratung – zu reagieren.

Dieser Rechtsgedanke ist – was die Jahresfrist angeht – verallgemeinerungsfähig und berücksichtigt auch die berechtigten Verbraucherinteressen bei der Ausübung des Gestaltungsrechtes nach § 315 BGB in angemessener Weise. Darüber hinaus entspricht die Einjahresschranke einer im deutschen Zivilrecht durchgängig angelegten systemimmanenten Regelungslogik.

Der Lauf der einjährigen Frist beginnt bei Zinsanpassungen mit Zugang der Information über die Zinsänderung (z.B. durch Zinsänderungsmitteilung oder durch Aufdruck auf dem Kontoauszug). Ist eine gebotene Zinsanpassung unterlassen worden, so beginnt die einjährige Frist im Zweifel erst nach Zugang der letzten Information der Bank über den in Ansatz gebrachten Zinssatz nach einer wesentlichen Absenkung des allgemeinen Zinsniveaus, spätestens jedoch nach Zugang der darauffolgenden Zinsänderungsmitteilung.

Die Zulässigkeit der Erhebung einer Klage zur Bestimmung der Billigkeit durch Urteil (§ 315 Abs. 3 BGB) setzt nach der hier vertretenen Ansicht voraus, dass der Kreditnehmer entsprechend dem Rechtsgedanken des § 124 BGB die Zinsanpassung innerhalb eines Jahres angefochten, angegriffen oder in sonstiger Weise zurückgewiesen hat.[127]

Der Ablauf der Frist des § 124 BGB schließt sonstige Ansprüche des Betroffenen freilich nicht aus; der Betroffene kann insbesondere auch noch nach Ablauf der einjährigen Frist die „Arglisteinrede" erheben und somit die Erfüllung verweigern, wenn der Vertragsgegner eine (Teil-)Forderung durch eine von ihm begangene unerlaubte Handlung erlangt hat (§ 853 BGB).

---

125 WM 2000, S. 2 ff. – AZ: XI ZR 91/99.
126 *Schramm/Pamp,* in: FS Schimansky, S. 545, 562.
127 So auch: *Habersack*, WM 2001, 753, 762.

Ebenso werden etwaige Schadensersatzansprüche des Betroffenen wegen culpa in contrahendo durch den Ablauf der Ausschlussfrist des § 124 BGB nicht berührt.

d) Verjährung

Zuviel gezahlte Zinsen stellen „andere regelmäßig wiederkehrende Leistungen" dar und unterliegen daher der kurzen Verjährungsfrist des § 197 BGB.[128]

Gemäß § 201 BGB beginnt die Verjährung mit dem Schluss des Jahres, in welchem der nach § 198 BGB maßgebende Zeitpunkt eintritt. Daher ist der Ablauf des Jahres entscheidend, in welchem der etwaige Bereicherungsanspruch entsteht. Der Bereicherungsanspruch selbst entsteht mit der Zahlung der zu früh gezahlten Zinsen.

4. *Anspruch auf Neuabrechnung?*

Es liegt die Frage nahe, ob im Falle der Unwirksamkeit einer Zinsanpassungsklausel die Rechtsprechung des BGH[129] zur Neuabrechnung bei intransparenten Tilgungsverrechnungsklauseln entsprechend Anwendung findet. Danach ist für die Verrechnung der zuviel gezahlten Zinsen der Tilgungsstand maßgeblich, wie er sich bei sofortiger Verrechnung der in den erbrachten Quartalsraten enthaltenen Tilgungsleistungen ergibt. Dabei wird das Annuitätenprinzip dahingehend modifiziert, dass anstelle der in § 20 Abs. 2 HypothekenbankG normierten „Jahreszinsen" – bei üblicherweise quartalsweisen Teilzahlungen – nunmehr „Quartalszinsen" treten, die für das zurückliegende Quartal unter Zugrundelegung des jeweils letzten offenen Kapitalrestsaldos errechnet werden. Danach reduziert sich der offene Kapitalrestsaldo mit jeder Teilzahlung in Höhe der darin enthaltenen Tilgungsanteile mit der Maßgabe, dass der neugebildete Restsaldo die jeweilige Zinsberechnungsgrundlage bis zum Fälligkeitstermin der nächsten Quartalsrate darstellt. Mit den dabei jeweils fällig werdenden Zinsen ist das Entgelt für die Überlassung des Kapitals abgegolten.[130]

---

128 BGH NJW 1986, 2564.

129 NJW 1989, 222 = WM 1988, 1780.

130 Vgl. hierzu eingehend *Bruchner*, in: Bankrechts-Handbuch, 2. Aufl., § 78 Rdnr. 82 m.w.N.

Eine Neuabrechnung bei intransparenten Tilgungsverrechnungsklauseln war deshalb möglich, weil bei der Zinsneuberechnung die zur Tilgung zu verwendenden, vormalig überzahlten Zinsanteile feststehen und daher exakt ermittelt werden können. Genau dies ist im Falle einer umstrittenen Zinsanpassung gerade nicht der Fall. Das Recht zur Zinsfestsetzung unter Berücksichtigung der Veränderungen der Refinanzierungsbedingungen ist nämlich ein Gestaltungsrecht, das der Kreditgeber nach billigem Ermessen ausüben darf. Dem Bestimmungsberechtigten steht daher bei seiner Zinsanpassung ein Ermessensspielraum zur Verfügung. Hieraus folgt zwangsläufig, dass danach nicht nur eine Entscheidung richtig sein kann.[131] Ein von der Bank einseitig bestimmter Preis ist danach „billig" im Sinne von § 315 BGB, wenn der festgesetzte Zinssatz im Rahmen des „Marktüblichen" liegt und dem entspricht, was regelmäßig als Preis für eine vergleichbare Leistung verlangt wird.[132] Danach ist eine vertraglich vereinbarte Zinsanpassung unverbindlich, wenn sie außerhalb des Rahmens der von der Bank allgemein berechneten und der allgemein marktüblichen Zinssätze erfolgt.[133] Angesichts der zahlreichen Faktoren, die bei der Billigkeitsprüfung (s.o.) zu berücksichtigen sind, ist die Feststellung schwierig, wenn im Einzelfall tatsächlich eindeutig eine Unbilligkeit vorliegt.

Weist der Kreditnehmer die Zinsbestimmung des Kreditgebers zurück, liegt jedoch eine Bestimmung durch Urteil nach § 315 Abs. 3 BGB nicht vor, so ist ein etwaiger Zinsrückerstattungsanspruch in der Regel ungewiss, da die vom Kreditnehmer geltend gemachten Ansprüche auf Zinsrückerstattung vom Kreditgeber regelmäßig bestritten werden. Eine Aufrechnung mit einer einredebehafteten Forderung kommt jedoch nach § 390 BGB nicht in Betracht; eine Neuberechnung scheidet daher in diesen Fällen – anders als bei unwirksamen Tilgungsverrechnungsklauseln – regelmäßig aus. Im Hinblick auf § 390 BGB enthält Nr. 4 AGB-Banken bzw. Nr. 11 Abs. 2 AGB-Sparkassen ein Aufrechnungsverbot.[134] Die Berufung auf das Aufrechnungsverbot ist nicht treuwidrig.[135]

131 *Gottwald*, in: MünchKomm, § 315 Rdnr. 17.

132 BGH NJW-RR 1992, 183, 184.

133 OLG Hamm WM 1985, 159 = EWiR § 315 BGB 2/85 (*Köndgen*); *Gottwald*, in: MünchKomm, § 315 Rdnr. 17.

134 Vgl. *Gößmann/Wagner-Wieduwilt/Weber*, AGB der Banken, 1/123.

135 Vgl. BGH NJW 1986, 1757; *Hopt*, HGB, 30. Aufl. 2000, AGB-Banken Rdnr. 1.

Dies gilt auch im Falle einer wegen Intransparenz für unwirksam erklärten Zinsanpassungsklausel, da auch in diesem Falle die Zinsanpassung im Zweifel durch Urteil des Gerichtes zu erfolgen hat. Ein Anspruch auf Neuabrechnung setzt im Ergebnis voraus, dass die Zinssätze jeweils nach § 315 Abs. 3 BGB durch Urteil bestimmt worden sind.

VI. Exkurs: Zinsanpassung im Passivgeschäft

Metz[136] hält die Übertragung der Denkmodelle für Zinsanpassungsklauseln bei Kreditzinsen auch auf Sparzinsen für möglich. Dieser These kann aus mehreren Gründen nicht gefolgt werden.

1. Bei der Anpassung der Kreditzinsen spielt die Refinanzierung eine entscheidende Rolle. Die Bank ist bei Verteuerung der Refinanzierung auf der Passivseite gezwungen, die Kreditzinsen auf der Aktivseite entsprechend anzupassen. Auch bei Verbilligung der Refinanzierung wird die Bank entsprechend reagieren. Die Bank ist bei Krediten durch die Notwendigkeit der Refinanzierung also Sachzwängen ausgesetzt.

2. Die Errichtung eines Sparkontos ist dagegen im Vergleich zur Aufnahme eines Kredites sowohl in wirtschaftlicher als auch in rechtlicher Hinsicht etwas völlig anderes.

Erbringt der Kunde eine Spareinlage, so ist er natürlich keinen Refinanzierungszwängen ausgesetzt. Der Kunde kann frei entscheiden, bei welcher Bank er sein Sparkonto eröffnen möchte. Auch die Anlageform liegt in seinem Ermessen. Er kann den verfügbaren Geldbetrag auch als Festgeld, in Geldmarktfonds, in Bundesschatzbriefen, Anleihen oder in sonstigen Vermögensformen anlegen. Die Höhe des erzielbaren Zinssatzes hängt dabei regelmäßig von der Länge der Vertragsbindung ab, da die Bank mit diesem Betrag sicher kalkulieren kann. Bei einem Sparkonto mit der dreimonatigen gesetzlichen Kündigungsfrist steht beim Kunden jedoch regelmäßig weniger die Höhe der Verzinsung im Vordergrund, das Sparkonto wird vielmehr bevorzugt als eine bewährte und beliebte Form der besonderen Liquiditätsvorhaltung nachgefragt. Der Kunde kann nämlich – im Gegensatz zu Anlage-

---

136 *Metz*, in: BKR 2001, S. 21, 26 – variable Zinsvereinbarungen bei Krediten und Geldanlagen.

formen mit längeren Bindungsfristen – kurzfristig über seine Spargelder disponieren. Das Sparguthaben erfüllt daher gewissermaßen die Funktion der kurzfristig verfügbaren „eisernen Reserve".

3. Ein Sparkonto mit gesetzlicher Kündigungsfrist von 3 Monaten erscheint auf den ersten Blick recht unkompliziert. Tatsächlich ergeben sich jedoch sehr komplexe Zusammenhänge.

Bei einem ungekündigten Sparvertrag beträgt die Laufzeit der Einlage konstant drei Monate – jedoch mit der Maßgabe, dass sich der mögliche Fälligkeitstermin täglich verschiebt. Darüber hinaus hat der Kunde das Recht, in jedem Monat über DM 3.000,-- frei – d.h. ohne vorherige Kündigung – zu verfügen. Dies kommt finanzmathematisch einer Kette von Optionsrechten gleich. Hinzu kommt, dass der Kunde jederzeit die Möglichkeit hat, Einzahlungen in beliebiger Höhe vorzunehmen, die ebenfalls zu verzinsen sind. Diese finanzmathematische Betrachtungsweise ist für die Kalkulation der Bank von erheblicher Bedeutung.

4. Das Wesen des Sparkontos besteht also in der unbeschränkten Laufzeit, in der Berechtigung, Einzahlungen und Verfügungen jederzeit – ggf. unter Einhaltung der gesetzlichen Kündigungsfrist – vornehmen zu können. Die Bank verzinst nicht nur das bereits bestehende Guthaben, sondern sie bietet auch an, neue Spareinlagen zum aktuellen Marktpreis anzunehmen.

Da die Bank die Zinsen für alte Guthaben und für neu eingezahlte Sparbeträge nicht aufspalten kann – dies ist allein schon technisch nicht möglich – ist es sachgerecht, dass sich der Preis – also der Zinssatz für alle Guthaben – jeweils an den aktuellen Zinssätzen orientiert, zu denen die Bank bereit ist, neue Sparverträge abzuschließen.

5. Diese wirtschaftlichen Zusammenhänge sind der sachliche Grund für die besondere Zinsänderungs-Methodik bei Sparkonten mit variabler Verzinsung.

Die im Aushang jeweils ausgewiesenen Sparzinssätze sind die Konditionen, mit denen sich die Bank am Markt positioniert. Diese Zinssätze sind bei Abschluss eines neuen Sparvertrages maßgebend. Die Geschäftsbedingungen für Sparkonten enthalten daher in der Regel eine Klausel, wonach eine Änderung des Zinssatzes für neue Sparverträge „mit Bekanntgabe im Preisaushang auch für bestehende Sparguthaben gilt".

Zugleich gilt der neue Zinssatz natürlich auch für neu eingezahlte Guthaben auf bestehende Sparkonten. Der Zinssatz für Altverträge ist danach an die Konditionen gekoppelt, zu denen die Bank künftig neue Sparverträge abschließt. Insoweit liegt im Ergebnis – rechtlich gesehen – eine Gleitzinsregelung vor.

Da in den Vertragsbedingungen vereinbart ist, dass die Information über die Änderungen des Zinssatzes im Preisaushang erfolgt, kann eine vorherige Zinsänderungsmitteilung entfallen.

6. Da die Gestaltung der Sparzinsen von den sich verändernden aktuellen Gegebenheiten des Sparzinsmarktes abhängt, stellt sich die Frage einer unzulässigen Veränderung des Äquivalenzverhältnisses nicht.

7. Das obiter dictum des BGH (s.o.) bezieht sich auf Gebühren und Entgelte, die die Bank vom Kunden verlangt. Hier geht es um Belastungen, die auf den Kunden zukommen. Aus dem obiter dictum können daher keine unmittelbaren Schlüsse für Sparkonten abgeleitet werden. Richtig ist freilich, dass die Bank bei ihrer Klauselgestaltung das Transparenzgebot beachten muss.

8. § 307 des Entwurfes des Schuldrechts-Modernisierungs-Gesetzes sieht nun eine Verschärfung des Transparenzgebotes vor. Die Banken werden daher überprüfen müssen, ob die Zinsanpassungsregelungen in den Geschäftsbedingungen für Sparkonten neu gefasst werden müssen.

Da die Bildung der Sparzinsen – im Gegensatz zu den Kreditzinsen – nicht dem Sachzwang der Refinanzierungsbedingungen unterliegt, ist es nicht sachgerecht, die Entwicklung der Sparzinsen an Zinsänderungs-Indikatoren des Refinanzierungsmarktes wie etwa den Euribor zu knüpfen. Ein geeigneter marktgerechter Indikator für die Änderung der Sparzinsen ist nicht in Sicht.

9. Die Bildung der Zinssätze für Sicht- und Spareinlagen unterliegt den Einflussfaktoren des Marktes. Hierzu gehören nicht nur die Veränderungen des allgemeinen Zinsniveaus, sondern insbesondere auch die jeweilige regionale Konkurrenzsituation. Ferner kann sich auch die geschäftspolitische Strategie einer Bank auswirken. Dabei sind die Kosten für die Einrichtung und Unterhaltung von Sparkonten ein wichtiger Faktor. Tatsächlich weist die Mehrzahl der einzelnen Sparkonten nur relativ geringe Sparguthaben auf. Da die Einrichtung und Unterhaltung von Sparkonten sehr kostenintensiv sind, ist

die Mehrzahl der Sparkonten für die Bank nicht kostendeckend. Die Bank muss daher in der Lage sein, die Preise für die Sparzinsen nach marktwirtschaftlichen Prinzipien zu gestalten.

VII. Fazit

Das Recht zur Zinsanpassung bei Krediten mit variabler Verzinsung ist ein wesentliches Element marktwirtschaftlicher Kreditprinzipien. Der Grundsatz der Entscheidung des III. BGH-Senates von 1986, die das Recht der Banken zur Zinsanpassung an die Veränderung der Refinanzierungsbedingungen knüpft, ist sachlich gerechtfertigt und auch heute noch aktuell.

In der Vergangenheit hatte sich kein geeigneter Parameter herausgebildet, an dem die tendenzielle Änderung der Zinsen am Refinanzierungsmarkt erkennbar waren. Mit Einführung des Euro (1.1.1999) hat das Euribor-Dreimonatsgeld („Dreimonats-Euribor") als Zinsänderungsindikator zunehmend Akzeptanz erfahren.

Da Kreditinstitute regelmäßig auf eine Mischrefinanzierung angewiesen sind und sehr unterschiedliche Faktoren auf die Zinsbildung am Geld- und Kapitalmarkt einwirken, ist die Ausübung des Rechts auf Zinsfestsetzung nach billigem Ermessen geboten. § 315 BGB bindet die Gestaltungsmacht des Kreditinstitutes an billiges Ermessen und unterwirft die Zinsanpassung einer gerichtlichen Billigkeitskontrolle.

Die in diesem Beitrag vorgestellte Konzeption einer neuen Zinsanpassungsklausel bezieht den „Dreimonats-Euribor" als Indikator für Zinsänderungen am Geldmarkt ein und versucht den Interessen des Kreditnehmers und des Kreditgebers durch die entwickelte Anpassungsmethodik gerecht zu werden.

Die Denkmodelle für Zinsanpassungsklauseln bei Kreditzinsen können nicht auf Sparverträge mit gesetzlicher Kündigungsfrist übertragen werden, da dieses Geschäftsfeld auf völlig anderen rechtlichen und wirtschaftlichen Voraussetzungen beruht.

II. Abteilung:
E-Commerce von Kreditinstituten

Leitung: *Stephan Steuer*

Chefsyndikus, stv. Hauptgeschäftsführer des Bundesverbands deutscher Banken e.V., Berlin

Banken und das Firmenkundengeschäft im Internet-Zeitalter

Professor Dr. Dr. h.c. *Arnold Picot*,
Ludwig-Maximilians-Universität München

I. Ausgangspunkt

Über die Transformation des Retail Banking unter dem Einfluss der Informations- und Kommunikationstechniken und insbesondere des Internets wird in der Öffentlichkeit und einschlägigen Literatur viel diskutiert. Wesentlich stiller ist es dagegen um das Firmenkundengeschäft, obwohl es einen Großteil des Geschäftes privater Banken ausmacht. Im Mittelpunkt des folgenden Beitrags stehen die Auswirkungen der technischen Entwicklungen, allen voran des Internets, auf das Firmenkundengeschäft der Banken. Nach einem kurzen Überblick über die gegenwärtig zu beobachtenden Internet-bedingten strukturellen Veränderungen wird dabei der Einfluss des Internets auf das

Firmenkundengeschäft aufgezeigt, bevor konkrete Konsequenzen dieser Entwicklungen für das Firmenkundengeschäft, neue organisatorische Herausforderungen an Banken und veränderte Erfolgsfaktoren des Firmenkundengeschäftes näher analysiert und diskutiert werden.[1]

II. Internet als Auslöser struktureller Veränderungen

Gegenwärtig ist ein Trend zu beobachten, der Unternehmens-, Markt- und Wirtschaftsstrukturen gleichermaßen tangiert: Der Trend zur Vernetzung von Technologien, Systemen, Personen, Unternehmen und nicht zuletzt auch Gesellschaften. Markt- und Unternehmensstrukturen verändern sich z.T. radikal, was nicht zuletzt in Schlagworten wie Netzwerke, Kooperationen, Business Webs, elektronischen Marktplätzen, E-Commerce und E-Business zum Ausdruck kommt.

Einer der wesentlichen Treiber für die vernetzte Wirtschaft, die häufig auch als New Economy, Netzwerk-Ökonomie oder Internet-Ökonomie bezeichnet wird, ist das Internet. Das Internet, das ursprünglich nur militärisch, dann wissenschaftlich und seit einiger Zeit zusätzlich immer mehr kommerziell genutzt wurde, hat mittlerweile eine zentrale Bedeutung für alle Bereiche von Wirtschaft, Kultur und Gesellschaft erlangt und ist dabei, sich zu einem Massenmedium zu entwickeln, ja sogar zu einer neuen Infrastruktur für viele Aktionen und Transaktionen im privaten und beruflichen Bereich. Die Zahlen über die Internet-Nutzung variieren stark voneinander. Sicher ist, dass das Internet das Medium mit dem schnellsten Wachstum in der Geschichte darstellt. Während das Radio erst nach 38 Jahren und das Fernsehen nach 13 Jahren die Zahl von 50 Mio. Nutzern erreichten, gelang dies dem Internet schon nach nur 5 Jahren. Heute ist davon auszugehen, dass weltweit über 300 Mio. Nutzer an das Netz der Netze angeschlossen sind, im Jahr 2005 sollen es über 500 Mio. Nutzer sein. Die Gründe für diese immense Ausbreitung liegen in erster Linie in der weitgehend ungeplant evolutionären Entwicklung, in der Nutzung weltweit akzeptierter Standards sowie modernster Informations- und Kommunikationstechniken als Basis. Hinzu kommt die zunehmende Verschmelzung von Individual- und Massenkommunikation, welche die Potenziale des Internets nochmals erhöht. Es wundert daher nicht,

1 Vgl. zu den folgenden Ausführungen auch Picot/Neuburger (2000).

dass ein Medium mit einem derartigen Wachstum und Einfluss auf sämtliche Bereiche des beruflichen und privaten Lebens eine neue allgemein akzeptierte Infrastruktur schafft, bestehende Regeln und Strukturen verändert und eine Art neue Ökonomie manifestiert: Die Internet-Ökonomie. Dabei entstehen durch das Internet sicherlich keine völlig neuen ökonomischen Regeln. Viele der sog. neuen Regeln sind durchaus schon länger bekannt, finden sich in der alten Ökonomie aber eher in Nischen und werden nun immer stärker zum Normalfall.

Was sich allerdings ändert, ist die Kombination dieser Regeln sowie möglicherweise die Akzentuierung und Neu-Positionierung einzelner Regeln. Abbildung 1 zeigt die typischen Eigenschaften der Internet-Ökonomie im Überblick.[2] Sie führen zu ganz neuen Herausforderungen für alle Wirtschaftssubjekte. Dies gilt insbesondere für Banken.

Abbildung 1: Eigenschaften der Internet-Ökonomie

1. Kostensenkung
2. Dematerialisierung durch Digitalisierung
3. Zunehmende Bedeutung von Wissen
4. Neue Formen der Spezialisierung und Arbeitsteilung
5. Neue Formen der Kooperation und vernetzten Zusammenarbeit
6. Economies of Scale and Scope
7. Netzeffekte und Standards
8. Neue Preis- und Erlösmodelle
9. Neue Rolle des Kunden
10. Individualisierung der Kundenbeziehung
11. Neues Unternehmertum
12. Neue Finanzierungsformen

Auslöser für diese strukturellen Veränderungen und veränderten Gesetzmäßigkeiten, auf die exemplarisch noch in Kapitel III zurückzukommen sein wird, sind in erster Linie die innovativen informations- und kommunikations-

2 Vgl. hierzu v.a. Zerdick/Picot/Schrape (2001); Picot/Reichwald/Wigand (2001) sowie Picot/Neuburger (2000a).

technischen Entwicklungen, die insbesondere durch folgende Trends gekennzeichnet sind:[3]

- Verbesserung des Preis-Leistungs-Verhältnisses
- Digitalisierung
- Miniaturisierung
- Standardisierung
- Integration
- Vernetzung.

Die Verbesserungen von technischer Leistung und *Preis-Leistungs-Relation* im Bereich von Information und Kommunikation haben, nicht zuletzt getrieben durch die Digitalisierung, die immer mehr Aspekte der Information und Kommunikation betrifft, ungeahnte Sprünge gemacht, die weiter anhalten. Der Preis für ein dreiminütiges Telefongespräch zwischen New York und London ist in den vergangenen 65 Jahren weit über den Faktor 300, die Kosten für eine Sekunde Informationsverarbeitung mit dem Computer sind auf die Einheit bezogen innerhalb der letzten 25 Jahre um weit über als den Faktor 100.000 gefallen. Mikroprozessoren mit 100-facher Geschwindigkeit, verglichen mit den aktuell leistungsfähigsten Systemen, haben bereits Laborreife, ähnliches gilt für Speichermedien. „Moore's Law", nach dem die Rechnerkapazität von Computern sich alle 18 Monate verdoppelt, scheint zumindest für die nächsten 10 Jahre ungebrochen gültig. Und die Übertragungskapazität der guten alten Telefonleitung wird schon bald mit Hilfe heute bereits verfügbarer und erprobter neuer Techniken um den Faktor 500 steigen, ganz zu schweigen von der enormen qualitativen und quantitativen Leistungssteigerung im Bereich der optischen Nachrichtentechnik oder des digitalen Funk und Fernsehens. Rechen- und Übertragungskapazität wird damit immer mehr zur commodity, zur überall relativ preiswert verfügbaren Ware. Heute steckt in einem Handy mehr Rechnerleistung als in der Mondfähre der gut 30 Jahre zurückliegenden Mondlandung, und mit einem durchschnittlichen PC unserer Tage hätte man seinerzeit die gesamte Apollo-Mission steuern können. Derartige Beispiele ließen sich beliebig aneinander reihen. Diese weiter anhaltende Leistungsexplosion ermöglicht nun die Automatisierung von nahezu allen strukturierbaren Aufgaben der Informationsverarbeitung und Kommunikation, insbesondere auch der vielfältigen Infor-

3 Vgl. zum Folgenden Picot (1998); Picot (1999).

mations- und Kommunikationsaktivitäten im Zusammenhang mit der Beherrschung von Arbeitsteilung, der Durchführung von Markttransaktionen und der Erstellung und Verbreitung von Informationsprodukten (inkl. Bankleistungen).

Hinzu kommt die enorme *Miniaturisierung* praktisch aller Komponenten der Informations- und Kommunikationstechniken. Auf kleinstem Raum und mit ständig sinkendem Material- und Energieeinsatz werden die skizzierten Leistungssteigerungen realisiert mit der Folge der nahezu beliebigen räumlich-organisatorischen Portier- und Implementierbarkeit sowie höchster Mobilität. Die Zeiten, in denen Rechen- und Telefonanlagen spezielle Gebäude oder Räume füllten, gehören längst der Vergangenheit an. Die Zahl der Transistoren, die auf einem etwa physisch gleich groß gebliebenen Mikroprozessor-Chip installiert sind, hat sich in den letzten 25 Jahren etwa um den Faktor 3000 erhöht. Mit Hilfe vielfältiger *Standardisierung* lassen sich die erwähnten Potenziale auf breiter Basis und in vielfältiger Kombination einsetzen. Diese Standardisierung betrifft Mikroprozessoren, Betriebssysteme und Anwendungssoftware, diverse Kommunikationsschnittstellen und Systemkomponenten. Standardisierung eröffnet somit allen Beteiligten die Kompatibilität von Teilsystemen, rationalisiert den Lernaufwand und erhöht die Planungssicherheit. Sie trägt dazu bei, dass letztlich eine breite Plattform zur Verfügung steht, deren sich alle interessierten Anwender bedienen können. Dabei handelt es sich überwiegend um sog. Defacto-Standards, die sich in marktlichen Ausleseprozessen (wie etwa die PC-Betriebssysteme und Internet-Browser), z.T. aber auch auf Grund von Verbandsaktivitäten und Kooperationen (z.B. der SWIFT-Standard für den Interbanken-Datenaustausch oder der GSM-Standard der Mobilkommunikation) durchsetzen. Manch wichtige Standards entstehen emergent, gleichsam ungeplant, und setzen sich auf Grund ihrer praktischen Überlegenheit weltweit durch, ohne dass sie von vornherein dafür vorgesehen oder von interessierten Stellen besonders gefördert wurden, so etwa der bekannte TCP/IP-Standard des Internets. Wegen der weltweiten Deregulierung und Privatisierung werden staatliche Standards auf dem Feld der Information und Kommunikation, die früher gerade in der Telekommunikation die Regel waren, immer seltener. Wenn technische Neuerungen auftreten, stellt sich die schwierige Frage der Anpassung oder Neuetablierung von Standards. Letztlich handelt ein Großteil des Wettbewerbs in den Informations- und Kommunikationsindustrien von dem Kampf um die Durchsetzung diverser Standards als Basis für potenzielle Zukunftsmärkte. Das gilt auch für weite Bereiche des Bankwesens.

Standards sind schließlich eine wesentliche Voraussetzung für Integration und Vernetzung. *Integration* bezieht sich auf das Zusammenwirken und Zusammenwachsen unterschiedlicher Funktionen, Fachgebiete und Technologien wie Telekommunikation, Computertechnik, Produktions- und Transporttechnik sowie Medien. Die Digitalisierung als Querschnittstechnologie eröffnet neue Formen der Systemintegration etwa in der Medien-, Produktions- oder Verkehrstechnik. Besonders deutlich wird dies an Hand des Begriffs Multimedia, der die integrierte Darstellung von audiovisuellen Inhalten, Texten und Graphiken sowie deren interaktive Nutzung anspricht. Multimedia wird wohl immer mehr eine Schlüsselrolle spielen, besonders im Kundenkontakt.

Die *Vernetzung* ist vielleicht das aktuell herausragendste Merkmal. Wie oben schon angesprochen sprechen viele heute von einer Network Economy, die u.a. durch das Internet stark getrieben wird. Auf Grund von Leistungssteigerung, Miniaturisierung und Standardisierung lässt sich nahezu alles miteinander vernetzen: gleichermaßen Subjekte und Objekte, Archive und Datenbestände aller Art, Unternehmen, Produkte und Prozesse, Behörden und Haushalte, Straßen-, Wasser-, Schienen- und Luftfahrzeuge, stationäre Maschinen, Gebäude und Anlagen aller Art. Weltumspannende Satelliten-, Funk-, Leitungs- und Kabelnetze sowie logische Netze und Dienste der Verknüpfung und Verständigung ermöglichen den fallweisen oder ständigen Verbindungsaufbau für die unterschiedlichsten Zwecke. So entsteht immer mehr eine Grenzenlosigkeit, eine Orts- und Zeitunabhängigkeit bei dem Abruf von Informationen und bei der interaktiven Kommunikation nach dem Motto „anything – anytime – anyplace“. Internet, Mobilfunk und Global Positioning Systeme geben davon einen Vorgeschmack. Die Wachstums- und Verbreitungszahlen des Internets sowie die Durchdringung der Unternehmen mit Extranets und Intranets deuten auf ein ungebrochenes Wachstum der Internet-Technologie hin.

Was bedeuten nun diese Entwicklungen, insbesondere die skizzierte Leistungsexplosion im Bereich der Informations- und Kommunikationstechniken, für das Firmenkundengeschäft der Banken?

III. Einfluss des Internets auf das Firmenkundengeschäft der Banken

1. Abgrenzung Firmenkundengeschäft

Die explizite Unterscheidung in Privat- und Firmenkundengeschäft erfordert zunächst eine Abgrenzung und Definition des Firmenkundenbegriffs. In der Literatur gibt es unterschiedliche Abgrenzungen, so dass der Eindruck entsteht, es gebe kein einheitliches Verständnis dieser Begriffe. In der Regel wird nach Umsatz (Grenze für Firmenkunden ist beispielsweise 10 Mio. DM) oder nach Rechtsform (Firmenkunden sind lediglich juristische Personen oder große Personengesellschaften) unterschieden. In den folgenden Ausführungen wird bewusst ein ganzheitlicher Ansatz gewählt: Firmenkunden sind sämtliche Wirtschaftssubjekte, die auf Märkten Sach- oder Dienstleistungen für Dritte anbieten, unabhängig davon, wie groß sie sind und welche Rechtsform sie haben. In Konsequenz bedeutet dies, dass auch Freiberufler und kleine Dienstleister zu den Firmenkunden zählen, die in den üblichen Kategorien eher den Privatkunden zugeordnet werden.

Dieser Ansatz wird u.E. den Internet-bedingten Entwicklungen gerechter. Gegenwärtig ist eine Polarisierung der Firmenkundenlandschaft zu beobachten. Auf der einen Seite entstehen – nicht zuletzt begünstigt durch informations- und kommunikationstechnische Größenvorteile – zunehmend größere Unternehmen und Unternehmensverbände, die z.T. sogar Teile des Bankgeschäftes selbst abwickeln. Auf der anderen Seite bilden sich im Dienstleistungssektor sowie auf der Basis und im Umfeld des Internets zahlreiche kleinere Unternehmen heraus, die flexible Angebote bieten, vernetzt zusammenarbeiten und weder als juristische Person auftreten, noch den entsprechenden Umsatz haben. Wenn nun aber einerseits sehr große Unternehmen viele ihrer Finanzgeschäfte ohne die Einschaltung von Banken erledigen und andererseits kleine Firmen, aus denen nicht selten größere Unternehmen hervorgehen, nicht zu den Firmenkunden gezählt werden, heißt das in Konsequenz, dass das Firmenkundengeschäft faktisch ausgehöhlt wird, obwohl erhebliche – gerade auch Internet-bedingte Potenziale vorhanden sind. Vor diesem Hintergrund erscheint das hier zugrundeliegende ganzheitliche Begriffsverständnis sinnvoll, um diese Potenziale zu erkennen und die Bankaktivitäten auf diese Gruppe entsprechend anzupassen und auszurichten.

2. *Internet und das Privatkundengeschäft*

Im Mittelpunkt der gegenwärtigen Diskussionen und Untersuchungen stehen meistens die Auswirkungen des Internets auf das Privatkundengeschäft. Auch wenn sie sich z.T. erheblich von den Auswirkungen des Internets auf das Firmenkundengeschäft unterscheiden, geben sie doch Hinweise darauf, in welche Richtungen Veränderungen und Konsequenzen auf das Firmenkundengeschäft zu erwarten sein können. Daher sollen sie im folgenden in der gebotenen Kürze angesprochen werden.

Im wesentlichen lassen sich folgende Auswirkungen beobachten:[4]

- Online-Abwicklung klassischer Prozesse, beispielsweise in Form von Telebanking in seinen unterschiedlichen Spielarten des Telefon-, Online-, Internet- und Terminalbanking;
- Differenzierung in Standarddienstleistungen (wie z.B. Zahlungsabwicklung und Kontoführung) und Spezialdienstleistungen (wie z.B. allgemein Baufinanzierung, Asset Management oder spezielle, häufig zielgruppenbezogene Leistungen);
- Konzentration auf Spezialdienstleistungen bei gleichzeitiger Auslagerung von Standarddienstleistungen auf den Kunden oder auch auf Non- bzw. Nichtbanken;
- Organisatorische Veränderungen wie insbesondere die Verkleinerung der Filialsysteme in Folge dieser Entwicklungen;
- Entstehung neuer Intermediäre, die Bankgeschäfte anbieten wie z.B. Auto- und Versandhäuser;
- Kundenorientierte Bündelung von Leistungen.

In den folgenden Ausführungen wird sich zeigen, dass die Auswirkungen des Internets auf das Firmenkundengeschäft zum Teil in die gleiche Richtung gehen, sich teilweise jedoch deutlich davon unterscheiden. Dabei ist im Auge zu behalten, dass sich die Ausbreitung der geschäftlichen Anwendung des Internets gegenwärtig aus verschiedenen Gründen im sog. business-to-business-Sektor ungleich schneller verbreitet als im business-to-consumer-Sektor. Dies bedeutet, dass der Geschäftskundenbereich früher, breiter und nachhaltiger betroffen ist als der zweifellos sehr wichtige und ebenfalls im Wandel befindliche Privatkundenbereich.

---

4 Vgl. Böhme (1997); Picot/Böhme (1996); Kerscher (1998); Stockmann (1998).

3. Internet und Firmenkundengeschäft

Internet und Informations- und Kommunikationstechniken substituieren bestehende und generieren neue Leistungen und Prozesse

- innerhalb von Banken und Unternehmen bzw. Firmenkunden
- zwischen Firmenkunden (business-to-business)
- zwischen Firmenkunden und Banken (business-to-bank)
- zwischen Banken (bank-to-bank)

und führen damit zu einem nachhaltigen Wandel der Firmenkundenlandschaft und den Beziehungen zwischen Firmenkunden und Banken.

Prinzipiell lassen sich dabei direkte und indirekte Einflüsse des Internets auf das Firmenkundengeschäft der Banken unterscheiden. Direkt eröffnet das Internet neue Möglichkeiten und Potenziale für die Abwicklung der zugrundeliegenden Transaktionen und der Koordination der Zusammenarbeit; indirekt entstehen neue Anforderungen an das Leistungsspektrum der Banken auf Grund von Internet-bedingten Veränderungen in der Firmenkundenlandschaft. Abbildung 2 fasst diese Zusammenhänge zusammen:

Abbildung 2: Direkte und indirekte Einflüsse des Internets

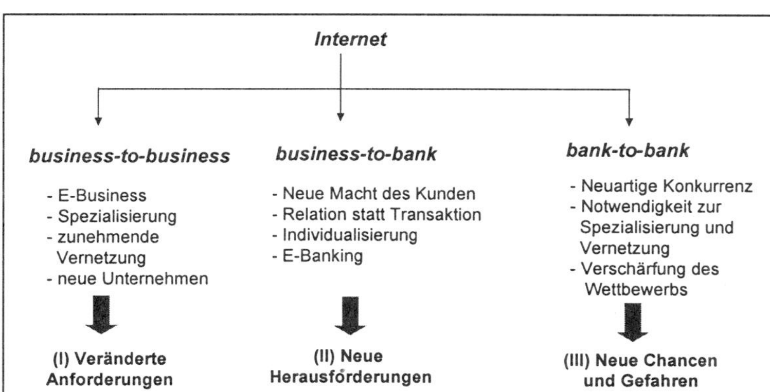

- Im business-to-business Bereich gegenwärtig zu beobachtende organisatorisch-strukturelle Veränderungen führen zu neuen Anforderungen an das Leistungsspektrum der Banken.

- Im business-to-bank-Bereich auftretende Phänomene wie die neue Macht des Kunden oder der Wunsch nach individuellen Lösungen führt zu neuen Herausforderungen an die Banken.
- Die Verschiebung des Wettbewerbs oder neu entstehende Konkurrenzverhältnisse im bank-to-bank-Bereich führen schließlich zu neuen Risiken, eröffnen jedoch gleichzeitig auch neue Chancen und Potenziale.

Veränderungen im business-to-business-Sektor (I)

Neue Anforderungen an Banken ergeben sich zunächst durch die Veränderungen innerhalb der Firmenkundenlandschaft selbst. Hier lassen sich insbesondere folgende Entwicklungen erkennen:

- Entstehung immer größerer Unternehmen auf Grund der Ausschöpfung neuer Economies of Scale auf Grund der Digitalisierung von Produktion, Prozesssteuerung, Distribution, Kundenansprache und Geschäftsabwicklung.
- Trend zur internen Erstellung von Finanzdienstleistungen in Großunternehmen.
- Herausbildung zahlreicher kleinerer Unternehmen insbesondere auch auf der Basis und im Umfeld von Internet und E-Business. Beispiele sind die Vielzahl von Unternehmen, die auf das Internet bezogene Dienstleistungen anbieten oder das Internet als Basis für die Abwicklung ihrer Geschäfte nutzen.
- Verstärkte Spezialisierung der Unternehmen auf Grund der größeren erreichbaren Märkte.
- Trend zur vernetzten Zusammenarbeit, um Verbundeffekte i.S. von Economies of Scope auszuschöpfen.
- Abnehmende Bedeutung des physischen Kapitals bei gleichzeitig steigender Bedeutung von Wissen und intellektuellem Kapital.
- Zunehmend verschärfte Wettbewerbsbedingungen für Unternehmen sowohl in der realen als auch in der digitalen Welt.

Ändern sich nun in der skizzierten Form die Prozesse, die Art der Arbeitsteilung und die Wettbewerbsbedingungen innerhalb der Unternehmenslandschaft, verändern sich auch zwangsläufig die Probleme, Bedürfnisse und Anforderungen der Firmenkunden. Folgende Beispiele verdeutlichen dies:

- Die zunehmende Durchdringung der Unternehmensprozesse mit Informations- und Kommunikationstechniken und die Transformation der Wertschöpfungsketten auf E-Business lassen sich nur auf der Basis aufwändiger Informations- und Kommunikationssysteme realisieren, deren Anschaffungs-, Einführungs-, Installations- und Customizing-Kosten häufig sehr hoch sind. Sie müssen in irgendeiner Form finanziert werden, woraus sich neue Anforderungen an die Banken stellen. Im Zuge der Einführung von E-Business fordern Kunden zudem häufig, ihre Bankgeschäfte medienbruchfrei online abzuwickeln, wofür die Banken entsprechende Tools zur Verfügung stellen müssen.
- In Folge der zunehmenden Konzentration auf Kernkompetenzen und der aufgaben- und problembezogenen Vernetzung mit anderen Unternehmen nimmt die gemeinsame Durchführung von nationalen oder internationalen z.T. riskanten Projekten zu. Sie müssen mitunter (vor-)finanziert werden, was die Banken vor neue Herausforderungen stellt.
- Unternehmen wandeln sich von der klassischen Fabrik zu einer Art „Küche“:[5] Im Vordergrund stehen nicht mehr die vorhandenen Ressourcen, sondern das Wissen darüber, welche Probleme der Kunde hat, wie diese Probleme zu lösen sind und wo die hierfür erforderlichen Ressourcen zur Verfügung stehen. Vor diesem Hintergrund erstaunt es kaum, dass immer mehr Firmen existieren, die kaum mehr über physisches Kapital verfügen, sondern deren Kernkompetenz primär Wissen darstellt. So gibt es beispielsweise Logistik-Dienstleister ohne eigenen Fuhrpark oder Schuh-Hersteller ohne Produktionskapazitäten. Für Banken bedeutet dies z.B., den Wert und die Nachhaltigkeit immaterieller Güter wie Wissen und Kompetenzen zu beurteilen.
- Dies gilt insbesondere auch für die Gründung neuer Unternehmen, für die entsprechende finanzielle Mittel zur Verfügung gestellt werden müssen. Banken müssen in der Lage sein, die zugrundeliegenden Fakten wie Wissen, Kompetenzen, Ideen und Geschäftsmodelle zu bewerten. Dies ist schwierig, bezogen sich doch die herkömmlichen Bewertungsmechanismen primär auf materielle, physische Güter.

---

5 Vgl. auch Scheuble (1998); Picot/Scheuble (1999).

Veränderungen im business-to-bank-Sektor (II)

Veränderte Bedingungen und Beziehungen im Unternehmenssektor führen somit zu neuen Problemen und Bedürfnissen und stellen in Folge ganz neue Anforderungen an die Banken. Verstärkt wird dieser Effekt durch veränderte Beziehungen zwischen Banken und ihren Firmenkunden, was zu einer Art Emanzipation der Firmenkunden von ihren Banken führen kann. An die Stelle des klassischen Hausbank-Prinzips tritt zunehmend das Smart-Shopping, d.h. die Unternehmen nehmen bei denjenigen Banken ihre Leistungen in Anspruch, die die jeweils besten Konditionen anbieten. Dabei kann es sich um inländische oder auch ausländische Banken handeln oder sogar um andere Finanzdienstleister unter Umgehung der Banken – frei nach dem Motto von Bill Gates „banking is necessary, banks are not". Möglich wird dies durch eine höhere Transparenz und bessere globale Vergleichsmöglichkeiten zu für den Kunden geringeren Such- und Transaktionskosten, die insbesondere auf dem Internet realisiert wird. Banken stehen somit immer preiskritischere und kostenbewusstere Kunden gegenüber, für die die Zusammenarbeit mit einem Partner in finanziellen Fragen nicht mehr unbedingt eine Frage der langjährigen Geschäftsbeziehungen und des Vertrauens darstellt, sondern eher von den Konditionen und Preisen abhängt. Hierauf müssen sich Banken einstellen, indem sie beispielsweise Standardleistungen günstiger anbieten und dem zunehmendem Dienstleistungs- und Beratungsbedarf stärker entgegenkommen. Hierauf wird an späterer Stelle zurückzukommen sein.

Veränderte Beziehungen zwischen Banken (III)

Schließlich verändern sich die Beziehungen zwischen Banken. Einerseits entstehen neue Konkurrenten wie z.B. virtuelle Banken oder neue Kapitalgeber, zum anderen entwickeln sich neue Bank- und Finanzdienstleistungen heraus. Dies führt einerseits zu einer Intensivierung und Verschärfung des Wettbewerbs, andererseits eröffnen sich hieraus wiederum Chancen für neue Formen der Zusammenarbeit. Abbildung 3 zeigt den Einfluss des Internets auf die Wettbewerbskräfte im Firmenkundengeschäft.

Abbildung 3: Einfluss des Internets auf die Wettbewerbskräfte im Firmenkundengeschäft[6]

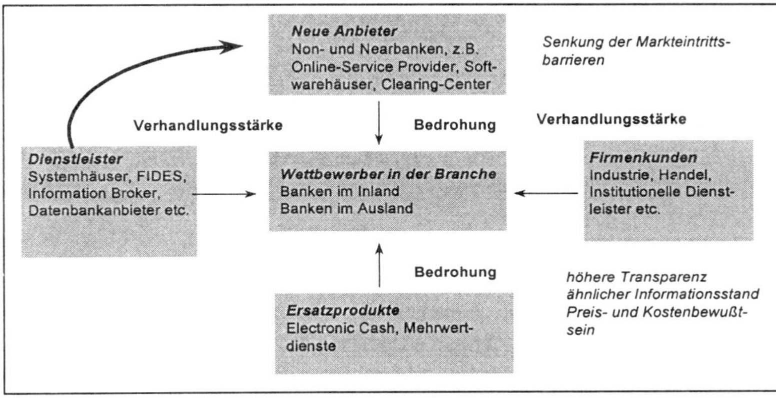

IV. Konsequenzen für das Firmenkundengeschäft

Um die hier nur kurz skizzierten neuen Anforderungen und Herausforderungen zu bewältigen, müssen Banken überlegen,

- wie sie das Internet für die Abwicklung ihrer Leistungen optimal einsetzen können;
- welche Konsequenzen das Internet für die Abwicklung ihrer bisherigen Leistungen hat;
- welche zusätzlichen Leistungen sie auf der Basis des Internets oder im Umfeld von Internet und E-Business anbieten können bzw. müssen;
- welche Konsequenzen sich für ihre organisatorischen Strukturen ergeben und
- welche neuen Formen der Zusammenarbeit sinnvoll sind.

Vor allen Dingen muss sich das Leistungsspektrum ändern. Bankgeschäfte lassen sich differenzieren in[7]

6 Quelle: Picot/Neuburger (2000), S. 22, in Anlehnung an Grebe (1998), S. 65 und Porter (1999).

7 Vgl. Grebe (1998) sowie Rometsch (1996a und 1996b).

- *Standarddienstleistungen* wie laufendes Konto, Inlands- und Auslandszahlungsverkehr, Cash Management und Wertpapierdepotgeschäft
- *Kerndienstleistungen* wie Kreditgeschäft und Geldhandel
- *Spezialdienstleistungen* mit einem Mehrwert für den Kunden, die sich nochmals unterteilen lassen
  - in banktypische Leistungen wie das Auslandsgeschäft, das Währungs- und Zinsmanagement sowie das Wertpapiergeschäft
  - bankmäßige Spezialdienstleistungen wie zusätzliche Beratungs- und Informationsleistungen oder die Unterstützung bei Börseneinführung und Emissionen und
  - bankneutrale Spezialdienstleistungen wie die Vermittlung und Versicherung von Bausparverträgen oder Unternehmensberatung.

Für diese Leistungspalette ergeben sich nun folgende Internet-bedingte direkte und indirekte Entwicklungen und Trends:

Das *Standardgeschäft* wird aufgrund hohen Preisdrucks und zunehmend nationaler und internationaler Konkurrenz immer uninteressanter. Es sei denn, man macht es selbst zum Kerngeschäft auf breiter Technologie- und Marktbasis und schöpft die damit verbundenen Economies of Scale überregional bzw. weltweit aus.

Das *Kerngeschäft* wie insbesondere das klassische Firmenkunden-Kreditgeschäft wird auf Grund unterschiedlicher Einflüsse zunehmend schwieriger und unattraktiver oder es wird durch neuartig strukturierte Finanzentwicklungen und Risikomanagementsysteme auf der Basis elektronischer Kreditakten effizienter abgewickelt. Beide Szenarien sollen kurz verdeutlicht werden:

1. Szenario: Wegbruch des Firmenkunden-Kreditgeschäftes

Das Internet

- eröffnet den Unternehmen – wie schon angesprochen – den Zugang zu alternativen Kapitalbeschaffungsmöglichkeiten;
- vermindert den Bedarf an Krediten, da physische Ressourcen und Anlagegüter eine immer geringere Rolle spielen;
- führt zu neuen, insbesondere immateriellen Risiken wie Ideen und Wissen und erhöht dadurch die Risikokosten;
- ermöglicht und verlangt im Verbund mit anderen Entwicklungen die Einführung aufwändiger Risikosteuerungssysteme, um ein optimales

Risiko-Portfolio zu entwickeln, was mit erheblichen Investitions-Kosten verbunden ist.

Vor dem Hintergrund dieser Ausführungen könnte ein Szenario denkbar sein, in dem das Firmenkundenkreditgeschäft der Banken, ein klassisches Kerngeschäft im Bereich der Firmenkundenbetreuung, zunehmend problematisch und verlustreich wird. Im Verbund mit anderen Entwicklungen führen Informations- und Kommunikationstechniken wie insbesondere das Internet dazu, dass

- Kapital auf der Ebene des einzelnen Unternehmens immer weniger nachgefragt wird;
- die verbleibende Kapitalnachfrage mittel- bis langfristig wie in den USA bis zu ca. 60 % über alternative Wege der Kapitalmarktfinanzierung außerhalb des Bankensystems substituiert wird, wobei die Eigenkapitalfinanzierung immer wichtiger wird;
- Unternehmen mit ungünstigen Kreditrisiken eher bei dem herkömmlichen Weg der Fremdkapitalbeschaffung bleiben und damit die Verluste der Banken im Firmenkundenkreditgeschäft tendenziell erhöhen;
- Banken immer mehr in Risikosteuerungs- und Portfolio-Management-Systeme investieren müssen, um ihre Verluste im Kreditgeschäft zu überwachen und zu vermindern;
- ein suboptimaler Einsatz oder eine zu geringe Auslastung dieser Systeme die Verluste für die Banken weiter erhöhen können;
- Banken immer weniger selbst dauerhaft ins Kreditrisiko gehen, sondern versuchen, gerade die gut handelbaren Kreditrisiken im Sinne eines Asset Backed Securities (ABS) weiterzuleiten.

Im Extremfall stünden dann hohen Investitionen in Systeme schlechte Risiken gegenüber, für deren Analyse und Bewertung sie nicht geeignet sind. Damit führt gegebenenfalls das Internet als Kostentreiber einerseits und als eine von mehreren Ursachen für alternative Kapitalbeschaffungsmöglichkeiten andererseits dazu, dass Banken langfristig ihr diesbezügliches Engagement noch mehr reduzieren.[8]

---

8 Vgl. auch Stehmann (1999).

2. *Szenario: Chancen für das Firmenkunden-Kreditgeschäft*

Dieses etwas düstere Szenario muss nicht unbedingt so eintreten, denn das Internet bietet gerade für die Abwicklung des Firmenkundenkreditgeschäftes erhebliche Chancen, die nicht nur die Gefahr höherer Verluste reduzieren helfen, sondern dazu führen können, dass sich das Firmenkundenkreditgeschäft wieder zu einem höchst interessanten und rentablen Geschäftsfeld entwickelt. Denn das Internet

- erhöht u.U. den Bedarf an Krediten, da die Firmenkunden immer mehr gezwungen sind, in ERP- und E-Business-Systeme zu investieren, die entsprechend finanziert werden müssen;
- führt zu einer Verringerung der Risiken und Risikokosten, wenn es Banken gelingt, ihre Risiken effizient zu analysieren und rentabel weiterzuverkaufen;
- verändert die Rolle der Banken im Kreditgeschäft, wenn es ihnen gelingt, als leistungsfähiger Intermediär zwischen Kapitalangebot (Kapitalmarkt sowie übrige Bankenlandschaft) und Kapitalnachfrage (Firmenkunden) aufzutreten;
- ist die Voraussetzung für eine effiziente Neugestaltung und Restrukturierung des Kreditgeschäftsprozesses – von der Kundenansprache über die Zusammenstellung eines geeigneten Kredit- und Risikoportfolio bis hin zur Auslagerung dieser Risiken auf den externen Kapitalmarkt;
- reduziert die Verwaltungskosten, insbesondere an der Schnittstelle zum Kunden.

In Folge dieser Entwicklungen ist ein Szenario denkbar, in dem sich

- die Risiken und Risikokosten reduzieren lassen;
- Kreditverarbeitungsprozesse automatisieren, standardisieren und zumindest teilweise online abwickeln lassen;
- Verwaltungskosten durch eine effiziente Strukturierung und Gestaltung der zugrundeliegenden Prozesse erheblich einsparen lassen.

Damit lässt sich das Kreditgeschäft nicht nur aus einer aktuellen Ertragsklemme herausführen. Es wird auch viel interessanter, da sich ganz neue Gestaltungsperspektiven und Chancen eröffnen. Zur Ausschöpfung dieser Chancen müssen Banken jedoch eine Mindestgröße haben, die eher im oberen Bereich der Größenklassen liegt. Dies erklärt auch den teilweise zu beobachtenden Rückzug kleinerer privater Banken aus diesem Geschäftszweig.

Doch unabhängig davon, wie man als Bank mit dem Standardgeschäft umgeht und wie es gelingt, die Chancen des Kerngeschäftes auszuschöpfen – erfolgsentscheidend wird zunehmend das Angebot von *Spezialdienstleistungen* sein. Hierzu gehören zusätzliche oder über die typischen Bankleistungen hinausgehenden Informations- und Beratungsleistungen sowie insbesondere die kundenorientierte Bündelung von Leistungen. Interessant sind in diesem Zusammenhang vor allem neue Dienstleistungen im Bereich Electronic Commerce und Electronic Business. Zu ihnen zählen beispielsweise

- die Beratung bei E-Business-Projekten insbesondere für kleine und mittlere Unternehmen;
- das Angebot kompletter E-Commerce-Lösungen inklusive Zahlungsverkehr, Sicherheit und Logistik;
- die Integration der Zahlungsabwicklung in die inner- und zwischenbetriebliche Geschäftsabwicklung insbesondere auch unter Berücksichtigung der sicherheitstechnischen Aspekte und Vorkehrungen;
- Initiierung und Entwicklung von Plattformen für elektronische Marktplätze;
- Dienstleistungen im Bereich Sicherheit wie z.B. Authentifizierung oder Prüfung der Bonität;
- Angebot von Zertifizierungsleistungen, für das im Zuge der Einführung der digitalen Signatur die Nachfrage steigen wird;
- Aufbau von Portalen für Firmenkunden bzw. von Firmenkunden-Direktbanken, was z.T. schon zu beobachten ist (z.B. das Firmenkundenportal der Dresdner Bank, Firmenkundendirektbank der Commerzbank AG).
- Kundenorientierte Verknüpfung/Komplementarität von Online- und Offline-Aktivitäten auch im Firmenkundengeschäft.

Auf diesen Feldern wird sich entscheiden, ob die Banken auch im neuen Dienstleistungsumfeld des E-Business und des E-Commerce neue Geschäfts und Ertragsmöglichkeiten zu erschließen in der Lage sein werden oder ob sie lediglich ihre angestammte Funktionen im Firmenkundengeschäft auf veränderter Basis weiterführen.

V. Organisatorische Konsequenzen

Die skizzierten Entwicklungen und Trends haben weitreichende organisatorische Konsequenzen. Sie lassen sich an Hand der typischen Kern- und Unterstützungsprozesse im Firmenkundengeschäft darstellen (vgl. auch Abbildung 4).

Abbildung 4: Kern- und Unterstützungsprozesse im Firmenkundengeschäft[9]

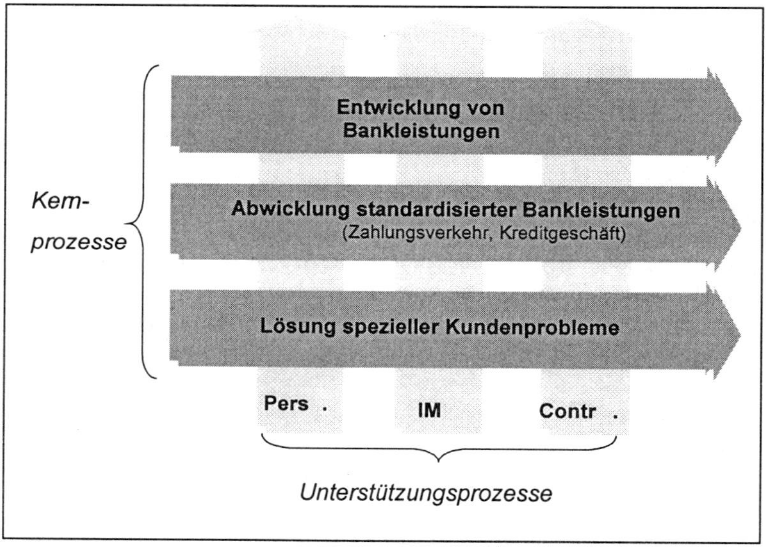

Zu den Kernprozessen zählen

- die Entwicklung bzw. Weiterentwicklung von Bankprodukten und –leistungen z.B. in der Form, wie sie weiter oben skizziert wurden;
- die Abwicklung standardisierter Bankleistungen wie z.B. Zahlungsverkehr oder Cash Management;
- die Lösung spezieller Kundenprobleme, zu denen insbesondere Spezialdienstleistungen oder die kundenorientierte Bündelung von Leistungen zählt.

Diese Kernprozesse werden von Unterstützungsprozessen flankiert, zu denen beispielsweise das Personalmanagement, Informationsmanagement (IM) und

9 Quelle: Picot/Neuburger (2000), S. 67.

das Controlling gehören. Jeder dieser Prozesse besteht wiederum aus einer Vielzahl von Einzelprozessen und Einzelaktivitäten.

In Konsequenz der zunehmenden Durchdringung des Internets sowie der oben skizzierten Entwicklungen zeichnet sich folgendes Bild ab: Kernprozesse, die die mehr oder weniger automatisierte Abwicklung von Standardtransaktionen und -geschäften zum Gegenstand haben wie z.B. der Zahlungsverkehr und das Kreditgeschäft, sind einem zunehmendem Zentralisierungs-, Automatisierungs- und Auslagerungsdruck ausgesetzt. Banken müssen sich entweder auf diese Prozesse spezialisieren, um damit verbundene Economies of Scale auszuschöpfen oder diesen Prozess an andere Banken bzw. Institutionen auslagern.

Die Bedeutung der übrigen Kernprozesse wird zunehmen. Dies betrifft insbesondere den Kernprozess „Lösung spezieller Kundenprobleme“, der in der Zukunft immer wichtiger wird.

Konzentrieren sich Banken verstärkt auf bestimmte Prozesse und Kernkompetenzen bei gleichzeitiger Auslagerung anderer Prozesse und Kompetenzen sowie intensiver Vernetzung mit Dritten, existiert eine Menge spezialisierter Module,[10] die – intern oder extern betrieben – für die kundenorientierte Bündelung von Standard-, Kern- und Spezialdienstleistungen zur Verfügung stehen. In einer Art „Vertriebsknoten“ manifestiert sich z.B. eine Kernkompetenz in der Kundenbetreuung. Er übernimmt die kundenorientierte Vermittlung, Konfiguration und Betreuung des Leistungsspektrums und seiner Bündelungen. Abbildung 5 (s. S. 164) verdeutlicht dieses Konzept.

Für die Zusammenstellung des Leistungsspektrums kann der Vertriebsknoten auf verschiedene bankinterne und bankexterne Spezialisten zurückgreifen. Die Bandbreite dieses „Financial Engineering“ umfasst dabei das gesamte Spektrum an Standard-, Kern- und Spezialdienstleistungen und bezieht sich auf Leistungen, die den Kunden betreffen genauso wie auf Leistungen, die zwischenbetriebliche Prozesse betreffen, wie z.B. E-Business oder EDI.

---

10 Vgl. zum Konzept der Modularisierung Picot/Reichwald/Wigand (2001), S. 227 ff. sowie Goepfert 1998.

Abbildung 5: Modularisierung als organisatorisches Konzept[11]

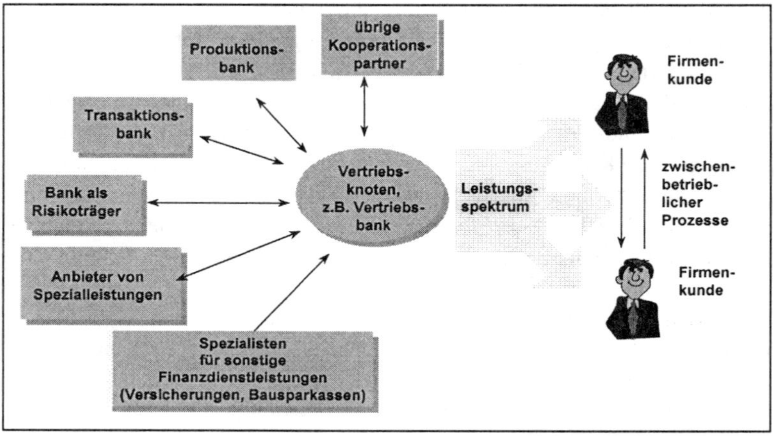

Die Herausbildung von spezialisierten Modulen als Basis für eine kundenorientierte Konfiguration von Leistungen erinnert an ähnliche Entwicklungen im Bereich des Privatkundengeschäftes. Während hier i.d.R. der Kundenberater der Bank die Rolle des Vertriebsknotens übernimmt, können im Firmenkundengeschäft unterschiedliche Institutionen oder Personen diese Funktion übernehmen. Beispiele sind:

- klassische Bankfilialen;
- Firmenkundenberater in Filialen oder an dezentralen Standorten (z.B. zu Hause);
- standortgebundene oder virtuelle Kundenberaterteams – so bietet sich bei Auslandsaktivitäten beispielsweise die Zusammenstellung eines Kundenberaterteams aus den Kundenberatern der verschiedenen Regionen an;
- neue Intermediäre;
- Mehrwertdienste wie beispielsweise Service Provider;
- Non- und Nearbanken;
- Direktbanken, die beispielsweise schon über sehr viel Know-how im Bereich der Kundenorientierung und Kundenpflege verfügen;
- Inhouse-Banking-Abteilungen in Großunternehmen;

11 Quelle: Picot/Neuburger (2000), S. 74.

- Intelligente Agenten, die die erforderlichen Leistungen suchen und kundenorientiert zusammenstellen.

Aus strategischer Sicht ist es für Banken sicherlich sinnvoll und wichtig, die Schnittstelle zum Firmenkunden selbst in der Hand zu behalten und die Funktion des Vertriebsknoten auf klassische Bankfilialen, Firmenkundenberater oder Kundenberaterteams zu legen. Abhängig ist dies letztlich auch von der zugrundegelegten Spezialisierungsstrategie. Hat sich die Bank auf die Abwicklung von Standarddienstleistungen spezialisiert und kooperiert hier mit anderen Banken, die jeweils die Schnittstelle zum Kunden darstellen, ist dies weniger wichtig als bei einer Strategie, bei der sich die Bank auf die Abwicklung von Kern- oder Spezialdienstleistungen spezialisiert hat.

Unabhängig von der konkreten Ausgestaltung muss die Institution, die die Funktion des Vertriebsknoten übernimmt, in der Lage sein,

- den Kunden ganzheitlich zu beraten und zu betreuen sowie als kompetenter Ansprechpartner zur Verfügung zu stehen;
- vor dem Hintergrund der Probleme, Wünsche und Bedingungen des Kunden das entsprechende Leistungsbündel zu konfigurieren;
- die Durchführung und Abwicklung desselben zu steuern und zu koordinieren;
- Kooperationsbeziehungen zu externen potenziellen Partnern aufzubauen und zu pflegen, um sie in die Konfiguration des Leistungsbündels bei Bedarf integrieren zu können.

Als Schnittstelle zum Kunden besteht eine weitere wichtige Aufgabe des Vertriebsknotens darin, neue Entwicklungen im Firmenkundenbereich rechtzeitig zu erkennen und die entsprechenden Daten an die Back-Office-Partner weiterzuleiten, um neue Produkte und Produktbündel anzuregen und eine dauerhafte individuelle und kompetente Kundenbetreuung zu ermöglichen. Der Vertriebsknoten muss daher nicht nur über Kompetenz im Bereich von Kundenbetreuung und Kundenproblemen verfügen. Notwendig ist darüber hinaus entsprechendes Know-how über die möglichen Bankdienstleistungen sowie schließlich soziale Vermittlungskompetenzen wie Beziehungsmanagement, um die Rolle des Koordinators kompetent übernehmen zu können.

VI. Veränderte Erfolgsfaktoren

Es liegt nahe, dass sich in Folge all dieser Entwicklungen die Erfolgsfaktoren des Firmenkundengeschäftes nachhaltig ändern werden. Im Vordergrund stehen zukünftig sicherlich:

- Verstärkung der Kundenorientierung und die gezielte Auswertung der Kundendaten i.S. eines konsequent eingesetzten Customer Relationship Managements.[12]
- Spezialisierung auf bestimmte Prozesse und Funktionen zur Erreichung einer höheren Effizienz und Effektivität.
- Qualifikation der Mitarbeiter, insbesondere in Bezug auf die veränderten Stärken und Erfolgsfaktoren der Banken wie z.B. die verstärkte Ausrichtung auf den Kunden.
- Aufbau von Vertrauen, insbesondere vor dem Hintergrund, dass Firmenkunden vermehrt dazu übergehen, diejenigen Banken und Finanzdienstleister auszuwählen, die die besten Preise und Konditionen anbieten. Nur so kann es gelingen, zumindest die Rolle der Hauptbank zu übernehmen – wenn schon das Prinzip der Hausbank zunehmend obsolet wird – und als vertrauensvoller Ansprechpartner zu gelten.
- Kooperationsfähigkeit und Beziehungsmanagement, da Spezialisierung einerseits und ganzheitliche Kundenorientierung andererseits nur dann gelingen können, wenn die jeweiligen Spezialisten in der Lage sind, zusammenzuarbeiten und effektive Beziehungen aufzubauen.
- Installierung eines Informationsmanagements, um sämtliche beteiligten internen und externen Module mit den notwendigen Informationen zu versorgen und Aufbau eines Wissensmanagements, um das für das Firmenkundengeschäft relevante Wissen zu erfassen, systematisieren und entsprechend weiterzugeben.

VII. Fazit

Ausgangspunkt des Beitrags war die Frage nach dem Einfluss des Internets auf das Firmenkundengeschäft. Grundsätzlich wurde zunächst unterschieden zwischen direkten und indirekten Einflüssen auf das Firmenkundengeschäft.

---

12 Vgl. hierzu z.B. näher Mogicato (2000).

Direkte Auswirkungen lassen sich beispielsweise bei der Zahlungsabwicklung und z.T. dem Kreditgeschäft aufzeigen, indirekte Auswirkungen bei dem Kreditgeschäft und im Zusammenhang mit den Spezialdienstleistungen.

Unabhängig davon ob direkt oder indirekt, zeigen sich zusammenfassend erhebliche Auswirkungen des Internets auf das Firmenkundengeschäft:

- Das *Standardgeschäft* wie beispielsweise Zahlungsverkehr und Cash-Management wird auf Grund hohen Preisdruckes und zunehmender nationaler und internationaler Konkurrenz immer uninteressanter, es sei denn, man macht es selbst zum Kerngeschäft auf breiter Technologie- und Marktbasis.
- Das *klassische Kerngeschäft*, insbesondere das Firmenkundenkreditgeschäft, kann zu hohen Verlusten führen, es sei denn, man nutzt die Informations- und Kommunikationstechniken zur Neupositionierung und Neugestaltung des Kreditgeschäftes, was aber bestimmte Mindestgrößen der Bank voraussetzt.
- Erfolgsentscheidend wird zunehmend das Angebot von *Spezialdienstleistungen* und die kundenorientierte Bündelung von Leistungen sein, die von banktypischen Spezialdienstleistungen über bankmäßige Beratungsdienstleistungen bis hin zu bankneutralen Leistungen insbesondere im Bereich elektronischer Märkte und des E-Business reichen.
- In Konsequenz bedeutet dies zum einen, dass Kernprozesse, die die automatisierte Abwicklung von Standardgeschäften zum Gegenstand haben, einem zunehmendem Automatisierungs- und Auslagerungsdruck ausgesetzt sind, während der Stellenwert von Kernprozessen, die sich mit der Entwicklung neuer Leistungen und der Suche nach konkreten Problemlösungen beschäftigen, zunimmt.
- Hieraus resultiert eine Neudefinition der Erfolgsfaktoren der Banken. Auf Grund der unterschiedlichen Erfolgsfaktoren bietet sich – ähnlich wie bei den Firmenkunden – die interne oder externe Modularisierung als effiziente organisatorische Lösung an.
- Damit verbunden empfiehlt sich eine konsequente Konzentration auf wenige strategisch wichtige, interne Aufgaben bei gleichzeitiger Auslagerung und Eingehen von Kooperationen für alle anderen Module an. Wesentliche Erfolgsfaktoren sind immer mehr die Fokussierung und die Verbesserung der Kundenorientierung bei gleichzeitiger Vernetzung mit kompetenten Partnern.

- Zur Verbesserung der Kundenorientierung und Kundenbeziehung können IuK-Techniken wie insbesondere der Customer-Relationship-Management-Ansatz eine wesentliche Unterstützungsfunktion übernehmen, die insbesondere in der immer wichtiger werdenden Auswertung der Kundendaten, der Optimierung der Kundenansprache und der Vertriebswege sowie der Intensivierung der Kundenbindung liegen.
- Mit den Internet-bedingten Veränderungen von Strukturen, Strategien und Leistungen sind interne Konsequenzen verbunden, zu denen im Wesentlichen die Institutionalisierung eines Informations- und Wissensmanagement einschließlich Qualifikation und Motivation der Mitarbeiter, die Intensivierung des Beziehungsmanagements sowie der Aufbau von Vertrauen sowohl auf der Seite des Kunden als auch auf der Seite der Kooperationspartner zählt.

Insgesamt wird deutlich: Das Internet verändert direkt und indirekt das Firmenkundengeschäft, das sich mittel- bis langfristig neu positioniert und organisiert. Internet und Informations- und Kommunikationstechniken helfen auch bei der Umsetzung erforderlicher neuer bzw. veränderter organisatorischer und strategischer Maßnahmen sowie der Umsetzung neuer, strategisch interessanter Geschäftsfelder. Damit spielen sie für das Firmenkundengeschäft eine ganz entscheidende Rolle. Vor dem Hintergrund anhaltender informations- und kommunikationstechnischer Entwicklungen ist sicherlich noch nicht abschließend absehbar, wie diese die Bankenwelt weiter revolutionieren werden.

Literaturverzeichnis

Goepfert, J. (1998): Modulare Produktentwicklung – Zur gemeinsamen Gestaltung von Technik und Organisation, Wiesbaden 1998.

Grebe, M. (1998): Das elektronische Firmenkundengeschäft der Kreditinstitute mit dem industriellen Mittelstand: Ein strategisches Marketing-Konzept für die Bankpraxis, Heidelberg 1998.

Kerscher, B.A. (1998): Telekommunikation im Bankgeschäft – Ein ganzheitliches Gestaltungskonzept für innovative Telekommunikationssysteme im elektronischen Bankgeschäft, Heidelberg 1998.

Mogicato, R. (2000): Customer Relationship Management (CRM) in Banken: Kundenorientierung mit modernster Informationstechnologie (IT), Bern u.a. 2000.

Picot, A. (1999): Universum Internet, in: Bayerischer Monatsspiegel 2/1999 – Universum Internet, S. 1.

Picot, A. (1998): Die Transformation wirtschaftlicher Aktivität unter dem Einfluss der Informations- und Kommunikationstechnik; Vortrag anlässlich der Verleihung der Ehrendoktorwürde durch die Fakultät für Wirtschaftswissenschaften der Technischen Universität Bergakademie Freiberg am 23. Januar 1998, Freiberger Arbeitspapiere 98/2.

Picot, A.; *Böhme, M.* (1996): Multispezialist im Bankgeschäft, in: Die Bank 1/1996, S. 30-36.

Picot, A.; *Neuburger, R.* (2000): Banken und das Firmenkundengeschäft im Internet-Zeitalter, Köln 2000.

Picot, A.; *Neuburger, R.* (2000a): Prinzipien der Internet-Ökonomie, in: Wirtschafts-Dienst, Zeitschrift für Wirtschaftspolitik, 80. Jg., 2000, S. 591-606.

Picot, A., *Scheuble, S.* (1999): Wissensmanagement in erfolgreichen Unternehmen, in: Mandl H., Reinmann-Rothmeier G., Hrsg., Wissensmanagement, Informationszuwachs-Wissensschwund. Die strategische Bedeutung des Wissensmanagement, München 1999.

Picot, A.; Reichwald, R.; Wigand, R. T.; (2001): Die Grenzenlose Unternehmung – Information, Organisation und Management, 4. Auflage, Wiesbaden 2001.

Porter, M.E. (1999): Wettbewerbsstrategie, 10. Auflage, Frankfurt/Main 1999.

Rometsch, S. (1996a): Das Firmenkundengeschäft im Zeitalter global vernetzter Kommunikationssysteme: I. Strategische Grundlagen; in: Die Bank; Nr. 10; 1996.

Rometsch, S. (1996b): Das Firmenkundengeschäft im Zeitalter global vernetzter Kommunikationssysteme: II. Operative Umsetzung; in: Die Bank; Nr. 11; 1996.

Scheuble, S. (1998): Wissen und Wissenssurrogate – Eine Theorie der Unternehmung, Wiesbaden 1998.

Stehmann, A. (1999): Das Firmenkundenkreditgeschäft als Wertfalle deutscher Banken, FAZ vom 09.09.1999, Nr. 182.

Stockmann, C. (1998): Elektronische Bankfilialen und virtuelle Banken – Das Privatkundengeschäft von Universalbanken im elektronischen Markt, Heidelberg 1998.

Zerdick, A.; Picot, A.; Schrape, K; Artopé A.; Goldhammer, K.; Heger, D.K.; Lange, U.T., Vierkant, E.; López-Escobar E.; Silverstone, R. (2001): Die Internet-Ökonomie – Strategien für die digitale Wirtschaft, 3. Auflage, Berlin 2001.

Bankrecht und E-Commerce – Sicherheit im Rechtsverkehr

Professor Dr. *Gerald Spindler*, Georg August Universität Göttingen

I. Einleitung: Neue Modelle des Banking

II. Rechtliche Rahmenbedingungen
   1. Neuere Entwicklungen
   2. Inhaltskontrolle bei Online-Banking-Bedingungen
   3. Sorgfaltsanforderungen: Internet-User oder Otto Normalverbraucher?

III. Grundfragen der bankrechtlichen Rechtsgeschäfte
   1. Überblick
   2. Die Empfehlung der EG-Kommission zu elektronischen Zahlungsinstrumenten
   3. Identität und Authentizität
      a) PIN/TAN-Verfahren
      b) Nur passwortgeschützte Systeme (Discount-Broking)
      c) Digitale Signaturverfahren
      d) Melde- und Prüfungspflichten und Sperren
      e) Exkurs: E-Mail-Verkehr
      f) Vertragliche Beweislastregeln
      g) Identifizierungspflichten nach GwG und AO: Kontoeröffnung online durch digitale Signatur?
   4. Abgabe, Zugang und Kenntnisnahme elektronischer Willenserklärungen
      a) Grundsätze
      b) Beweis des Zugangs
      c) Aufträge und Bestätigungen
   5. Widerruf bzw. Kündigung (Überweisungsaufträge)
   6. Irrtumsanfechtung
   7. Formfragen
      a) Überblick
      b) Zwingende Regeln
      c) Vereinbarungen in AGB und Rahmenabkommen
      d) Elektronische Form als zwingende Form durch AGB?
   8. Einbeziehung von AGB

I. Einleitung: Neue Modelle des Banking

Die Vorteile, die die weltweite Vernetzung von Computern über das Internet für Finanzdienstleistungen bietet, sind unübersehbar: Da Bank- und Kapitalmarktprodukte in der Regel nicht verkörpert sind, lassen sich praktisch fast alle Dienstleistungen über das Internet in Sekundenschnelle und ohne große Transaktionskosten vollziehen. Gleichzeitig gestattet das Internet die Ausrichtung auf persönliche Kundenprofile – eine Fähigkeit, die bei zunehmender Individualisierung der Geschäfte (One-to-one-Marketing) eine nicht zu unterschätzende Bedeutung hat. In Zukunft kommt die Mobilität und ubiquitäre Erreichbarkeit der Bank sowie des Kunden hinzu, wenn die Internet-Bankangebote über das Handy verfügbar werden; der Wertpapierkauf in der S-Bahn per Handy bleibt dann keine Utopie mehr.[1] Das Angebot von Finanzdienstleistungen ist daher eine der wesentlichen Säulen des E-Commerce.

Allerdings ist der Sammelbegriff des „E-Commerce" wenig geeignet, das Phänomen der Abwicklung von Banktransaktionen über das Internet zu beschreiben: Längst bevor das Internet überhaupt kommerziell nutzbar war, findet sich der Einsatz von Computernetzen im Interbankenverkehr in den siebziger Jahren. Mit der zunehmenden Verbreitung von Personal Computern und ersten Anfängen der Vernetzung über Btx gewinnt auch die Vermarktung von Finanzdienstleistungen Bedeutung in den achtziger Jahren in Gestalt des Online-Banking als direkte Kommunikation von Kunde zu Bank (Punkt-zu-Punkt-Verbindung) oder in einem geschlossenen System (Btx).[2] Das Internet oder der E-Commerce stellen nur eine Weiterentwicklung, insbesondere eine Öffnung der Netze für jedermann aufgrund eines einheitlichen Datenprotokolls dar – was allerdings aufgrund der Netzgröße und Teilnehmerzahl einen Quantensprung für die kommerzielle Nutzung bedeutet. Diese Öffnung der Netze begründet allerdings auch ihre Anfälligkeit für

---

1 S. etwa FAZ Nr. 47 vom 24.2.2001, S. 25: „Deka-Fonds per Handy kaufen": Demnach bietet die Deka-Gruppe Investmentfonds über Mobiltelefon und ihren WAP-Service an, was nach Firmeninformationen auf eine starke Resonanz stoßen soll.

2 Zu den Rechtsproblemen des Bankverkehrs im Btx-System s. *Schwintowski/Schäfer*, Bankrecht, 1997, § 5 Rn. 28 ff.; *Kümpel*, Bank- und Kapitalmarktrecht, 2. Aufl. 2000, Rn. 4.651 ff.; *Werner*, BuB (2001) Rn. 19/25 ff.; zu Internet-Bankformen Mitte der neunziger Jahre s. *Häcker*, Internet-Banking, 1998, S. 116 ff., mit allerdings wenig ergiebiger Aufarbeitung der Rechtsfragen.

eine Reihe von Risiken, die ein erhebliches Maß an Rechtsunsicherheit erzeugen und damit den E-Commerce bedrohen. Dies mag man berechtigterweise unter Hinweis auf bestehende Risiken für andere Systeme, wie die ec-Karten-Nutzung, in Frage stellen;[3] es ändert indes wenig an dem psychologischen Befund des Misstrauens. Denn die Internet-Wirtschaft hat inzwischen unter bitteren Verlusten das für Bankiers seit jeher gültige Motto lernen müssen, dass das Vertrauen der Kundschaft unbedingte Voraussetzung für erfolgreiche Geschäfte ist.

Um dieses Vertrauen als Schlüsselfaktor zu schaffen, ist in verschiedener Hinsicht eine rechtliche Absicherung geboten, die aus den unterschiedlichen Risiken der Transaktionen über offene Computernetze herrühren.[4] Unter den grundlegenden Risiken, die das Bankgeschäft über Computernetze berühren, sind vor allem die Identifizierung des Vertragspartners, die Authentizität einer übermittelten Nachricht (ihre Fälschungssicherheit) sowie – eng damit zusammenhängend – die Sicherheit vor Angriffen Dritter auf die verwandten technischen Systeme. Die rechtliche und technologische Bewältigung dieser Risiken ist eine condicio sine qua non für das Bankgeschäft, da sonst die Grundlage für vertragliche Beziehungen und ihrer Durchsetzung fehlt. Aber auch die Anpassung des traditionell auf Schriftlichkeit ausgerichteten Bankverkehrs an elektronische Dokumente berührt letztlich das Vertrauen in die Verlässlichkeit der Systeme – freilich ist auch dies nicht neu, sondern bereits aus dem Telefonbanking bekannt. Schließlich hat sich gerade der Datenschutz und die Gefahren, die aus den einzigartigen Möglichkeiten des Datamining und des Verkaufs von Kundenprofilen, ja regelrecht von Identitäten, als eines der sensibelsten Themen selbst in Ländern mit niedrigem Datenschutzniveau erwiesen.

Angesichts der Vielzahl von berührten Themenkreisen und einer Konzentration bzw. Vertiefung einiger Schlüsselprobleme muss auf eine umfassende Darstellung verzichtet werden, so dass etwa die verschiedenen Zahlungssysteme, die gerade für den E-Commerce bedeutsam sind, insbesondere die „kleine Münze", keine Berücksichtigung finden, ebenso wie das Ecash

---

3 Vgl. *Stockhausen*, WM 2001, 605, 612.

4 Näher zu den ökonomischen Grundlagen und den Möglichkeiten und Grenzen der Selbstregulierung *Spindler*, in: Müller/Günther (Hrsg.), Sicherheitskonzepte im Internet, 2001, S. 161 ff.

oder Digicash-Verfahren,[5] oder die Probleme, die sich um den Einsatz von Kreditkarten[6] sowie deren Verschlüsselungsverfahren (SET) ranken.[7] Ebenso wenig können Fragen des Kreditaufsichtsrechts, etwa über rein virtuelle Banken, sowie des Währungsrechts (E-Geldrichtlinie)[8] behandelt werden. Auch die Frage, ob ein Anspruch auf Teilnahme am Online-Banking besteht, sei es im Rahmen eines bestehenden oder erst eines neuen Geschäftsverhältnisses, wird hier nicht vertieft, da zum einen es dem Kreditinstitut freistehen muss, welchen Kunden sie den besondere Risiken aufweisenden Dienst anbieten will, zum anderen die Teilnahme am Online-Banking nicht unabdingbare Voraussetzung für den Zahlungsverkehr ist.[9] Auch auf an sich nötige rechtsvergleichende Hinweise muss im Interesse einer konzentrierten Darstellung verzichtet werden.[10]

Stattdessen soll im folgenden auf einige für die (Rechts-)Sicherheit bedeutsame Kernfragen des Electronic Banking ausführlicher eingegangen werden, insbesondere die Sicherstellung der Identität des Vertragspartners, der Authentizität von Erklärungen, der Beweisbarkeit sowie weiterer, mit Willenserklärungen im Bankgeschäft zusammenhängenden Grundproblemen.

---

5 S. dazu *Werner*, in: Hoeren/Sieber, HdbMultimediaR, 2000, Kap. 13.5; *Escher*, WM 1997, 1173, 1175 ff.; *Langenbucher*, Die Risikozuordnung im bargeldlosen Zahlungsverkehr, 2001, S. 333 ff.; *Hoeren/Pichler*, in: Hoeren/Holznagel, Rechtliche Rahmenbedingungen des elektronischen Zahlungsverkehrs, 1999, Rn. 300 ff. = *Pichler*, Rechtsnatur, Rechtsbeziehungen und zivilrechtliche Haftung beim elektronischen Zahlungsverkehr im Internet, 1998, S. 4 ff.

6 Dazu umfassend *Meder*, ZBB 2000, 89 ff.

7 Dazu *Pichler*, NJW 1998, 3234, 3237 ff.; *Pichler*, Rechtsnatur, Rechtsbeziehungen und zivilrechtliche Haftung beim elektronischen Zahlungsverkehr im Internet, 1998, S. 69 ff.

8 Dazu *Blaurock*, FS Söllner 2000, S. 151, 156 ff.; *Gramlich*, CR 1997, 11 ff.

9 Näher dazu *Gößmann*, BankRHdb, 2. Aufl. 2001, § 55 Rn. 15 f.; dem zust. *Wiesgickl*, WM 2000, 1039, 1042 f.

10 Zu der US-amerikanischen Behandlung des Internet-Banking und Wertpapierhandels etwa *Jaskulla*, ZBB 1996, 214 ff., allerdings inzwischen veraltet. Ausführlicher dazu demnächst *Spindler*, in: Spindler/Werner, Handbuch des Internet-Bankrechts, 2002.

II. Rechtliche Rahmenbedingungen

1. Neuere Entwicklungen

Der deutsche und der europäische Gesetzgeber haben relativ frühzeitig auf die neuen Herausforderungen reagiert[11] und rechtliche Rahmenbedingungen geschaffen, in dem nur noch wenige Bausteine fehlen, allerdings vor allem die beabsichtigte Richtlinie für den Fernabsatz für Finanzdienstleistungen. Im wesentlichen sind hier auf deutscher Ebene das IuKDG mit dem TDG und dem SigG[12], auf europäischer Ebene die E-Commerce-Richtlinie,[13] die Signaturrichtlinie[14] sowie die – allerdings nicht spezifisch auf den E-Commerce ausgerichtete – Fernabsatz-Richtlinie[15] mit den deutschen Umsetzungsgesetzen[16] zu nennen, die zum Teil auch in der beabsichtigten Schuldrechtsmodernisierung ihren Niederschlag finden. Ein weiterer wichtiger Baustein, der für die privatrechtliche Umsetzung der Signaturrichtlinie sorgt,

---

11 Zur früheren Bestandsaufnahme s. *Hoeren*, Kreditinstitute im Internet – ausgewählte Rechtsfragen, Bankrechtstag 1997 (1998), S. 163 ff.

12 Informations- und Kommunikationdienstegesetz, BGBl. I 1997 Nr. 52 v. 28.7.1997, S. 1870.

13 ABl. Nr. L 178 vom 17. Juli 2000, S. 1 ff.; ausführlich dazu *Spindler*, MMR 2000, Beil. zu Heft 7, S. 4 ff.; *Köhler/Arndt*, EWS 2001, 102 ff.; zur Umsetzung in deutsches Recht: *Härting*, CR 2001, 271 ff.; *Spindler*, ZRP 2001, 203 ff.; eingehend zum Gesamtkomplex *Spindler*, in: Gounalakis (Hrsg.), Handbuch E-Commerce, 2002, erscheint demnächst.

14 Richtlinie 99/93/EG des Europäischen Parlamentes und des Rates über gemeinschaftliche Rahmenbedingungen für elektronische Signaturen, ABl. Nr. L 13 vom 19. Januar 2000, S. 12 ff.; dazu *Roßnagel*, K&R 2000, 313, 315 ff.

15 ABl. Nr. L 144 vom 4. Juni 1996, S. 19 ff.

16 Für die E-Commerce-Richtlinie: das Gesetz über rechtliche Rahmenbedingungen für den elektronischen Geschäftsverkehr (Elektronischer Geschäftsverkehr-Gesetz, EGG), derzeit in der ersten Beratung des Bundestages (vgl. BT-Plenarprotokoll 14/177 v. 22.6.2001, S. 17479C, 17497D – 17501C/Anl.); für die Signaturrichtlinie: das Gesetz zur Anpassung der Formvorschriften des Privatrechts und anderer Vorschriften an den modernen Rechtsgeschäftsverkehr vom 13.7.2001 (BGBl. I vom 18. Juli 2001, S. 1542) sowie das Gesetz über die Rahmenbedingungen für elektronische Signaturen und zur Änderung weiterer Vorschriften (SigG) vom 16.5.2001 (BGBl. I vom 21. Mai 2001, S. 876); für die Fernabsatz-Richtlinie: das Gesetz über Fernabsatzverträge und andere Fragen des Verbraucherrechts sowie zur Umstellung von Vorschriften auf den Euro vom 27.6.2000 (BGBl. I vom 29. Juni 2000, S. 897), berichtigt durch Gesetz vom 21.7.2000 (BGBl. I vom 27. Juli 2000, S. 1139).

ist das Gesetz zur Anpassung der Formvorschriften, das nunmehr verabschiedet wurde[17] und mit dem zahlreiche Formprobleme, die der elektronische Geschäftsverkehr erzeugte, erledigt sind.[18] Aus telekommunikationsrechtlicher Sicht, die vor allem für den M-Commerce und die Einschaltung von Access-Providern von Bedeutung ist, sind die TK-Richtlinien der EU sowie in nationaler Hinsicht das TKG und die TKV zu erwähnen.

Nicht alle Regelungen passen sich harmonisch in das tradierte dogmatische System ein. Um es aber vorwegzunehmen: Die bewährten Regeln der bürgerlich-rechtlichen Dogmatik müssen keineswegs grundlegend geändert werden, um den neuen Rahmenbedingungen gerecht zu werden. Vor die Klammer können einige Grundsatzfragen gezogen werden, insbesondere nach den Maßstäben für die Inhaltskontrolle von Bank-Bedingungen im Online- und Homebanking-Bereich und den anzulegenden Sorgfaltsmaßstäben.

2. *Inhaltskontrolle bei Online-Banking-Bedingungen*

Das Kernproblem im Rahmen der Inhaltskontrolle besteht darin, inwieweit die neuen Bankformen der klassischen Verteilung von Risiken im Bankgeschäft mit dem Kunden unterworfen werden können und wie weit der kontrollfreie Bereich der Leistungsbeschreibungen gezogen werden kann. Denn derartige Verträge finden bislang keine oder nur bedingt vergleichbare Vorbilder in den gängigen Vertragstypen vor. Auch die gesetzlichen Leitbilder können nur mit Modifikationen herangezogen werden. Sowohl Haftungsfragen als auch andere, die Leistungen tangierende Bereiche, wie die Verfügung über Beträge auf einem Konto, werden hiervon berührt.

Will man die Entwicklung neuer Produkte nicht durch rechtliche Bindung an vertragliche Typen, die für Geschäfte und Produkte mit anderen Risikostrukturen entwickelt wurden, de facto verhindern, muss das Recht einen

---

17 Gesetz zur Anpassung der Formvorschriften des Privatrechts und anderer Vorschriften an den modernen Rechtsgeschäftsverkehr vom 13.7.2001, BGBl. I vom 18. Juli 2001, S. 1542.

18 Zu den Entwürfen s. *Vehslage*, DB 2000, 1802 ff.; Gesellschaft für Rechtsinformatik, DuD 2001, 37 ff.; *Müglich* MMR 2000, 7, 9 ff.

entsprechenden Freiraum für die Herausbildung neuer Typen gewähren.[19] Demgemäß gewinnt die Bestimmung des kontrollfreien Raums für AGB-Klauseln im Rahmen solcher neuen Vertragstypen erhebliches Gewicht, insbesondere die Abgrenzung von Leistungsbeschreibung und der Festlegung der Kardinalpflichten, die dem Vertrag seine Prägung verleihen, sowie die damit einhergehende Verteilung der Risiken zwischen den Vertragsparteien.

Kennzeichnend für den neuen Typus des Online-Banking-Vertrages ist die Kombination aus bekannten Elementen des Bankgeschäftes mit neuen Kommunikationstechniken, die besondere Risiken durch die Einschaltung offener Netze in den Kommunikationsprozess und durch nicht völlig beherrschbare Techniken (Systemausfälle) aufweisen. Demgemäß enthalten die neuen Vertragstypen sowohl Elemente (bzw. Risiken) entsprechender Kommunikationsverträge, z.B. von Internet-Access-Providern oder Telekommunikationsverträgen, als auch die bekannten Pflichten der jeweiligen Bankgeschäftsart, etwa des Wertpapiergeschäfts oder des Girokontos. Je nachdem, welches Element Gegenstand einer Pflicht ist, kann die jeweilige Vertragsart als Vorbild vorsichtig herangezogen werden. So können für Zugangsgewährungen, technische Fragen oder Wartungsvorgänge Anleihen bei den verschiedenen Internet-Provider- und Telekommunikationsverträgen, die ihrerseits allerdings wiederum Mischungen aus verschiedenen Vertragstypen darstellen,[20] sowie den entsprechenden gesetzlichen Regulierungen, wie der Telekommunikationskundenschutzverordnung (TKV) gemacht werden. Stets muss aber bedacht werden, dass der Online-Banking-Vertrag zum einen nur einen Rahmenvertrag für die verschiedenen Bankprodukte darstellt, die ihrerseits Eigenheiten aufweisen, die zu charakteristischen Leistungen werden können, z.B. im Intraday-Trading die sofortige Erreichbarkeit und Durchführbarkeit eines Auftrages. Als Faustformel lässt sich formulieren, dass grundlegende technische Fragen in der Regel Gegenstand des Rahmenvertrages sein werden und hierfür auf entsprechende Diskussionen im Rahmen anderer Kommunikationsverträge zurückgegriffen werden kann, währenddessen das Angebot an Bankprodukten (Kreditgewährung, Überweisungs-

---

19 Ähnlich die Einschätzung von *Fuchs*, in: Spindler, VertragsR der TK-Anbieter, 2000, Kap. IV Rn. 72 ff.

20 Ausführlich dazu *Spindler*, in: Spindler, VertragsR der Internet-Provider, 2000, Kap. IV Rn. 60 ff.; *Imping*, in: Spindler, VertragsR der TK-Anbieter, 2000, Kap. II Rn. 1 ff.

verkehr, Emissionen etc.) im Grundsatz keine Abweichungen gegenüber dem klassischen Vertriebsweg aufzeigt.

Ferner darf die enge Verbindung zwischen Rahmenvertrag und einzelnen Geschäften nicht vernachlässigt werden, so dass etwa die Frage der Zugangsgewährung nicht isoliert von der Durchführung des jeweiligen Auftrages, z.B. einer Effektenorder, betrachtet werden kann. Anders gewendet darf der Online-Banking-Vertrag nicht in einen Internet-Access-Vertrag einerseits und besondere Bankverträge andererseits aufgelöst werden. Dementsprechend können sich Leistungsstörungen in einen Bereich auf den Gesamtvertrag entscheidend auswirken. Entscheidendes Kriterium für die Einordnung der vertraglichen Pflichten – und damit für die Inhaltskontrolle nach § 9 AGBG – ist in diesem Zusammenhang die Bedeutung, die deren Erfüllung für das Gesamtprodukt hat. So stellt etwa die Zugangsgewährung zu den technischen Systemen der Online-Bank mit Sicherheit eine der Kardinal-, wenn nicht sogar Hauptleistungspflichten dar, ohne die das Produkt für den Kunden wertlos ist. Umgekehrt zeigen gerade die für Telekommunikationsverträge typischen und gesetzlich sogar in § 6 TKV normierten Anpassungsklauseln, dass der Kunde nicht stetigen Zugang zu den technischen Systemen erwarten kann.[21]

3. *Sorgfaltsanforderungen: Internet-User oder Otto Normalverbraucher?*

Eine weitere, auf den ersten Blick trivial anmutende Frage ist diejenige nach den anzulegenden Sorgfaltsmaßstäben, die Kunde und Bank im Umgang mit den neuen Medien einhalten müssen. Während der Bank hier das für ein Unternehmen übliche Maß abverlangt werden kann, das insbesondere die Einschaltung fachkundiger Dritter (z.B. Telekommunikations- oder EDV-Anbieter) gebietet, wenn die Bank selbst keinen eigenen Sachverstand zur Verfügung hat, könnte für den Kunden ebenfalls in Betracht kommen, ihm die Risiken des EDV-Einsatzes in seiner eigenen Sphäre in vollem Umfang aufzuerlegen. Anders gewendet würde der Kunde als zumindest mit den Grundstrukturen der neuen Kommunikationsformen und ihren Risiken vertrauter Anwender behandelt,[22] so dass ihm mehr als dem Durchschnitts-

21 Näher dazu *Spindler*, WM 2002, erscheint demnächst.
22 So etwa für Internet-Auktionen LG Wiesbaden K&R 2000, 152.

kunden an Sorgfalt im Umgang mit seiner EDV und den neuen Medien abverlangt werden könnte.

Einer solchen, pauschalen Differenzierung ist jedoch eine Absage zu erteilen: Jenseits von im Einzelfall vorhandenen besonderen Kenntnissen eines Kunden kann angesichts einer inzwischen weiten Verbreitung des Internet und von PCs in Kundenhaushalten nicht davon ausgegangen werden, dass nur Nutzer mit besonderen EDV- oder Internet-Kenntnissen die neuen Medien nützen. Vielmehr ist es gerade das Anliegen von Internet-Providern, aber auch von Direktbanken, jedermann anzusprechen und den Zugang zu den neuen Angeboten so einfach wie möglich zu machen. Indes dürften die Kenntnisse und der Wissenstand des durchschnittlichen Kunden von Online-Angeboten über die Risiken und Probleme des Einsatzes der neuen Medien nicht Schritt halten mit der Komplexität der eingesetzten Produkte. Ebenso wenig wie man von einem KfZ-Fahrer vertiefte Kenntnisse der Funktionsweise eines Motors oder der KfZ-Elektronik erwarten kann, können den Nutzern von Internet-Produkten bzw. von Direktbankangeboten umfassende Kenntnisse der Missbrauchsmöglichkeiten oder der dem Einsatz von EDV-Produkten inhärenten Risiken unterstellt werden. Die im Verkehr übliche und erforderliche Sorgfalt im Sinne von § 276 BGB kann sich daher nur auf die jedermann erkennbaren und bekannten Risiken beziehen; so dürfte wohl jeder, der am Internet teilnimmt, von entsprechenden Angriffen von Hackern gehört haben. Auch die Bedeutung von PIN-Nummern oder anderen Legitimationsmedien ist jedermann – zumindest aus der Parallelwertung von anderen Zahlungssystemen, wie ec-Karten – geläufig.

Aus den zahlreichen mit dem Einsatz von (offenen) Computer- und Telekommunikationsnetzen verbundenen Rechtsfragen werden im folgenden vor allem die elektronischen Willenserklärungen und die damit zusammenhängenden, das Vertrauen der Kundschaft berührende Sicherheitsprobleme herausgegriffen:

III. Grundfragen der bankrechtlichen Rechtsgeschäfte

1. Überblick

Dass Handlungen über das Internet ebenso gut Willenserklärungen wie sonstige konkludente Handlungen darstellen können, gehört inzwischen zum juristischen Allgemeingut. Der berühmte Mausklick stellt daher kein Problem (mehr) dar.[23] Selbst die automatisierte, direkte Verarbeitung von Aufträgen eines Kunden durch entsprechende Programme eines Kreditinstitutes stellt die zivilrechtliche Dogmatik nicht vor unlösbare Aufgaben, da die Programme nichts anderes als „gespeicherte" Willenserklärungen der Bank darstellen;[24] auch sog. intelligente Agenten, die lernfähig sind und in Zukunft im Dialog mit dem Kunden z.B. Wertpapierorders durchführen könnten, sind im Grunde nichts anderes als solche gespeicherte – wenn auch zunächst abstrakt gehaltene – Erklärungen. Nach Art. 15 Abs. 1 i.V.m. Abs. 2 lit. a der EU-Datenschutzrichtlinie[25] müssen allerdings bei automatisierten negativen Einzelentscheidungen jedenfalls Möglichkeiten zur Remonstration für den Empfänger einer solchen Entscheidung vorgesehen sein, die eine Entscheidung durch einen Menschen sicherstellen.[26]

Es ist daher weniger die materiell-rechtliche Behandlung der elektronischen Willenserklärung als das mit den Unterschieden zwischen unmittelbarer Vornahme der Transaktion in persönlichem Kontakt einerseits und Distanzgeschäft unter Einschaltung elektronischer Medien verbundene Missbrauchs- und Verfälschungsrisiko sowie dessen prozessuale Bewältigung, verknüpft mit vertraglichen Nebenpflichten und Schadensersatzansprüchen,[27] das eine nähere rechtliche Auseinandersetzung erfordert. Dabei ist die Thematik nicht neu: Jegliche Einführung von technischen Systemen, die den persönlichen Kontakt der Vertragspartner erübrigen, hat zu der Frage ge-

---

23 S. bereits *Köhler*, AcP 182 (1982), 126, 132 ff.; Palandt/*Heinrichs,* Einf v § 116 Rn. 1; MünchKommBGB/*Kramer*, 4. Aufl. 2001, Vor § 116 Rn. 22; *Waldenberger*, BB 1996, 2365 ff.; *Mehrings*, in: Hoeren/Sieber, HdbMultimediaR, 2000, Kap 13.1 Rn. 31; *Fritzsche/Maltzer*, DNotZ 1995, 3, 6 ff.; *Ultsch*, NJW 1997, 3007 ff.; *Ernst*, NJW-CoR 1997, 165 ff.; *Strauch*, GS Lüderitz 2000, S. 751, 760; zusammenfassend: *Trapp*, WM 2001, 1192, 1193 f.; *Krüger/Bütter*, WM 2001, 221, 223.

24 *Fritzsche/Malzer*, DNotZ 1995, 1, 7 f. (Vergleich mit den Warenautomaten); *Köhler*, AcP 182 (1982), 126, 132 ff.; *Kuhn*, Rechtshandlungen mittels EDV und Telekommunikation, 1991, S. 69 ff.; Palandt/*Heinrichs*, Einf v § 116 Rn. 692; MünchKommBGB/*Kramer*, 4. Aufl. 2001, Vor § 116 Rn. 22; dies aufnehmend: *Trapp*, WM 2001, 1192, 1193 f.; *Krüger/Bütter*, WM 2001, 221, 223; *Scherer/Butt*, DB 2000, 1009, 1012; *Moritz*, CR 2000, 61, 62; *Strauch*, GS Lüderitz 2000, S. 751, 761; implizit auch LG Nürnberg-Fürth WM 2000, 1005.

25 ABl. Nr. L 281 vom 23.11.1995, S. 31 ff.

26 Vgl. *Ehmann/Helfrich*, EG-Datenschutzrichtlinie, 1999, Art. 15, Rn. 26.

27 Zutr. *Trapp*, WM 2001, 1192, 1194.

führt, wer die Risiken des Systemeinsatzes zu tragen hat und wem das Beweisrisiko hinsichtlich des Vertragsabschlusses und der Einhaltung von vertraglichen Pflichten aufzubürden ist.[28] Das Internet-Banking führt hier einige neue Aspekte ein:

So kann beim Internet-Banking das Kreditinstitut jedenfalls bei der konkreten Transaktion nicht einschätzen, ob tatsächlich ein legitimierter Kunde den Auftrag abgibt. Da Unterschriften als Legitimationsmittel in elektronischen Netzen versagen, bedarf es aufgrund des fehlenden persönlichen Kontaktes technischer Mechanismen oder Substitute, um festzustellen, ob der Gegenüber der Bank zu entsprechenden Transaktionen legitimiert ist. Solange biometrische Verfahren noch nicht serienreif sind,[29] kommt der Frage, welche Beweiswirkungen die vom Träger losgelösten Legitimationsmedien wie PIN-Nummern, Codekarten, Code-Schlüssel oder digitale Signaturen erzeugen können, entscheidende Bedeutung zu. Eng damit verknüpft ist die Frage, welche Sekundäransprüche gegebenenfalls eine Bank gegenüber dem Inhaber des Legitimationsmediums erheben kann, insbesondere für den Fall, dass der Beweis, dass eine elektronische Nachricht von ihrem Inhaber stammt, versagt. Denn nach feststehender Rechtsprechung trägt grundsätzlich die Bank das Risiko, einen gefälschten (Überweisungs-)Auftrag durchzuführen.[30] Kann daher die Bank infolge der Möglichkeit des Missbrauchs durch einen Dritten das Vorliegen eines Auftrages und damit die Voraussetzungen für den Aufwendungsersatzanspruch nicht beweisen, gewinnt für sie der Schadensersatzanspruch gegen den Kunden entscheidende Bedeutung. Wichtige Elemente für das Bankgeschäft mit Hilfe der Fernkommunikation sind daher die Pflicht des Kunden zur Geheimhaltung der Legitimationsmedien, die dieser Pflicht korrespondierenden nebenvertraglichen Pflich-

---

28 S. *Blaurock*, Haftung der Banken beim Einsatz neuer Techniken und Medien, in: Köndgen, Neue Entwicklungen im Bankhaftungsrecht, 1989, S. 35, 49 ff.; *Blaurock*, CR 1989, 561, 565 f.

29 S. dazu *Büllingen/Hillebrand*, DuD 2000, 339 ff.

30 BGH NJW 2001, 2968, 2969, BGH NJW 1994, 2357, 2358 = WM 1994, 1420; BGH NJW 1994, 3344, 3345 = WM 1994, 2073; BGH WM 1997, 910, 911; dazu *Schimansky*, in: BankRHdb, 2. Aufl. 2001, § 49 Rn. 10 ff.; *Schwintowski/Schäfer*, Bankrecht, 1997, § 4 Rn. 81; *Kümpel*, Bank- und Kapitalmarktrecht, 2. Aufl. 2000, Rn. 4.125 ff.; *Schnauder*, ZIP 1994, 1069 ff.; ebenso für Schecks BGH NJW 1997, 2236, 2237 = WM 1997, 1250.

ten, wie der Veranlassung einer Sperre bei Missbrauchsverdacht,[31] der Auswahl zuverlässiger Kommunikationsmittel und -kanäle sowie entsprechender Hard- und Software, und schließlich die eng damit verbundenen Fragen der Beweisbarkeit.

In welchem Maße den Kunden und die Bank Pflichten treffen und unter welchen Voraussetzungen ein Anscheinsbeweis eingreift, variiert je nachdem, welche Verfahren verwandt werden und welche vertragliche Rahmenbedingungen den Leistungen zugrunde liegen. Dabei kann danach unterschieden werden, wie offen die benützten Netze sind, angefangen vom Online-Banking, das eine geschlossene Kunde-zu-Bank-Verbindung nur über Telekommunikationsunternehmen oder über ein relativ geschlossenes Netz, wie das alte Btx, vorsieht, über Online-Banking Verfahren, die zwar das Internet als offenes Netz verwenden, aber die Sicherheit weiterhin über PIN/TAN-Systeme gewährleisten, über den HBCI-Standard, der unter Einsatz offener Netze wie des Internet auf Verfahren beruht, die nur im Verhältnis zwischen Bank und Kunden gelten, bis hin zur digitalen Signatur, die universal für alle Rechtsgeschäfte über offene Netze einsetzbar sein soll.

2. *Die Empfehlung der EG-Kommission zu elektronischen Zahlungsinstrumenten*

Eine gewisse Hilfestellung bei der Ausformung der Rechte und Pflichten der Parteien im Online-Banking bietet die Empfehlung der EG-Kommission zu elektronischen Zahlungsinstrumenten vom 30. Juli 1997, die zwar keine rechtliche Verbindlichkeit besitzt, aber einen nicht unerheblichen Einfluss auf die Bankpraxis und die Gestaltung der Bedingungen ausübt.[32] Denn in dieser Empfehlung lässt die Kommission erkennen, in welcher Weise sie regulierend tätig werden würde, wenn sich die Praxis nicht in der in der Empfehlung angegebenen Richtung entwickeln sollte. Dieses Verfahren hat zwar einen rechtspolitisch schalen Beigeschmack, da auf diese Weise ohne Rechtssetzung durch die hierfür legitimierten Organe de facto fast dieselbe

---

31 S. auch *Werner*, BuB (2001) Rn. 19/320 f.

32 97/489/EG: Empfehlung der Kommission vom 30. Juli 1997 zu den Geschäften, die mit elektronischen Zahlungsinstrumenten getätigt werden (besonders zu den Beziehungen zwischen Emittenten und Inhabern solcher Instrumente) (Text von Bedeutung für den EWR), ABl. Nr. L 208 vom 2. August 1997, S. 52 ff.

Rechtswirkung erreicht wird wie im Falle „normalen" Rechts. Doch ändert dies nichts an der enormen praktischen Bedeutung der Empfehlung.

Ohne dass hier näher auf die Definitionen und Abgrenzungsschwierigkeiten dieser Empfehlung einzugehen wäre, können die grundlegenden Pflichten und die Haftung der Vertragspartner als Modell für das Bankgeschäft per E-Commerce herangezogen werden. Abgesehen von umfangreichen Informationspflichten der Bank in Bezug auf die Vertragsbedingungen und die Kosten des Einsatzes der elektronischen Zahlungsinstrumente muss die Bank auch über Korrekturmaßnahmen für Transaktionen sowie die vom Inhaber des Zahlungsinstruments einzuhaltende Sorgfalt, insbesondere der Geheimhaltung, informieren.[33] Wichtiger noch sind die nach Art. 5 der Empfehlung[34]

---

33 S. Art. 3 Artikel 3: „Zu den Bedingungen zählen zumindest
a) eine Beschreibung des elektronischen Zahlungsinstruments, gegebenenfalls auch der technischen Anforderungen für die für die Verwendung dieses Instruments zugelassene Kommunikationsausstattung des Inhabers, sowie die Art und Weise der Verwendung des Zahlungsinstruments, einschließlich gegebenenfalls vorhandener Finanzobergrenzen;
b) eine Darstellung der jeweiligen Pflichten und Haftungen des Inhabers und des Emittenten; dazu gehört auch eine Beschreibung der Maßnahmen, die der Inhaber vernünftigerweise ergreifen muss, um eine sichere Verwahrung des elektronischen Zahlungsinstruments zu gewährleisten, sowie die Mittel (z.B. persönliche Kennummer oder ein anderer Code), die die Verwendung des Instruments ermöglichen;
...
e) der Zeitraum, innerhalb dessen eine bestimmte Transaktion vom Inhaber angefochten werden kann, sowie ein Hinweis auf die Abhilfe- und Beschwerdeverfahren, die dem Inhaber zur Verfügung stehen, sowie die Art und Weise des Zugangs zu diesen Verfahren."

34 Artikel 5: Pflichten des Inhabers: „Der Inhaber soll
a) das elektronische Zahlungsinstrument gemäß den Bedingungen verwenden, die für die Ausgabe und die Verwendung eines Zahlungsinstruments gelten; diesbezüglich ergreift der Inhaber insbesondere alle sich vernünftigerweise aufdrängenden Maßnahmen, um die sichere Verwahrung des elektronischen Zahlungsinstruments sowie der Mittel (z.B. persönliche Kennummer oder sonstiger Code) zu gewährleisten, die seine Verwendung ermöglichen;
b) dem Emittenten (oder der von letzterem genannten Einrichtung) unverzüglich folgende Fälle nach seiner Kenntnisnahme mitteilen:
- den Verlust oder den Diebstahl des elektronischen Zahlungsinstruments oder der Mittel, die seine Verwendung ermöglichen,
- die Verbuchung eines nicht genehmigten Geschäfts auf seinem Konto,

den Inhaber des Zahlungsinstrumentes obliegenden Pflichten, allen voran die Geheimhaltungspflichten sowie die Meldepflichten über verdächtige Kontenbewegungen bzw. nicht genehmigte Geschäfte. Allerdings haftet der Inhaber des elektronischen Zahlungsinstruments nach Art. 8 für Verletzung seiner Pflichten bei leichter Fahrlässigkeit nur in Höhe von 150 ECU, in voller Höhe nur bei grober Fahrlässigkeit.[35] Art. 7 bürdet der Bank neben einer erforderlichen ordnungsgemäßen Dokumentation des Geschäftsablaufs selbst den Nachweis auf, dass das Geschäft nicht von einer technischen Panne oder von einem sonstigen Mangel beeinträchtigt wurde.[36] Diese Regel ist jedoch

---

- jeglichen Fehler oder jegliche Unregelmäßigkeit bei der Führung des Kontos durch den Emittenten;

c) seine persönliche Kennummer oder jeglichen sonstigen Code nicht in leicht erkennbarer Form insbesondere auf dem elektronischen Zahlungsinstrument selbst oder auf jeglichem Gegenstand vermerken, den er zusammen mit dem elektronischen Zahlungsinstrument bei sich führt;

d) keinen Auftrag stornieren, den er mittels seines elektronischen Zahlungsinstruments erteilt hat, es sei denn, der Betrag war bei Erteilung des Auftrags noch offengeblieben."

35 Art. 8: Haftung des Inhabers
„(1) Bis zum Zeitpunkt der Benachrichtigung trägt der Inhaber den infolge des Verlusts oder des Diebstahls des elektronischen Zahlungsinstruments verursachten Ausfall bis zu einer Höchstgrenze selbst, die jedoch 150 ECU nicht überschreiten darf. Eine Ausnahme bildet der Fall, in dem er mit grober Fahrlässigkeit entgegen den einschlägigen Bestimmungen von Artikel 5 Buchstaben a), b) und c) oder betrügerisch handelt; in diesem Fall findet die Obergrenze keine Anwendung.
(2) Sobald der Inhaber den Emittenten (oder die von ihm genannte Einrichtung) gemäß Artikel 5 Buchstabe b) benachrichtigt hat – mit Ausnahme der Fälle, in denen er betrügerisch handelt –, haftet er nicht mehr für den Ausfall, der eine Folge des Verlusts oder des Diebstahls seines elektronischen Zahlungsinstruments ist.
(3) Abweichend von Absatz 1 und Absatz 2 ist der Inhaber nicht haftbar, wenn das Zahlungsinstrument ohne dessen Vorlage oder ohne dessen elektronische Identifizierung gebraucht wurde. Die Verwendung eines vertraulichen Codes oder eines anderen ähnlichen Identitätsnachweises löst für sich allein genommen eine Verpflichtung des Inhabers nicht aus."

36 Art. 7 e): „bei jedem Streit mit dem Inhaber über ein in Artikel 1 Absatz 1 genanntes Geschäft – vorbehaltlich des Beweises des Gegenteils, der vom Inhaber beigebracht werden kann – nachweisen, dass das Geschäft

- ordnungsgemäß aufgezeichnet und verbucht wurde;

in höchstem Maße präzisierungsbedürftig, wie noch zu zeigen sein wird. Demgegenüber weist Art. 8 der Bank die Haftung für die vom Inhaber nicht genehmigten Geschäfte sowie für die Nichtabwicklung oder mangelhafte Abwicklung von Geschäften zu,[37] offenbar ohne Rücksicht auf ein Verschulden der Bank – wobei allerdings zu berücksichtigen ist, dass die Empfehlung der Kommission nur für elektronische Zahlungsinstrumente gilt, nicht für sonstige Geschäfte.

Auf diese Grundsätze wird im Rahmen der einzelnen Pflichten zurückzukommen sein. Eines der wesentlichen Probleme stellt im elektronischen Geschäftsverkehr die Identifizierung des Kunden und die Sicherstellung der Authentizität der Nachricht dar.

3. *Identität und Authentizität*

a) PIN/TAN-Verfahren

Im klassischen Online-Banking-Verfahren wird zur Legitimierung und Identifizierung des Kunden allein die PIN-Nummer und für jede Transaktion eine TAN-Nummer eingesetzt.[38] Dieses Verfahren geht auf das alte Btx-Banking

– nicht von einer technischen Panne oder einem sonstigen Mangel beeinträchtigt wurde."

37 Artikel 8 Haftung des Emittenten:
„(1) Vorbehaltlich der Artikel 5, 6 und 7 Absatz 2 Buchstaben a) und e) ist der Emittent in den folgenden Fällen haftbar:
a) für die Nichtabwicklung oder mangelhafte Abwicklung der Geschäfte des Inhabers im Sinne von Artikel 1 Absatz 1, auch wenn das Geschäft bei Einrichtungen/Terminals oder durch Geräte getätigt wurde, die nicht unter der direkten oder ausschließlichen Kontrolle des Emittenten stehen, vorausgesetzt, das Geschäft wird nicht bei Einrichtungen/Terminals oder durch Geräte ausgelöst, die der Emittent nicht verwenden darf;
b) für die durch den Inhaber nicht genehmigten Geschäfte sowie für jegliche Fehler oder Unregelmäßigkeiten, die dem Emittenten bei der Führung des Kontos des Inhabers anzulasten sind."

38 Dazu *Schwintowski/Schäfer*, Bankrecht, 1997 § 5 Rn. 29; *Gößmann*, in: BankRHdb, 2. Aufl. 2001, § 55 Rn. 13 f.; *Kümpel*, Bank- und Kapitalmarktrecht, 2. Aufl. 2000, Rn. 4.644; *Wiesgickl*, WM 2000, 1039, 1040.

zurück.[39] Beim PIN/TAN-Verfahren muss es sich aber keineswegs um geschlossene Systeme handeln; vielmehr werden in der Praxis auch – zwar geschützte, aber letztlich doch offene – Internet-Verbindungen eingesetzt.[40]

Das Kardinalproblem bei elektronischen Willenserklärungen besteht – wie zuvor angedeutet – in der Zurechnung von Willenserklärungen, insbesondere im Hinblick auf mögliche Einwände des (vermeintlich) Erklärenden, dass Missbrauch der technischen Einrichtungen über Dritte stattgefunden hat. Denn nach feststehender Rechtsprechung trägt grundsätzlich die Bank das Risiko, einen gefälschten (Überweisungs-) Auftrag durchzuführen.[41] Nur wenn der Kunde durch sein Verhalten einen Vertrauenstatbestand bezüglich der Echtheit des Überweisungsauftrages geschaffen hat, auf den die Bank sich verlassen durfte, soll das Fälschungsrisiko auf den Kunden verlagert werden.[42] Einschränkend ist allerdings hinzuzufügen, dass selbst bei gesetztem Rechtsschein der Bank das Risiko zuzuweisen ist, wenn die Software, die die Bank dem Kunden zur Verfügung stellt, die Erklärung verfälscht.[43]

In materiell-rechtlicher Sicht liegt daher die Anwendung der Rechtsscheingrundsätze nahe, aus prozessualer Sicht die Beweislastumkehr oder zumindest der Anscheinsbeweis. Beide Lösungen liegen in den Wertungen eng beieinander, da sie auf die Beherrschbarkeit der Legitimationsmedien durch den Kunden abstellen. Sie unterscheiden sich in der Sache jedoch in den Anforderungen an den Gegenbeweis durch den Kunden als vermeintlich Erklärendem. Aber auch für den Fall, dass der Bank der Beweis nicht gelingt, dass der Kunde der Urheber eines Auftrages war, verbleibt ihr der Sekundäranspruch gegen den Kunden wegen Pflichtverletzung im Umgang mit den Legitimationsmedien.

---

39 S. dazu das Abkommen über Bildschirmtext, geschlossen zwischen den Spitzenverbänden der Kreditwirtschaft und der Bundespost vom 18.3.1983, WM 1984, 1070 ff.

40 SSL- (Secure Socket Layer-) Verbindungen, etwa bei der Postbank AG.

41 BGH NJW 1994, 2357, 2358 = WM 1994, 1420; BGH NJW 1994, 3344, 3345 = WM 1994, 2073; dazu *Schimansky*, in: BankRHdb, 2. Aufl. 2001, § 49 Rn. 10 ff.; *Schwintowski/Schäfer*, Bankrecht, 1997, § 4 Rn. 81; *Kümpel*, Bank- und Kapitalmarktrecht, 2. Aufl. 2000, Rn. 4.125 ff.; *Schnauder*, ZIP 1994, 1069 ff.; ebenso für Schecks BGH NJW 1997, 2236, 2237 = WM 1997, 1250.

42 *Bruchner*, in: BankRHdb, 2. Aufl. 2001, § 49 Rn. 10.

43 *Gößmann*, in: BankRHdb, 2. Aufl. 2001, § 55 Rn. 5; allgemein *Heun*, CR 1994, 595, 596 f.

aa) Identifizierung

(1) Zurechnung von Willenserklärungen – Rechtsscheinhaftung

Die materiell-rechtliche Lösung rekurriert im wesentlichen auf die Grundsätze der Anscheinsvollmacht,[44] indem sie einen Rechtsschein annimmt, der durch die elektronische Willenserklärung bei der Bank erzeugt wird und der dem Kunden zugerechnet werden kann, da er verpflichtet ist, die Legitimationsmedien geheim zu halten.[45] Da die Anscheinsvollmacht bereits eingreift, wenn der Vertretene bei pflichtgemäßer Sorgfalt hätte erkennen können, dass der Dritte für ihn handelt,[46] wäre der Fall des Missbrauchs elektronischer Medien bzw. Codes oder PINs nicht anders zu behandeln.[47] Schon im Rahmen des Btx-Systems wurde versucht, vergleichbare Fragen mit Hilfe einer analogen Anwendung der §§ 164 ff. BGB[48] zu bewältigen, da der wahre Urheber der Erklärung unter dem Namen des Inhabers des Anschlusses – übertragen auf die digitale Signatur: dem Inhaber des Signaturschlüssels und des Legitimationsmediums – handelt.[49] Dann liegt es aber auch nahe, für den missbräuchlich handelnden Dritten eine Anscheinsvollmacht anzunehmen und dem Inhaber des Signaturschlüssels damit die Erklärung des Dritten zuzurechnen, wenn er den Missbrauch der Signatur ermöglich

---

44 Vgl. dazu BGHZ 86, 273, 274 ff.; BGH NJW 1991, 1225 f.; Palandt/*Heinrichs* § 173 Rn. 14 ff.; MünchKommBGB/*Schramm*, 4. Aufl. 2001, § 167 Rn. 54 ff.

45 So *Gößmann*, BankRHdB, 2. Aufl. 2001, § 55 Rn. 26; ähnlich bereits für Online-Banking über Btx *Blaurock*, Haftung der Banken beim Einsatz neuer Techniken, in: Köndgen, Neue Entwicklungen im Bankhaftungsrecht, 1987, S. 35, 49; *Blaurock*, CR 1989, 561, 565; *Lachmann*, NJW 1984, 405, 408; *Redeker*, NJW 1984, 2390, 2393 f.

46 BGHZ 5, 111, 116; BGH NJW 1998, 1854, 1855; MünchKommBGB/*Schramm*, 4. Aufl. 2001, § 167 BGB Rn. 59; Palandt/*Heinrichs*, 60. Aufl. 2001, §§ 170 ff. Rn. 14; Soergel/*Leptien*, 13. Aufl. 1999, § 167 Rn. 22; Staudinger/*Schilken*, BGB, 13. Bearb. (1995), § 167 Rn. 31.

47 *Gößmann*, BankRHdB, 2. Aufl. 2001, § 55 Rn. 26.

48 Zur analogen Anwendung der §§ 164 ff. BGB auf das Handeln unter fremden Namen ohne Offenlegung der Identität bzw. Stellvertretung MünchKomm BGB/*Schramm*, 4. Aufl. 2001, § 164 BGB Rn. 36 ff.; Palandt/*Heinrichs*, § 164 Rn. 10 ff.

49 *Hammer/Bizer*, DuD 1993, 689, 694; *Redeker*, NJW 1984, 2390, 2392 ff.; dies übernehmend *Freitag*, in: Kröger/Gimmy, Handbuch zum Internetrecht, 2000, S. 65, 85.

hat.[50] Dementsprechend soll bereits die unsorgfältige Aufbewahrung eines Passwortes oder einer PIN-Nummer eine Zurechnung bewirken können.[51]

An der Übertragbarkeit dieser Grundsätze bestehen jedoch Zweifel: Typisch für die Fälle der Anscheinsvollmacht sind handelnde Dritte, die aus der Sphäre des Vertretenen stammen, etwa aus dessen Unternehmen, und deren Handlungen grundsätzlich vom Vertretenen kontrolliert werden können.[52] Demgegenüber kennzeichnen sich die Sachverhalte, in denen elektronische Legitimationsmedien missbräuchlich verwandt wurden, im wesentlichen durch den (behaupteten) Eingriff Dritter, die nicht dem Kunden zuzurechnen sind, sondern unbekannt agieren. Dementsprechend ist in den meisten Verfahren, die eine behauptete missbräuchliche Verwendung von ec-Karten zum Gegenstand hatten, keine Rechtsscheinhaftung angenommen worden, sondern nur ein Anscheinsbeweis zugunsten der Tatsache, dass der Karteninhaber oder ein von ihm autorisierter Dritter gehandelt hat[53] – allerdings ist einzuräumen, dass die Rechtsprechung diese Frage kaum thematisiert hat. Deutlicher ist hier die Rechtslage bei gefälschten Überweisungsaufträgen: Wie der BGH erst jüngst festgehalten hat, kommt es für den vertraglich begründeten Aufwendungsersatzanspruch der Bank nur darauf an, ob ein tatsächlich erteilter Auftrag vorlag, nicht aber darauf, ob die Bank die Fälschung erkennen konnte und ob die Ursachen hierfür aus der Sphäre des

50 So für über Btx getätigte Rechtsgeschäfte: OLG Oldenburg NJW 1993, 1400, 1401; OLG Köln NJW-RR 1994, 177, 178; LG Ravensburg NJW-RR 1992, 111; LG Koblenz NJW 1991, 1360.

51 *Borsum/Hoffmeister*, NJW 1985, 1205, 1206; weitergehend noch wegen gesteigerten Organisationsrisikos *Kuhn*, Rechtshandlungen mittels EDV und Telekommunikation, 1991, S. 228 ff.; dies übernehmend *Freitag*, in: Gimmy/Kröger, Handbuch zum Internetrecht, 2000, S. 65, 86; ebenso für digitale Signaturen: *Jäger/Kussel*, in: Hoeren/Schüngel (Hrsg.), Rechtsfragen der digitalen Signatur, 1999, S. 276.

52 Paradigmatisch etwa der Fall BGH NJW 1998, 1854; vgl. ferner die Auflistung der einschlägigen Rechtsprechungsfälle bei Soergel/*Leptien*, 13. Aufl. 1999, § 167 Rn. 31 ff.; schließlich MünchKommBGB/*Schramm*, 4. Aufl. 2001, § 167 Rn. 61 („Organisationsmangel") sowie Rn. 64 („Organisationsrisiko").

53 Vgl. etwa KG NJW 1992, 1051, 1052; LG Bonn NJW-RR 1995, 815; LG Darmstadt WM 2000, 911, 913 f.; LG Frankfurt WM 1999, 1930, 1932 f.; LG Hannover WM 1998, 1123 f.; LG Köln WM 1995, 976, 977 f.; AG Frankfurt NJW 1998, 687 f.; AG Osnabrück NJW 1998, 688 f.

Kunden stammen[54] – diese Fragen betreffen allein die Verletzung nebenvertraglicher Pflichten. Eine Gleichstellung mit den Fällen der Anscheinsvollmacht müsste auf jeden Fall die Beherrschbarkeit des eingesetzten Mediums und des Missbrauchs Dritter in gleichem Maße wie im Falle des Risikos des in der Organisationssphäre eingesetzten Gehilfen postulieren – woran erhebliche Zweifel bestehen.

Weitere Voraussetzung für eine solche Zurechnung qua Anscheinsvollmacht ist aber nach wie vor, dass der Dritte für eine gewisse Dauer und wiederholt für den vermeintlich Vertretenen aufgetreten ist.[55] Ebenso muss es dem Vertretenen möglich gewesen sein, das Auftreten des Dritten zu erkennen und zu verhindern.[56] An beiden Merkmalen lässt sich aber für missbräuchliche Erklärungen im Internet im Bereich des E-Commerce, der nicht auf einer dauerhaften Geschäftsverbindung basiert, mit Fug und Recht zweifeln: Zum einen fehlt es bei einem einmaligen oder nur kurzzeitig andauernden Missbrauch an der erforderlichen Dauer, um von einem entsprechend zurechenbaren, gesetzten Rechtsschein ausgehen zu können.[57] Dauert der Missbrauch längere Zeit an, so greifen im übrigen bereits die entsprechenden Kontroll- und Meldepflichten des Kunden zugunsten der Bank ein. Zum anderen fehlt es dem Kunden bei offenen Kommunikationsnetzen weitestgehend an der für den zurechenbaren Rechtsschein erforderlichen Kontrollmöglichkeit hinsichtlich des Missbrauchs des Dritten. Oftmals ist dieser für den Kunden noch nicht einmal erkennbar – sofern man hier keine überzogenen Maßstäbe an die vom Kunden zu fordernde Sorgfalt anlegt.[58]

---

54 BGH NJW 2001, 2968, 2969 unter Hinweis auf BGHZ 135, 116, 118 = NJW 1997, 1700 und BGHZ 130, 87, 92 = NJW 1995, 2483; s. auch – statt vieler – aus der jüngeren Literatur *Langenbucher*; Die Risikozuordnung im bargeldlosen Zahlungsverkehr, 2001, S. 145 f.

55 BGH NJW 1998, 1854, 1855; BGH NJW-RR 1986, 1169; OLG Dresden NJW-RR 1995, 803, 804; MünchKommBGB/*Schramm*, 4. Aufl. 2001, § 167 Rn. 68; Palandt/*Heinrichs* § 173 Rn. 15; Soergel/*Leptien*, 13. Aufl. 1999, § 167 Rn. 21.

56 BGH NJW 1998, 1854, 1855; BGH LM Nr. 4 zu § 167 BGB; OLG Frankfurt WM 1997, 18, 20; MünchKommBGB/*Schramm*, 4. Aufl. 2001, § 167 Rn. 59; Palandt/*Heinrichs* § 173 Rn. 14; Soergel/*Leptien*, 13. Aufl. 1999, § 167 Rn. 22; Staudinger/*Schilken*, BGB, 13. Bearb. (1995), § 167 Rn. 40.

57 Wie hier *Siebert*, Das Direktbankgeschäft, 1998, S. 133; *Langenbucher*, Die Risikozuordnung im bargeldlosen Zahlungsverkehr.

58 S. oben 3.

Auch diejenigen, die im Ansatz die Anscheinsvollmacht befürworten, konzedieren, dass für das Internet aufgrund der Offenheit des Netzes höhere Anforderungen an das gerechtfertigte Vertrauen des Erklärungsempfängers im Hinblick auf die Tatsache zu stellen sind, dass die Erklärung vom vermeintlichen Urheber stammt.[59] Bei der Verwendung digital signierter Erklärungen sollen diese Anforderungen jedoch weitgehend erfüllt sein.

Aus dogmatischer Sicht kann dieses Unbehagen gegenüber einer Rechtsscheinhaftung auch für die Anscheinsvollmacht schließlich damit begründet werden, dass hier statt einer Zurechnung einer Erklärung, die auf einer Handlung und einem Erklärungsbewusstsein beruhen müsste, letztlich eine Haftung auf das positive Interesse für die Verletzung von rechtsverkehrsbezogenen Sorgfaltspflichten eingeführt wird, ein Tatbestand, wie er für die Pflichtverletzungen im vorvertraglichen Stadium eher typisch ist.[60]

Eine Lösung über § 120 BGB oder eine Analogie scheidet dagegen von vornherein aus, da § 120 BGB nur die Verfälschung durch die Übermittlung, nicht aber die Verfälschung bereits an der Quelle bzw. den Missbrauch durch einen Dritten, der überhaupt erst eine Erklärung abgibt, betrifft.[61] Allerdings besteht über den Anwendungsbereich des § 120 BGB nach wie vor Streit: Während die hL und Rspr. die Anfechtbarkeit einer falsch übermittelten Willenserklärung auf Fälle beschränken, in denen der Übermittler die Erklärung unbewusst unrichtig wiedergibt oder vertauscht, nicht dagegen, wenn die Erklärung absichtlich verfälscht wird,[62] soll nach einer insbesondere von *Marburger* vertretenen Gegenmeinung dem Erklärenden das Verfälschungs-

---

59 So *Freitag*, in: Gimmy/Kröger, Handbuch zum Internetrecht, 2000, S. 65, 87.

60 So insbesondere *Flume* AT II, § 49, 3, 4; dem folgend *Medicus*, Bürgerliches Recht, 18. Aufl. 1999, Rn. 101; *Pawlowski*, Allgemeiner Teil des BGB, 6. Aufl. 2000, Rn. 720; Staudinger/*Schilken*, BGB, 13. Bearb. (1995), § 167 Rn. 31; *Wiesgickl*, WM 2000, 1039, 1047; *Werner*, BuB (2001) Rn. 19/349; ebenfalls ablehnend, allerdings ohne nähere Begründung *Schönborn*, Die Bankhaftung bei der Überweisung im Internet, 2001, S. 108 f.

61 *Wiesgickl*, WM 2000, 1039, 1046. Daher greift § 120 z.B. auch nicht bei der vom Vertreter falsch abgegebenen Willenserklärung ein, vgl. nur MünchKommBGB/*Schramm*, 4. Aufl. 2001, § 120 Rn. 2; Palandt/Heinrichs, 60. Aufl. 2001, § 120 Rn. 2; Soergel/*Leptien*, 13. Aufl. 1999, § 120 Rn. 2.

62 OLG Oldenburg NJW 1978, 951; *Köhler*, AT § 7 Rn. 22; *Flume*, AT II § 23, 3.

risiko durch den Boten zuzurechnen sein.[63] Ausschlaggebend soll nach *Marburger* sein, dass der Erklärende den Boten auswählen und instruieren kann, seine Zuverlässigkeit beurteilen und ihn im gewissen Umfang auch überwachen kann, so dass er eher als der Adressat in der Lage sei, der Gefahr vorzubeugen.[64]

Daraus wird aber bereits deutlich, dass selbst bei Zugrundelegung dieser Auffassung kein Raum für eine Zurechnung der bei einer Internet-Übermittlung durch Dritte verfälschten Erklärung verbleibt: Denn der Erklärende kann weder die Zuverlässigkeit des Mediums beherrschen, die gewählten Übertragungswege beeinflussen noch besser der Gefahr als der Empfänger vorbeugen. Im Hinblick auf die komplexen Risiken, die mit dem Einsatz offener Kommunikationsnetze verbunden sind, wird eine pauschale Zuweisung der Risiken oder eine Zurechnung via Rechtsschein nicht den möglichen technischen Sicherungsvorkehrungen und den von den Parteien zu fordernden Pflichten gerecht. Demgemäß bleibt es dabei, dass erst ab einer gewissen Dauer überhaupt von einem durch den Kunden gesetzten Rechtsschein ausgegangen werden kann.

(2) Beweiswert, insbesondere Anscheinsbeweis

Entscheidend für die wirtschaftliche Zuweisung der technischen Risiken ist daher die Verteilung der Darlegungs- und Beweislast, wenn der Bankkunde (oder die Bank) bestreitet, dass sie eine entsprechende elektronische Erklärung abgegeben hat. Auf den Beweis eines Auftrages angewandt ist die Bank nach den üblichen Beweislastregeln mit der Darlegung und dem Beweis für die Tatsache belastet, dass der Kunde tatsächlich eine Erklärung abgegeben hat, die zu einem Auftrag und zu dem von der Bank behaupteten Aufwendungsersatzanspruch führt. Da der Kunde im elektronischen Bankverkehr keine Unterschrift verwendet, kann der Nachweis, dass er die Willenserklärung abgegeben hat, nicht durch graphologische Gutachten geführt werden. Im Bestreitensfall und bei Verwendung der Legitimationsverfahren kommt daher entweder nur eine Umkehr der Beweislast zulasten des Kunden oder

---

63 *Marburger*, AcP 173 (1973), 137, 143 ff.; zust. MünchKommBGB/*Kramer*, 4. Aufl. 2001, § 120 Rn. 3; *Medicus*, Allgemeiner Teil des BGB, 7. Aufl. 1997, Rn. 748; *Pawlowski*, Allgemeiner Teil des BGB, 6. Aufl. 2000, Rn. 698.

64 *Marburger*, AcP 173 (1973), 137, 155 f.

ein Anscheinsbeweis zugunsten der Bank in Betracht und zwar jeweils für die Tatsache, dass derjenige, der das Legitimationszeichen verwandt hat, entweder der Kunde ist oder zumindest von diesem autorisiert wurde, die Willenserklärung abzugeben, hilfsweise für die Tatsache, dass der Kunde den Missbrauch des Legitimationszeichens schuldhaft ermöglicht hat.

Eine Beweislastumkehr zugunsten der Bank, so dass der Kunde nachweisen müsste, dass er nicht die elektronische Willenserklärung abgegeben hat, findet zum einen keine Grundlage im Gesetz[65] und wäre zum anderen auch nicht sachgerecht, da sie dem Kunden den Vollbeweis aufbürden würde. Der Kunde ist jedoch selbst unter Zugrundelegung von Gedanken aus der Gefahrenkreis- bzw. Sphärentheorie[66] nicht in der Lage, Risiken zu beherrschen, die nicht aus seinem Bereich stammen; gerade durch diese nicht auszuschließende Möglichkeit charakterisiert sich jedoch das Internet-Banking, da Kommunikationskanäle, die weder vom Kreditinstitut noch vom Kunden beherrschbar sind, benutzt werden. Dies gilt erst recht im Hinblick auf technische Weiterentwicklungen oder Durchbrechungen des technischen Schutzes: Würde eine Beweislastumkehr angenommen, würde dem vermeintlich Erklärenden stets der Vollbeweis aufgebürdet, dass die Erklärung nicht von ihm stammt. Der jeweilige technische Standard und sein Schutzniveau könnten daher nicht angemessen berücksichtigt werden.[67] In vergleichbarer Weise und aus guten Gründen wendet die ständige Rechtsprechung bei technischen Normen stets nur einen Anscheinsbeweis bei Verletzung technischer

---

65 Zur Beweislastumkehr als Rechtsfortbildung Musielak/*Foerste*, ZPO, 2. Aufl., § 286 Rn. 37; MünchKommZPO/*Prütting*, 2. Aufl. 2000, § 286 Rn. 117, 119, 121; *Stodolkowitz*, VersR 1994, 11, 13 f.; für strenge Voraussetzungen *Prütting*, RdA 1999, 107, 110 f.; Zöller/*Greger*, ZPO, 22. Aufl. 2001, vor § 284 Rn. 17 f.

66 Grundlegend *Prölss*, Beweiserleichterungen im Schadensersatzprozeß, 1966, S. 65 ff.; krit. *Musielak*, AcP 176 (1976), 465, 470 ff.; nur im Rahmen von § 282 BGB *Heinrich*, Die Beweislast bei Rechtsgeschäften, 1996, S. 82 f.; Stein/Jonas/*Leipold*, ZPO, 21. Aufl. 1996, § 286 Rn. 50; abl. *Prütting*, Gegenwartsprobleme der Beweislast, 1983, S. 181 ff., 190 ff., 213 ff.; der Sphärentheorie für das Bankrecht und die Haftung bei Verwendung einer PIN folgend: *Canaris,* BankvertragsR Rn. 527o, 710; *Hellner*, FS Werner 1984, S. 251, 274; *Borsum/Hoffmeister*, BB 1983, 1441, 1443; *Borsum/Hoffmeister*, NJW 1985, 1205, 1206 f.

67 Ähnlich *Sieber/Nöding*, ZUM 2001, 199, 208 f.: Flexibilität für künftige technische Entwicklungen erforderlich.

Standards an.[68] Daher ist eine Beweislastumkehr oder gar ein Vollbeweis für die Urheberschaft von Rechts wegen auch nicht angebracht, sondern nur ein Anscheinsbeweis.[69]

Daraus erwächst mittelbar ein weiteres Argument gegen die Annahme einer Anscheinsvollmacht: In diesem Fall würde es genügen, dass die Bank das Bestehen eines Rechtsscheins nachweist, hier dass sie eine elektronische Willenserklärung bekommen hat.[70] Sodann würde der Kunde mit dem Nachweis belastet, dass die Willenserklärung trotz Einhaltung seiner Pflichten erzeugt worden ist, der Rechtsschein ihm also nicht zuzurechnen ist. Dabei handelt es sich nicht um eine Erschütterung eines Erfahrungssatzes, indem die ernsthafte Möglichkeit der Durchbrechung des Erfahrungssatzes nachgewiesen wird,[71] sondern um den vollen Gegenbeweis, den der Kunde zu erbringen hat.[72] Eine solche starre Verteilung von Darlegungs- und Beweislasten wird aber weder der Entwicklung technischer Standards noch der damit einhergehenden Beherrschbarkeit von Risiken gerecht. Demgegenüber zeichnet sich ein Anscheinsbeweis durch größere Flexibilität aus, die der Entwicklung der technischen Standards und neuerer Erkenntnisse besser gerecht wird als eine starre Beweislastverteilung wie im Fall der Anscheinsvollmacht.

Demgemäß ist auch die von der EG-Kommission in ihrer Empfehlung zu elektronischen Zahlungsinstrumenten in Art. 7 e) vorgesehene Beweislast der Bank dafür, dass keine technische Panne oder ein „sonstiger Mangel" aufgetreten ist, eine zu weit gehende und unflexible Beweislastregel, da ein „sonstiger Mangel" auch aus der Sphäre des Kunden stammen kann. Zudem lässt

---

68 S. etwa BGHZ 114, 273, 276 = NJW 1991, 2021; *Spindler*, in: Roth/Bamberger, BGB, 2001, § 823 Rn. 286.

69 Dies verkennt *Trapp*, WM 2001, 1192, 1200 f., der hier eine gesetzliche Spezialregelung des Beweismaßes annehmen will; ähnlich wie hier aber *Melullis*, MDR 1994, 109, 111; s. auch *Roßnagel*, MMR 2000, 451, 459.

70 Zur Anwendung der Beweislastregeln für die Anscheinsvollmacht s. BGH WM 1960, 1326, 1329 f.

71 Zur Erschütterung des Anscheinsbeweises BGHZ 8, 239, 240 = NJW 1953, 584; BGH NJW 1991, 230, 231; BGH VersR 1995, 723, 724; Stein/Jonas/ *Leipold*, ZPO, 21. Aufl. 1996, § 286 Rn. 97 f.; Zöller/*Greger*, ZPO, 22. Aufl. 2001, vor § 284 Rn. 29; Musielak/*Foerste*, ZPO, 2. Aufl., § 286 Rn. 23.

72 MünchKommBGB/*Schramm*, 4. Aufl. 2001, § 167 Rn. 64; ferner RGRK-BGB/ *Steffen*, § 167 Rn. 15.

diese Regel offen, wofür die Beweislastverteilung gilt: ob nur für den Beweis des Auftrages oder des Vertragsabschlusses oder auch für die Verletzung der Sorgfaltspflichten.

Daher kommt nur der Anscheinsbeweis in Betracht, um die komplexen Wechselwirkungen aus technischen Standards, Beherrschbarkeit der Risiken und Pflichten der Parteien zu bewältigen. Entsprechend dem von der oberinstanzgerichtlichen Rechtsprechung schon lange für den Einsatz von ec-Karten angenommenen Anscheinsbeweis dafür, dass bei Einsatz der PIN-Nummer tatsächlich auch der Verfügungsberechtigte die Karte benützt hat oder jedenfalls schuldhaft den Missbrauch ermöglicht hat,[73] kann auf den ersten Blick auch bei der Verwendung von PIN- und TAN-Nummern im Homebanking ein entsprechender prima-facie-Beweis eingreifen.[74] Ebenso sollen die Anforderungen an die Sorgfaltspflichten des Kunden, die im ec-Karten-Bereich entwickelt wurden, entsprechend auf das PIN-/TAN-Verfah-

---

73 St.Rspr. der meisten Instanzgerichte: s. etwa KG NJW 1992, 1051, 1052; LG Bonn NJW-RR 1995, 815; LG Darmstadt WM 2000, 911, 913 f.; LG Frankfurt WM 1999, 1930, 1932 f.; LG Hannover WM 1998, 1123 f.; LG Köln WM 1995, 976, 977 f.; AG Frankfurt NJW 1998, 687 f.; AG Osnabrück NJW 1998, 688 f.; *Werner*, WM 1997, 1516 ff.; *Hoppe*, ZBB 1999, 88 ff.; *Aepfelbach/Cimiotti*, WM 1998, 1218 ff.; *Werner,* MMR 1998, 232, 233; *Canaris,* BankvertragsR, Rn. 527m; *Harbeke*, WM 1994, Sonderbeil. Nr. 1, S. 11; *Kümpel*, Bank- und Kapitalmarktrecht, 2. Aufl. 2000, Rn. 4.862; *Gößmann*, in: BankRHdb, 2. Aufl. 2001, § 54 Rn. 13 f.; *Bieber*, WM 1987, Sonderbeil. Nr. 6, S. 4 f.; *Pleyer*, FS Baumgärtel 1990, 439, 452 ff., alle mwNachw; kritisch *Strube*, WM 1998, 1210, 1213 ff.; *Langenbucher*, Die Risikozuordnung im bargeldlosen Zahlungsverkehr, 2001, S. 147 ff. (da die Anspruchsinhalte beider Tatsachen, auf die der jeweilige Anscheinsbeweis gerichtet ist, unterschiedlich sind); aA OLG Hamm NJW 1997, 1711, 1712 f. (wegen mangelnder Schlüsselsicherheit); LG Berlin WM 1999, 1920 f. (wegen Möglichkeit des Ausspähens).

74 S. bereits für Btx-Banking: OLG Oldenburg NJW 1993, 1400, 1401; OLG Köln VersR 1993, 840 f.; *Kümpel*, Bank- und Kapitalmarktrecht, 2. Aufl. 2000, Rn. 4.662; für Online-Banking: *Werner*, MMR 1998, 232, 233 f.; *Werner*, MMR 1998, 338 ff.; *Werner*, BuB (2001) Rn. 19/42, 19/84 f., 19/326 f.; *Wiesgickl*, WM 2000, 1039, 1050; *v. Rottenburg*, WM 1997, 2381, 2391; *Pichler*, Rechtsnatur, Rechtsbeziehungen und zivilrechtliche Haftung beim elektronischen Zahlungsverkehr im Internet, 1998, S. 78.

ren übertragbar sein.[75] Allerdings hat die Annahme eines Anscheinsbeweises noch keine höchstrichterliche Bestätigung gefunden: Der BGH konnte die Frage, ob ein Anscheinsbeweis für die befugte Benutzung bei einer ec-Karte oder die Verletzung von Sorgfaltspflichten anzunehmen ist, bislang offen lassen.[76] Dabei ist zwischen dem Anscheinsbeweis für die Abgabe der Erklärung durch den Kunden bzw. einem von ihm autorisierten Dritten einerseits und dem Anscheinsbeweis für die Verletzung von Sorgfaltspflichten im Zusammenhang mit den Legitimationsmedien (Sekundäranspruch) zu unterscheiden.

Bereits an dem Anscheinsbeweis hinsichtlich der Urheberschaft einer Erklärung kann man jedoch trotz unterstellter Sicherheit Zweifel anmelden, da der Benutzer die Verwendung der Legitimationsmedien durch Dritte ermöglichen kann.[77] Schließt man eine Zurechung aufgrund Rechtsscheins aus, ist es konsequent, auch dem entsprechenden Anscheinsbeweis die Anerkennung zu versagen, da zahlreiche zwar vom Kunden beherrschbare, aber die Zurechnung dennoch ausschließende Risiken vorliegen, die einen Erfahrungssatz erschüttern, dass gerade die in Streit befindliche Erklärung vom Kunden stammt.[78] Zudem ist der Anscheinsbeweis der Urheberschaft einer Erklärung auf den vertraglichen Erfüllungsanspruch (Aufwendungsersatzanspruch) gerichtet, während der Anscheinsbeweis der Sorgfaltspflichtverletzung auf den damit nicht unbedingt identischen Schadensersatzansp anspruch abzielt.[79] Aber auch wenn man diesen Ansatz nicht teilt, bleibt es dabei, dass der Kunde den Anscheinsbeweis für die Urheberschaft relativ leicht dadurch erschüttern kann, weil er lediglich Umstände vortragen muss, die auf das Abhandenkommen des Legitimationsmediums und dessen Benut-

---

75 *v. Rottenburg*, WM 1997, 2381, 2389; *Gößmann*, in: BankRHdb, 2. Aufl. 2001, § 55 Rn. 26; *Schwintowski/Schäfer,* Bankrecht, 1997, § 5 Rn. 37 ff.; *Kümpel*, Bank- und Kapitalmarktrecht, 2. Aufl. 2000, Rn. 4.661 f.

76 BGHZ 145, 337, 342 = WM 2000, 2421 = NJW 2001, 286 = CR 2001, 77.

77 So *Wiesgickl*, WM 2000, 1039, 1047.

78 Dagegen *Blaurock*, Haftung der Banken bei Einsatz neuer Techniken und Medien, in: Köndgen, Neue Entwicklungen im Bankhaftungsrecht, 1987, S. 44, 50 f.

79 Darauf weist zu Recht *Langenbucher*, Die Risikozuordnung im bargeldlosen Zahlungsverkehr, 2001, S. 148 f. hin, vor allem bei Überweisungsaufträgen, bei denen die Bank im Falle des Schadensersatzanspruchs zunächst den Schaden beim Empfänger liquidieren muß.

zung durch Dritte plausibel hindeuten lassen.[80] In der Praxis spielt die Unterscheidung für das Bankgeschäft[81] indes kaum eine Rolle, da der Anscheinsbeweis nicht nur für die Urheberschaft der Erklärung, sondern auch für den unsorgfältigen Umgang des Kunden eingreift, mit der Folge, dass die Bank ihren Schaden liquidieren kann.[82] Aus diesem Grund ist die Herausarbeitung entsprechender Pflichten der Parteien eng mit der Annahme eines Anscheinsbeweises verwoben.

Ein solcher Anscheinsbeweis beruht auf Erfahrungssätzen, die den Schluss auf eine Tatsache bei Vorliegen bestimmter Voraussetzungen rechtfertigen, wobei die dem Erfahrungssatz zugrunde liegenden Tatsachen ihrerseits des Vollbeweises bedürfen.[83] Voraussetzung für beide Formen des Anscheinsbeweises ist daher zunächst, dass überhaupt entsprechende Erfahrungssätze formuliert werden können, insbesondere dass das gewählte Verfahren einen hohen Sicherheitsstandard bietet, der nur mit einem solchen Aufwand überwunden werden kann, der unter technischen oder wirtschaftlichen Gesichtspunkten unwahrscheinlich erscheint,[84] und bei dem andererseits der Kunde die Maßnahmen, die die Sicherheit gewährleisten, auf einfache Weise gewährleisten kann. Damit der Anscheinsbeweis eingreift, muss die Bank nachweisen, dass die von ihr benützten Systeme und Kommunikationswege wei-

---

80 Für ec-Karten: OLG Hamm 1997, 1711, 1712; LG Berlin WM 1999, 1920 f.; AG Hannover WM 1997, 64, 65; AG Schöneberg WM 1997, 66; *Pleyer*, FS Baumgärtel 1990, 439, 453; *Rüßmann*, DuD 1998, 395, 397; *Strube*, WM 1998, 1210, 1213; *Hoppe*, ZBB 1999, 88, 89; *Werner*, WM 1997, 1516, 1517; s. auch *Grundmann*, in: Hadding/Hopt/Schimansky (Hrsg.), Bankrechtstag 1998, S. 37, 62 f.

81 Anders ist die Rechtslage jedoch für den E-Commerce außerhalb von längerfristigen Geschäftskontakten, etwa im Bereich des Versandhandels (Spot-Market). Dies muss indes einer eigenständigen Ausarbeitung vorbehalten bleiben.

82 Krit. dazu aber *Langenbucher*, Die Risikozuordnung im bargeldlosen Zahlungsverkehr, 2001, S. 147 ff.

83 BGHZ 100, 214, 216 = NJW 1987, 1944; BGH NJW 1996, 1828; BGH NJW 1991, 230, 231; BGH NJW 1982, 2447, 2448; MünchKommZPO/*Prütting*, 2. Aufl. 2000, § 286 Rn. 48, 56; Stein/Jonas/*Leipold*, ZPO, 21. Aufl. 1996, § 286 Rn. 88 f.; Zöller/*Greger*, ZPO, 22. Aufl. 2001, vor § 284 Rn. 29; Musielak/*Foerste*, ZPO, 2. Aufl., § 286 Rn. 23; *Rommé*, Der Anscheinsbeweis im Gefüge von Beweiswürdigung, Beweismaß und Beweislast, 1988, S. 5 f.; *Heinrich*, Die Beweislast bei Rechtsgeschäften, 1996, S. 100 ff.

84 *Werner*, in: Schwarz, Recht im Internet, 6.4.3. S. 5; *Werner*, in: Hoeren/Sieber, HdbMultimediaR, 2000, Kap. 13.5. Rn. 71 f.; *Spallino*, WM 2001, 231, 238.

testgehend gegen Eingriffe Dritter gesichert sind, so dass sich die Lage den geschlossenen Systemen zumindest annähert. Darüber hinaus muss die Bank neben der Güte des eingesetzten Sicherheitssystems auch das ordnungsgemäße Funktionieren ihres Systems darlegen und beweisen, insbesondere hinsichtlich möglicher Fehlbedienungen bzw. Programmierung durch das eigene Personal. Auch im Rahmen der ec-Karten-Rechtsprechung werden vereinzelt Zweifel an einem Anscheinsbeweis geäußert, dass Geldautomaten bei ordnungsgemäßer Bedienung entsprechende Auszahlungen zuverlässig vornehmen.[85]

Bei der Verwendung des ec-Karten-Systems wird weitgehend die Sicherheit des Systems angenommen,[86] auch wenn im Einzelfall nach wie vor Streit über die Verschlüsselungsgüte des Systems bestehen dürfte[87] und die Rechtsprechung zunehmend die Möglichkeiten des Ausspähens oder des Abfangens der PIN-Nummer als Erschütterung des Anscheinsbeweises genügen lässt[88] – dann aber häufig nach Einhaltung der gebotenen Sorgfalt zur Abschirmung der PIN-Nummern-Eingabe fragt.[89] Es liegt weitgehend im Macht- und Einflussbereich des Kunden, ob Dritte Kenntnis von der PIN-Nummer erhalten, etwa indem er bei der Eingabe der PIN-Nummer diese verdeckt hält etc.[90] Da beim Online-Banking ebenfalls mit PIN-Nummern gearbeitet wird, liegt eine Übertragung nahe:[91]

---

85 S. AG Essen NJW-RR 2001, 699 im Hinblick auf Auszahlungen an Geldautomaten, allerdings bezogen auf offenbar zweifelhafte Dokumentationen und unsichere Zeugenaussagen hinsichtlich der Wartung und Bedienung der Geldautomaten durch das Bankpersonal.

86 *Werner*, MMR 1998, 338, 339 ff. mwNachw; zur Rechtsprechung s. außerdem Fn. 53, 73.

87 Charakteristisch das Urteil des OLG Hamm NJW 1997, 1711, 1712 f.; dieses Urteil ist jedoch vereinzelt geblieben, s. o. Fn. 73 m.w.N. Außerdem haben die Banken die Verschlüsselungstiefe der EC-Karten verbessert, so dass diese Rechtsprechung jedenfalls von ihrem Ausgangspunkt her nicht mehr anwendbar sein dürfte.

88 So etwa AG München NJW-RR 2001, 1056, 1057.

89 S. LG Halle WM 2001, 1298, 1299.

90 Allerdings mag man darüber streiten, welches Ausmaß an Sorgfalt angesichts der Realität im Einsatz von PIN-Eingabegeräten dem Kunden abverlangt werden kann. Oftmals sind diese Geräte für jedermann einsehbar, so dass die Geheimhaltung durch verdeckte Eingabe an den Kunden in zahlreichen Situationen überspannte Anforderungen stellen würde.

91 S. Fn. 74.

Indes fehlt beim Online-Banking unter Einsatz des Internet eine entscheidende Voraussetzung, die für das ec-Karten-System und auch für die alten Btx-Systeme vorlag und den Schluss rechtfertigte, dass bei Verlässlichkeit des eigenen Systems der Fehler notwendigerweise beim Gegenüber zu suchen ist, nämlich die Geschlossenheit des Kommunikationssystems. Daran fehlt es aber aufgrund der Einschaltung Dritter zur Übertragung der Informationen im Internet-Banking.[92] Das Ausschlussverfahren, das die Annahme eines Erfahrungssatzes und damit des Anscheinsbeweises rechtfertigt, setzt daher Vorkehrungen voraus, die die Geschlossenheit der Kommunikationsverbindung „wiederherstellen", indem der Missbrauch durch einen Dritten nur mit geringer Wahrscheinlichkeit anzunehmen ist.

Die Annahme eines Erfahrungssatzes, dass bei einem sicheren System nur eine bestimmungsgemäße Benutzung eine Erklärung ausgelöst haben kann, wird zwar als inhaltsleer angegriffen, da offen gelassen werde, welche Voraussetzungen für die Anwendbarkeit vorliegen müssten.[93] Doch ist dies angesichts des Hase-und-Igel-Spiels zwischen technischen Sicherungsmechanismen und deren Durchbrechungen kaum anders lösbar – und findet schließlich in § 16 TKV[94] seinen gesetzlichen Niederschlag. Richtig ist allerdings, dass die Anforderungen an den Erfahrungssatz präzisiert werden müssen.

Fraglich ist daher, ob diese Voraussetzungen auch beim Einsatz des PIN-/TAN-Systems über Online-Banking gegeben sind. Hierzu sind die verschiedenen Risiken im Zusammenhang mit den Pflichten der Vertragsparteien en détail zu betrachten, angefangen vom Aufbau der Verbindung über die Durchführung der Kommunikation bis hin zur eigentlichen Legitimationsprüfung.

---

92 Zutr. *Trapp*, WM 2001, 1192, 1195; s. auch schon *Auerbach*, CR 1988, 18, 20; abl. daher hinsichtlich des Anscheinsbeweises *Siebert*, Das Direktbankgeschäft, 1998, S. 135.

93 So *Trapp*, WM 2001, 1192, 1199.

94 Ausführlich dazu *Hahn*, Telekommunikationsdienstleistungs-Recht, 2001, Rn. 280 ff. m. umfangreichen Nachw.

(3) Schadensersatzansprüche der Bank und Anscheinsbeweis

(a) Pflichten der Parteien

Wie bereits dargelegt, können an die dem Kunden abzuverlangende Sorgfalt keine überspannten Anforderungen gestellt werden. Anders als in den EC-Karten-Fällen, in denen viele Sachverhalte sich dem gesunden Menschenverstand erschließen, etwa die Aufbewahrung einer ec-Karte zusammen mit der PIN in einem Jackett im Büro etc.,[95] ist das Bewusstsein über Computerrisiken wesentlich geringer ausgeprägt, da die technischen Vorgänge komplexer und für die meisten Kunden schwerer durchschaubar sind. Um entsprechende Pflichten der Kunden zur Geheimhaltung anzunehmen, die sich auch auf Risiken des EDV-Einsatzes beziehen, muss ein Mehr an Aufklärung und Information sowie an Sicherungsmaßnahmen seitens der das System einsetzenden Bank verlangt werden. Erst das entsprechende Risikobewusstsein versetzt den Kunden bei technisch komplexen Produkten in die Lage, die angemessenen Sicherheitsvorkehrungen zu ergreifen. Die vom Kunden verlangten Pflichten sind daher immer im Lichte der Pflichten, die der Bank obliegen, zu sehen.

Anhaltspunkte für die Ausformung der der Bank obliegenden Pflichten können im Produkthaftungsrecht gewonnen werden: Trotz verschiedener Ausgangspunkte handelt es sich im Kern auch hier um die Verantwortung für komplexe Produkte, deren Bedienung sich nicht jedermann von selbst erklärt und deren Risiken der Nutzer mangels Spezialwissens häufig nicht zu überblicken vermag. Vielmehr muss im Interesse der Sicherheit des Produktnutzers bzw. des Kunden dieser über die nötigen Sicherheitsmaßnahmen und den richtigen Umgang mit dem Produkt instruiert werden.[96] Gleiches gilt für die Beobachtung von Risiken, die sich erst aus der Kombination mit anderen Produkten ergeben, sofern es sich um marktübliche, häufig in Zusammen-

---

95 S. etwa für den vergleichbaren Fall der gemeinsamen Aufbewahrung von ec-Karte und Scheckvordrucken in einem im Büro aufgehängten Jackett AG Hannover, WM 1996, 2013 f.

96 BGHZ 64, 46, 49 = NJW 1975, 824; BGHZ 116, 60, 65 ff. = NJW 1992, 560; BGH NJW 1987, 372; BGHZ 139, 79, 83 = NJW 1998, 2905; BGH NJW 1999, 2815; näher dazu *Spindler*, in: Roth/Bamberger, BGB, 2001, § 823 Rn. 528 ff.

hang mit dem eigenen Produkt eingesetzte Verfahren bzw. Produkte handelt.[97]

Dies lässt sich zwanglos auf den Einsatz von komplexen technischen System in der Beziehung zwischen Bank und Kunde übertragen: Die Bank als überlegene Systembeherrscherin verfügt über das spezifische Wissen um Risiken oder kann sich zumindest dieses Wissen leichter als der Kunde aneignen.[98] Mehr noch als im Produkthaftungsrecht ist die Bank als derjenige Vertragspartner, der über das tendenziell überlegene Wissen verfügt, verpflichtet, dieses Wissen einzusetzen, fortzuschreiben und den Kunden zu instruieren und zu warnen, um Schadensfällen vorzubeugen. Anders als im Produkthaftungsrecht besteht eine stetige Geschäftsverbindung zwischen Kunde und Bank, die ständige nebenvertragliche Treuepflichten entstehen lässt.[99] Entsprechend dem Produkthaftungsrecht lassen sich die Pflichten der Bank in Instruktions- (bzw. Aufklärungs-) und Produktbeobachtungs- (bzw. Warn-) pflichten aufteilen.[100] Vor dem Einsatz des technischen Systems hat die Bank den Kunden über die nötigen Sicherheitsvorkehrungen zu instruieren, möglichst auch in der Software selbst, um die nötige Aufmerksamkeit hervorzurufen.[101] Die Anforderungen der Rechtsprechung an Klarheit und Verständlichkeit von Produktinstruktionen können hier herangezogen werden.[102] Dies gilt erst recht, wenn durch die Werbung der Eindruck eines gefahrlosen Produktes hervorgerufen wird.[103] Dass dies im Bank- und Kapitalmarktrecht keineswegs unbekannt ist, zeigen nicht zuletzt die um-

---

97 BGH NJW 1995, 1286, 1288; BGHZ 116, 60, 67 f. = NJW 1992, 560; BGHZ 99, 167, 170 f.; *Foerste*, in: ProdHaftHdb, § 25 Rn. 165 ff., 171 ff.; s. auch BGH VersR 1977, 918, 919: Unverträglichkeit zweier Pflanzenschutzmittel.

98 Vgl. *Reiser*, WM 1986, 1401, 1403; zust. *Wiesgickl*, WM 2000, 1039, 1049.

99 S. dazu statt vieler: *Horn*, ZBB 1997, 139 ff.

100 Insoweit ähnlich, allerdings mit kurzgreifender Begründung *Schönborn*, Die Bankhaftung bei der Überweisung im Internet, 2001, S. 132 f.

101 Ebenso für das Btx-System schon *Hellner*, FS Werner 1984, S. 251, 260 f.; *Siebert*, Das Direktbankgeschäft, 1998, S. 125; allgemein für automatisierte Einrichtungen bereits *Köhler,* AcP 182 (1982), 126, 129 ff.

102 S. etwa BGH NJW 1999, 2273, 2274.

103 S. dazu etwa BGHZ 116, 60, 67 ff.; BGH NJW 1994, 932, 933; BGH NJW 1995, 1286, 1287 f.; zur Rechtsprechung s. auch MünchKommBGB/*Mertens*, 3. Aufl. 1997, § 823 Rn. 286; Soergel/*Zeuner*, 12. Aufl. 1999, § 823 Rn. 177; Bamberger/Roth/*Spindler*, § 823 Rn. 528 ff.; Staudinger/*Hager*, BGB, 13. Bearb. (1999), § 823 Rn. F 14 ff.

fangreichen und detaillierten Aufklärungspflichten bei riskanten Geschäften, etwa bei Optionsgeschäften.[104] Ob daher allein die Anordnung von Pflichten des Kunden in AGB oder allgemein gehaltene Hinweise der gebotenen Aufklärung über Risiken der eingesetzten Systeme genügen,[105] mag bezweifelt werden.

Andererseits würden die Anforderungen an die Bank überspannt, wenn man sie zur Beobachtung jeglicher Gefahr oder eingesetzter Software verpflichten würde; vielmehr genügt es, wenn die Bank sich auf die Beobachtung marktüblicher und von Kunden üblicherweise eingesetzter Betriebssysteme und Software sowie entsprechender Missbrauchsfälle beschränkt. Bei Verdachtsfällen hat die Bank den Kunden zu warnen; ebenso muss sie ihn auf erhältliche Service Packs oder Sicherheitsupdates hinweisen. Zu einfach ist es daher, die Risiken der Übertragung über offene Computernetze ohne jegliche Differenzierung der Bank zuzuweisen, da diese die Kontrolle von Missbrauchsfällen aufgrund der großen Anzahl von Computerspezialisten durchführen könne und die Möglichkeit habe, „eine genaue und ständige Überprüfung des Internets als sicheres Übertragungsmedium durchzuführen".[106] Selbst Unternehmen, die sich auf IT-Produkte spezialisiert haben, ist dies nicht möglich, wie die zahlreichen Hacking-Fälle bei Computergroßunternehmen wie Microsoft und anderen zeigen, so dass auch bei einer Bank kaum anzunehmen ist, dass diese über bessere Möglichkeiten der „Überwachung" des Internet verfügt. Der richtige Kern dieser Aussage besteht vielmehr darin, dass die Bank eher in der Lage ist, die Risiken zu erkennen und einzuschätzen, und daher Vorsorge gegen Risiken treffen muss, die aus dem Einsatz des Systems resultieren. Hat sie diesen Pflichten genügt, können

---

104 Ausführlich *Schäfer/Müller*, Haftung für fehlerhafte Wertpapierdienstleistungen, 1999, Rn. 119 ff.; *Schäfer*, Haftung für fehlerhafte Anlageberatung und Vermögensverwaltung, 2. Aufl. 1999, S. 73 ff.; MünchKommHGB-*Ekkenga*, 2001, Effektengeschäfte, Rn. 157 ff.; *Siol*, in: BankRHdb, 2. Aufl. 2001, § 45 Rn. 8 ff.; *Steuer*, FS Schimansky, 1999, 793, 800 ff.; *Arendts*, Die Haftung für fehlerhafte Anlageberatung, 1998, S. 17 ff.; Zusammenstellung der Rechtsprechung bei *Ellenberger*, WM 2001 Sonderbeil Nr. 1, S. 3 ff.; *Möllers*, JZ 2000, 1085, 1086 ff.

105 So aber *Hellner*, FS Werner 1984, S. 251, 260 f., allerdings für das Btx-Banking, das geringere Probleme als das Internet aufwies.

106 So aber *Schönborn*, Die Bankhaftung bei der Überweisung im Internet, 2001, S. 111.

ihr dennoch vorkommende Missbrauchsfälle nicht angelastet werden, da sie aus dem allgemeinen technischen Risiko des Einsatzes des Internet-Banking resultieren, das bis zu diesem Grad auch der Kunde durch die Wahl dieser Technik mitzutragen hat, zumal auch er von deren Einsatz profitiert. Eine verschuldensunabhängige Zuweisung dieser Risiken zu Lasten der Bank kann aber mangels Beherrschungsmöglichkeit dieser Gefahrenquelle nicht vorgenommen worden.[107]

Höhere Anforderungen an die Sicherung der EDV auf Seiten des Kunden implizieren daher die Weitergabe des nötigen Wissens und die Schaffung eines Risikobewusstseins auf Seiten des Kunden. Nur unter diesen Voraussetzungen lassen sich sowohl entsprechende Schadensersatzansprüche als auch Beweiserleichterungen durch die Annahme von Erfahrungssätzen und damit eines Anscheinsbeweises rechtfertigen.

– Geheimhaltung der Legitimationsmedien

Nach Nr. 7 I Online-Banking-Bedingungen ist der Kunde verpflichtet, PIN und TAN geheim zu halten, wobei sich diese Klausel und die in ihr enthaltenen Konkretisierungen der Sorgfaltspflichten an den Bedingungen für ec-Karten (Abschn. II Nr. 7 Pkt. 2) und den Empfehlungen der EU-Kommission aus 1997[108] orientieren. In vergleichbarer Weise werden in IV Abs. 2 S. 4 der Homebanking-Bedingungen dem Kunden Pflichten zur Geheimhaltung der persönlichen Kennnummer oder anderer Codes auferlegt, insbesondere dazu, von der Speicherung der Schlüssel zur Erzeugung der elektronischen Signatur abzusehen. Dazu zählt auch, dass der Kunde zu verhindern hat, dass Dritte seine PIN-Nummer ausspähen können, insbesondere durch Benutzung des zuvor vom Kunden gebrauchten Endgerätes.

Auf den ersten Blick erheben sich gegen derartige Pflichten keine Bedenken, da sie Pflichten festhalten, die aus dem Einsatz des System resultieren und die der Kunde in seiner Sphäre beherrschen kann. Sie geben damit nur Pflichten wieder, die auch ohne ausdrücklich Statuierung nebenvertraglich

---

107 Widersprüchlich insoweit *Schönborn*, Die Bankhaftung bei der Überweisung im Internet, 2001, S. 111 einerseits, der hier eine Zuweisung nach der Sphärentheorie vornimmt, später dann aber von vertraglichen Nebenpflichten im Sinne des hier vertretenen Ansatzes ausgeht.

108 S. oben III. 2.

gelten würden. Problematisch und klärungsbedürftig in der gerichtlichen Praxis dürfte dagegen sein, inwieweit dem Kunden im Einzelfall tatsächlich die Beherrschung technischer Systeme zugemutet werden kann, die ihn im Gegensatz zum einfachen Einsatz einer *PIN-Nummer* und einer ec-Karte vor wesentlich höhere Anforderungen stellen können.[109] Vor allem im Hinblick auf die neuere Rechtsprechung des BGH, die hier deutlich Zurückhaltung in der Annahme der groben Fahrlässigkeit übt und übertriebenen Forderungen Einhalt gebietet,[110] dürften die Anforderungen an die Pflichten des Kunden nicht überzogen werden.

Keine besonderen Schwierigkeiten werden aufgeworfen, soweit es um die Pflicht des Kunden geht, seine PIN-Nummer nicht auf dem Zahlungsinstrument selbst – hier also der Computer (Zettel am Bildschirm) – zu notieren. Hier handelt es sich um Vorgänge, die in der Laiensphäre einfach nachzuvollziehen sind und die jeder Kunde in ihrer Bedeutung für die Geheimhaltung und Funktionsfähigkeit des Gesamtsystems erkennen kann.

Schon das Ausspähen der PIN-Nummer eröffnet aber neue Felder für die Differenzierung im Einzelfall, wie es die Rechtsprechung im ec-Karten-Bereich vorexerziert.[111] Nutzt der Kunde etwa das Internet-Banking von seinem Arbeitsplatz aus – was keine Seltenheit darstellt –, bedarf es keiner großen Anstrengungen für einen einigermaßen versierten Computerspezialisten, ein Programm auf dem Rechner im Hintergrund zu installieren, das die Vorgänge auf dem Computer aufzeichnet, insbesondere die eingegebenen Kennwörter oder Internet-Adressen. Dem Kunden kann hier allenfalls vorgeworfen werden, seine Kennwörter auf dem Arbeitsplatzrechner zu gebrauchen, wenn er davon ausgehen musste, dass dieser auch Dritten zugänglich ist und keine besonderen Sicherheitsvorkehrungen bestanden. Aber auch hier ist eine Aufklärung über die Risiken erforderlich, da vielen Kunden nicht bewusst ist, welche technischen Möglichkeiten des Ausspähens am Com-

---

109 Aus diesem Grund – Sicherheitsrisiken – pauschal eine Übertragung der Haftungsklauseln bei PIN/TAN-Verfahren aus den ec-Karten-Fällen abl. *Jaskulla*, ZBB 1996, 214, 216, allerdings ohne weitere Begründung.

110 BGHZ 145, 337, 341 f. = WM 2000, 2421 = NJW 2001, 286 = CR 2001, 77: keine grobe Fahrlässigkeit bei gemeinsamer Aufbewahrung von ec-Karte und PIN-Nummer in einer Wohnung.

111 Zu den Kriterien der unterinstanzgerichtlichen Rechtsprechung für die Wahrscheinlichkeit des Ausspähens AG München NJW-RR 2001, 1056, 1057; *Hoppe*, ZBB 1999, 89, 92 f. mwNachw; *Schindler*, NJW-CoR 1998, 223 ff.

puter bestehen. Die Bemühungen des Bundesamtes für Sicherheit in der Informationstechnik legen von diesem mangelnden Sicherheitsbewusstsein beredtes Zeugnis ab. Erst bei einer entsprechenden, allgemein verständlichen Information über nötige Sicherheitsmaßnahmen wird man etwa von einer groben Fahrlässigkeit ausgehen können.

Bereits für den Einsatz von PIN-Nummern und Passwörtern im Bereich der ec-Karten oder des Ecash-Verfahrens wurde eine Information der Bank hinsichtlich der Bedeutung der Passwörter und dem damit verbundenen Risiko verlangt.[112] Nichts anderes sieht die Empfehlung der EG-Kommission zu den Geschäften, die mit elektronischen Zahlungsinstrumenten getätigt werden, in Art. 3 I b) vor.[113] Dementsprechend findet sich in den Online-Banking-Bedingungen in Art. 3 II S. 2 (Stand 2000) die Bestimmung, dass die Bank dem Kunden eine Verfahrensanleitung zur Verfügung stellt, die die Besonderheiten der vereinbarten Online-Anwendungen beschreibt.

Ebenso problematisch ist der Verschuldensvorwurf im Falle der Abspeicherung der PIN-Nummer im Computer des Nutzers, z.B. in einem Textdokument oder einer Datenbank. Denn hier befindet sich die PIN-Nummer nicht mehr in unmittelbarer „Nähe" zu dem Medium, mit dessen Hilfe Verfügungen vorgenommen werden können; vielmehr kann die PIN-Nummer erst nach entsprechender, gegebenenfalls aufwendiger Suche in den gespeicherten Dokumenten aufgefunden werden. Eine Parallele zu dem vom BGH behandelten Fall der Aufbewahrung der PIN-Nummer in der Wohnung[114] bietet sich an, so dass zumindest der Vorwurf der *groben* Fahrlässigkeit nicht einfach zu begründen sein dürfte.

Schließlich arbeiten, wie oben dargelegt, Navigationssysteme (Browser) oftmals mit sog. Kennwort-Managern, die den Zugang zu geschützten Homepages erleichtern sollen. Damit ist allerdings die Speicherung der entsprechenden Kennwörter auf dem Computer dergestalt verbunden, dass bei Aufrufen einer bestimmten Kontonummer oder Kennung automatisch das

---

112 Für die ec-Karte bzw. das electronic cash-Verfahren: *Reiser*, WM 1989 Sonderbeil. Nr. 3 S. 14; für das Ecash-Verfahren: *Hoeren/Pichler*, in: Holznagel/Hoeren, Rechtliche Rahmenbedingungen des elektronischen Zahlungsverkehrs, 1999, Rn. 371 = *Pichler*, Rechtsnatur, Rechtsbeziehungen und zivilrechtliche Haftung beim elektronischen Zahlungsverkehr im Internet, 1998, S. 44 f.

113 97/489/EG vom 30.7.1997 ABl. Nr. L 208, S. 52 ff., vom 2.8.1997.

114 S. Fn. 110.

Passwort oder die PIN-Nummer hinzugefügt wird. Allerdings hat der Kunde die Möglichkeit, diesen Kennwort-Manager auszuschalten oder über die Internet-Optionen seines Betriebssystems entsprechende Voreinstellungen vorzunehmen. Da dies die sichersten Optionen sind, sollte der – gerade in PC-Dingen unter Umständen nicht erfahrene – Kunde deutlich darauf hingewiesen werden, da ein entsprechendes technisches Verständnis nicht von jedermann erwartet werden kann.

Das Kennwort bzw. die PIN-Nummer allein würde jedoch beim Internet-Banking nicht für einen Missbrauch genügen, da für jede Verfügung eine nur einmal benützbare *TAN-Nummer* erforderlich ist. Hinsichtlich der TAN-Nummern ist der Kunde nicht gehalten, diese auswendig zu lernen; allerdings muss er sie sorgfältig aufbewahren. Denn wegen der Vielzahl von TAN-Nummern ist es dem Kunden nicht zumutbar, diese geheim zu halten bzw. sie zu vernichten und zu merken, zumal TAN allein nicht zu Transaktionen gebraucht werden können.[115]

Allerdings beseitigt dies nicht von vornherein die Missbrauchsgefahr: Denn für den Einsatz des Internet-Banking ist die Kombination mit anderen Software- und Hardwareprodukten kennzeichnend. So benützt der Kunde im Falle des PIN/TAN-Banking über das Internet häufig einen üblichen Browser, der aber seinerseits mit Ergänzungsprogrammen (Plug-Ins), Java-Skripten bzw. -applets etc. ausgestattet sein kann, die verschiedene Funktionen in anderen Zusammenhängen übernehmen. Darüber hinaus können dem Kunden Hilfsprogramme Dritter zur Verfügung stehen, die das Homebanking erleichtern sollen. Der Einsatz dieser Systeme kann in harmlosen Fällen zu Problemen im Zugang und in der Ausführung der Internet-Banking-Software führen, aber auch den Missbrauch ermöglichen, z.B. bei sog. Spoof-Programmen oder sog. Spyware, die Passwörter, PIN- und TAN-Nummern ausspähen hilft. Daher hilft auch die – für Btx wohl noch gültige – Annahme, dass die TAN-Nummer Sicherheit verspricht, da sie zwar ausgespäht werden kann, aber schon während des Ausspähens verbraucht ist,[116] nicht weiter; denn die TAN-Nummer, die eingesetzt wird, gelangt unter Umständen überhaupt nicht bis zur Bank, sondern kann vorher quasi „abgesogen" und gesammelt werden, so dass sie dann für einen Einsatz durch Dritte zusammen mit der PIN-Nummer zur Verfügung stehen könnte. Ein entsprechendes

115 Zutr. *Werner*, BuB (2001) Rn. 19/47 f.
116 So für das Btx-Banking *Hellner*, FS Werner 1984, S. 251, 270.

Szenario könnte etwa in der Installation eines sog. Plug-in, eines verbreiteten Erweiterungsprogramms, für einen Internet-Browser darstellen, das die entsprechenden Daten ausspäht und bei Überweisungen jeweils die Verbindung zusammenbrechen lässt, um sich anschließende Transaktionen des Dritten zu ermöglichen oder gar selbst unerkanntermaßen die entsprechenden Daten einfügt.[117] Zwar sind bislang derartige Fälle noch nicht bekannt geworden; doch sind sie andererseits auch nicht auszuschließen. Um daher die Sicherheitsvermutung aufrechtzuerhalten und die Pflichten des Kunden nicht zu überspannen, ist eine laufende Beobachtung von Missbrauchsfällen und der Sicherheitstechnik im Internet erforderlich sowie entsprechende Warnungen der Kunden bei Auftreten von entsprechenden Vorkommnissen.

Dies gilt erst recht für Programme, die die PIN-Nummer und sogar TAN-Nummern vorab speichern bzw. den Kunden vorab zur Eingabe auffordern, um sie dann bei jeder Transaktion automatisch hinzuzufügen. Damit geht ein entscheidender Teil der Sicherungsmechanismen verloren. Es liegt aber nicht allein in der Verantwortung des Kunden, welche Produkte er einsetzt, sondern auch der Bank, die den Kunden auf Gefahren im Zusammenhang mit bestimmten, auf dem Markt erhältlichen Softwareprodukten hinweisen muss. Sofern diese Produkt marktgängig und verbreitet sind, ist der Bank ein Warnhinweis an den Kunden zumutbar, dass diese Programme nicht zu benutzen sind, da sie unzulässige Speicherungen der Legitimationsmedien vorsehen.

Bei Software, die das Kreditinstitut selbst zur Verfügung stellt und die die Speicherung von Schlüsseln vorsieht, ist dagegen ein Ansinnen an den Kunden, sich quasi gegen die Software zu stellen, und eine entsprechende Pflichtenklausel überraschend im Sinne von § 3 AGBG. Hier ist es allein mit einer Hinweispflicht nicht getan,[118] die Bank haftet vielmehr für entsprechende Lücken im Sicherungssystem, bis hin zum Versagen des Anscheinsbeweises, da ein Missbrauch durch Dritte wesentlich erhöht wird und dies nicht allein auf die Sphäre des Kunden zurückzuführen ist.

---

117 Zu diesem Szenario s. *Schönborn*, Die Bankhaftung bei der Überweisung im Internet, 2001, S. 100 f.

118 So aber *v. Rottenburg*, WM 1997, 2381, 2389.

– Wahl des Kommunikationskanals und Übertragung über offene Netze

Einen weiteren Einfluss auf die Sicherheit der Übermittlung und auf das Missbrauchspotential hat die Wahl des Kommunikationskanals zwischen Kunden und Bank. Nach Art. 3 III der Online-Banking-Bedingungen ist der Nutzer verpflichtet, die technische Verbindung zum Online-Banking-Angebot der Bank nur über die von der Bank gesondert mitgeteilten Online-Banking-Zugangskanäle herzustellen. Gegen die formularmäßige Vereinbarung einer solchen Pflicht bestehen keine Bedenken; denn es muss der Bank erlaubt werden, die Missbrauchs- und Fälschungsrisiken, die sie grundsätzlich zu tragen hat,[119] durch die Wahl bestimmter Kommunikationswege möglichst zu minimieren. Dann kann sie aber auch den Nutzer verpflichten, diese Kanäle zu benützen, zumal eine solche Pflicht sich als vertragliche Nebenpflicht des Kunden zur Minimierung der Risiken auch ohne entsprechende Festlegung in den AGB ergäbe. Allerdings kann man bei fehlender Festlegung der Kommunikationskanäle dem Kunden allenfalls die Wahl eines unzuverlässigen Providers vorwerfen, was den meisten Kunden aber von vornherein nicht erkennbar sein wird, zumal die Risiken der Kommunikationsverbindung eindeutig außerhalb des Einflussbereichs des Kunden liegen.

Wählt der Nutzer einen nicht freigegebenen Kommunikationskanal (z.B. eine E-Mail über einen Provider), hat er die daraus erwachsenden Risiken zu tragen.[120] Lässt die Bank allerdings entgegen ihren eigenen Angaben den Zugang über nicht freigegebene Kommunikationskanäle zu, muss sie sich daran festhalten lassen und kann sich nicht darauf berufen, dass der Kunde einen unsicheren Kommunikationskanal gewählt habe. Insbesondere wenn entgegen den eigenen Bedingungen Aufträge per E-Mail entgegengenommen werden, kann die Bank den Kunden im Schadensfall später nicht mehr auf einen Pflichtenverstoß wegen Wahl unsicherer Kommunikationswege verweisen.

Von dieser Pflicht des Kunden zu trennen ist die Frage, ob die von der Bank angegebenen Kommunikationskanäle eine Sicherheitsvermutung rechtfertigen. Die Angabe bzw. Wahl dieser Kanäle hat entscheidenden Einfluss auf die Haftung und die Zuweisung von Missbrauchs- und Übermittlungs-

---

119 S. Fn. 30.
120 *Werner*, BuB (2001) Rn. 19/51.

risiken: Stellt die Bank eigene (oder fremde, von der Bank aber in Auftrag gegebene) Einwählknoten zur Verfügung oder DFÜ-Zugänge, werden außer dem Telefonnetz keine anderen Übermittler mehr zwischengeschaltet, so dass die Bank auch die Risiken ab der Schnittstelle zu ihrem Empfangspunkt (Einwählknoten) zu tragen hat.[121]

Eine der häufigsten Verbindungsarten für das Online-Banking ist die geschützte Internet-Verbindung: Im Rahmen des Verbindungsaufbaus ruft der Kunde zunächst die Serveranbindung der Bank auf (URL), um eine gesicherte Verbindung (SSL) herzustellen. In dieser Phase sind Angriffe auf die Sicherheit des Systems in Gestalt des Aufbaus falscher Seiten (faking) oder sog. DNS-Spoofing möglich, indem dem Kunden suggeriert wird, dass er sich auf dem Rechner der Bank befindet, um so seine PIN-Nummer und TAN-Nummern auszuspähen.[122] Allerdings soll der Kunde diesen Angriff verhindern können, indem er das Zertifikat für die SSL-Verbindung überprüft, bevor die Verbindung zustande kommt.[123] Problematisch ist daran, dass eine solche Möglichkeit den wenigsten Kunden bekannt und verständlich ist, da zahlreiche Verbindungen, die an sich sicher sind, solche Zertifikate abfragen, oder deren Echtheit von dem eingesetzten Browser des öfteren ohne ersichtlichen Grund angezweifelt werden. Der schnelle Klick auf den OK-Button bei der eingesetzten Browser-Software liegt daher nahe, da entsprechende Fehlfunktionen der Software oder der Verbindung nicht auszuschließen sind, zum Teil offenbar sogar häufig auftreten.[124] Erst recht treten Probleme auf, wenn die Zertifikate automatisch abgefragt werden und der Kunde aufgrund der Voreinstellungen seiner Software keine Kenntnis von der Herkunft des Zertifikats erhält, so dass auch andere SSL-Verbindungen zu den Fake-Seiten aufgebaut werden können.

Dies führt zu der Frage über, ob der Kunde auch rechtlich gehalten ist, das Zertifikat zuvor abzufragen; eine solche Pflicht wird zumindest bislang nicht in den AGB oder Sonderbedingungen festgelegt und erscheint aufgrund

---

121 S. zu den Zugangsrisiken *Werner*, BuB (2001) Rn. 19/328; *Spindler*, WM 2002, erscheint demnächst.

122 Vgl. *Wiesgickl*, WM 2000, 1039, 1041.

123 *Wiesgickl*, WM 2000, 1039, 1041 Fn. 35 unter Verweis auf www.advance-bank.de.

124 Der Verf. hat aus eigener Anschauung erlebt, das ein- und dieselbe Web-Site manchmal erkannt, manchmal von der Browser-Software abgelehnt wurde, obwohl weder die Web-Site der Bank noch das Zertifikat sich geändert hatten.

des vielen Nutzern nicht vorauszusetzenden technischen Verständnisses auch keineswegs selbstverständlich. Trotzdem ist für die Frage des Anscheinsbeweises zunächst davon auszugehen, dass zumindest die Abfrageroutinen im Rahmen der Browser-Software genügend Warneffekte erzeugen, um davon ausgehen zu können, dass in der Regel unsichere Verbindungen verhindert werden. Hinzu kommen muss allerdings, dass die Bank selbst regelmäßige Testläufe von außerhalb durchführt, um die Sicherheit ihrer Systeme zu prüfen und rechtzeitig Warnhinweise an die Kunden zu übermitteln. Erst dann erscheint auch die Annahme eines Anscheinsbeweises gerechtfertigt.

Hinsichtlich der *Verschlüsselungstiefe* der Verbindung ist nach derzeitigem Kenntnisstand eine Dechiffrierung der verschlüsselten Nachrichten (bei 128bit-Standard) nur unter ganz erheblichem Aufwand möglich,[125] so dass auch in dieser Hinsicht der Anscheinsbeweis berechtigt wäre. Auch hier ist die Bank indes gehalten, den Stand der Technik einzuhalten, so dass sie sich nicht mit geringeren Verschlüsselungstiefen begnügen kann – auch wenn Kunden noch ältere Zugangssoftware benützen sollten. In diesem Fall hat die Bank den Verbindungsaufbau abzulehnen und den Kunden auf die Installation neuerer Software mit größerer Verschlüsselungstiefe zu verweisen.

Wenn Banken noch geringere Verschlüsselungstiefen erlauben, ist Hintergrund dieser Option der Umstand, dass erst neuere Versionen der Browser-Software die 128-bit-Verschlüsselung nach Klärung der rechtlichen Fragen, die durch ein Exportverbot der USA im Bereich der Kryptographie aufgeworfen wurden, ermöglichen. Nicht jeder Kunde verfügt aber über die neueren Versionen. Aus juristischer Sicht kann die Bank zwar den Kunden auch auf eine unverschlüsselte Verbindung oder eine mit geringerer Verschlüsselungstiefe (64-bit) verweisen; jedoch bedarf es dann der vorherigen Aufklärung des Kunden über die damit verbundenen Risiken. Nur bei gehöriger Information kann von einem vertraglichen bzw. konkludenten Verzicht des Kunden auf die Wahrung seiner Privatsphäre durch eine unverschlüsselte Verbindung ausgegangen werden.

Schließlich trifft die Bank eine ständige Pflicht zur Beobachtung der technischen Sicherheit, so dass bessere Verschlüsselungstiefen bei entsprechender Verfügbarkeit eingesetzt werden müssen, sofern sie als Stand der

125 *Wiesgickl*, WM 2000, 1039, 1041.

Technik gelten können. Das Verharren auf dem bisherigen Standard ist daher nur möglich, wenn der Kunde ausdrücklich auf die dadurch entstehenden Risiken hingewiesen wird und er in die Fortsetzung der Kommunikation zu diesem Standard einwilligt. So bestehen selbst beim SSL-Verfahren mit 128-bit-Verschlüsselung Bedenken, da durch die Architektur des Systems (fest installierte Client-Software) Hacker-Angriffe mit Erfolg nicht auszuschließen sind; gleiches gilt hinsichtlich der fehlenden Sicherheitszertifikate nach dem sog. ITSEC-Sicherheitszertifikat der Stufe E3.[126]

Probleme treten ferner auf, wenn der Kunde den Zugang zum Konto nicht ordnungsgemäß beendet, da Dritte aufgrund des offenen Kanals Verfügungen über das Konto vornehmen könnten. Demgemäß wird von Bankenseite dem Kunde die Pflicht auferlegt, den Zugang ordnungsgemäß durch Abmeldung zu beenden, um Sicherheitsrisiken auszuschließen.[127] Allerdings dürfte das Risiko beim Einsatz von TAN-Nummern nicht allzu hoch zu veranschlagen sein, da allein der offene Kommunikationskanal nicht missbräuchliche Verfügungen ermöglicht. Nur dann, wenn der Dritte schon über die TAN-Nummern verfügt, könnte er solche Verfügungen auslösen; in Rede stünde daher nur die Wahrung des Bankgeheimnisses, indem der Dritte vertrauliche Daten ausspähen könnte. Zudem brechen die meisten Programme die Verbindung nach einer gewissen Zeitspanne von ca. 10-15 Minuten automatisch ab, so dass auch Systemabstürze oder Kommunikationsunterbrechungen aufgefangen werden. In diesem Lichte besehen, erscheint es fraglich, das noch verbleibende Risiko eines solchen Abbruchs dem Kunden aufzubürden: Denn die Sicherheit von Betriebs- und Navigationssystemen kann nicht als so ausgereift bezeichnet werden, dass jeglicher Systemabsturz bei Offenhaltung des Kommunikationskanals dem Kunden zugerechnet werden könnte. Die plötzliche Beendigung einer Kommunikationsverbindung mit der Bank durch Programmfehler auf Seiten des Kunden sind von diesem nur sehr eingeschränkt beherrschbar; entsprechende Probleme können sowohl durch

---

126 Information Technology Security Evaluation Criteria, s. dazu http://www.bsi.de (Bundesamt für Sicherheit in der Informationstechnik); ferner *Anderer*, in: Lange (Hrsg.), Internet-Banking, 1998, S. 164 ff., der auf die Secure Request Technology (SRT) verweist.

127 *Werner*, BuB (2001) Rn. 19/48.

die Hardware, das Betriebssystem, die Zugangssoftware[128] oder eingesetzte Browser bis hin zur Verbindung selbst bedingt sein. Nur wenn der Kunde den Zugang offen hält, ohne Transaktionen zu tätigen, also praktisch „vergisst", den Zugang zu beenden, können ihm solche Risiken zugerechnet werden. Ferner kann die Bank Vorsorge gegen offene Kommunikationsverbindungen treffen, indem die Verbindung zeitgesteuert abgebrochen wird, wenn keine Aktivitäten feststellbar sind.

Andererseits hat nur der Kunde es in der Hand, verlässliche Betriebssysteme und Verbindungen einzusetzen; der Bank stehen hier nur sehr eingeschränkte Kontrollmöglichkeiten zur Verfügung. Letztlich dürfte es hier auf die Umstände des Einzelfalls ankommen, etwa wenn nachgewiesen werden kann, dass dem Kunden schon verschiedentlich Abstürze seines Systems oder seiner Verbindung bekannt waren, er aber dennoch an der eingesetzten Software festhielt. An einem Anscheinsbeweis zugunsten der Bank, dass eine sichere Verbindung besteht, ändert dies freilich nichts; es obliegt dem Kunden, Umstände glaubhaft zu machen und unter Beweis zu stellen, die belegen, dass er den Abbruch einer Verbindung nicht zu vertreten hat.

– Einsatz von Soft- und Hardware auf Seiten der Bank

Für den Einsatz und die Fehler der bankeigenen Soft- und Hardware war früher umstritten, ob die Bank sich Störungen über § 278 BGB zurechnen lassen muss[129] oder ob eigenes Verschulden vorliegen muss.[130] Diese Diskussion mutet eigenartig an, da der Schuldner selbstverständlich für die Zuverlässigkeit der eingesetzten technischen Systeme so haftet, als wenn er selbst entsprechende Handlungen vornehmen würde. Eine Bank wird ebenso wenig wie ein Handwerker mit mangelhaftem Werkzeug durch Störungen der eingesetzten Technik exkulpiert – außer, sie hat die Störungen nicht zu vertreten. Insoweit kommt es in der Tat nur auf die Maßstäbe des § 276 BGB an, da die Bank dafür Sorge zu tragen hat, dass z.B. entsprechende Serverkapazitäten vorgehalten werden. Für eine (verschuldensunabhängige) Haftung

128 Der Verf. hat selber mehrfach Systemabstürze bei sicheren bzw. offenen Internet-Verbindungen mit seiner Online-Bank über AOL erlebt, ohne dass eine für einen Nicht-Informatiker erkennbare Ursache auszumachen wäre.

129 So *Canaris,* BankvertragsR, Rn. 367; *Möschel*, AcP 186 (1986), 187, 197 ff.

130 So *Blaurock*, CR 1989, 561, 563 f.; *Fervers*, WM 1988, 1037, 1043.

nach Risikosphären ist im BGB dagegen kein Raum,[131] so dass bei von der Bank nicht zu vertretenden Leistungsstörungen auch keine Haftung eintritt,[132] sofern nicht Spezialbestimmungen eingreifen, wie etwa § 676b BGB.[133]

Demgegenüber ist auf § 278 BGB zurückzugreifen, wenn sich die Bank anderer Provider bedient, etwa wenn dem Kunden besondere Einwählknoten angeboten werden oder wenn die Bank ihre Angebote auf fremden Rechnern hostet. Die von der Bank eingesetzten Dienstleister sind als Erfüllungsgehilfen zu qualifizieren, für deren Verschulden die Bank einzustehen hat. Allerdings stellen Allianzen zwischen Online-Providern und Banken, bei denen das Bankangebot auf den Portalen der Online-Provider vorzufinden ist, noch kein einheitliches Angebot dar; vielmehr handelt es sich hier nur um das Angebot zur Eröffnung entsprechender Kommunikationswege zur Bank mit Hilfe des Providers.

– Pflicht zum Systemwechsel (Einsatz digitaler Signaturen)?

Entsprechend der Pflicht, nach dem technischen Standard die Verschlüsselung und die eingesetzte Kommunikation anzupassen, ist fraglich, ob die Bank angesichts einer eventuell höheren Sicherheit beim Einsatz des HBCI-Standards oder digitaler Signaturen verpflichtet ist, nur noch diese im Rahmen der Kommunikation einzusetzen. Auch könnte das Sicherheitsniveau von HBCI oder digitalen Signaturen gegen einen Anscheinsbeweis gegen PIN/TAN ins Feld geführt werden.

Damit würde indes übersehen, dass es sich um verschiedene Ansätze handelt, die nur bedingt miteinander vergleichbar sind.[134] Zwar ist einzuräumen,

---

131 Abl. zu Haftungsklauseln, die allein auf die Risikosphäre abstellen, da nur bei Verschulden Haftung eintritt: für den nicht-kaufmännischen Verkehr BGH WM 1991, 1110 ff.; für den kaufmännischen Bereich BGH WM 1997, 910, 911; *Schwintowski/Schäfer*, Bankrecht, 1997, § 5 Rn. 39 f.; *Nobbe*, in: BankRHdb, 2. Aufl. 2001, § 60 Rn. 128 ff.

132 Kaum haltbar daher *Schönborn*, Die Bankhaftung bei der Überweisung im Internet, 2001, S. 140, der ohne weitere Begründung einfach eine verschuldensunabhängige Haftung der Bank annimmt, im selben Atemzug aber die Bank nicht für Störungen der Telekommunikationsverbindunen haften lassen will (sic!).

133 Vgl. dazu *Einsele*, JZ 2000, 9, 13 ff.; *Klammt/Koch*, NJW 1999, 2776, 2777.

134 Insoweit zutr. *Stockhausen*, WM 2001, 605, 619.

dass die Sicherheit, die HBCI bietet, insbesondere hinsichtlich der Integrität, nicht unbedingt mit der SSL-Verbindung zu vergleichen ist, da letztere zwar eine sichere Verbindung herstellt, diese aber für denjenigen angreifbar ist, der die Verschlüsselung kennt. Die beschriebenen Probleme einer vorgetäuschten Web-Seite stellen sich dagegen in geringerem Ausmaße bei einer HBCI-Verbindung. Doch wird die Sicherheit bei der PIN/TAN-Kommunikation nicht nur über die SSL-Verbindung bewerkstelligt, sondern vor allem über die nur einmal benutzbare TAN-Nummer. Demgegenüber weist der HBCI-Standard andere Risiken auf, insbesondere das Ausspähen der Signaturschlüssel, auf die noch einzugehen ist. Festzuhalten ist an dieser Stelle, dass die beiden Kommunikationsarten nur schwer miteinander zu vergleichen sind, so dass der Wechsel zur digitalen Signatur kaum zwingend sein dürfte. Allerdings kann auch nicht ausgeschlossen werden, dass je nach den Erfahrungen, die mit den verschiedenen Kommunikationstechniken gemacht werden, sich die digitale Signatur als derart überlegen erweisen sollte, dass ein Wechsel zwingend geboten ist.

(b) Anscheinsbeweis für Pflichtverletzung und abgestufte Darlegungslasten

Lässt man daher den Anscheinsbeweis zugunsten der Bank eingreifen, stellt sich die Frage, wie der Kunde diesen erschüttern kann: Schon hinsichtlich der Darlegungslast wird die Auffassung vertreten, dass der Kunde konkrete Anhaltspunkte für einen Missbrauch darlegen müsse, da es sich sonst um eine Behauptung ins Blaue hinein und um einen Ausforschungsbeweis handele.[135] Dem ist im Grundsatz zuzustimmen, doch sind die Anforderungen an die Substantiierung entsprechender Behauptungen entscheidend. Zu hoch dürfen diese nicht geschraubt werden, da sonst dem Kunden angesichts mangelnder Einblicke in Vorgänge bei Dritten oder bei der Bank die Möglichkeiten der Erschütterung des Anscheinsbeweises völlig abgeschnitten würden.[136] Hier bietet das Modell des § 16 TKV Anhaltspunkte: Der Kunde muss demnach zumindest Faktoren angeben können, die abstrakt

---

135 So *Trapp*, WM 2001, 1192, 1197; OLG Köln NJW-RR 1998, 1363, 1364.

136 Sehr krit. daher gegenüber einem Anscheinsbeweis *Langenbucher*, Die Risikozuordnung im bargeldlosen Zahlungsverkehr, 2001, S. 151, die aber die Möglichkeiten der abgestuften Darlegungs- und Beweislast in der Praxis unterbewertet.

geeignet sind, den Missbrauch zu ermöglichen, und konkret durch Sachverständigengutachten überprüft werden können, z.B. das Erstellen falscher Zertifikate bei einer SSL-Verbindung. Gelingt ihm dies, verlagert sich die Darlegungslast auf die Bank, die ihrerseits die Behauptungen entkräften kann. Insgesamt zeichnet sich das Bild einer abgestuften Darlegungs- und Beweislast, die den technischen Gegebenheiten und der Beherrschbarkeit der Risiken gerecht wird – und seine Vorbilder auch in anderen Rechtsgebieten, wie etwa dem Arzthaftungsrecht,[137] vorfinden kann.

(4) Sonderproblem: Frei übertragbare Legitimationsmedien (Unternehmenskunden)

Bei Unternehmen stellt sich häufig die Frage, wie mit dem Verhältnis von Geheimhaltung der Legitimationsmedien als Grundlage für die Sorgfalten des Kunden und für den Anscheinsbeweis einerseits und der für Unternehmen erforderlichen freien Übertragbarkeit der Legitimationsmedien umgegangen werden kann. Die gleichzeitige Vereinbarung von Geheimhaltungspflichten und der freien Übertragbarkeit scheinen sich gegenseitig wegen ihrer Nähe zur – unzulässigen – Risikosphärenhaftung auszuschließen.[138] Dementsprechend soll dem Anscheinsbeweis die Grundlage entzogen sein, wenn die Legitimationsmedien übertragbar wären oder wenn keine Vorkehrungen dafür getroffen werden, dass es während oder nach Nutzung der Legitimationsmedien durch den Berechtigten möglich ist, nicht körperliche Legitimationsmedien (PIN etc.) abzurufen oder zu erkennen.[139]

Derartige Befürchtungen scheinen jedoch sowohl im Hinblick auf die Pflichten als auch auf den Anscheinsbeweis nicht gerechtfertigt: Denn an die Stelle der persönlichen Geheimhaltungspflicht tritt hier die Pflicht des Unternehmensträgers, dafür Sorge zu tragen, dass die mit dem Umgang der Legitimationsmedien betrauten Mitarbeiter diese geheim zu halten haben. Die daraus resultierende Organisationspflicht ist lediglich aus der Primär-

---

137 S. dazu BGH NJW 1983, 332; BGH VersR 1981, 752; OLG Zweibrücken VersR 1998, 1114; OLG Stuttgart VersR 1991, 229; *Rehborn*, MDR 1999, 1169, 1174; *Spindler*, in: Roth/Bamberger, § 823 Rn. 853 mwNachw.

138 So *Werner*, BuB (2001) Rn. 19/220 für DFÜ-Vereinbarungen, generell Rn. 19/322.

139 So *Werner*, aaO.

pflicht der Geheimhaltung abgeleitet und begründet keine Risikosphärenhaftung, da nach wie vor Verschulden erforderlich ist, um einen Schadensersatzanspruch zu begründen. Demgemäß kann auch der Anscheinsbeweis eingreifen, den der Unternehmensinhaber dadurch erschüttern kann, dass er darlegt, wie er die Mitarbeiter instruiert hat und wie diese die Geheimhaltung eingehalten haben. Es ist für die Rechtsordnung nichts Ungewöhnliches, dass bestimmte Abteilungen oder Mitarbeiter in einem Unternehmen von anderen abgeschottet werden müssen, etwa im Wertpapierhandelsrecht.[140]

bb) Authentizität (Fälschungssicherheit)

Während für die Urheberschaft der Erklärung oder für die Verletzung entsprechender Sorgfaltspflichten daher trotz gewisser Bedenken ein Anscheinsbeweis eingreifen kann, stellt sich die Sachlage hinsichtlich der Authentizität der Nachricht anders dar: Hier geht es nicht darum, von wem die Erklärung stammt, sondern dass die im Prozess vorgelegte Erklärung auch tatsächlich diejenige ist, die abgegeben wurde. Entscheidend hierfür ist der Nachweis, dass eine Erklärung nicht verfälscht wurde. Während dies für schriftliche Erklärungen durch graphologische Untersuchungen möglich ist und § 440 II ZPO eine Vermutung dafür enthält, dass die über der Unterschrift stehende Schrift echt ist,[141] fehlt der elektronischen Erklärung nach zutreffender – und inzwischen gesetzgeberisch bestätigter[142] – Meinung[143] die Urkundsqualität.

---

140 Zu den erforderlichen „chinese walls" s. statt vieler: *Assmann/Cramer*, in: Assmann/Schneider, WpHG, 2. Aufl. 1999, § 14 Rn. 54c; *Koller*, in: Assmann/ Schneider, WpHG, 2. Aufl. 1999, § 33 Rn. 17 ff.

141 S. dazu *Hartmann*, in: Baumbach u.a., ZPO, 59. Aufl. 2001, § 440 Rn. 4 mwNachw.

142 S. die Absage an den Urkundsbeweis in Begr RegE zum Gesetz zur Anpassung der Formvorschriften an den modernen Geschäftsverkehr BT-Drucks 14/4987, S. 23.

143 *Britz*, Urkundenbeweisrecht und Elektroniktechnologie, 1996, S. 99 ff.; *Heun*, CR 1995, 2, 3; *Geis*, in: Hoeren/Sieber, HdbMultimediaR, 2000, Kap. 13.2. Rn. 5 ff.; *Strauch* GS Lüderitz 2000, 751, 765; demgemäß erkennt die hM keinen Urkundsbeweis durch EDV-Datenträger an: Zöller/*Geimer*, ZPO, 22. Aufl. 2001, vor § 415 Rn. 2; MünchKommZPO/*Schreiber*, 2. Aufl. 2000, § 415 Rn. 6; Stein/Jonas/*Leipold*, ZPO, 21. Aufl. 1999, vor § 415 I Rn. 1a; *Bizer/Hammer*, DuD 1993, 619, 622 f.; *Redeker*, NJW 1984, 2390, 2394.

Auch der oben diskutierte Anscheinsbeweis kann sich hinsichtlich der Geheimhaltung der Legitimationsmedien nur auf die Identität bzw. Urheberschaft der Erklärung beziehen; ein Anscheinsbeweis hinsichtlich der Authentizität der Nachricht müsste sich dagegen auf die Sicherheit der Nachricht vor Verfälschung erstrecken. Ein solcher Erfahrungssatz könnte beim PIN/TAN-Verfahren allenfalls auf die sichere Verbindung gründen (SSL-Verbindung), die aufgrund ihrer Verschlüsselungstiefe einen Eingriff eines Dritten unwahrscheinlich macht. Dennoch würde damit nur die Sicherheit der Nachricht vor Verfälschung während der Kommunikation erfasst, nicht aber etwa eine Behauptung des Kunden, dass die Nachricht nach Zugang bei der Bank dort verfälscht wurde. Zu dem Nachweis der sicheren Verbindung muss daher noch der Beweis hinzutreten, dass Vorkehrungen gegen Verfälschungen seitens der Bank getroffen wurden, etwa hinsichtlich der Systemsicherheit innerhalb der Bank und der Kontrolle von Zugriffsrechten auf elektronisch archivierte Dokumente.[144] Erst wenn diese Nachweise erbracht sind, kann von einem Anscheinsbeweis der Authentizität auch beim PIN/TAN-Verfahren ausgegangen werden.

cc) Verschuldensunabhängige Risikohaftung des Kunden durch AGB?

Da das Internet-Banking trotz aller Sicherungsvorkehrungen Risiken aufweist, wäre es aus wirtschaftlicher Sicht verständlich, dass in Allgemeinen Geschäftsbedingungen das Risiko von trotzdem auftretenden Missbrauchsfällen dem Kunden zugewiesen wird. Bereits für das Btx-Banking war die Zulässigkeit solcher verschuldensunabhängig formulierter Klauseln umstritten.[145] Entscheidend ist, inwieweit die Zuweisung des Missbrauchsrisikos vom gesetzlichen Leitbild abweicht: Die genannten Klauseln wirken sich zu Lasten des Kunden aus, indem sie ihm unabhängig von der Einhaltung seiner

---

144 Dieser Nachweis ist dem in ec-Karten-Verfahren mitunter auftauchenden Problem des Nachweises der Sicherheit von Geldautomaten und deren Belegführung über die Auszahlung vergleichbar, s. etwa die oben in Fn. 85 referierte Rechtsprechung.

145 Für zulässig hielten wegen unübersehbarer Schadensrisiken solche Klauseln: *Hellner*, FS Werner 1984, S. 251, 273 ff.; *Reiser/Werner*, WM 1995, 1901, 1907; letztlich auch *Blaurock* CR 1989, 561, 566, da der Kunde jederzeit die PIN-Nummern ändern könne; dagegen bereits *Borsum/Hoffmeister*, BB 1983, 1441, 1443.

Pflichten entsprechende Schadensfälle aufbürden. Demgegenüber bräuchte der Kunde nach den gesetzlichen Regeln sich weder nach § 120 BGB die Willenserklärung eines Fälschers zurechnen zu lassen noch wäre er nach allgemeinen Regeln der pVV mit einem Schadensersatzanspruch konfrontiert, wenn er keine Pflichten, die ihm obliegen, verletzt hat. Da aber das Fälschungsrisiko über das Internet weder vom Kunden noch von der Bank zu beherrschen ist, sind Klauseln, die ohne Rücksicht auf schuldhafte Pflichtverletzungen dieses Risiko dem Kunden zuweisen, unangemessen. Aus § 120 BGB lässt sich zudem die Regel ablesen, dass der Erklärungsempfänger das Risiko der Fälschung trägt, da er der Erklärung nicht ohne weiteres vertrauen muss – außer es liegen Anhaltspunkte für ein solchermaßen begründetes Vertrauen vor, die dann wieder die Zurechnung zum Erklärenden begründen.

Die Zulässigkeit solcher Klauseln kann auch nicht damit begründet werden, dass die Banken erhebliche Aufwendungen zur Risikominimierung in die Wege geleitet hätten.[146] Denn das Ausmaß an eigenen Aufwendungen besagt nichts darüber, ob dem Vertragspartner eine Willenserklärung zugerechnet oder Schadensersatz verlangt werden kann, wenn dieser nicht schuldhaft Pflichten verletzt hat. Ebenso wenig spielt die Frage von Ersatzansprüchen gegen die Bank eine Rolle,[147] zumal hier zunächst der Kunde entsprechende Ansprüche geltend und im Prozess darlegen und beweisen müsste, abgesehen von dem Insolvenzrisiko, das ihm aufgebürdet wird. Ob ein Vertragspartner formularmäßig verschuldensunabhängig zum Schadensersatz herangezogen werden kann, ist daher an der Abweichung vom gesetzlichen Leitbild und nicht anhand irgendwelcher Saldierungen mit Gegenansprüchen zu beurteilen.

---

146 So aber *Schönborn*, Die Bankhaftung bei der Überweisung im Internet, 2001, S. 117 unter Übernahme von *Hellner*, FS Werner 1984, S. 251, 275, dessen Ausführungen aber noch auf der Grundlage der Sphärentheorie und der daraufhin damals formulierten Bankbedingungen zu verstehen sind; diese sind aber nach BGH WM 1991, 1368, 1369 ff. und der Anpassung der AGB Banken obsolet.

147 So aber *Schönborn*, Die Bankhaftung bei der Überweisung im Internet, 2001, S. 117 in Verkennung der Dogmatik zu § 9 AGBG.

dd) Pflicht zur Änderung der PIN?

Fraglich ist, ob der Kunde verpflichtet ist, seine PIN-Nummer regelmäßig zu ändern. Eine solche Pflicht könnte zur Minimierung des Missbrauchsrisiko angenommen werden. Für den Fall des Verdachts der missbräuchlichen Nutzung wird man dem entsprechend Art. 7 II S. 1 der Online-Banking-Bedingungen sicherlich zustimmen können, da der Kunde alles in seiner Macht Stehende zu unternehmen hat, um den Schaden zu minimieren.[148] Im übrigen aber dürfen die Anforderungen an den Kunden, der in einer Welt zunehmender technischer Sicherungssysteme sich eine Vielzahl von Passwörtern und PIN-Nummern zu merken hat, nicht überspannt werden, so dass eine Pflicht zur ständigen Änderung der PIN-Nummern abzulehnen ist.[149] Nur wenn sich dem Kunden wegen der möglichen Einsehbarkeit oder der Benützung seines Computers durch mehrere Personen aufdrängen muss, dass er die PIN-Nummer häufiger ändern sollte, wird eine solche Pflicht anzunehmen sein.[150] So ist es bei größeren Netzwerken gute Praxis und fast schon Sicherheitsstandard, dass die Passwörter in periodischen Abständen vom Nutzer geändert werden müssen, um Einbrüche Dritter in die Systeme zu verhindern.

b) Nur passwortgeschützte Systeme (Discount-Broking)

Einige Anbieter, insbesondere im Discount-Broking-Bereich,[151] verzichten auf den Einsatz von TAN bei den jeweiligen Aufträgen, sondern verlangen nur die Angabe eines Passwortes beim Einloggen in das Angebot. In jeden Fall muss die Bank eine Sicherung zumindest durch eine PIN-Nummer oder ein Passwort vorsehen, um zu verhindern, dass Dritte unberechtigt Einsicht in das Konto des Kunden nehmen und damit das Bankgeheimnis verletzen könnten, auch wenn damit keine Verfügungsmöglichkeiten bestehen.[152] Zwar

---

148 S. auch *Werner*, BuB (2001) Rn. 19/68.

149 So im Ergebnis auch *Werner*, BuB (2001) Rn. 19/70.

150 Darauf weist zutr. *Werner*, BuB (2001) Rn. 19/70 hin.

151 Etwa die Entrium-Bipop AG im Rahmen des Discount-Broking oder der Tagesgeldanlage.

152 Zutr. *Werner*, BuB (2001) Rn. 19/44; s. ferner *Kümpel*, Bank- und KapitalmarktR 2. Aufl. 2000, Rn. 2.134 ff.; *Schwintowski/Schäfer*, Bankrecht, 1997, § 1 Rn. 134 ff.; *Bunte*, in: BankRHdb, 2. Aufl. 2001, § 7 Rn. 9.

mag der Schutz der Daten durch die Legitimation mittels Passwortes und/oder PIN-Nummer ausreichend sein; doch stößt der Schutz nur über ein Passwort hinsichtlich der möglichen Schädigungen des Kunden auf Bedenken. Denn in der Regel wird der Kunde gegen Verfügungen Dritter nur dadurch geschützt, dass Transaktionen allein über sein Referenzkonto durchgeführt werden können, auf das allein der Kunde wiederum mit PIN und TAN Zugriff hat; doch führt dies nicht daran vorbei, dass Verfügungen durch Dritte möglich sind, die sich zwar nicht selbst bereichern wollen (und können), den Kunden aber schädigen wollen, indem Aufträge zu Lasten seines Verrechnungskontos durchgeführt werden. Vorstellbar sind etwa Fälle, in denen ein böswilliger Dritter das Depot des Kunden zur Unzeit leerverkauft oder in zweifelhafte Anlagen investiert, die wenig später erheblich an Wert verlieren.

c) Digitale Signaturverfahren

Die elektronische (oder auch digitale) Signatur ist ein universell im Rechtsverkehr einsetzbarer Schlüssel, der Schutz vor Verfälschung einer elektronischen Nachricht bietet, indem spätere Veränderungen erkennbar werden. Die technischen und administrativen Anforderungen an elektronische Signaturen und ihre Vergabe werden – basierend auf der EG-Richtlinie zu elektronischen Signaturen – im neuen Signaturgesetz und der entsprechenden Signaturverordnung geregelt, wobei verschiedene Sicherheitsstufen von der einfachen elektronischen bis hin zur akkreditierten Signatur bestehen.[153] Elektronische Signaturen erlauben somit die Schaffung eines relativ hohen Sicherheitsstandards, da sie zum einen Nachrichten so verschlüsseln, dass eine spätere Änderung ohne weiteres erkennbar wird, zum anderen die Schlüssel genau einem Signaturinhaber zugeordnet werden können, also dessen Identität in einem gewissen Rahmen feststellbar ist.[154] Daher ist es nicht verwunderlich, dass die Einführung digitaler Signaturen oft als Lösung des Sicherheitsproblems angesehen wird.

---

153 Details bei *Roßnagel*, NJW 2001, 1817 ff.

154 Ausführlich zur Technik *Roßnagel*, in: Roßnagel, Recht der Multimediadienste, Einl. SigG Rn. 11 ff.; *Roßnagel*, K&R 2000, 313, 313 f.; *Strauch*, GS Lüderitz 2000, S. 751 ff.

aa) HBCI

(1) Rechtliche Grundlagen und Verfahren

Der HBCI-Standard, der auf dem Interbankenabkommen über „Homebanking" zwischen den Spitzenverbänden der Kreditwirtschaft vom 1.10. 1997[155] und einzelvertraglich auf den „Bedingungen für die konto/depotbezogene Nutzung des Online-Banking mit elektronischer Signatur (Homebanking-Bedingungen)"[156] beruht, sieht einen kombinierten Einsatz von Verschlüsselungsverfahren mit Hardwaresicherungen in Form einer Chipkarte oder softwarebasierten Schlüsseln vor,[157] um so die Kommunikation zwischen Kunden und Bank auch über offene Netze zu gewährleisten.[158] Der HBCI-Standard steht allen Banken offen, die die Richtlinie für die Bereitstellung des Homebanking-Computer-Interface (HBCI) der deutschen Kreditwirtschaft anerkennen.[159] Das Abkommen verpflichtet beteiligte Banken, andere Kreditinstitute an der Weiterentwicklung des HBCI-Standards partizipieren zu lassen.

Da der HBCI-Standard keine zentrale Zertifizierungsinstanz erfordert, sondern vielmehr auf der Verwendung von Schlüsseln im Verhältnis von Kunde zu Bank basiert, kann er die Kriterien des SigG nur teilweise erfüllen, was indes – angesichts der Privatautonomie selbstverständlich – keineswegs bedeutet, dass die HBCI-Signatur unzulässig wäre.[160] Insbesondere kann die Signatur nach HBCI-Standard nur die Form der fortgeschrittenen elektronischen Signatur erfüllen (Art. 2 Ziff. 2 Sig-RL bzw. § 2 Nr. 2 SigG). Wichtigste Konsequenz der fehlenden Gleichstellung mit der sog. qualifizierten Signatur ist, dass Art. 5 I Sig-RL keine Anwendung findet, wonach die Mitgliedstaaten die qualifizierte Signatur im Gerichtsverfahren wie die hand-

155 Abgedruckt bei *Werner*, BuB (2001) Rn. 19/106 ff.

156 Abgedruckt in WM 2001, 650.

157 Dementsprechend spricht Nr. I.2. S. 1 der Homebanking-Bedingungen neutral nur von Identifikations- und Legitimationsmedien.

158 Umfassende technische Beschreibung dazu bei *Stockhausen*, WM 2001, 605, 606 ff. mwNachw; s. auch *Wiesgickl*, WM 2000, 1039, 1042.

159 *Stockhausen*, WM 2001, 605, 611.

160 Erwägungsgrund Nr. 16 der Signatur-Richtlinie; ausführlich *Stockhausen*, WM 2001, 605, 612 ff., der aus Erwägungsgrund Nr. 16 einen Ausschlussgrund entnimmt. Dieser bringt aber lediglich zum Ausdruck, dass Signaturen in geschlossenen Systemen keiner gesetzlichen Regelung bedürfen, verhält sich also neutral.

schriftliche Unterschrift als Beweismittel anerkennen müssen. Jedoch muss auch die HBCI-Signatur als Beweismittel grundsätzlich zugelassen werden, denn nach Art. 5 II Sig-RL darf Signaturen, die nicht die strengen Voraussetzungen der qualifizierten elektronischen Signatur erfüllen, die Zulässigkeit als Beweismittel nicht allein deshalb abgesprochen werden, weil sie in elektronischer Form vorliegen oder weil sie diese strengen Voraussetzungen nicht erfüllen. Allerdings ordnet Art. 5 Sig-RL nur an, dass die „fortschrittliche elektronische Signatur“, die auf einem qualifizierten Zertifikat beruht, im Gerichtsverfahren überhaupt als Beweismittel zugelassen wird; ein Anscheinsbeweis oder eine Sicherheitsvermutung ist damit nicht verbunden, so dass derjenige, der sich auf die Gültigkeit einer entsprechend signierten Nachricht beruft, alle Voraussetzungen der Richtlinie, insbesondere Anhänge I, II und III, beweisen muss.[161] Im deutschen Recht ist dies in Gestalt des neuen SigG[162] und des Gesetzes zur Anpassung der Formvorschriften des Privatrechts an den modernen Geschäftsverkehr[163] umgesetzt worden. Mit § 292a ZPO n.F. wird erstmals ein Anscheinsbeweis für die Echtheit von Erklärungen, die mit einer qualifizierten elektronischen Signatur versehen sind, eingeführt. Eine darüber hinausgehende beweisrechtliche Vereinheitlichung enthält die Sig-RL nicht.[164]

(2) Anscheinsbeweis und Sicherheitsvermutung

Da der HBCI-Standard nicht den Anforderungen des SigG an eine qualifizierte elektronische Signatur entspricht, greift für ihn auch kein Anscheinsbeweis aufgrund der neuen Regel des § 292a ZPO ein.[165] Ebenso wenig kann von einer Sicherheitsvermutung ausgegangen werden, auch wenn die digitale Signatur nach HBCI-Standard die Kriterien einer fortschrittlichen elektronischen Signatur nach §§ 1 II, 2 Nr. 2 SigG[166] erfüllen mag. Denn nach dem

161 Vgl. *Roßnagel*, K&R 2000, 313, 318.

162 Gesetz über Rahmenbedingungen für elektronische Signaturen, SigG, vom 16.5.2001, BGBl. I S. 876; dazu eingehend *Roßnagel*, NJW 2001, 1817 ff.

163 Gesetz zur Anpassung des Formvorschriften des Privatrechts und anderer Vorschriften an den modernen Rechtsgeschäftsverkehr vom 13.7.2001, BGBl. I S. 1542.

164 *Roßnagel*, K&R 2000, 313, 320.

165 *Stockhausen*, WM 2001, 605, 615.

166 S. dazu *Roßnagel*, NJW 2001, 1817, 1819.

neuen § 15 I SigG greift eine Sicherheitsvermutung nur noch für die dort geregelten akkreditierten Signaturen, die von akkreditierten Zertifizierungsstellen ausgestellt werden, ein.

Dies schließt indes nicht aus, dass aufgrund allgemeiner Vorschriften ein Anscheinsbeweis wie nach PIN/TAN-Verfahren angenommen werden kann.[167] Zu Recht ist daher kritisiert worden, dass dem Kunden – und erst recht einer signaturerstellenden Bank – der Nutzen und die Kosten einer Signatur nicht recht vor Augen zu führen sind,[168] wenn eine Zertifikatsabfrage nicht erforderlich ist, um die gleichen Beweiswirkungen zu erzielen.[169]

Für die Praxis spielt dabei die Frage eine gewisse Rolle, ob schon das Vorliegen einer digitalen Signatur einen „vorgezogenen Anscheinsbeweis" in dem Sinne darstellt, dass die Bank nicht stets den Vollbeweis für die Sicherheit der verwandten Technik erbringen muss.[170] Das neue SigG n.F. enthält dagegen keinen entsprechenden Programmsatz mehr wie § 1 I SigG a.F., aus dem diese Sicherheitsvermutung noch – mit Mühen – abgeleitet werden konnte.[171] Vielmehr konzentriert sich der Gesetzgeber jetzt auf die Einführung entsprechender prozessualer Vorschriften sowie einer Sicherheitsvermutung in § 15 SigG n.F. Damit bleibt es auch hinsichtlich der Grundlagen dabei, dass die Bank den Vollbeweis für einen entsprechenden Erfahrungssatz erbringen muss. Angesichts der stets voranschreitenden technologischen Entwicklung hinsichtlich der Rechnerkapazitäten und Netzwerkmöglichkeiten, aber auch der Algorithmen zur Entschlüsselung von Codes ist die Bank gehalten, nachzuweisen, dass sie stets ihre Signaturen und Kodierungsverfahren den Risiken der Entschlüsselung angepasst hat. Auf der Sekundärebene entspricht dem eine Art Produktbeobachtungspflicht hinsichtlich von Sicherheitsrisiken, die dem Codierungsverfahren immanent sind. Eine korrespondierende Pflicht zur regelmäßigen Anpassung und Erneuerung fand

---

167 So *Wiesgickl*, WM 2000, 1039, 1050.

168 S. dazu *Hillebrand/Büllingen*, DuD 2000, 80, 83.

169 Ähnlich die Kritik von *Stockhausen*, WM 2001, 605, 615.

170 So für das alte SigG *Roßnagel,* NJW 1998, 3312, 3315 f.; *Roßnagel*, K&R 2000, 313, 315; dem zust. *Stockhausen*, WM 2001, 605, 617 für HBCI-Verfahren.

171 Sehr weit gehend *Roßnagel,* NJW 1998, 3312, 3315 f., der aus der Sicherheitsvermutung des § 1 I SigG a.F. folgert, dass digital signierte Daten eine vergleichbare Rechtssicherheit wie der Urkundsbeweis böten; *Roßnagel*, K&R 2000, 313, 315.

sich bereits in § 18 SigV a.F[172] und ist auch in der Neufassung des § 17 SigV vorgesehen.[173]

Wie bei qualifizierten elektronischen Signaturen auch, wird indes durch HBCI nur das Problem der Sicherstellung der Authentizität der Nachricht gelöst; hier greift aufgrund der leichten Feststellbarkeit nachträglicher Änderungen durch Überprüfung des Hash-Wertes ein Anscheinsbeweis zugunsten der Echtheit der Nachricht ein. Solange biometrische Verfahren noch nicht verfügbar sind, gilt dies jedoch nicht für die Urheberschaft der Erklärung, da jeder im Besitz des Schlüssels die Nachricht erzeugen kann.[174] Wie im PIN/TAN-Verfahren auch, kann hier nicht ausgeschlossen werden, dass ein Dritter die Signatur sich missbräuchlich verschafft hat. Der Anscheinsbeweis kann hier in gleicher Weise nur in Form einer alternativen Feststellung für die Urheberschaft der Erklärung oder der Verletzung von Sorgfalts-, insbesondere Geheimhaltungspflichten herangezogen werden.[175] Dementsprechend gilt es vergleichbar dem PIN/TAN-Verfahren die verschiedenen Elemente des HBCI-Standards im Zusammenhang mit den vertraglichen Pflichten der Parteien zu erörtern.

(3) Sekundäransprüche

Eine ausdrückliche Haftungsklausel fehlt in den Homebanking-Bedingungen; vielmehr wird auf die Allgemeinen Bankbedingungen Bezug genommen,[176] die ihrerseits eine verschuldensabhängige Haftung vorsehen.[177] Dies ist unschädlich, ja sogar erforderlich, da die höchstrichterliche Rechtsprechung

---

172 Dazu *Strauch*, GS Lüderitz 2000, S. 751, 772; *Roßnagel/Hammer*, in: Roßnagel, Recht der Multimedia-Dienste, § 18 SigV Rn. 27 ff.

173 Verordnung zur elektronischen Signatur, online verfügbar unter http://www.bmwi.de/Homepage/download/infogesellschaft/SigV.pdf (Download 19.9.2001).

174 Für HBCI: *Stockhausen*, WM 2001, 605, 618.

175 Unklar *Stockhausen*, WM 2001, 605, 618, der pauschal einen Anscheinsbeweis annehmen will.

176 *Stockhausen*, WM 2001, 605, 611.

177 S. aber noch die ältere Rechtsprechung, die verschuldensunabhängige Haftungsklauseln nach Sphärengesichtspunkten anerkannte: OLG Frankfurt NJW 1990, 1184; LG Nürnberg-Fürth NJW-RR 1986, 1105 f.

einer sphärenbezogenen Haftung bislang die Anerkennung versagt,[178] weil sie der gesetzlichen Risikoverteilung, die auf Verschulden abstellt, widerspricht. Dies hat das Gericht auch auf den kaufmännischen Geschäftsverkehr erstreckt.[179]

Die Online-Banking-Bedingungen sehen – anders als die alten Btx-Bedingungen – keine besonderen Klauseln gegenüber den allgemeinen AGB-Banken vor, so dass die Haftung nach Verschulden eingreift.

Wichtiger sind dagegen die in den Homebanking-Bedingungen enthaltenen Pflichten des Kunden, die als objektive Pflichtenbestimmungen die Haftungs- und Risikoverteilung bestimmen: Diese werden zwar nicht besonders konkretisiert, sondern sind angesichts der verschiedenen zum Einsatz kommenden Verfahren sowie der Weiterentwicklung der Standards produktneutral gehalten (Nr. II Abs. 1 Homebanking-Bedingungen). Vielmehr wird nur die Pflicht des Nutzers festgehalten, die mit dem Kreditinstitut vereinbarten Übertragungs- und Sicherungsverfahren und Datenformate einzuhalten. Jedoch fallen die Sicherheitspflichten des Nutzers konkreter als in den Online-Banking-Bedingungen aus:

Hinsichtlich der Geheimhaltung und Legitimation werden in Nr. IV Abs. 2 die Sorgfaltspflichten des Nutzers zur Geheimhaltung der Passwörter und zum Schutz der Legitimationsmedien (Chipkarte) vor Missbrauch durch Dritte festgehalten. Dazu zählt auch in Nr. IV Abs. 2 S. 4, dass der Nutzer die Schlüssel zur Erzeugung der elektronischen Signatur nicht auf seinem Rechner abspeichern darf, ohne Ausnahme, daher selbst dann, wenn die Homebanking-Software dies vorsieht oder ermöglicht. Ebenso ist der Nutzer gehalten, die Legitimationsmedien (Chipkarte) aus den Lesegeräten nach Nutzung des Homebanking zu entfernen.

Gegenüber der oben dargelegten Lage bei der PIN/TAN-Legitimation ergeben sich hinsichtlich der Geheimhaltung der Signaturschlüssel keine Unterschiede, wohl aber hinsichtlich der Sicherheit der Verbindung: Da die Nachricht verschlüsselt ist, bedarf es keiner gesicherten Verbindung zwischen den Parteien; demgemäß wirft auch die Wahl des Kommunikations-

---

178 BGH WM 1991, 1110, 1111; BGH WM 1991, 1368, 1368 f.; BGH DB 1992, 1518, 1519 ff.; OLG Frankfurt NJW-RR 1995, 1204; BGH NJW 1997, 1700 zu den Neufassungen der ec-Bedingungen 1996 s. *Hoeren,* NJW 1995, 2473 f.; *Pfeiffer*, in: v.Westphalen, AGB-Klauselwerke, ec-Bedingungen, Rn. 99.

179 BGH WM 1997, 910 ff.

kanals keine besonderen Probleme auf. Einzig die Geheimhaltung des Signaturschlüssels und die Möglichkeiten, diese abzufangen oder zu decodieren, bedürfen der (Produkt-) Beobachtung durch die Bank und der entsprechenden Anpassung der Sicherheit sowie Aufklärung des Kunden. Anders als bei PIN/TAN-Verfahren können hier jedoch nur Programme, die der Kunde auf seinem Rechner einsetzt, entsprechende Gefahren darstellen, so dass ihm eine entsprechende Kontrolle eher zugemutet werden kann – ohne dass deswegen die Beobachtungspflicht der Bank entfiele. Mit diesen Modifizierungen kann auf die obigen Ausführungen verwiesen werden.

Damit besteht erst recht im HBCI-Verfahren ein Anscheinsbeweis zugunsten der Bank hinsichtlich der Tatsache, dass der Kunde entweder selbst die Erklärung abgegeben hat oder unsorgfältig mit den Legitimationsmedien umgegangen ist. Schließlich greift auch hinsichtlich der Authentizität der Erklärung ein Anscheinsbeweis ein.

bb) Qualifiziert elektronische Signatur

Außerhalb des HBCI-Standards ist im vorliegenden Zusammenhang vor allem der Einsatz der sog. qualifizierten und der akkreditierten Signatur von Interesse, da sie bei entsprechender (unterstellter) Verbreitung der Signaturen die Verwendung des HBCI-Standards und die damit verbundene Ausgabe von nur im Bankbereich nutzbaren Legitimationsmedien überflüssig machen könnten. So bemüht sich ein vor kurzem gegründetes Gemeinschaftsprojekt von vier deutschen Großbanken (Deutsche Bank, Dresdner Bank, Commerzbank, Bayerische Hypo- und Vereinsbank) zusammen mit führenden IT-Unternehmen, wie Microsoft, Ericson, Hewlett Packard etc. eine auch für mobile Einsatzgeräte, wie das Mobiltelefon, verwendbare Smartcard zu entwickeln, die letztlich auf der Sicherheitsarchitektur der digitalen Signatur basiert, aber universell einsetzbar wäre.[180]

Qualifizierte elektronische Signaturen nach § 2 Nr. 3 SigG müssen auf einem zum Zeitpunkt ihrer Erzeugung gültigen qualifizierten Zertifikat nach § 2 Nr. 7 SigG beruhen und mit sicheren Signaturerstellungseinheiten nach § 2 Nr. 10 SigG erzeugt werden. Innerhalb des vierstufigen Systems elektronischer Signaturen, die das Gesetz kennt, handelt es sich dabei um eine von

---

180 S. dazu http://www.mosign.de.

zwei Möglichkeiten, signaturgesetzkonforme Signaturen zu verwenden.[181] Daneben gibt es die sog. akkreditierte elektronische Signatur, die von einer akkreditierten Zertifizierungsstelle ausgestellt wurde und die die Garantie bietet, dass das Sicherheitskonzept der Zertifizierungsstelle nach § 15 II SigG umfassend auf seine Eignung und praktische Umsetzung geprüft wurde. Eine entsprechende technische und administrative Sicherheitsvermutung für akkreditierte Signaturen sieht § 15 I S. 4 SigG vor.[182]

Damit erscheint es zwar gerechtfertigt, zumindest einen Anscheinsbeweis zugunsten des Erklärungsempfängers eingreifen zu lassen, der sich auf die Authentizität der Nachricht bezieht. Schon für das frühere Recht wurde für die digitale Signatur nach dem SigG a.F. ein derartiger Anscheinsbeweis angenommen.[183] Da die Authentizität durch Verschlüsselungsverfahren generell gesichert werden kann, gilt dies selbst für normale Verschlüsselungsverfahren wie PGP hinsichtlich der Integrität der Nachricht.[184] Aber auch hinsichtlich der Urheberschaft sollte die Rechtsprechung zum Anscheinsbeweis für ec-Karten schon für die digitale Signaturen nach altem Recht übertragbar sein, da der Signaturschlüsselinhaber verpflichtet sei, die PIN-Nummer geheim zu halten.[185] In vergleichbarer Weise ist auch für andere technische Sicherheits- oder Verschlüsselungssysteme ein Anscheinsbeweis

---

181 *Roßnagel*, NJW 2001, 1817, 1819.

182 *Roßnagel*, NJW 2001, 1817, 1821 f.

183 *Hoffmann*, NJW 2001, Beil. 14, S. 5, 12 f.; *Oberndörfer*, NJW-CoR 2000, 228, 230; *Melullis*, MDR 1994, 109, 111: Anscheinsbeweis sogar für die Rechtslage vor Inkrafttreten des SigG a.F.; *Sieber/Nöding*, ZUM 2001, 199, 207; *Roßnagel*, NJW 1998, 3312, 3316: Vorgezogener Anscheinsbeweis aufgrund der Sicherheitsvermutung des SigG a.F., ebenso für das neue Recht *Roßnagel*, NJW 2001, 1817, 1826; weniger weitreichend die Stimmen, die für einen „erhöhten Beweiswert" im Rahmen der freien Beweiswürdigung nach § 286 ZPO plädieren: *Geis*, in: Hoeren/Sieber, HdbMultimediaR Kap. 13.2. Rn. 21; *Hoppmann/Moos*, NVersZ 1999, 197, 201; *Reusch*, NVersZ 1999, 110, 118; *Hoeren/Oberscheidt*, VuR 1999, 371, 375; *Malzer*, DNotZ 1998, 96, 109 ff.; *Leverenz*, Rechtliche Aspekte zum Versicherungsgeschäft im Internet, 2001, S. 134 f.

184 *Trapp*, WM 2001, 1192, 1200, der aber wohl auch für die Urheberschaft einen solchen Anscheinsbeweis eingreifen lassen will.

185 *Pichler*, NJW 1998, 3234, 3238 f.; *Rott*, NJW-CoR 1998, 420, 424 f.; *Leverenz*, Rechtliche Aspekte zum Versicherungsgeschäft im Internet, 2001, S. 137 f.

angenommen worden.[186] Dementsprechend sieht jetzt der im Rahmen des Gesetzes zur Anpassung zur Formvorschriften eingeführte § 292a ZPO eine Art gesetzlich fundierten Erfahrungssatz vor.[187]

Die in § 292a ZPO kodifizierte Regelung ist dahingehend kritisiert worden, dass sie (jedenfalls für den Bankbereich) letztlich nur die bislang schon geltende Rechtslage, insbesondere den Anscheinsbeweis für Urheberschaft und Authentizität, kodifiziert.[188] Denn vielmehr als dieser schon zuvor angenommene Anscheinsbeweis wird auch durch § 292a ZPO nicht festgeschrieben, da bei Vorliegen einer digitalen Signatur nur der erste Anschein zugunsten der Tatsache spricht, dass der digital Signierende auch der tatsächliche Absender der Nachricht ist. Anders als in der ursprünglich beabsichtigten Vermutungsregel des § 126 a III BGB-RefE[189] braucht der Erklärende nicht den vollen Gegenbeweis antreten. Zudem bürdet § 292a ZPO dem Erklärungsempfänger den Vollbeweis für die Grundlagen des Erfahrungssatzes auf, nämlich, dass alle Merkmale einer qualifiziert elektronischen Signatur nach § 2 Nr. 3 SigG vorliegen, insbesondere etwa das ordnungsgemäße Funktionieren der Signaturgeräte und der Schlüssel.[190] Diese implizite Voraussetzung für § 292a ZPO hat weitere Kritik ausgelöst, dass fraglich sei, ob der Erklärungsempfänger mangels Einblick in die Sphäre des Beklagten tatsächlich einen solchen Beweis erbringen könne.[191] In dieser Hinsicht zumindest erscheint die Skepsis jedoch unberechtigt: Denn zum einen oblag dem Erklärungsempfänger schon nach altem Recht der Vollbeweis für das Funktionieren der Technik auf der Gegenseite, etwa der eingesetzten EC-Karte, was aber prozessual durch abgestufte Darlegungs- und Beweislasten bewältigt werden kann. Darüber hinaus dürfte dem Erklä-

---

186 S. etwa für das SET-Verfahren im Rahmen von Kreditkartenzahlungen *Pichler,* NJW 1998, 3238.

187 § 126a III BGB im – nicht autorisierten – ersten Entwurf, dazu *Müglich,* MMR 2000, 7, 9 ff.; *Brisch,* CR 1999, 537 ff.

188 *Schröter*, WM 2000, 2134, 2134 f.

189 Dazu *Oberndörfer*, NJW-CoR 2000, 228, 231; *Müglich,* MMR 2000, 7, 9 ff.; *Brisch,* CR 1999, 537, 538; zust. zu § 292a ZPO *Sieber/Nöding*, ZUM 2001, 199, 208 f.

190 S. dazu die wiederholte Kritik von *Roßnagel*, NJW 2001, 1817, 1826; *Roßnagel,* MMR 2000, 451, 459.

191 So vor allem *Roßnagel,* NJW 2001, 1817, 1826; *Roßnagel,* MMR 2000, 451, 459.

rungsempfänger jedenfalls für diejenigen Fälle, in denen ein Versagen der vom Zertifizierer eingesetzten Technik auch ein Auskunftsanspruch gegenüber diesem zugestanden werden,[192] da dem Kläger sonst unter Umständen ein deliktischer Anspruch gegen den Zertifizierer zustünde; prozessual kann dies im Wege der Streitverkündung durchgesetzt werden.

Damit bleibt es dabei, dass die Verwendung der digitalen Signatur nicht das Problem der Urheberschaft der Nachricht löst: Zwar können Veränderungen der Nachricht kontrolliert werden; nicht bewältigt wird dagegen die Identifizierung des Urhebers einer Erklärung, da auch ein Dritter den (privaten) Schlüssel des (vermeintlichen) Absenders benützen kann. Die Legitimation erfolgt wie bei der PIN-Nummer letztlich durch ein technisches Medium, das auch ein Dritter einsetzen kann, ohne dass dies für den Empfänger der Nachricht ersichtlich wird; die Sicherheit, die biometrische Verfahren[193] bieten würden, wird mit der digitalen Signatur, die vom Träger losgelöst verwandt werden kann, nicht erreicht.[194]

Allerdings ist angesichts des möglichen Einsatzes digitaler Schlüssel durch Dritte nicht mehr zu verlangen: Im Gegensatz zur Unterschrift, die untrennbar mit einer Person verbunden ist, oder biometrischen Verfahren können technische Legitimationsmedien, die nicht einer Person anhaften, leicht anderweitig von Dritten eingesetzt werden. Eine Beweislastumkehr ist angesichts sich wandelnder technischer Sicherungsmaßnahmen nicht angebracht. Auch die für andere Bereiche entwickelte Rechtsscheinhaftung, etwa die Anscheinsvollmacht, kann nicht verfangen, wenn die Tätigkeit des Dritten nicht aus der Sphäre des vermeintlich Erklärenden stammt.[195]

Gelingt es einem Beklagten im Prozess, den Anscheinsbeweis in vergleichbarer Weise wie in einem Prozess über missbräuchliche Verfügungen mit Hilfe von ec-Karten zu erschüttern, gerät die Frage in den Blickpunkt, ob dem Erklärungsempfänger wenigstens ein Schadensersatz wegen Verletzung

---

192 Abl. *Roßnagel,* NJW 2001, 1817, 1826; *Roßnagel,* MMR 2000, 451, 459.

193 S. dazu *Büllingen/Hillebrand,* DuD 2000, 339.

194 Zutr. *Schröter* WM 2000, 2134.

195 Vgl. S. 192 f.; anders – und widersprüchlich – dagegen *Jäger/Kussel,* in: Hoeren/Schüngel (Hrsg.), Rechtsfragen der digitalen Signatur, 1999, S. 241, 276, die §§ 164 ff. analog ohne Gegenbeweis (!) anwenden wollen, da der Erklärungsempfänger darauf vertraue, dass die Karte sicher verwahrt würde, gleichzeitig aber etwa den Einwand zulassen wollen, dass eine Karte nachgemacht worden sei.

von neben- oder vorvertraglichen Pflichten hilft. Für den Bereich des Online-Banking und ebenso des HBCI-Banking ist dies dem Grunde nach ohne weiteres anzunehmen. Für die Verwendung der digitalen Signatur ist dies jedoch nicht ohne weiteres der Fall, da entsprechende Geheimhaltungspflichten nicht im SigG für den Inhaber des Signaturschlüssels vorgesehen sind, so dass seine Haftung ohne entsprechende nebenvertragliche Pflichten zweifelhaft sein kann. Aus bankrechtlicher Sicht stellt sich das Problem indes nicht mit vergleichbarer Schärfe: Denn abgesehen von der Situation, in der ein Konto bzw. eine Geschäftsbeziehung neu begründet wird, bestehen zwischen dem Kunden und dem Kreditinstitut vorab vertragliche Beziehungen, in deren Rahmen dem Kunden Geheimhaltungspflichten auferlegt werden können, bei deren Verletzung er in gleicher Weise wie im Falle des HBCI-Standards oder des PIN/TAN-Verfahrens haftet.[196] Auch die ins Feld geführten Probleme, dem Kunden eine Sorgfaltspflichtverletzung nachzuweisen, relativiert sich angesichts der Erfahrungen aus entsprechenden ec-Verfahren: Denn auch hier greift der Anscheinsbeweis zugunsten einer Sorgfaltspflichtverletzung des Kunden ein, sofern nicht Risiken aus der Einschaltung offener Netze naheliegen, z.B. trojanische Pferde zum Abfangen von Signaturen bzw. Codes.[197] Dies darzulegen und unter Beweis zu stellen, obliegt dann aber dem Kunden.

cc) Anerkennung ausländischer Signaturen: Identrus

Eine für den weltweiten Rechtsverkehr wichtige Voraussetzung ist die Anerkennung ausländischer digitaler Signaturen: Die Sig-RL hat hierfür die Rahmenbedingungen in Art. 7 geschaffen, die in § 23 SigG n.F. umgesetzt wurden. Danach wird auch ein Zertifikat aus einem Nicht-EU-Staat anerkannt, wenn der Anbieter sich einem freiwilligen Akkreditierungssystem in der EU unterworfen hat oder ein in der EU niedergelassener Zertifizierungsanbieter für das Zertifikat des Dritten einsteht oder ein bi- bzw. multilaterales Abkommen die Anerkennung regelt. Damit ist die rechtliche Anerkennung für digitale Signaturen im internationalen Bankbereich eröffnet, wie sie etwa

---

196 Andere Einschätzung offenbar bei *Schröter*, WM 2000, 2134, 2135.

197 Vgl. „Internet: Behörden verschweigen Sicherheitsleck bei digitalen Signaturen", Der Spiegel Nr. 24 v. 11.6. 2001, S. 48.

das System von Identrus vorsieht – das sich allerdings vornehmlich auf den B2B-Bereich bezieht.

d) Melde- und Prüfungspflichten und Sperren

Nicht nur die Pflicht zur Geheimhaltung ist eine der wesentlichen Pflichten, um das System des Electronic-Banking zu sichern und auf eine tragfähige Grundlage zu stellen; angesichts des Missbrauchsrisikos und der fehlenden unmittelbaren Kontrolle gewinnt die Pflicht, bei Missbrauchsverdacht Sperren zu veranlassen, besondere Bedeutung. So trifft nach Art. 7 II der Online-Banking-Bedingungen den Kunden eine entsprechende Pflicht, unberechtigte Kenntnisnahmen der PIN bzw. TAN-Nummer der Bank zu melden; ansonsten kann ihm die Verletzung einer nebenvertraglichen Pflicht vorgeworfen werden.[198] Diese Klausel ist ebenso wie die inhaltlich identische Bestimmung in Art. V der Homebanking-Bedingungen ohne Bedenken zulässig, da sie nur die Pflichten des Kunden zur Schadensminimierung konkretisiert.

Über die Online-Banking-Bedingungen hinaus sieht Art. V Abs. 1 der Homebanking-Bedingungen eine Pflicht zur Veranlassung der Sperre durch den Kunden vor, wenn er seine Legitimationsmedien verliert. Dies ist gerechtfertigt, da allein das Legitimationsmedium ohne weitere Kontrolle (wie z.B. bei TAN-Nummern) eine Verfügungsmöglichkeit über das Konto einräumt.

Schwieriger ist dagegen die Konkretisierung, ab wann von einem Missbrauchsverdacht gesprochen werden kann und welche Prüfungspflichten den Kunden im Einzelnen treffen. In der Praxis wird häufig im Rahmen von Missbrauchsfällen Nr. 11 IV AGB-Banken herangezogen, die den Kunden dazu verpflichten, Kontoauszüge auf ihre Richtigkeit und Vollständigkeit zu prüfen. Unterlässt er dies, hat er zumindest unter Mitverschuldensaspekten gemäß § 254 BGB einen Teil des Schadens zu tragen.[199] Für das Online-

---

198 OLG Zweibrücken NJW-RR 1991, 241, 242; *Werner*, BuB (2001) Rn. 19/68.

199 KG WM 1995, 2182; *Kümpel,* Bank- und Kapitalmarktrecht, 2. Aufl. 2000, Rn. 2.244; *Bunte*, in: BankRHdb, 2. Aufl. 2001, § 16 Rn. 28 ff.; *Schebesta/Vortmann*, Die neuen AGB-Banken, 1992, Rn. 166; krit. *Horn*, in: Wolf/Horn/Lindacher, AGBG, 4. Aufl. 1999, § 23 Rn. 704.

Banking ist diese Praxis jedoch nicht ohne weiteres übertragbar:[200] Denn manche Institute verzichten bereits darauf, dem Kunden einen Kontoauszug oder gar einen Rechnungsabschluss zuzusenden, insbesondere im Discount-Broking-Bereich, sondern halten diesen nur noch abrufbar zum Selbstausdrucken zur Verfügung. Während für den Rechnungsabschluss hier noch – wenn auch mit Bedenken -- von einem Zugang und einer Genehmigungsfiktion bei Nichtabruf des Rechnungsabschlusses ausgegangen werden kann, verfängt dies beim Kontoauszug nicht mehr: Denn der Kunde hat hier keine Pflicht, sich (wann und in welchen Abständen?) einen Kontoauszug zu verschaffen und diesen zu kontrollieren. Erst recht liegt kein Verzicht auf den Zugang der Mitteilungen vor; die Pflichten können aber erst ab Kenntnis bzw. Zugang der Daten entstehen. Auch die Empfehlung der EG-Kommission zu elektronischen Zahlungsinstrumenten geht von einer Pflicht des Kunden über Unregelmäßigkeiten auf seinem Konto erst nach Kenntnisnahme aus (Art. 5 b). Schließlich stellt es in der Praxis oft ein Problem dar, den Zugang der Abrechnung bzw. eines Kontoabschlusses zu beweisen.[201]

Eine generelle Antwort wird sich hier kaum finden lassen, da die Pflichten des Kunden je nach Geschäftsart und drohendem Schaden variieren: So wird der Kunde im Rahmen eines online geführten Depots kaum in derselben Intensität zu ständigen Kontrollen seines Depot- und Verrechnungskontostandes bei der Depotbank verpflichtet sein, wie dies der Fall bei einem Online-Girokonto ist. Auch erscheint es problematisch, den Kunden aufgrund des höheren Missbrauchsrisikos von vornherein zu häufigeren Kontrollen und Abrufen des Kontos zu verpflichten,[202] wenn ihm auf der anderen Seite von den Marketing-Abteilungen die hohe Sicherheit des Online-Banking angepriesen wird und er mit dem Konto nicht anders als mit einem normalen Girokonto umgeht. Eine höhere Kontrollintensität als Pflicht des Kunden bedarf daher des ausdrücklichen Hinweises durch die Bank, die den Kunden auf den Zusammenhang von Kontrollen und Missbrauchsrisiko aufmerksam machen muss.

Nach Eingang einer Sperrmitteilung ist es dagegen Sache des Kreditinstitutes, den Zugang zum System zu sperren, so dass allein die Bank für

200 So aber *Werner*, BuB (2001) Rn. 19/322.

201 S. etwa LG Itzehoe CR 2001, 44, 46 für den Zugang einer Abrechnung einer Kauforder; zum Beweis des Zugangs s. S. 246.

202 So aber wohl *Werner*, BuB (2001) Rn. 19/322.

dann entstehende Schäden haftet. Die Bank muss zudem andere Kommunikationskanäle als rein elektronische vorhalten, um Sperrmitteilungen entgegenzunehmen; denn gerade im Falle des Missbrauchs, z.B. Diebstahl eines Laptops, kann der Kunde unter Umständen nicht mehr elektronisch mit der Bank kommunizieren. Auch hat die Bank die Kommunikationskanäle so einzurichten und vorzuhalten, dass der Kunde tatsächlich ohne weiteres die Sperrmeldung außerhalb der elektronischen Zugangswege abgeben kann, etwa durch eine ständig erreichbare Telefonnummer.[203] Auch die Empfehlung der EG-Kommission zu elektronischen Zahlungsinstrumenten sieht entsprechende Pflichten vor.[204]

Sperren werden üblicherweise bei dreimaliger Fehleingabe der PIN oder einer TAN ausgelöst. Nur bei der Fehleingabe der PIN kann der Kunde unter richtiger Verwendung der PIN und einer TAN die Sperre aufheben, nicht jedoch bei der TAN. Zu Recht wird hierbei darauf verwiesen, dass die TAN von einem Block abgeschrieben wird, hier also der Verdacht auf Missbrauch bei dreimaliger Falscheingabe wesentlich stärker ist als bei der PIN-Nummer.[205] Stellt die Bank eine entsprechende Falscheingabe fest, wird man sie ihrerseits als verpflichtet ansehen müssen, eine Sperre auszulösen.

Allerdings muss die Bank entsprechende Sperrklauseln derart abfassen, dass nicht alle Ursachen ungeachtet dessen, wessen Sphäre sie entstammen, als Grund für eine Sperre dienen können; Ursachen, die von der Bank zu verantworten sind, können nicht eine Sperre des Zugangs begründen.[206]

---

203 S. auch *Werner*, BuB (2001) Rn. 19/136, der zu Recht strenge Maßstäbe anlegt.

204 Artikel 9 Benachrichtigung:
„(1) Der Emittent (oder die von ihm genannte Einrichtung) sorgt dafür, dass ein Inhaber zu jeder Tages- oder Nachtzeit den Verlust oder den Diebstahl seines elektronischen Zahlungsinstruments melden kann.
(2) Der Emittent (oder die von ihm genannte Einrichtung) ist bei Eingang der Benachrichtigung dazu verpflichtet – auch wenn der Inhaber grob fahrlässig oder betrügerisch gehandelt hat –, alle sich vernünftigerweise anbietenden Maßnahmen zu ergreifen, die ihm offenstehen, um eine weitere Verwendung des elektronischen Zahlungsinstruments zu vermeiden.“

205 *Werner*, BuB (2001) Rn. 19/73.

206 Zutr. OLG Köln ZIP 2000, 2017, 2018 = CR 2000, 537, 538. Die näheren Einzelheiten gehören in den Bereich der Verantwortung für die Zugänglichkeit des Systems, s. dazu *Spindler*, WM 2002, erscheint demnächst.

e) Exkurs: E-Mail-Verkehr

Einen – in der Praxis allerdings durchaus wichtigen – Sonderfall stellt der E-Mail-Verkehr zwischen Kunde und Bank dar: Benützt der Kunde dabei eine digitale Signatur, kann unmittelbar auf die dargelegten Grundsätze, insbesondere den Anscheinsbeweis zurückgegriffen werden. Oft wird der Kunde aber auch nur eine „normale" E-Mail verwenden, um der Bank gegenüber eine Erklärung abzugeben; umgekehrt kann die Bank die Möglichkeiten der E-Mail-Kommunikation verwenden, um sich an den Kunden zu wenden.

Dass Erklärungen in einer E-Mail materiell-rechtlich gesehen Willenserklärungen darstellen, sollte unstreitig sein.[207] Abgesehen von den Fragen des Zugangs und der Wissenszurechnung, die gesondert zu behandeln sind, stellen sich in diesem Zusammenhang folgende Fragen: Welchen Beweiswert haben unsignierte E-Mails? Kann der Kunde verpflichtet werden, E-Mails zu signieren, wenn ja, kann die Bank unsignierte E-Mails zurückweisen oder welche Ansprüche hat die Bank, wenn der Kunde keine Verschlüsselung durchführt? Ist die Bank verpflichtet, E-Mails zu verschlüsseln und welche Ansprüche hat der Kunde gegenüber der Bank bei unverschlüsselten Mails?

aa) Beweisfragen bei unverschlüsselter E-Mail

Bei einer unverschlüsselten Mail bleibt sowohl deren Authentizität als auch der Urheber der Mail fraglich, da eine normale Mail dasselbe Sicherheitsniveau wie „eine mit Bleistift geschriebene Postkarte" aufweist. Aus prozessualer Sicht lässt sich daher weder ein Anscheinsbeweis für den Inhalt noch die Urheberschaft der Mail rechtfertigen. Lässt sich daher eine Bank darauf ein, Erklärungen im Rahmen einer solchen Mail als Auftrag zu akzeptieren und durchzuführen, geht sie ein nicht unerhebliches Risiko ein, da sie im Prozess den Vollbeweis dafür erbringen muss, dass der Kunde der tatsächliche Absender der E-Mail war und die Nachricht der ursprünglich abgesandten Mail entspricht. Davon zu unterscheiden sind E-Mail-Funktionen, die in einem System bzw. einer Homepage integriert sind und nur bei entsprechender vorheriger Identifizierung des Kunden möglich sind; hier greifen

---

207 S. bereits *Ernst,* NJW-CoR 1997, 165; *Fritzsche/Malzer*, DNotZ 1995, 3; zusammenfassend *Krüger/Bütter*, WM 2001, 221, 223 f. *Scherer/Butt* DB 2000, 1009, 1012.

die Regeln zum Anscheinsbeweis bei Verwendung von Passwörtern oder PIN-Nummern ein.

Schließlich ist es der Bank verwehrt, formularmäßig eine Beweisvereinbarung mit dem Kunden zu schließen, wonach dieser auf Einwendungen gegen die Authentizität und Urheberschaft bei E-Mails verzichtet. Abgesehen davon, dass dies materiell-rechtlich einer verstecken Risiko- und damit verschuldensunabhängigen Haftungszuweisung gleichkäme, spricht bereits § 11 Nr. 15 AGBG gegen eine solche Beweisvereinbarung,[208] ferner die fehlende Bindung des Richters.[209]

bb) Abwehrklauseln: Ablehnung der E-Mail-Kommunikation und Vorgabe der Kommunikationswege

Die E-Mail-Kommunikation beinhaltet für die Bank zudem das Risiko, nach § 362 HGB bei zu langem Schweigen einen Auftrag zu akzeptieren; denn schon der Zugang auf dem E-Mail-Account eines Bankmitarbeiters genügt, um bei Schweigen vom Zustandekommen des Auftragsverhältnisses auszugehen.[210] Umso bedeutsamer ist die Frage, ob die Bank den Kunden verpflichten kann, für rechtsverbindliche Erklärungen nicht die Kommunikation per E-Mail, sondern etwa das Online-Banking-System, den HBCI-Standard etc. zu verwenden:

Anders als für die Fälle, in denen dem Kunden zwingend als Form die Verwendung von E-Mail vorgeschrieben wird und ein Verstoß gegen § 11 Nr. 16 AGBG anzunehmen ist,[211] handelt es sich bei einer Klausel, die dem Kunden eine sichere Kommunikationsform vorschreibt, um die legitime Festlegung einer bestimmten Form im Interesse des Beweises und der Doku-

---

208 S. dazu *Hensen*, in: Ulmer/Brandner/Hensen, AGBG, 9. Aufl. 2001, § 11 Nr. 15 Rn. 8 sowie *Wolf*, in: Wolf/Horn/Lindacher, AGBG, 4. Aufl. 1999, § 11 Nr. 15 Rn. 6.

209 Näher dazu *Geis*, in: Hoeren/Sieber, HdbMultimediaR Kap. 13.2. Rn. 39 ff., 58 ff.; *Leverenz*, Rechtliche Aspekte zum Versicherungsgeschäft im Internet, 2001, S. 139 f.; s. auch *Hoeren*, CR 1995, 513, 516 ff.; für das Bankrecht *Werner*, BuB (2001), Rn. 19/343; s. aber auch *G. Wagner*, Prozeßverträge, 1998, S. 608 ff.

210 *Krüger/Bütter*, WM 2001, 221, 230.

211 S. dazu *Spindler*, in: Spindler (Hrsg.), Vertragsrecht der Internet-Provider, 2000, Kap. IV Rn. 313.

mentation.[212] Schon § 11 Nr. 16 AGBG zeigt, dass die Schriftform vorgegeben werden kann; umso eher muss dies auch für vergleichbare elektronische Formen gelten, die der Schriftform gleichgestellt werden sollen. Allerdings muss sich die Bank auch an der von ihr selbst praktizierten Kommunikationsform festhalten lassen, etwa wenn sie selbst mit dem Kunden per (ungesicherter) Mail kommuniziert, sofern es sich nicht um Werbung handelt.

In ähnlicher Weise ist die Frage zu beantworten, ob der Kunde durch AGB verpflichtet werden kann, Verschlüsselungsprogramme für die Versendung von E-Mails zu verwenden. Hier gilt im Grundsatz nichts anderes als für Klauseln, die dem Kunden bestimmte Kommunikationswege vorschreiben: Im Interesse der Beweisbarkeit und der Dokumentation muss es dem Kreditinstitut gestattet sein, vom Kunden die Einhaltung bestimmter Formen zu verlangen, die ihm angesichts der Wahl des Mediums auch zumutbar sind.

cc) Verlässlichkeit der Kommunikation mit Kunden

Die Bank darf sich ihrerseits nicht auf unverschlüsselte E-Mail-Nachrichten verlassen, da der Sicherheitsstandard solcher Nachrichten viel zu niedrig ist und weder Authentizität noch Identität des Absenders erkennen lässt. Führt sie dennoch Aufträge aufgrund von E-Mail-Nachrichten aus, trifft sie das Risiko des Nachweises, dass der Auftraggeber mit dem Urheber der Mail identisch ist. Da die Bank aber mit der Angabe von E-Mail-Adressen grundsätzlich einen weiteren Kommunikationskanal öffnet, muss sie dem Kunden verdeutlichen, in welchem Ausmaße sie E-Mail-Nachrichten akzeptiert, um beim Kunden kein Vertrauen zu begründen, dass die Bank Aufträge per E-Mail durchführen könnte. Will die Bank nach außen nicht den Rechtsschein einer Willenserklärung durch E-Mail erzeugen, muss sie in der E-Mail selbst deutlich darauf hinweisen, dass die Nachricht keine Verpflichtung erzeugen kann, was heutzutage vielfach durch einen Disclaimer am Ende der Nachricht geschieht.[213] Trotz eines solchen Disclaimers wäre es andererseits

---

212 Ebenso, aber ohne nähere Begründung *Krüger/Bütter*, WM 2001, 221, 231.

213 „This message is confidential. Its content does not constitute any commitment by the Bank, except where provided for in a written agreement between the Bank and the recipient of this message", s. dazu Bundesverband deutscher Banken, 3.4. Fn. 66.

widersprüchliches Verhalten, wenn in der Mail ausdrücklich ein Auftrag erteilt oder angenommen wird.

Problematisch ist ferner die Verwendung von unverschlüsselten Mails im Hinblick auf die Wahrung des Bankgeheimnisses: Während der Umstand, dass ein Dritter die eingehenden Mails des Empfängers lesen könnte, ein hinzunehmendes Risiko darstellt, dass dies auch beim Postverkehr der Fall ist (etwa wenn Familienangehörige die Post lesen), sind E-Mails ohne Verschlüsselung anfälliger, da sie abgefangen oder geöffnet werden können. Die Bank dürfte daher verpflichtet sein, bei Nachrichten, die unter das Bankgeheimnis fallen, Verschlüsselungsverfahren anzuwenden oder die Post auf ihrer Homepage bereitzuhalten, auf die sich der Kunde erst nach Legitimation einwählen kann.

dd) Haftungsregelungen

Angesichts der beliebigen Manipulierbarkeit von E-Mails und ihres geringen Beweiswertes kann dem Kunden kaum eine Pflicht auferlegt werden, gegen den Missbrauch seiner E-Mail-Adresse Vorkehrungen zu treffen. E-Mails sind fast beliebig abfang- und manipulierbar, so dass keine entsprechenden nebenvertraglichen Pflichten dem Kunden abverlangt werden können. Zudem sind die meisten E-Mail-Programme nicht besonders gegen Missbrauch gesichert, sondern können bei Entwendung des Computers ohne weiteres eingesetzt werden. Eine Klausel, die dem Kunden im Missbrauchsfall eine Haftungsbeschränkung zugute kommen lässt, ist daher zwar unschädlich, aber auch nicht praktikabel, da im Prozess der Kunde angesichts des äußerst geringen Beweiswertes der E-Mail kaum mit einer derartigen Haftung zu rechnen braucht, wenn sich die Bank auf die Gültigkeit einer durch Dritte versandten Mail beruft.

f) Vertragliche Beweislastregeln

Obwohl Beweislastregeln in AGB, dass bei Benützung bestimmter technischer Legitimationsverfahren der Kunde die Beweislast dafür zu tragen hat, dass ein Dritter die Erklärung abgegeben hat, grundsätzlich zulässig sind,[214]

---

214 *Prütting*, in: MünchKommZPO, 2. Aufl. 2000, § 286 Rn. 161; *Leipold*, in: Stein/Jonas, ZPO, 21. Aufl. 1996, § 286 Rn. 132 ff.; *Greger*, in: Zöller, ZPO,

steht ihnen bei Nichtkaufleuten bei Änderung der Beweislastverteilung zuungunsten des Vertragspartners § 11 Nr. 15 AGBG entgegen.[215] Selbst bei Kaufleuten kann eine unangemessene Benachteiligung vorliegen, mit der Folge, dass die Klausel gegen § 9 AGBG verstößt.[216]

g) Identifizierungspflichten nach GwG und AO: Kontoeröffnung online durch digitale Signatur?

Während nach Bürgerlichem Recht ein Konto- oder Depotvertrag weder an eine bestimmte Form noch an eine besondere Art der Legitimation gebunden ist, schreiben sowohl § 1 V, 8 des GwG als auch § 154 II S. 1 AO bestimmte Verfahren der Legitimation und Identifizierung des Kunden vor Abschluss eines solchen Vertrages vor:

Nach § 8 GwG sind Kreditinstitute verpflichtet, bei Eröffnung eines Kontos den Kunden danach zu fragen, ob er für eigene oder fremde Rechnung handelt, ohne dass das Institut indes die Identität einer fremden Person prüfen müsste.[217] Auf jeden Fall muss aber die Identität des kontoeröffnenden Kunden gemäß § 1 I, V GwG anhand eines Personalausweises oder Reisepasses geprüft und festgehalten werden.[218] In vergleichbarer Weise ist das Kreditinstitut nach § 154 II S. 1 AO gehalten, die Identität des Kontoeröffnenden festzustellen, ohne dass aber notwendigerweise ein Personalausweis oder ein Reisepass erforderlich wäre; vielmehr genügt auch hier eine Identifizierung auf andere Weise.[219]

---

22. Aufl. 2001, vor § 284 Rn. 23; *Foerste*, in: Musielak, ZPO, 2. Aufl., § 286 Rn. 61; *G. Wagner*, Prozeßverträge, 1998, S. 697 ff.; *Baumgärtel*, FS Fasching 1988, S. 67, 69 f.

215 BGHZ 99, 374, 379 ff. = NJW 1987, 1634 für eine Bestätigung in AGB, dass diese ausgehandelt worden seien; näher *Hensen*, in: Ulmer/Brandner/Hensen, AGBG, 9. Aufl. 2001, § 11 Nr. 15 Rn. 8; *Leipold*, in: Stein/Jonas, ZPO, 21. Aufl. 1996, § 286 Rn. 136.

216 *Kilian*, DuD 1993, 606, 609.

217 *Hoyer/Klos*, Geldwäsche, 2. Aufl. 1998, S. 269; *Aepfelbach*, in: Fülbier/Aepfelbach, GwG, 4. Aufl. 1999, § 8 Rn. 7.

218 *Fülbier*, in: Fülbier/Aepfelbach, GwG, 4. Aufl. 1999, § 1 Rn. 49; *Hoyer/Klos*, Geldwäsche, 2. Aufl. 1998, S. 268 f.; *v. Rottenburg*, WM 1997, 2381, 2383; *Bruchner*, in: BankRHdb, 2. Aufl. 2001, § 42 Rn. 59.

219 Schreiben des BAKred an das BMF vom 25.11.1993 – I 5 – B 402-Fi; *Kümpel*, Bank- und Kapitalmarktrecht, 2. Aufl. 2000, Rn. 3.111; *v. Rottenburg*, WM

Die unmittelbare Identifizierung mittels Personalausweis etc. ist im Internet naturgemäß nicht möglich, da die Identifizierung nur mit Hilfe von technischen Substituten wie der digitalen Signatur erfolgen kann. Zwar sieht § 5 I des neuen SigG – vergleichbar dem alten SigG – vor, dass die Zertifizierungsstelle für die digitale Signatur den Antragsteller anhand seines Personalausweises oder Reisepasses identifiziert. Anhand dessen kann jedenfalls auf die Identifizierung nach § 154 II AO verzichtet werden, da hier nicht verlangt wird, dass das Kreditinstitut selbst die Identifizierung durchführt, sondern auch einen Dritten einschalten kann.[220] Allerdings erlauben sowohl § 5 I SigG als auch § 154 II AO die Identifizierung in anderer Weise als durch Personalausweis oder Reisepass, im Gegensatz zu § 1 V, 8 GwG, der diese Legitimationspapiere zwingend vorsieht. Ein Kreditinstitut kann daher nicht mit Sicherheit davon ausgehen, dass die Zertifizierungsstelle tatsächlich die entsprechenden Unterlagen zur Verfügung stellen kann – abgesehen davon, dass der Kunde die Zertifizierungsstelle oder die Bank dazu ermächtigen müsste, die Unterlagen anzufordern, ohne dass der Kunde in den Übermittlungsprozess eingeschaltet wäre, um Manipulationen auszuschalten. Nur wenn die Zertifizierungsinstanz ihrerseits den Anforderungen nach § 1 V GwG im Rahmen der Identitätsfeststellung genügt, kann eine erneute Identitätsprüfung entfallen.[221]

Da der aus bankwirtschaftlicher Sicht entscheidende Vorteil einer Kontoeröffnung per Internet, nämlich die schnelle und sofortige Verfügbarkeit des Kontos für den Kunden,[222] aber auf keinen Fall erreichbar ist – auch die Zertifizierungsstelle muss erst die Unterlagen zur Verfügung stellen –, bietet die

---

1997, 2381, 2383; *Schebesta*, WM 1985, 1329, 1333; *Bruchner*, in: BankRHdb, 2. Aufl. 2001, § 42 Rn. 62; *Gößmann*, in: BankRHdb, 2. Aufl. 2001, § 31 Rn. 16 ff.

220 *Baum*, in: Koch/Scholtz, Abgabenordnung, 5. Aufl. 1996, § 154 Rn. 7 ff.; *Brockmeyer*, in: Klein, Abgabenordnung, 7. Aufl. 2000, § 154 Rn. 4 f.; *v. Rottenburg*, WM 1997, 2381, 2383; *Werner*, BuB (2001) Rn. 19/335 ff.

221 So Schreiben des BAKred vom 16.5.2000 an den Bundesverband Deutscher Banken – Az: Z 5-B 399, wiedergegeben bei *Bruchner*, in: BankRHdb, 2. Aufl. 2001, § 42 Rn. 64b.

222 Selbst bei zuvor erforderlicher Bonitätsprüfung wäre dies möglich, da entsprechende Abfragen bei Datenbanken automatisiert und anhand vorgegebener Kriterien erfolgen können. Zwar kann das Kreditinstitut das Konto auch ohne Identitätsprüfung eröffnen, muss jedoch nach § 1 V GwG vor der ersten Verfügung die Identitätsprüfung nachholen.

digitale Signatur an sich keinen bedeutenden Fortschritt gegenüber dem hergebrachten PostIdent-Verfahren.[223] Dies ist in Anbetracht der Funktion der digitalen Signatur auch gerechtfertigt: So wenig wie die handschriftliche Unterschrift bereits den Identifizierungspflichten nach GwG und AO genügt, so wenig ist dies auch bei der ihr gleichgestellten digitalen Signatur der Fall. Darüber hinaus gewährleistet die digitale Signatur nicht, dass ihr Verwender tatsächlich derjenige ist, der identifiziert werden soll.

Aus diesem Grund ist dem Vorschlag des Zentralen Kreditausschusses gegenüber dem Bundesfinanzministerium und dem Bundesaufsichtsamt für Kreditwesen auch mit Skepsis zu begegnen, dass bei der Identifizierung nach dem SigG die nach § 1 V GwG erforderlichen Daten erhoben werden sollten, so dass deren Abfrage durch die Bank mit Ermächtigung des Kunden den Anforderungen des GwG und der AO genügen würde.[224] Denn die Identifizierung bei Kontoeröffnung bezieht sich nicht nur auf die Authentizität einer Nachricht, sondern auf die Identität des Kunden; dem ist aber ein Verfahren mit digitaler Signatur und Überprüfung der eingereichten Unterlagen nicht gleichwertig.

Ist dagegen der Kunde bereits der Bank bekannt, kann das Kreditinstitut bei der Eröffnung weiterer Konten (Sparkonten, Depotkonten, Anlagekonten etc.) auf eine erneute Identifizierung verzichten. Besteht daher bereits eine Geschäftsverbindung, kann der Kunde jederzeit nur über die Online-Verbindung neue Konten eröffnen.

223 S. *Werner*, BuB (2001) Rn. 19/337; anzumerken bleibt nur, dass aller Wahrscheinlichkeit nach die Vorlage von Unterlagen durch Zertifizierungsstellen schneller erfolgen dürfte als die Durchführung des nach wie vor umständlichen PostIdent-Verfahren.

224 S. dazu Bundesverband deutscher Banken 4.1; noch weitergehender aus schweizerischer Sicht *Hunger*, Die Begründung der Geschäftsverbindung im Internet-Banking, Zürich 2000, S. 160-216, zusammenfassend S. 281 f., der generell die digitale Signatur als Identifizierung zulassen will.

4. Abgabe, Zugang und Kenntnisnahme elektronischer Willenserklärungen

a) Grundsätze

Da elektronische Willenserklärungen übermittelt und abgespeichert werden müssen, mithin verkörpert sind, unterfallen sie in der Regel[225] den Willenserklärungen unter Abwesenden (§ 147 II BGB).[226] Demgemäß gelangen die Regeln über die Abgabe und den Zugang einer Willenserklärung unter Abwesenden zur Anwendung, so dass es darauf ankommt, wann die Erklärung in den Machtbereich des Empfängers gelangt ist und wann mit einer Kenntnisnahme unter normalen Umständen zu rechnen ist.[227]

---

225 Eine Ausnahme dürfte hier nur für Chat-Foren oder unmittelbar zustande kommende Verbindungen mit der Möglichkeit des direkten Austauschs von Erklärungen gelten, z.B. bei Videoschaltungen etc. Die Verbesserung der Durchleitungskapazitäten kann hier in Zukunft auch für den PC-gestützten Verkehr entsprechende Änderungen ergeben, ebenso *Fritzsche/Malzer*, DNotZ 1995, 3, 11; *Müglich*, MMR 2000, 7, 9; dagegen aber wegen der Möglichkeit der Speicherung (die aber auch bei Telefonaten besteht) *Fringuelli/Wallhäuser*, CR 1999, 93, 97 f.; *Taupitz/Kritter*, JuS 1999, 839, 841; *Leverenz*, Rechtliche Aspekte zum Versicherungsgeschäft im Internet, 2001, S. 68 f.; ablehnend auch *Herrmann*, VersR 1998, 931, 935; *Hunger*, Die Begründung der Geschäftsverbindung im Internet-Banking, Zürich 2000, S. 50 f.; unklar *Hoeren/ Oberscheidt*, VuR 1999, 371, 372.

226 Allg.M., s. nur Palandt/*Heinrich* § 130 Rn. 7a; MünchKommBGB/*Einsele*, 4. Aufl. 2001, § 130 Rn. 18; Soergel/*Hefermehl*, 13. Aufl. 1999, § 130 Rn. 13d; *Mehrings*, MMR 1998, 30, 32 f.; *Mehrings*, in: Hoeren/Sieber, HdbMultimediaR, 2000, Kap. 13.1. Rn. 69 ff.; *Burgard*, AcP 195 (1995), 74, 87 ff.; *Herwig*, MMR 2001, 145; *Heun*, CR 1994, 595, 597 f.; *Vehslage*, DB 2000, 1801, 1803 f.; *Fringuelli/Wallhäuser*, CR 1999, 93, 97; *Herrmann*, VersR 1998, 931, 935; *Hoppmann/Moos*, NVersZ 1999, 197, 198; *Fritzsche/Malzer*, DNotZ 1995, 3, 11; *Taupitz/Kritter*, JuS 1999, 839, 841; *Schönborn*, Die Bankhaftung bei der Überweisung im Internet, 2001, S. 49 ff.; inzident auch *Ultsch,* NJW 1997, 3007 ff.; aus Sicht des schweizerischen Rechts auch *Hunger*, Die Begründung der Geschäftsverbindung im Internet-Banking, Zürich 2000, S. 46 ff.

227 Vgl. BGHZ 67, 271, 275; MünchKommBGB/Einsele, 4. Aufl. 2001, § 130 Rn. 18 f.; *Herwig*, MMR 2001, 145; *Fritzsche/Malzer*, DNotZ 1995, 3, 12 f.; für Bankverkehr dies übernehmend *Wiesgickl*, WM 2000, 1039, 1044.

aa) Erklärungen und Nachrichten an die Bank

Hinsichtlich der Erklärungen an die Bank trägt der Kunde bei empfangsbedürftigen Willenserklärungen das Risiko der Übermittlung, gemäß § 120 BGB auch für Verfälschungen im Rahmen der Übermittlung,[228] auf jeden Fall aber nur bis zur Schnittstelle, an der die Herrschaftssphäre der Bank beginnt.[229] Denn ab diesem Punkt vermag die Bank das Risiko zu beherrschen, dass die elektronische Erklärung gespeichert und abgerufen werden kann. Dabei soll es nicht darauf ankommen, ob die Bank ihren Obliegenheiten, bei der Öffnung von elektronischen Kommunikationsmitteln die entsprechenden Kapazitäten vorzuhalten, schuldhaft nicht nachgekommen ist; vielmehr soll allein die Zuweisung des Risikos zur Sphäre maßgeblich sein.[230] Dem widerspricht jedoch die für den Zugang aus guten Gründen entwickelte Dogmatik: Nicht allein nur die Zustellung in den Machtbereich des Empfängers ist maßgeblich, sondern eben seine Möglichkeit, die Nachricht zur Kenntnis zu nehmen; es handelt sich nicht um vertragliche Pflichten, die nach dem cheapest cost avoider-Dogma zugeordnet werden können,[231] sondern um die tatsächliche Möglichkeit, eine Erklärung wahrzunehmen und umzusetzen. In diesem Rahmen können auch bei Gewerbetreibenden Umstände eine Rolle spielen, die den ordnungsgemäßen Empfang unmöglich machen. Allerdings dürften aufgrund der hohen Anforderungen an die Einhaltung der Obliegenheiten,[232] insbesondere an die Vorhaltung entsprechender Kapazitäten,[233] z.B. der Mailbox,[234] zumindest an die Be-

---

228 *Mehrings*, MMR 1998, 30, 32; *Fritzsche/Malzer*, DNotZ 1995, 3, 13 f.; *Heun*, CR 1994, 595, 596; *Strauch*, GS Lüderitz 2000, S. 751, 762 f.

229 *Wiesgickl*, WM 2000, 1039, 1045 f.; allgemein für elektronische Willenserklärungen *Strauch*, GS Lüderitz 2000, S. 751, 763; *Heun*, CR 1994, 595, 596.

230 So *Wiesgickl*, WM 2000, 1039, 1045 f. unter Übernahme von *Heun*, CR 1994, 595, 596; wie *Wiesgickl Krüger/Bütter*, WM 2001, 221, 228, allerdings bezogen – auf den damit nicht vergleichbaren – Fall der direkten Weiterverarbeitung der Erklärung. Dann ist aber bereits die Möglichkeit der Kenntnisnahme gegeben.

231 So aber *Krüger/Bütter*, WM 2001, 221, 228.

232 Auf ein Verschulden kommt es nicht an, vgl. BGHZ 67, 271, 277 f.; BGH NJW 1983, 929, 930 f.; aA *Larenz/Wolf*, AT, 8. Aufl. 1997, § 26 Rn. 42; MünchKommBGB/*Einsele*, 4. Aufl. 2001, § 130 Rn. 36.

233 S. zu entsprechenden Obliegenheiten, den Zugang zu ermöglichen BGH NJW 1977, 194, 195; BAG NJW 1984, 1651, 1652; OLG Hamm NJW 1986, 996, 997; MünchKommBGB/*Einsele*, 4. Aufl. 2001, § 130 Rn. 36; Erman/*Palm*, 10. Aufl. 2000, § 130 Rn. 24; Palandt/*Heinrichs* § 130 Rn. 17; Soergel/

nachrichtigung des Kunden, dass Nachrichten die Bank kurzfristig nicht erreichen können, in der Praxis kaum Unterschiede zwischen den Auffassungen bestehen. Zudem ist der Kunde bei erkennbaren Störungen, etwa des Online-Zugangs einer Bank, im Sinne seiner Schadensminderungspflicht, die Bank möglichst auf anderen Kommunikationswegen im Rahmen der ihm zumutbaren Möglichkeiten (Telefon, Fax) zu erreichen.[235]

Bedeutsamer hingegen ist die Frage, ob eine Nachricht der Bank auch dann zugegangen ist, wenn sie in einem nicht gängigen Format gehalten ist, das die Bank mit der ihr zur Verfügung stehenden Software nicht öffnen kann. Da der Zugang nicht nur die physische Wahrnehmung, sondern auch die Möglichkeit der Kenntnisnahme im Sinne eines Verstehens einer Willenserklärung und ihrer Implikationen meint,[236] können nur übliche Formate, für die bei Gewerbetreibenden üblicherweise davon ausgegangen werden kann, dass die entsprechende Software vorhanden ist, den Zugang bewirken.[237]

Ein anderes Problem betrifft vor allem den E-Mail-Verkehr: Kann eine Nachricht an die Bank bereits als zugegangen gelten, wenn sie an eine beliebige E-Mail-Adresse der Bank gelangt, z.B. auch an diejenige eines unzuständigen Bearbeiters (etwa der Kreditabteilung, wenn es sich um eine Wertpapierorder handelt)? Im Rahmen des *Zugangs* muss die Frage mit einem klaren Ja beantwortet werden, da mit der Bekanntgabe einer E-Mail-Adresse die Bank einen Kommunikationskanal allgemein öffnet, an dem sie sich festhalten lassen muss.[238] Sobald eine E-Mail in den Herrschaftsbereich der Bank gelangt ist, was auch der Fall ist, wenn eine E-Mail an die Individual-Mail-Adresse eines Mitarbeiters gesendet und dort empfangen wird, muss sie

---

Hefermehl, 13. Aufl. 1999, § 130 Rn. 25; *Larenz/Wolf*, AT, 8. Aufl. 1997, § 26 Rn. 42.

234 S. *Härting*, Internetrecht, Rn. 85 f.; *Taupitz/Kritter*, JuS 1999, 839, 842; *Ultsch*, NJW 1997, 3007, 3008; *Leverenz*, Rechtliche Aspekte zum Versicherungsgeschäft im Internet, 2001, S. 69.

235 *Werner*, BuB (2001) Rn. 19/61; *Balzer*, WM 2001, 2488; ausführlicher dazu *Spindler*, WM 2002, erscheint demnächst.

236 Vgl. BAG NJW 1985, 823, 824; LAG Hamm NJW 1979, 2488; *Schlechtriem*, FS Weitnauer, 1980, 129, 136 ff. zum insoweit vergleichbaren Problem des Zugangs von Willenserklärungen in einer Sprache, die der Empfänger nicht beherrscht.

237 So wohl auch *Vehslage*, DB 2000, 1801, 1804.

238 *Krüger/Bütter*, WM 2001, 221, 228; ähnlich – allgemein – *Vehslage*, DB 2000, 1801, 1804.

innerhalb des Unternehmens weitergeleitet werden. Auf ein Organisationsverschulden etc. kommt es für den Zugang nicht an, da allein das Gelangen in die Herrschaftssphäre maßgeblich ist.

Die Möglichkeit der Kenntnisnahme ist bei Gewerbetreibenden nicht nur einmal am Tag mit Leeren des Postkastens gegeben, sondern vielmehr nach inzwischen wohl allgemeiner Meinung mit mehrfacher Leerung des E-Mail-Accounts, da die Bank hierdurch ständig erreichbar wird und sich dementsprechend auf die schnellere Kommunikation einstellen muss.[239] Dagegen ist von einer sofortigen Kenntnisnahme bzw. dem Zugang einer Erklärung auszugehen, wenn nicht mehr ein Mitarbeiter, sondern Programme die nötigen Handlungen vornehmen und auch Erklärungen abgeben,[240] etwa wenn ein Ordering automatisiert durchgeführt wird.

Aber auch für die *Kenntnis* einer in einer E-Mail enthaltenen Erklärung, etwa im Rahmen von Tatbeständen, die auf die positive Kenntnis abstellen, kommt es nach neuerer Rechtsprechung und wohl überwiegender Meinung auf eine Art Obliegenheit der ordnungsgemäßen Organisation der Wissensweiterleitung im Unternehmen an,[241] so dass auch hier die Weiterleitung von entsprechenden E-Mails, die an unzuständige Stellen gelangen, geboten ist. Aus bankrechtlicher Perspektive betrifft dies etwa Vorgänge um Abtretungen,[242] aber auch um die Scheckhereinnahme.[243]

---

239 Allgemein: *Ultsch*, NJW 1997, 3007 f.; *Ernst*, NJW-CoR 1997, 165, 166; *Mehrings*, in: Hoeren/Sieber, HdbMultimediaR, 2000, Kap. 13.1 Rn. 82; *Mehrings*, MMR 1998, 30, 33; *Wiesgickl*, WM 2000, 1039, 1045; *Scherer/Butt* DB 2000, 1009, 1012; *Taupitz/Kritter*, JuS 1999, 839, 841 f.; *Fringuelli/Wallhäuser*, CR 1999, 93, 99; *Herwig*, MMR 2001, 145, 146; *Vehslage*, DB 2000, 1801, 1804; für Banken: *Krüger/Bütter*, WM 2001, 221, 228; für Versicherungen: *Hoppmann/Moos*, NVersZ 1999, 197, 198; *Leverenz*, Rechtliche Aspekte zum Versicherungsgeschäft im Internet, 2001, S. 66 f.

240 *Fritzsche/Malzer*, DNotZ 1995, 3, 13; dies übernehmend *Schönborn*, Die Bankhaftung bei der Überweisung im Internet, 2001, S. 56 f.; ferner *Hoppmann/Moos*, NVersZ 1999, 197, 198.

241 S. dazu grundlegend BGHZ 132, 30, 35 ff. = NJW 1996, 1339; BGHZ 140, 54, 61 ff. = NJW 1999, 284; *Medicus*, Allgemeiner Teil des BGB, 7. Aufl. 1997, Rn. 904a ff.; Erman/*Palm*, 10. Aufl. 2000, § 166 Rn. 11; MünchKommBGB/*Schramm*, 4. Aufl. 2001, § 166 Rn. 23 ff.; Palandt/*Heinrichs* § 166 Rn. 8; Soergel/*Leptien*, 13. Aufl. 1999, § 166 Rn. 9.

242 Vgl. den VIII. Zivilsenat in BGH NJW 1977, 581; bestätigt vom gleichen Zivilsenat in BGHZ 135, 39 (44 f).

Hinsichtlich der *Abgabe einer Willenserklärung* ist vereinzelt die Frage aufgeworfen, ob eine Abgabe bereits angenommen werden könne, wenn die Erklärung erst später abgesendet, aber durch eine voreingestellte Routine eines Programms (E-Mail-Programme) aus Versehen abgeschickt wurde.[244] Damit werden jedoch keine besonderen Rechtsprobleme aufgeworfen: Der Fall ist vielmehr so zu behandeln wie eine Willenserklärung, die ohne Wissen und Wollen des Erklärenden abgesandt wird:[245] Der Absender kann, sofern er das Inverkehrbringen zu vertreten hat, wegen des hervorgerufenen Vertrauens beim Empfänger nur durch Anfechtung die Erklärung zu Fall bringen, mit der Folge des Schadensersatzes nach § 122 BGB,[246] wobei angesichts der vom Erklärenden selbst veranlassten Programmroutinen im Einzelfall sehr fraglich sein dürfte, ob der Erklärende mit seiner Behauptung durchzudringen vermag.

bb) Erklärungen und Nachrichten an den Kunden

Maßgeblich ist zunächst der Zugang einer Nachricht entweder direkt auf dem Rechner des Kunden, falls er eine unmittelbare Verbindung mit der Bank herstellt, oder auf dem E-Mail-Account seines Providers, der dem Kunden als eingerichtete Empfangsstelle zuzurechnen ist.[247] Für den letzteren Fall ist entscheidend, wann mit dem Abruf einer E-Mail üblicherweise gerechnet werden kann. Hier hat sich – zu Recht – ein Konsens dahingehend herausgebildet, dass bei Privatleuten höchstens einmal am Tag, bei Gewerbetrei-

---

243 BGHZ 135, 202, 204 im Anschluss an BGHZ 132, 30, 37; bestätigt in BGH ZIP 1998, 330, 331; ebenso jetzt *Baumbach/Hefermehl,* 20. Aufl., ScheckG, Art. 21 Rn. 10b.

244 So *Vehslage*, DB 2000, 1801, 1803.

245 So auch MünchKommBGB/*Einsele*, 4. Aufl. 2001, § 130 Rn. 13; zur „abhanden gekommenen Willenserklärung“ allgemein BGH NJW 1979, 2032, 2033; OLG Frankfurt NJW 1984, 2896; Palandt/*Heinrichs*, 60. Aufl. 2001, § 130 Rn. 5; *Medicus*, Allgemeiner Teil des BGB, 7. Aufl. 1997, Rn. 266.

246 Palandt/*Heinrichs,* § 130 BGB Rn. 4; *Mehrings*, in: Hoeren/Sieber HdbMultimediaR, 2000, Kap. 13.1., Rn. 117 ff.; *Taupitz/Kritter*, JuS 1999, 839, 840; *Härting,* Internetrecht Rn. 72; *Leverenz*, Rechtliche Aspekte zum Versicherungsgeschäft im Internet, 2001, S. 64 f.; im Ergebnis ebenso *Vehslage*, DB 2000, 1801, 1803.

247 *Mehrings*, in: Hoeren/Sieber, HdbMultimediaR, 2000, Kap. 13.1 Rn. 76 ff.; *Heermann*, K&R 1999, 6, 8; *Wiesgickl*, WM 2000, 1039, 1045 f.

benden dagegen mehrfach am Tag mit dem Abruf der Mailbox üblicherweise gerechnet werden kann.[248] Störungen im Verkehr zwischen Kunden und seinem Provider, etwa wenn die Rechner des Providers nicht mehr erreichbar sind, sind nicht der Bank zuzurechnen, dass es nur um den üblicherweise zu erwartenden Zugang geht, also einen objektiv zu bestimmenden Standard. Im übrigen ist die Auswahl eines zuverlässigen Providers Sache des Kunden und liegt nicht im Einflussbereich der Bank.

Anders ist allerdings zu entscheiden, wenn die Bank entweder selbst oder in Zusammenarbeit mit einem Provider Dienste anbietet und Nachrichten für den Kunden auf einer Mailbox der Bank abgelegt werden. Wenn die Nachrichten für den Kunden zum Abruf bei der Bank bereitgehalten werden, wird der Zugang erst mit der Sichtbarmachung der Meldung auf dem Rechner des Kunden bewirkt, in der Regel also erst mit dem Einloggen des Kunden auf dem System der Bank, da erst dann der Kunde tatsächlich die Möglichkeit hat, die Nachricht zur Kenntnis zu nehmen. Kooperiert die Bank mit einem Provider und wird der Mail-Verkehr über diesen abgewickelt, muss sich die Bank die Risiken des Providers zurechnen lassen, da sie diesen für den Kunden in die Geschäftsabwicklung eingebunden hat.

Indes scheint die E-Commerce-Richtlinie hier einen anderen Maßstab anzulegen, heißt es doch in Art. 11 I, dass Willenserklärungen als zugegangen gelten, „wenn die Parteien, für die sie bestimmt sind, sie abrufen können". Damit könnte sich die Vorstellung verbinden, dass es nur noch auf die technische Abrufmöglichkeit ankommt, nicht jedoch auf das Kriterium, wann üblicherweise mit einem Abruf zu rechnen ist.[249] Allerdings bezieht sich der Zugang nach deutschem Recht nicht allein, wie anscheinend Art. 11 suggeriert, auf die Möglichkeit des Abrufs, sondern umfasst auch die Möglichkeit der Kenntnisnahme. Allein das Passieren der Schnittstelle zwischen elektronischem Kommunikationsnetz und Zugangsvorrichtung würde nach diesem Verständnis der Richtlinie bereits für den Zugang genügen, während

248 Statt vieler: *Fringuelli/Wallhäuser*, CR 1999, 93, 99; *Taupitz/Kritter*, JuS 1999, 839, 842; *Ernst*, BB 1997, 1057; *Leverenz*, Rechtliche Aspekte zum Versicherungsgeschäft im Internet, 2001, S. 67; anders für rein private Nutzer *Härting*, Internetrecht, Rn. 84 sowie *Ultsch*, NJW 1997, 3007, 3008, die nur bei tatsächlicher Kenntnis den Zugang annehmen wollen.

249 So *Glatt*, ZUM 2001, 390, 394 f.; *Drexl* in: Drexl u.a. (Hrsg.), Europarecht im Informationszeitalter, 2000, S. 75, 94; *Hassemer*, MMR 2001, 635, 637 f.

das deutsche Recht zusätzlich danach fragt, wann üblicherweise der Empfänger seine Nachricht abruft und sie dadurch zur Kenntnis nehmen kann.[250] Umgekehrt könnte Art. 11 Abs. 1 auch so verstanden werden, dass nicht auf die üblicherweise zu erwartende Kenntnisnahme abzustellen wäre, sondern auf den Zeitpunkt, ab dem der Empfänger die Nachricht tatsächlich abrufen kann. Hindernisse des Abrufs, die vom Empfänger zu verantworten sind, würden demnach – anders als im deutschen Recht – den Zugang verhindern.[251] Zunächst ist jedoch schon zweifelhaft, ob dem Richtliniengeber angesichts der Abkehr von der Vorstellung, das Vertragsrecht mit Art. 11 modifizieren zu wollen, tatsächlich ein entsprechender Eingriff in die Dogmatik der Willenserklärungen unterstellt werden kann. Maßgeblich ist letztlich, dass der Begriff des Abrufenkönnens nach Art. 11 auf zivilrechtliche Pflichtenstandards mit verweist, da im Bürgerlichen Recht nicht nur das faktische „Ich kann", sondern auch einzuhaltende Sorgfaltsstandards gemeint sind. Somit kann die deutsche Dogmatik im Bereich des Zugangs der Willens- und Wissenserklärungen beibehalten werden. Der deutsche Gesetzgeber hat in § 312e BGB n.F. im Rahmen der Schuldrechtsmodernisierung die Zugangsregelung des Art. 11 fast wörtlich übernommen und auch die Rechtsfolgen nicht geregelt, so dass nach wie vor Raum bleiben dürfte, die dargelegten Zugangsregelungen bei Willenserklärungen anzuwenden.

b) Beweis des Zugangs

Probleme werfen elektronische Willenserklärungen schließlich hinsichtlich der Beweisbarkeit ihres Zugangs auf:[252] Zwar können Log-Files oder E-Mail-Empfangsbestätigungen die Übermittlung einer Nachricht nachweisen, doch könnten sie ähnlichen Zweifeln wie Fax-Sendeprotokolle hinsichtlich ihres Beweiswertes unterliegen. Letzteren ist von der Rechtsprechung der Beweiswert im Hinblick auf einen Anscheinsbeweis für den Zugang des Dokumentes abgesprochen worden, da Sendeprotokolle manipuliert werden kön-

---

250 Statt vieler: Palandt/*Heinrichs*, § 130 Rn. 5; MünchKommBGB/*Einsele*, 4. Aufl. 2001, § 130 Rn. 16.

251 In diesem Sinne ist wohl *Schneider*, K&R 2001, 344, 347 zu verstehen.; ebenso *Lehmann*, EuZW 2000, 517, 519; zust. *Micklitz*, EuZW 2001, 133, 142.

252 S. dazu *Herwig*, MMR 2001, 145, 146 f.; *Heun* CR 1994, 595, 599 f.; *Hoeren/Oberscheidt*, VuR 1999, 371, 374; *Rott*, NJW-CoR 1998, 420, 423.

nen und nur die Verbindung zwischen Sende- und Empfangsgerät bestätigen, nicht aber die richtige, störungsfreie Übermittlung.[253] Obwohl entsprechende Bestätigungen im elektronischen Verkehr sogar eine Aussage darüber erlauben, ob das Dokument auf dem Computer des Partners angezeigt wurde (Lesebestätigung bei E-Mail),[254] soll dennoch kein Anscheinsbeweis wegen der Manipulierbarkeit der Bestätigungen gegeben sein.[255] Weder die digitale Signatur hilft hier weiter, da die Bestätigungen nicht digital signiert werden können,[256] noch § 292a ZPO, da der Anscheinsbeweis sich nur auf die Urheberschaft und die Authentizität der Erklärung, nicht aber auf den Zugang der Erklärung bezieht.[257]

Die fehlende Beweisbarkeit aufgrund Manipulationsgefahr mag für Bestätigungen im bilateralen Mail-Verkehr zutreffen, nicht dagegen, wenn es sich um Log-Files Dritter, die den Zugang auf dem Mailkonto des Empfängers festhalten, handelt, auf die weder Absender noch Empfänger einen Einfluss haben – hier ist das Manipulationsrisiko durch die Beteiligten wesentlich geringer, so dass ein Anscheinsbeweis für die Übermittlung eingreifen kann. Die Empfangsbestätigungen einer E-Mail werden aber von dem E-Mail-Server des Erklärungsgegners erzeugt;[258] sofern dieser Server nicht dem Zugriff des Erklärungsgegners offen steht, was zwar bei Unternehmen mit

253 BGH NJW 1995, 665, 666 f.; OLG Dresden NJW-RR 1994, 1485 f.; LG Darmstadt NJW 1993, 2448 = CR 1994, 100; s. auch MünchKomm BGB/*Einsele*, 4. Aufl. 2001, § 130 Rn. 46; Soergel/*Hefermehl*, 13. Aufl. 1999, § 130 Rn. 13c; *Hoeren/Oberscheidt*, VuR 1999, 371, 374; *Rott*, NJW-CoR 1998, 420, 423; *Ebnet*, JZ 1996, 507, 513; *Wuermeling*, NJW-CoR 1996, 231 232 f.; zum Anscheinsbeweis, wenn durch Zeugenaussagen eine Manipulation als ausgeschlossen erscheint *Burgard*, AcP 195 (1995), 74, 129 ff.; OLG München MDR 1999, 286.

254 Darauf stellt *Herwig*, MMR 2001, 145, 146 f. ab; ebenso *Freitag*, in: Kröger/Gimmy, Handbuch zum Internetrecht, 2000, S. 65, 71, allerdings ohne nähere Erörterung.

255 So *Hoeren*, in: Hoeren/Spindler, Versicherung im Internet, 2001, D II, S. 58 bei Fn. 184.

256 Vgl. *Herwig*, MMR 2001, 145, 147.

257 So aber unter Verkennung des Wortlauts *Herwig*, MMR 2001, 145, 147, 149; zudem hilft § 292a ZPO dem Erklärungsgegner einer digitalen signierten Erklärung, nicht aber dem Erklärenden.

258 Beruhend auf der sog. Delivery Status Notification Erweiterung des SMTP (Simple Mail Transfer Protocols) bzw. dem RFC-Standard 1891, s. dazu *Herwig*, MMR 2001, 145, 146.

eigenen Servern, nicht aber bei Privatkunden mit Mail-Account bei einem Provider anzunehmen ist, können daher die entsprechenden Bestätigungen den Anscheinsbeweis begründen. Zudem können Störungen der technischen Geräte auf der Empfangsseite nicht zum Nachteil des Senders gereichen, da der Zugang zwar die Möglichkeit der Kenntnisnahme voraussetzt, aber den Empfänger eine Obliegenheit trifft, den Zugang zu ermöglichen, so dass er sich Störungen zurechnen lassen muss.[259] Sofern es um Störungen auf der Empfangsseite geht, verfängt das Argument, dass die Log-Files und -protokolle darüber keine Aussage treffen könnten, von vornherein nicht.

Bei den meisten Privat- und kleineren Unternehmenskunden mit Konten bei Providern dürften sich daher wenig Probleme hinsichtlich des Beweises des Zugangs einer elektronischen Erklärung ergeben. Demgegenüber versagt dieser Weg bei Kunden mit eigenem Mail-Server; hier kann nur der von der Deutschen Post Com angebotene Dienst eKurier weiterhelfen, der über ein Verschlüsselungsverfahren digital signierte Empfangsbestätigungen zur Verfügung stellt, sofern der Erklärungsgegner mit einem entsprechenden Programm arbeitet.[260]

Für das Bankgeschäft wird dieses Problem des Nachweises des Zugangs aber für einige wichtige Bereiche durch die Ausgestaltung der Erklärung als Holschuld erheblich abgeschwächt, insbesondere bei der Bereitstellung von Kontoauszügen und Rechnungsabschlüssen, an die Pflichten des Kunden zur Überprüfung und zur Umkehr der Beweislast (Saldenziehung) knüpfen.[261] In diesen Fällen dürfte trotz des grundsätzlich weiterhin erforderlichen Zugangs[262] die Bereitstellung der Auszüge zum Abholen genügen, so dass sich der Kunde nach Verstreichen einer Frist, innerhalb derer üblicherweise ein Rechnungsabschluss oder ein Kontoauszug abgerufen wird, nicht auf feh-

---

259 Vgl. BGH NJW 1977, 194, 195; BAG NJW 1984, 1651, 1652; OLG Hamm NJW 1986, 996, 997; MünchKommBGB/*Einsele*, 4. Aufl. 2001, § 130 Rn. 36; Erman/*Palm*, 10 Aufl. 2000, § 130 Rn. 24; Palandt/*Heinrichs*, § 130 Rn. 17; Soergel/*Hefermehl*, 13. Aufl. 1999, § 130 Rn. 25; *Larenz/Wolf*, AT, 8. Aufl. 1997, § 26 Rn. 42.

260 S. dazu *Herwig*, MMR 2001, 145, 147.

261 S. etwa BGH WM 1978, 998 f.; BGH WM 1985, 936, 937; inzident BGH WM 1991, 1294, 1295; OLG Koblenz WM 1997, 1566, 1567; ferner *Canaris*, BankvertragsR, Rn. 2635 ff.

262 *Kümpel*, Bank- und Kapitalmarktrecht, 2. Aufl. 2000 Rn. 2.381 ff., inbes. zum Zugang Rn. 2.385; *Bunte*, Bankrechtshandbuch, 2. Aufl. 2001, § 12 Rn. 15.

lenden Zugang berufen kann. Denn durch Nichtabholen der entsprechenden Erklärungen auf dem vereinbarten Wege, der wie ein bei der Bank für den Kunden eingerichtetes Postfach betrachtet werden kann, vereitelt der Kunde den Zugang in rechtsmissbräuchlicher Weise.

c) Aufträge und Bestätigungen

Art. 11 der E-Commerce-Richtlinie bzw. § 312e I Nr. 3 BGB-RegE verpflichten den Diensteanbieter (die Bank) dazu, den Eingang einer „Bestellung“ unverzüglich elektronisch zu bestätigen. Unter einer Bestellung versteht die deutsche Umsetzung die auf einen Vertragsabschluss gerichtete Willenserklärung, auch hinsichtlich von Dienstleistungen. Damit kann jeder Auftrag eines Bankkunden im Prinzip als eine solche Bestellung verstanden werden, da die E-Commerce-Richtlinie bzw. § 312e I BGB-RegE keinen Unterschied machen, ob es sich um einmalige Vorgänge oder um Willenserklärungen innerhalb einer dauerhaften Geschäftsverbindung handelt. Schließlich kommt es für das Bankrecht auf die Diskussion, ob der Begriff der Bestellung im Sinne des deutschen Rechts als ein bindendes Vertragsangebot seitens des Kunden[263] oder nur als Anfrage beim Unternehmen auf elektronischen Wege[264] zu verstehen ist, nicht an, da hier alle rechtlich relevanten Erklärungen des Kunden gleichzeitig Angebote auf den Abschluss spezifischer Verträge sind, etwa bei Überweisungsverträgen, bei Zeichnungen von Emissionen etc.

Die zivilrechtlichen Konsequenzen der von Art. 11 Abs. 1 geforderten Handlungen des Diensteanbieters bleiben nach der Richtlinie völlig offen, ebenso wie die Frage, welche Rechtsqualität die von Art. 11 Abs. 1 vorgesehene Bestätigung der Bestellung durch den Diensteanbieter hat,[265] insbesondere welche Rechtsfolgen sich bei ausbleibender Bestätigung ergeben: Soll der Vertrag dann nicht als geschlossen gelten?[266] Soll der Nutzer ein bis dahin geltendes Widerrufsrecht – aufgrund welcher Norm – haben? Soll er wegen Irrtums anfechten können, ggf. ohne Schadensersatzfolgen nach § 122

263 So aber offenbar *Hoffmann*, NJW 2001, Beil. zu Heft 14, S. 7; *Micklitz,* EuZW 2001, 133, 141.

264 Zutr. *Schneider*, K&R 2001, 344, 345.

265 S. bereits für den ersten Richtlinienvorschlag *Hoeren*, MMR 1999, 192, 198 f.

266 So in der Tat *Ernst*, VuR 1999, 397, 404.

BGB? Da der Vertragsschluss im Gegensatz zu Vorentwürfen der Richtlinie[267] nicht mehr von Art. 11 geregelt wird, kann es sich nur um eine (vor-) vertragliche Nebenpflicht handeln, bei deren Verletzung der Kunde nach den Grundsätzen der culpa in contrahendo Schadensersatzansprüche geltend machen kann, wenn er bei Ausbleiben der Bestätigung davon ausgegangen ist, dass sein Auftrag nicht durchgeführt wird, und er eventuell zwischenzeitlich anders disponiert hat.

Diese Bestätigung bezieht sich allerdings nur auf den Eingang der Willenserklärung, gibt dem Absender damit nur die Auskunft, wann die Erklärung eingegangen ist. Weitere Rechtsfolgen verbinden sich nicht damit. Allerdings kann für den Kunden die Information, wann genau ein Auftrag der Bank zugegangen ist, relevant sein, etwa beim Intradaytrading bzw. bei Wertpapierorders.

5. *Widerruf bzw. Kündigung (Überweisungsaufträge)*

Für die Bankpraxis von Bedeutung ist ferner die Möglichkeit des Widerrufs einer Willenserklärung, insbesondere eines Auftrags: Mit der Freischaltung der Erklärung verlässt die Willenserklärung den Machtbereich des Absenders; damit ist jedoch keine Einschränkung des Widerrufs verbunden, der in Anwendung der allgemeinen Regeln bis zum Eingang der Erklärung und deren Kenntnisnahme bei der Bank möglich bleibt. Bei elektronischen Nachrichten ist diese Widerrufsmöglichkeit jedoch meist nur von theoretischem Interesse, da aufgrund der Übertragungsgeschwindigkeiten der Widerruf regelmäßig zu spät kommen wird.[268] Dies gilt auch für das Internet-Banking, so dass ein Widerruf praktisch[269] ausgeschlossen ist.[270]

---

267 S. dazu noch *Spindler*, ZUM 1999, 775 ff.

268 *Mehrings* MMR 1998, 30, 33; *Strauch*, GS Lüderitz 2000, S. 751, 764; für Btx-Banking bereits *Hellner*, FS Werner 1984, S. 251, 278.

269 Eine Ausnahme wird nur bei Aufträgen anzunehmen sein, die in Zeiten außerhalb der üblichen Kenntnisnahme abgegeben werden und die noch vor Beginn der möglichen Kenntnisnahme zugehen, etwa bei einem Auftrag am Sonntag Morgen und dessen Widerruf am Sonntag Abend, sofern die Bank nur werktags die Aufträge abarbeitet.

270 *Fringuelli/Wallhäuser*, CR 1999, 93, 99; *Mehrings*, MMR 1998, 30, 33; *Mehrings*, in: Hoeren/Sieber HdbMultimediaR, 2000, Kap. 13.1. Rn. 85; *Moritz*, CR 2000, 61, 63; *Wiesgickl*, WM 2000, 1039, 1048; *Schönborn*, Die Bankhaf-

Die Bedingungen für das Online-Banking mit PIN und TAN schließen jedoch den Widerruf oder die Änderung von Aufträgen, die der Bank erteilt wurden, innerhalb des Online-Banking in Nr. 10 aus.[271] Gleiches gilt grundsätzlich auch für die Homebanking-Bedingungen in VII S. 1, die dies jedoch von der technischen Vorgehensweise des jeweiligen Kreditinstituts abhängig machen. Grundsätzlich darf der Widerruf eines Überweisungsauftrages nicht durch AGB ausgeschlossen werden.[272] Denn der gesetzliche Leitgedanke in §§ 675, 665 BGB, dass der Auftraggeber jederzeit seinen Auftrag durch eine Gegenweisung widerrufen kann, würde sonst unterlaufen und der Auftraggeber bzw. Bankkunde unangemessen benachteiligt. Dies gilt auch nach Verabschiedung des neuen Überweisungsrechts in §§ 675a ff. BGB, das auf dem Gedanken des Vertrages statt der Weisung beruht. Die entsprechende Online-Banking- bzw. Homebanking-Bedingung lässt sich daher nur halten, wenn man davon ausgeht, dass die Bank dem Kunden auf verschiedenen Kommunikationswegen zur Verfügung steht und der Kunde zwecks Widerruf auf andere Kommunikationsformen als das Online-Banking verwiesen werden kann. Daran bestehen aber erhebliche Zweifel, wenn die Bank nur über Fernkommunikationsmittel zur Verfügung steht. Zudem ist nicht einzusehen, warum der Kunde nicht den schnellstmöglichen, von der Bank selbst gewählten Kommunikationsweg benützen können soll, um der Bank den Widerruf bzw. die Kündigung noch vor der Ausführung des Auftrages (z.B. am nächsten Bankarbeitstag im Rahmen des „ordnungsgemäßen Arbeitsablaufs") zuzuleiten. Denn der Auftrag kann nur solange widerrufen werden, wie er nicht ausgeführt wurde.[273]

---

tung bei der Überweisung im Internet, 2001, S. 57 f.; ebenso für Versicherungen: *Leverenz*, Rechtliche Aspekte zum Versicherungsgeschäft im Internet, 2001, S. 67.

271 AGB Online-Banking Nr. 10 – Rückruf oder Änderung von Aufträgen: „Der Rückruf oder die Änderung von Aufträgen kann nur außerhalb des Online-Banking-Verfahrens erfolgen, es sei denn, das Kreditinstitut sieht eine solche Möglichkeit innerhalb des Verfahrens ausdrücklich vor. Das Kreditinstitut kann einen Rückruf oder eine Änderung allerdings nur beachten, wenn ihm diese Nachricht so rechtzeitig zugeht, dass ihre Berücksichtigung im Rahmen des ordnungsgemäßen Arbeitsablaufes möglich ist."

272 BGH WM 1984, 986 f.

273 BGH WM 1986, 1409, 1410; BGH WM 1988, 321, 322; daran hat sich durch das

6. Irrtumsanfechtung

Betätigt ein Kunde versehentlich eine Taste, z.B. die Enter-Taste bzw. den OK-Button, obwohl er eine Erklärung überhaupt nicht abgeben wollte, liegt an sich keinerlei Willenserklärung vor, da es ihm am Erklärungsbewusstsein fehlt. Sollte dennoch von einer Willenserklärung auszugehen sein, z.B. wenn sich der Kunde bei der Inhaltseingabe vertippt, steht ihm jedenfalls eine Anfechtung wegen Erklärungsirrtums nach § 119 I BGB offen,[274] allerdings mit der Folge der Haftung für den entstandenen Vertrauensschaden bei der Bank nach § 122 BGB. Natürlich gilt dies umgekehrt auch für die Bank, deren Mitarbeiter entsprechende Fehler begehen.

Demgegenüber soll bei einem Systemfehler, etwa bei der Programmierung, nur von einem Motivirrtum auszugehen sein, da kein Irrtum bei der Abgabe der Willenserklärung vorliege, sondern bei der Willensbildung selbst. Denn der Einsatz des Computers mit seiner Software lege nur die Grundlage fest, mit welcher der Betreiber seine Willenserklärungen abgeben wolle.[275] Diese Beurteilung ruft jedoch Bedenken hervor: Denn auch bei

---

neue Überweisungsrecht nichts geändert, s. Begr. RegE zu § 676a IV BGB, BR-Drucks. 163/99, S. 47 f.; *Einsele*, JZ 2000, 9, 12; Palandt/*Sprau* § 676a BGB Rn. 12, wobei es sich nach dem neuen Recht allerdings nicht mehr um einen Widerruf, sondern um eine Kündigung des Überweisungsvertrages handelt.

274 Ganz hM, OLG Hamm NJW 1993, 2321 f.; Palandt/*Heinrichs,* § 119 Rn. 10; *Mehrings*, in: Hoeren/Sieber, HdbMultimediaR, 2000, Kap 13.1 Rn 96 f.; *Heun*, CR 1994, 595, 596; *Strauch*, GS Lüderitz 2000, S. 751, 761; *Langenbucher*, Die Risikozuordnung im bargeldlosen Zahlungsverkehr, 2001, S. 142; *Herrmann*, VersR 1998, 931, 936; *Hoeren/Oberscheidt*, VuR 1999, 371, 373; *Waldenberger*, BB 1996, 2365, 2366 f.; anders aber *Köhler*, DuD 1986, 337, 341 f., *Köhler*, AcP 182 (1982), 126, 136: Motivirrtum, da nur Vorbereitungshandlung; ebenso *St. Lorenz,* Der Schutz vor dem unerwünschten Vertrag, 1997, S. 277, da falsche EDV-Erklärung der bewussten Übernahme einer durch Hilfspersonen vorbereiteten Erklärung gleichstehe; zuvor bereits *Brehm*, FS Niederländer 1991, 233, 240.

275 So *Strauch*, GS Lüderitz 2000, S. 751, 762 im Anschluss an *Medicus*, Allgemeiner Teil des BGB, 7. Aufl. 1997, Rn. 256; Staudinger/*Dilcher*, BGB, 12. Aufl. 1980, vor §§ 116-144 Rn. 8; *Mehrings*, MMR 1998, 30, 32; *Kuhn*, Rechtshandlungen mittels EDV und Telekommunikation, 1991, S. 151 f.; *St. Lorenz,* Der Schutz vor dem unerwünschten Vertrag, 1997, S. 276 ff.; *Heun*, CR 1994, 595, 596 f.; *Langenbucher*, Die Risikozuordnung im bargeldlosen Zahlungsverkehr, 2001, S. 142 f.; *Leverenz*, Rechtliche Aspekte zum Versicherungsgeschäft im

einem Programmierfehler, etwa durch ein falsches Eingeben einer Kommandozeile, liegt letztlich ein Vertippen bzw. ein Abweichen von beabsichtigter Willenserklärung und tatsächlich abgegebener Willenserklärung vor, auch wenn diese erst später durch das Zusammenwirken mehrerer Befehle realisiert wird. Schließlich würde damit die Doktrin, dass die automatisiert abgegebene Willenserklärung letztlich nichts anderes als eine Speicherung auf Vorrat von menschlichen Willenserklärungen sei, praktisch aufgegeben.

Unklar ist allerdings in diesem Zusammenhang die Bedeutung des Art. 11 der E-Commerce-Richtlinie bzw. § 312e I Nr. 1 BGB-RegE, die dem Diensteanbieter – hier der Bank – aufgeben, dem Nutzer (Kunden) „angemessene, wirksame und zugängliche technische Mittel" zur Verfügung zu stellen, um Eingabefehler vor Abgabe der „Bestellung" zu erkennen und korrigieren zu können. Die Richtlinie lässt indes sowohl offen, welche Rechtsfolgen sich an fehlende Korrekturmöglichkeiten knüpfen, als auch, welche Konsequenzen sich für eine trotz Korrekturmöglichkeiten abgegebene Willenserklärung ergeben.[276] Nach derzeitiger Rechtslage ist davon auszugehen, dass bei Fehlen von Korrekturmöglichkeiten der Anbieter seine (vor-)vertraglichen Pflichten verletzt und der Kunde daher entweder sein Anfechtungsrecht ausüben oder einen Anspruch auf Aufhebung des Vertrages nach den Regeln der culpa in contrahendo haben kann, ohne selbst mit einem Anspruch aus § 122 BGB konfrontiert zu werden.[277] Umgekehrt wird man gegenüber einer Anfechtung wegen Erklärungsirrtums größte Zurückhaltung üben müssen, wenn dem Kunden die Bedeutung seiner Erklärung durch eine Korrekturmöglichkeit nochmals vor Augen geführt wurde und er so das Rechtsgeschäft letztlich bestätigt hat. Die Richtlinie überlässt diese Fragen den Rechtsordnungen der Mitgliedstaaten.[278]

Internet, 2001, S. 117; aus schweizerischer Sicht *Hunger*, Die Begründung der Geschäftsverbindung im Internet-Banking, Zürich 2000, S. 128 ff.

276 Zur Diskussion über die Rechtsfolgen im Rahmen der ursprünglichen Entwürfe zur Schuldrechtsmodernisierung *Grigoleit*, WM 2001, 597, 600 ff.

277 Vgl. Begr RegE zu § 312e, S. 399 f.: widersprüchliches Verhalten des Anbieters, der nach § 122 BGB Schadensersatz verlangt, wenn er keine Korrekturmöglichkeiten zur Verfügung gestellt hat.

278 *Thode*, NZBau 2001, 345, 353.

7. *Formfragen*

a) Überblick

Die in zahlreichen Vorschriften verstreuten Schriftformerfordernisse haben den elektronischen Geschäftsverkehr vor schier unüberwindliche Hindernisse gestellt. Mit der Verabschiedung der Signaturrichtlinie und der E-Commerce-Richtlinie ist jedoch insgesamt die Gleichstellung des elektronischen Vertrages mit dem „schriftlichen" Vertrag vollzogen worden, was am deutlichsten in dem allgemeinen Diskriminierungsverbot des Art. 9 der E-Commerce-Richtlinie zum Ausdruck kommt. Der deutsche Gesetzgeber hat dies in Gestalt des Gesetzes zur Anpassung von Formvorschriften aufgenommen, mit dem nunmehr viele Fragen und Hindernisse, die sich um die Schriftform und den elektronischen Geschäftsverkehr rankten, beseitigt wurden, indem die neuen §§ 126 ff. BGB die elektronische Form weitgehend mit der Schriftform gleichstellen, sofern eine qualifiziert digitale Signatur verwandt wird. Die Überlegungen, die digitale Signatur per se mit der Schriftform per Analogie gleichzustellen,[279] haben sich damit erübrigt. Gleichzeitig können aber auch die trotzdem noch verbliebenen, gesetzlich angeordneten Schriftformen nicht mehr per Auslegung der elektronischen Form gleichgesetzt werden – außer wenn sie sich als europarechtswidrig erweisen sollten, etwa wegen Verstoßes gegen Art. 9 der E-Commerce-Richtlinie.

b) Zwingende Regeln

Aus bankrechtlicher Sicht sind in erster Linie die im Verbraucherkredit- und im Bürgschaftsrecht enthaltenen Schriftformerfordernisse relevant: Während die Bürgschaftsverträge ausdrücklich von Art. 9 der E-Commerce-Richtlinie ausgenommen werden und auch die Signaturrichtlinie dem nationalen Gesetzgeber hier Spielraum lässt, so dass der deutsche Gesetzgeber es bei der Schriftform für die Bürgschaft belassen hat, ist die Rechtslage für das Verbraucherkreditrecht nicht derart eindeutig. Zwar hat der deutsche Gesetzgeber auch hier die Schriftform weitestgehend unangetastet gelassen, etwa nach § 4 VerbrkrG. Für die nach § 5 I VerbrKrG erforderliche Mitteilung

---

279 So noch – zu Unrecht – *Ebbing*, CR 1996, 271, 273 ff.; *Härting*, InternetR, Rn. 97 ff.

über die Änderung von Zinssätzen ist jetzt indes die Textform nach § 126b BGB vorgesehen, die problemlos über das Internet erfüllt werden kann.

Zweifel am Festhalten an der Schriftform können sich jedoch aus Art. 9 der E-Commerce-Richtlinie ergeben, da die Richtlinie die Verbraucherkreditverträge nicht aus ihrem Diskriminierungsverbot ausnimmt. Daher könnte in Erwägung gezogen werden, ob die E-Commerce-Richtlinie nicht die Verbraucherkredit-Richtlinie modifiziert; jedoch steht dem Art. 1 III der E-Commerce-Richtlinie und erst recht Erwägungsgrund Nr. 11 entgegen, der explizit die Verbraucherkredit-Richtlinie als Bestandteil des Schutzniveaus in der Gemeinschaft aufführt, das von der E-Commerce-Richtlinie nicht tangiert werden soll. Dennoch der E-Commerce-Richtlinie eine derart weitreichende Modifizierung anderer Richtlinien unterzulegen, ohne dass explizit entsprechende Änderungen aufgenommen würden, hieße jedoch, über den Wortlaut der Richtlinie hinauszugehen, ohne dass hierfür Anhaltspunkte erkennbar wären.

c) Vereinbarungen in AGB und Rahmenabkommen

Eine bekannte Formvorschrift, die dazu führt, dass zahlreiche Kleinbetragsgeschäfte für im Internet erfolgende Direktlieferungen (digitale Ware wie Musik, Texte, Informationen etc.) nach wie vor im Internet unterbleiben, sieht ferner Abschn. I Nr. 1a des Abkommens über den Lastschriftverkehr vor: Demnach muss die für die Lastschrift zentrale Einzugsermächtigung schriftlich im Sinne von §§ 126 I, 127 BGB erteilt werden.[280] Auch die nötigen Daten des Schuldners kann der Gläubiger ohne die entsprechende schriftliche Ermächtigung nicht erlangen, etwa nach dem POZ-Verfahren, da die Bank nicht berechtigt ist, die Daten des Kunden an Dritte weiterzuleiten. Daraus wurde oft der Schluss gezogen, dass im Internet eine wirksame Erteilung einer Einzugsermächtigung nicht möglich sei.[281] Zwar sieht das Lastschriftabkommen selbst in der Anlage 3 besondere „Bedingungen für die Zulassung nicht schriftlich erteilter Zahlungsermächtigungen“ vor, doch sind

---

280 *Kümpel*, Bank- und Kapitalmarktrecht, 2. Aufl. 2000, Rn. 4.354; *Schwintowski /Schäfer*, Bankrecht, 1997, § 4 Rn. 208; *Claussen*, Bank- und Börsenrecht, 2. Aufl. 2000, § 7 Rn. 26.

281 *Escher*, WM 1997, 1173, 1174 f.; *Werner*, BuB (2001) Rn. 19/223.

die Hürden für diese Form derart hoch,[282] dass sie in praxi keine Abhilfe für das allgemeine Problem schaffen.

Allerdings war schon nach früherem Recht fraglich, ob § 127 BGB nicht auch die elektronische Form zulässt, da § 127 S. 2 BGB a.F. auch die telegrafische Übermittlung erlaubte, was analog auf Telefax oder Telex angewandt wurde.[283] Daraus konnte man schon vor Verabschiedung des Gesetzes zur Anpassung der Formvorschriften für die gewillkürte Schriftform ableiten, dass auch digital signierte Erklärungen der Form genügen,[284] erst recht, wenn die Bank selbst diese Form für die Kommunikation wählt und die Warnfunktion zurücktritt, etwa bei gleichbleibenden, periodischen Abbuchungen, wie bei Lastschriften im Versicherungswesen.[285]

All diese Zweifelsfragen beseitigt aber das Gesetz zur Anpassung der Formvorschriften, das die Gleichstellung der digitalen Signatur mit der eigenhändigen Unterschrift auch für die gewillkürte Schriftform vorsieht, § 127 I BGB n.F. Zu berücksichtigen ist dabei, dass nach § 127 II BGB n.F. die nach § 126a BGB n.F. an sich geforderte qualifizierte elektronische Signatur nach dem SigG auch durch eine andere, nur niedrigeren Anforderungen gerecht werdende digitale Signatur ersetzt werden kann.

Gleiches gilt für die in Nr. 1 II AGB-Banken vorgesehene Schriftform für Änderungen der AGB. Zwar wird hierunter nicht die Schriftform im Sinne von §§ 126, 127 BGB verstanden, die die eigenhändige Unterschrift verlangen, so dass etwa auch die Bekanntgabe von Änderungen der AGB über

---

282 Sie gelten nur für Beträge unter 100,00 DM, nur bei Freistellung der 1. Inkassostelle durch den Zahlungsempfänger von jeglicher Haftung, bei Verpflichtung des Zahlungsempfängers, zurückgegebene Lastschriften wieder aufzunehmen, sowie dem Angebot von gleichwertigen Zahlungsalternativverfahren für den Schuldner. Darüber hinaus kann die 1. Inkassostelle beim Auftreten missbräuchlich verursachter Lastschrifteinreichungen (nicht nur bezogen auf den Lastschriftempfänger), die Vereinbarung fristlos kündigen.

283 S. *Ebnet*, NJW 1992, 2985, 2989; MünchKommBGB/*Einsele*, 4. Aufl. 2001, § 127 BGB Rn. 8; Palandt/*Heinrichs* § 127 Rn. 2.

284 *Rott*, NJW-CoR 1998, 420, 422 f.; *Härting*, InternetR, Rn. 102; für das Versicherungsrecht *Leverenz*, Rechtliche Aspekte zum Versicherungsgeschäft im Internet, 2001, S. 81 f.

285 *Leverenz*, Rechtliche Aspekte zum Versicherungsgeschäft im Internet, 2001, S. 99 f.; im Ergebnis ebenso *Reusch* NVersZ 1999, 110, 112 f.

einen Kontoauszug genügt;[286] jedoch würde es bei online Übermittlungen nach wie vor an der dauerhaften Verkörperung fehlen. Indes ersetzt auch hier die elektronische Form die gewillkürte Schriftform nach § 127 BGB.

d) Elektronische Form als zwingende Form durch AGB?

Für eine reine Online-Bank ist nicht nur die Frage bedeutsam, ob die Schriftform durch die elektronische Form substituiert werden kann, sondern auch umgekehrt, ob die elektronische Form zur zwingenden Form zwischen den Parteien vereinbart werden kann: Eine Klausel, die eine bestimmte Form vorschreibt, verstößt gegen § 11 Nr. 16 AGBG, wenn eine strengere Form als die Schriftform vereinbart wird. Dies ist allerdings nicht nur der Fall, wenn etwa eine notariell beglaubigte Urkunde verlangt wird, sondern auch, wenn nur bestimmte Formen in der Kommunikation zulässig sind, etwa wenn der Anbieter dem Kunden die Verwendung von Telefax oder E-Mail aufnötigt und andere Formen – auch die Schriftform – ausschließt.[287] So kann eine Klausel gegen § 11 Nr. 16 AGBG verstoßen, wenn für eine Erklärung des Nutzers ausschließlich die E-Mail-Form vorgesehen wird. Vor allem in Anbetracht möglicher Systemausfälle, Sperren etc. und des dadurch nicht möglichen Zugangs des Nutzers zum E-Mail-Service muss dem Nutzer daher eine alternative Form der Kommunikation gestattet werden, auf jeden Fall auch die Schriftform. Keinen Bedenken begegnet es dagegen, wenn eine Bank mindestens eine digitale Signatur verlangt, sofern andere, gleichwertige Formen dadurch nicht ausgeschlossen werden.[288]

8. Einbeziehung von AGB

Über die Anforderungen an eine wirksame Einbeziehung von Allgemeinen Geschäftsbedingungen über das Internet herrscht nach wie vor Streit. Wäh-

---

286 *Kümpel*, Bank- und Kapitalmarktrecht, 2. Aufl. 2000, Rn. 2.119; *Bunte*, in: BankRHdB, 2. Aufl. 2001, § 6 Rn. 12.

287 So *Hensen*, in: Ulmer/Brandner/Hensen/Schmidt, AGBG, § 11 Nr. 16 AGBG Rn. 7; MünchKommBGB/*Basedow*, 4. Aufl. 2001, § 11 Nr. 16 AGBG Rn. 4; Staudinger/*Coester-Waltjen*, BGB, 13. Bearb. (1998), § 11 Nr. 16 AGBG Rn. 5; AG Rastatt NJW-RR 1991, 306; vgl. auch BGH NJW 1993, 263, 264.

288 So wohl auch für Versicherungen *Leverenz*, Rechtliche Aspekte zum Versicherungsgeschäft im Internet, 2001, S. 121.

rend für viele Anbieter im Internet, insbesondere für den Versandhandel, diese Frage wesentliche Bedeutung hat, dürfte sie für das Bankgeschäft ein (etwas) geringeres Gewicht besitzen. Da bis heute die Identifizierung des Kunden vor Eröffnung eines Konto- oder Depotvertrages erforderlich ist, besteht nach wie vor die Möglichkeit, dem Kunden die AGB vor Vertragsabschluss in schriftlicher Form auszuhändigen. Bedeutsamer ist die Frage der Einbeziehung von AGB daher, wenn der Kunde bereits bekannt ist und neue Konten eröffnen will, etwa neben einem bestehenden Girokonto am Discount-Broking teilnehmen oder Tagesgeldkonten eröffnen möchte. In diesen Fällen ist keine Identifizierung mehr erforderlich, so dass die Einbeziehung von allgemein formulierten Sonderbedingungen (z.B. für das Discount-Broking) nur via Internet von essentieller Bedeutung ist. Dementsprechend sehen die AGB-Banken in Nr. 1 I ausdrücklich vor, dass neben den AGB-Banken etwaige Sonderbedingungen gelten können. Gleiches gilt für allgemeine Informationsangebote der Banken an jedermann, z.B. über Börsenkurse, Wirtschaftsdaten oder Emissionsdaten von unterstützten Börsengängen. Um hier eine Haftung auszuschließen oder zu begrenzen, müssen Allgemeine Geschäftsbedingungen wirksam einbezogen werden können:

Eine Einbeziehung von AGB durch bloßes Einloggen des Nutzers und ohne vorherigen rechtsgeschäftlichen Kontakt zwischen Verwender bzw. Anbieter und Nutzer scheidet aus, da noch keine vertragliche Beziehung zwischen dem Nutzer und dem Anbieter durch das Einloggen entsteht. Die Homepage eines Anbieters ist grundsätzlich als reine Invitatio ad offerendum zu qualifizieren,[289] sofern nicht im Einzelfall aufgrund der konkreten Leistungsbeschreibung und der unbedingten Bereitschaft des Anbieters, an jedermann zu leisten, ein Angebot zu erkennen ist.[290]

Anders ist die Rechtslage zu beurteilen, wenn der Nutzer sein Einverständnis mit den Allgemeinen Geschäftsbedingungen erklären muss, bevor er den weiteren Inhalt der Homepage nutzen kann, z.B. wenn die Homepage nur ein Inhaltsverzeichnis bietet und erst nach Zustimmung zu den AGB den Zugriff auf weitere Inhalte (z.B. Börsendaten) freigibt. In diesem Fall liegt

---

289 *Waldenberger*, BB 1996, 2365; *Ernst*, BB 1997, 1057, 1057; *ders.*, NJW-CoR 1997, 165; *Löhnig*, NJW 1997, 1688; *Köhler*, NJW 1998, 185, 187; *Koehler*, MMR 1998, 289, 290; *Heinrichs*, NJW 1999, 1596, 1598; *Ulmer*, in: Ulmer/Brandner/Hensen/Schmidt, AGBG, § 2 AGBG Rn. 35a.

290 Vgl. *Mehrings*, BB 1998, 2373, 2375.

nach allgemeinem Vertragsrecht eine Willenserklärung des Nutzers vor, doch müssen zusätzlich die Voraussetzungen für die Einbeziehung der AGB nach § 2 AGBG vorliegen, wenn es sich um vorformulierte Klauseln handelt.

Gemäß § 2 Abs. 1 AGBG können Allgemeine Geschäftsbedingungen nur bei ausdrücklichem Hinweis des Verwenders auf sie sowie der Möglichkeit für den Nutzer, in zumutbarer Weise von deren Inhalt Kenntnis zu nehmen, wirksam in den Vertrag zwischen Anbieter und Nutzer einbezogen werden. Der Hinweis auf die Allgemeinen Geschäftsbedingungen muss derart klar und übersichtlich angebracht sein, dass dem Nutzer die Bedeutung des Hinweises deutlich wird.[291] Zwar kann nach § 2 AGBG ausnahmsweise auch auf den ausdrücklichen Hinweis verzichtet werden, aber lediglich dann, wenn der Hinweis nur unter unverhältnismäßigen Schwierigkeiten möglich wäre, wie z.B. bei Verträgen des täglichen Lebens.[292] Für die hier zu behandelnden Verträge bestehen jedoch schon durch das Medium, das nicht nur kurzzeitig sichtbare Anzeigen auf dem Bildschirm, Speicherungen oder Ausdrucke bietet, genügend technisch zumutbare Möglichkeiten, einen Hinweis auf die Allgemeinen Geschäftsbedingungen anzubringen. Ausreichend für den ausdrücklichen Hinweis des Verwenders bzw. Providers auf seine AGB ist etwa schon der hervorgehobene Hinweis zu Beginn einer Homepage.[293] Höhere Anforderungen können nur dann gestellt werden, wenn der Kunde selbst das Angebot abgeben sollte, was nur anhand der Einzelfallumstände beurteilt werden kann, etwa wenn der Anbieter deutlich zu erkennen gibt, dass er nur noch einen entsprechenden Antrag anzunehmen brauche. Dann muss der Hinweis auf die AGB deutlich in der Nähe oder im Bestellformular angebracht werden.[294]

Problematisch ist dagegen vor allem die Möglichkeit zur Kenntnisnahme der AGB durch den Nutzer. Wenn die AGB und deren Bedeutung dem

---

291 BGH NJW-RR 1987, 112, 113; Einzelheiten bei Staudinger/*Schlosser*, BGB, 13. Bearb. (1998), § 2 AGBG Rn. 5 f. mwNachw.

292 Näher Staudinger/*Schlosser*, BGB, 13. Bearb. (1998), § 2 AGBG Rn. 19, *Ulmer*, in: Ulmer/Brandner/Hensen/Schmidt, AGBG, § 2 AGBG Rn. 36 ff. mwNachw.

293 Vgl. *Löhnig*, NJW 1997, 1688, 1688 f.; *Mehrings*, BB 1998, 2373, 2374 f.; *Ulmer*, in: Ulmer/Brandner/Hensen/Schmidt, AGBG, § 2 AGBG Rn. 35a; für Btx: *Paefgen*, Bildschirmtext aus zivilrechtlicher Sicht, S. 38; *Lachmann*, NJW 1984, 405, 408; weitergehend wohl *Koehler*, MMR 1998, 289, 290 f., der den Hinweis auf die AGB auf der Homepage allein nicht ausreichen lassen will.

294 Zutr. *Mehrings*, BB 1998, 2373, 2375 f.

Nutzer nicht sofort auf der Eingangsseite (der zentralen Home Page) oder jedenfalls kurz vor dem eigentlichen Vertragsabschluss („OK"-Button im Warenkorb) deutlich vor Augen geführt werden, fehlt es grundsätzlich an der zumutbaren Kenntnisnahme vom Inhalt der AGB-Klausel bei Vertragsabschluss.[295] Bei der allein am Bildschirm erfolgenden Anzeige muss man nicht so weit wie die frühere Rechtsprechung im Rahmen des Btx-Systems gehen, die teilweise kurze, am Bildschirm lesbare und verständliche AGB verlangte.[296] Zwar können lange AGB auf dem Bildschirm erhebliche Telekommunikationskosten verursachen, doch besteht für den Nutzer in der Regel die Möglichkeit, über den Browser die angezeigte Seite zu speichern und die AGB in Ruhe offline zu studieren. Dementsprechend kann der Nutzer die AGB zu einem beliebigen Zeitpunkt auch später ausdrucken lassen. Daher liegt grundsätzlich eine zumutbare Kenntnisnahme auch bei der reinen Anzeige von AGB auf dem Bildschirm vor.[297] Bei entsprechend langen AGB ist allerdings für unerfahrene Nutzer ein entsprechender Hinweis am Anfang der AGB zu verlangen, der ihnen auf einfache Weise erklärt, wie sie die AGB ausdrucken oder speichern können.[298] Gegebenenfalls müssen einfache Routinen bzw. Befehle, die leicht auffindbar sind, in dem Angebot integriert

---

295 Vgl. *Koch*, Internet-Recht, 1998, S. 68; zum Erfordernis der Verständlichkeit der AGB *Ulmer*, in: Ulmer/Brandner/Hensen/Schmidt, AGBG, § 2 AGBG Rn. 52.

296 Wie hier *Roth*, in: Loewenheim/Koch (Hrsg.), Praxis des Online-Rechts, S. 57, 114; anders *Waltl*, Online-Netzwerke und Multimedia, in: Lehmann (Hrsg.), Internet- und Multimediarecht, 1997, S. 185, 202 f.; wohl auch *Köhler*, NJW 1998, 185, 189; unklar *Koch*, Internet-Recht, 1998, S. 69; zum Einbezug von AGB im Rahmen des Btx-Dienstes: OLG Köln CR 1998, 244, 245; LG Osnabrück CR 1996, 227, 229; LG Aachen NJW 1991, 2159 f.; LG Freiburg NJW-RR 1992, 1018 f.; umfassende Nachweise bei *Mehrings*, BB 1998, 2373 f.; *Ulmer*, in: Ulmer/Brandner/Hensen/Schmidt, AGBG, § 2 AGBG Rn. 49a; *Hoffmann*, NJW 2001, Beil. Heft 14, S. 11.

297 Im Ergebnis ebenso *Ernst*, BB 1997, 1057, 1058; *ders.*, NJW-CoR 1997, 164, 167, *Löhnig*, NJW 1997, 1688, 1689, allerdings nicht spezifisch für Haftungsausschlüsse; *Koehler*, MMR 1998, 289, 292; *Heinrichs*, NJW 1999, 1596, 1598; s. auch *Strömer*, Online-Recht, 2. Aufl. 1999, S. 120 ff.; anders offenbar *Ulmer*, in: Ulmer/Brandner/Hensen/Schmidt, AGBG, § 2 AGBG Rn. 49a, wohl aber nur für Btx; zurückhaltender auch *Werner*, BuB (2001) Rn. 19/339.

298 Weitergehend *Mehrings*, BB 1998, 2373, 2379, der für Alltagsgeschäfte kurze AGB verlangt; ähnlich *Wiesgickl*, WM 2000, 1039, 1044.

sein, damit der Kunde die AGB ausdrucken bzw. speichern kann. Es muss jedoch wenigstens die Gelegenheit zum Herunterladen oder zum ausführlichen Studieren von AGB für den Nutzer bestehen.[299]

Gegen die Einbeziehung längerer AGB-Texte ist schließlich ins Feld geführt worden, dass dem Kunden gegebenenfalls mangels Drucker keine Möglichkeit der Fixierung und der leichten Lesbarkeit der Texte zur Verfügung stünde. Daran ist richtig, dass der Verwender sich nicht darauf verlassen darf, dass der Kunde über einen Drucker verfügt; doch steht dem Verwender alternativ die Möglichkeit offen, den Kunden entweder zunächst nach einem Drucker zu fragen und ihm ansonsten das Herunterladen der AGB anzubieten oder insgesamt die AGB nur zum Download anzubieten. In beiden Fällen kann der Kunde dann ohne Zeitdruck die AGB durchlesen. In diesem Zusammenhang ist nochmals daran zu erinnern, dass § 2 AGBG nur die Möglichkeit der Kenntnisnahme, nicht die tatsächliche Kenntnisnahme vor Vertragsabschluss verlangt. Solange der Kunde die AGB unabhängig vom Vertragsabschlussvorgang herunterladen kann, genügt dies, um die Möglichkeit der Kenntnisnahme zu begründen.

Auch Art. 10 Abs. 3 der E-Commerce-Richtlinie sieht vor, dass die Vertragsbestimmungen dem Nutzer in einer reproduzierbaren Form zur Verfügung gestellt werden müssen. Zwar enthält der RegE zum BGB keine mehr dem ursprünglich vorgesehenen § 305b II BGB-DiskE vergleichbare Norm; doch ergeben sich entsprechende Pflichten aus Art. 240 EGBGB. Allerdings gilt Art. 10 III der E-Commerce-Richtlinie nicht nur für Geschäfte zwischen Unternehmer und Verbraucher, da Art. 10 III nicht wie Art. 10 I und II einen Vorbehalt für Vereinbarungen zwischen Unternehmen vorsieht. Der Nutzer muss daher die Bedingungen speichern und später wiedergeben können.[300] Fraglich kann sein, ob die Anzeige allein am Bildschirm genügt oder auch die Ausdruckmöglichkeit gegeben sein muss; zweifelhaft kann dies etwa bei Dokumenten

---

299 Vgl. *Waldenberger*, BB 1996, 2365, 2368; *Löhnig*, NJW 1997, 1688, 1689; *Koehler*, MMR 1998, 289, 292; *Drexl*, in: Lehmann (Hrsg.), Rechtsgeschäfte im Netz, S. 75, 95; je mwNachw; restriktiv *Waltl*, Online-Netzwerke und Multimedia, in: Lehmann (Hrsg.), Internet- und Multimediarecht, 1997, S. 185, 202 f.: maximal drei Seiten; offen Staudinger/*Schlosser*, BGB, 13. Bearb. (1998), § 2 AGBG Rn. 33a.

300 *Kamanabrou*, CR 2001, 421, 424 f.; *Drexl* in: Drexl u.a. (Hrsg.), Europarecht im Informationszeitalter, 2000, S. 75, 110.

wie pdf-Files sein, die den Druck nicht zulassen.[301] Da jedoch der Beweis bei einem elektronisch heruntergeladenen Dokument nur über Augenschein geführt werden kann, nicht jedoch als Vorlage einer Urkunde, ist es für den Nutzer nicht von Nachteil, wenn die AGB nicht ausgedruckt werden können.

Gegen die zumutbare Kenntnisnahme durch alleinige Anzeige der AGB am Bildschirm könnte allerdings ferner die Gefahr der späteren Veränderung der AGB durch den Verwender sprechen.[302] Dieses Risiko besteht jedoch im gleichen Maße bei denjenigen AGB, die dem Kunden nicht ausgehändigt, sondern nur ausgehängt oder bereitgehalten werden, was für die Möglichkeit der zumutbaren Kenntnisnahme aber ausreicht. Missbrauchsfälle werden sich weder im schriftlich dokumentierten noch im elektronischen Bereich vermeiden lassen.[303] Zudem trifft die Beweislast, dass die AGB nicht nachträglich verändert worden sind, den Verwender.[304]

Da sog. PDF-Dateien diese Gefahren vermeiden, indem sie vor (einfachen) Veränderungen geschützt werden können, stellt sich die Frage, ob AGB auch in Form solcher Dateien wirksam einbezogen werden können. Da jedoch solche PDF-Dateien voraussetzen, dass der Nutzer das entsprechende, kostenlos verfügbare Programm (Acrobat-Reader) besitzt und auch installiert hat, dürfte hier die Grenze der Zumutbarkeit überschritten sein. Denn es kann noch nicht als allgemein üblicher Standard aller Kunden angesehen werden, die entsprechenden Prozeduren des Herunterladens, Installierens und Benützens dieser Programme zu beherrschen – ganz abgesehen von den entsprechenden Telekommunikationskosten, bis ein mehr oder minder umfangreiches Programm heruntergeladen worden ist, zumal keine Notwendigkeit für die Ausgabe im PDF-Format besteht. Die nach wie vor bestehenden

---

301 Verfehlt daher die Annahme von *Kamanabrou*, CR 2001, 421, 425, dass es angesichts der Ausdruckmöglichkeiten der Browser nicht darauf ankäme.

302 Deswegen einen Einbezug abl. *Wolf*, in: Wolf/Horn/Lindacher, AGBG, § 2 AGBG Rn. 24 mwNachw; *Waltl*, Online-Netzwerke und Multimedia, in: Lehmann (Hrsg.), Internet- und Multimediarecht, 1997, S. 185, 202.

303 Im Ergebnis wie hier *Mehrings*, BB 1998, 2373, 2379; s. auch *Waldenberger*, BB 1996, 2365, 2368 f., der allerdings einen Datumsstempel fordert; *Waldenberger*, in: Hoeren/Sieber, HdbMultimediaR, 2000, Kap. 13.4 Rn. 42 f.

304 *Spindler*, in: Spindler, Vertragsrecht der Internet-Provider, 2000, Kap. IV Rn. 29; *Heinrichs*, NJW 1999, 1596, 1598; *Mehrings*, BB 1998, 2373, 2379; *Köhler/Arndt*, Recht des Internet, 2. Aufl. 2000 Rn. 115.

Hemmschwellen sollten hier nicht unterschätzt werden, auch wenn grundsätzlich ein Browser beherrscht werden kann.[305]

Ebenso ausreichend ist der Verweis auf die auf einer anderen Web-Seite abgelegten AGB, sofern diese bei Vertragsabschluss abrufbar ist.[306] Denn hier steht dem Nutzer in zumutbarer Weise die Kenntnisnahme der AGB offen; es macht keinen Unterschied, ob die AGB direkt am Bildschirm wiedergegeben werden oder der Nutzer erst durch einen Hyperlink oder einen Download die AGB zur Kenntnis nehmen kann. Stets ist ihm die zumutbare Möglichkeit zur Kenntnisnahme eröffnet.

Dagegen kann keine Rede von einem Einbezug der AGB sein, wenn diese dem Nutzer erst nach oder mit Vertragsabschluss zugefaxt oder per Briefpost zugesandt werden, oder gar vom Nutzer erst angefordert werden müssen, sofern der Nutzer nicht vorher die Möglichkeit der Einsicht- und Kenntnisnahme bei Vertragsabschluss hatte, wenigstens durch Wiedergabe der AGB am Bildschirm; dies folgt schon aus bürgerlich-rechtlichen Grundsätzen des Vertragsschlusses.[307] Allenfalls ist hier ähnlich wie bei telefonischen Vertragsabschlüssen daran zu denken, dass der Vertrag unter der aufschiebenden Bedingung geschlossen wird, dass der Nutzer den ihm nachträglich zur Verfügung gestellten AGB nicht widerspricht.[308] Eine nachträgliche Einbeziehung der AGB, etwa durch Zusendung von schriftlichen Unterlagen oder

---

305 Zutr. *Ernst*, Verbraucherschutz im Internet, in: Hohl/Leible/Sosnitza, (Hrsg.), erscheint demnächst; anders Bundesverband der Banken 3.3.1.

306 *Waldenberger*, BB 1996, 2365, 2369; *Waldenberger*, in: Hoeren/Sieber, HdbMultimediaR, 2000, Kap. 13.4 Rn. 39 (allerdings bezogen auf Hinweis); *Bachmann*, Internet und IPR, in: Lehmann (Hrsg.), Internet- und Multimediarecht, 1997, S. 169, 174; *Strömer*, Online-Recht, 2. Aufl. 1999 S. 121 f.; *Köhler*, NJW 1998, 185, 189; *Drexl*, in: Lehmann (Hrsg.), Rechtsgeschäfte im Netz, S. 75, 95; wohl auch *Mehrings*, BB 1998, 2373, 2378 und *Roth*, in: Loewenheim/Koch (Hrsg.), Praxis des Online-Rechts, S. 57, 114; anders anscheinend *Heermann*, K&R 1999, 6, 8, der aber offenbar verkennt, dass § 2 AGBG auf die *Möglichkeit* der Kenntnisnahme abstellt, nicht auf die Kenntnisnahme selbst.

307 Vgl. BGH NJW 1959, 1679; Staudinger/*Schlosser*, BGB, 13. Bearb. (1998), § 2 AGBG Rn. 10, 15; unzutr. daher *Strömer*, Online-Recht, 2. Aufl. 1999, S. 122.

308 Vgl. Palandt/*Heinrichs*, § 2 AGBG Rn. 11; *Koch*, Internet-Recht, 1998, S. 84; weitergehend *Ulmer*, in: Ulmer/Brandner/Hensen/Schmidt, AGBG, § 2 AGBG Rn. 49, 49a: Verzicht des Kunden auf Einräumung zumutbarer Kenntnisnahme.

per E-Mail, ist als Angebot auf Änderung des Vertrages zu qualifizieren;[309] wiederum müssen die Anforderungen des § 2 AGBG erfüllt sein.[310] Die Zustimmung des Nutzers wird in der Praxis häufig durch entsprechende Genehmigungsklauseln oder durch seine weitere Benutzung des Dienstes fingiert; derartige Klauseln verstoßen aber gegen § 11 Nr. 15 AGBG.[311]

Für den Fall, dass die AGB erst nach einer Registrierung und damit nach dem Vertragsabschluss zur Verfügung gestellt werden, ist es problematisch, ob allein durch die weitere Nutzung des Dienstes der Nutzer konkludent der Einbeziehung der AGB zustimmt. So wird teilweise die Auffassung vertreten, dass bei einer Erbringung von Leistungen, denen erstmalig ein Hinweis auf die AGB beigefügt ist, mit der vorbehaltlosen Annahme der Leistungen auch das Einverständnis mit den AGB zum Ausdruck gebracht werde.[312] Um ein Unterlaufen der Voraussetzungen des § 2 AGBG zu verhindern, ist zu fordern, dass der Nutzer sich bewusst ist, dass er den Vertrag auch ohne die AGB fortsetzen könnte;[313] andernfalls könnte der Anbieter stets zunächst einen Vertragsabschluss durch Online-Registrierung herbeiführen und die Einbeziehung von AGB erst nachträglich bewerkstelligen. Nur bei einer dem Vertragsabschluss vorweggehenden Ankündigung der Zusendung der AGB – etwa per E-Mail – und dem deutlichen Hinweis, welche Rechtsfolgen mit der

309 Vgl. BGHZ 86, 135, 137; KG NJW-RR 1994, 1265; *Ulmer*, in: Ulmer/Brandner/Hensen/Schmidt, AGBG, § 2 AGBG Rn. 57; *Heinrichs*, NJW 1995, 1395, 1396 f.; *Roth*, in: Loewenheim/Koch (Hrsg.), Praxis des Online-Rechts, S. 57, 114.

310 BGH NJW-RR 1987, 112, 114.

311 Vgl. BGHZ 99, 374, 379 ff. = NJW 1987, 1634.

312 So Staudinger/*Schlosser*, BGB, 13. Bearb. (1998), § 2 AGBG Rn. 40; s. aber LG Karlsruhe BB 1996, 1580: In diesem Fall ging es um eine auf telefonische Bestellung erfolgende Lieferung per Nachnahme, bei der die AGB auf der Rückseite der mit der Warenablieferung sofort zu begleichenden Rechnung abgedruckt waren. Nach der Ansicht des LG Karlsruhe kommt eine Einbeziehung jedenfalls dann nicht in Betracht, wenn dem Empfänger bei der Konfrontation mit dem Leistungsangebot einschließlich der damit eingeführten AGB typischerweise keine ausreichende Zeit zur Kenntnisnahme und Prüfung der AGB verbleibt. In diesem Fall soll aus der „vorbehaltlosen" Annahme nicht auf ein stillschweigendes Einverständnis mit den AGB geschlossen werden können

313 Ähnlich KG NJW-RR 1994, 1265 f.; Staudinger/*Schlosser*, BGB, 13. Bearb. (1998), § 2 AGBG Rn. 3a.

weiteren Benutzung des Dienstes nach Empfang der entsprechenden AGB verbunden ist, kann eine Ausnahme gemacht werden.[314]

Schwierigkeiten bereitet zudem die Sprache,[315] in der die AGB abgefasst sind. Zwar sind alle hier untersuchten AGB in Deutsch abgefasst, doch ist keineswegs auszuschließen, dass in Zukunft auch Vereinbarungen mit ausländischen Anbietern in deren Landessprache oder häufig in Englisch abgefasst werden. Sofern deutsches Recht Anwendung findet wird für diesen Fall die Einbeziehung der AGB abgelehnt, sofern der Vertragspartner die Sprache nicht nachweislich beherrscht.[316] Die h.M. nimmt jedoch zu Recht an, dass derjenige, der sich auf eine bestimmte Sprache als Verhandlungssprache eingelassen hat, sich nicht auf Verständigungsschwierigkeiten der AGB berufen kann.[317] Ebenso genügt auch der Hinweis auf die AGB in der Verhandlungssprache.[318] Daher wird auch für das Internet anzunehmen sein, dass der Nutzer, der eine fremdsprachige Web-Seite aufruft, sich auf die dort verwandte Sprache in den AGB verweisen lassen muss.[319] Es wäre nicht einsichtig, warum der Verbraucher bei einem nicht-elektronischen Vertragsschluss sich auf die Verhandlungssprache verweisen lassen muss, bei Internet-Vertragsabschlüssen aber die AGB in Deutsch verlangen könnte.[320] Dies

---

314 Vgl. *Koch*, Internet-Recht, 1998, S. 85, der aber wohl keinen Hinweis auf die Rechtsfolgen verlangt.

315 Hierzu *Rott*, ZVglRWiss 98 (1999), 382, 388 ff.; *Freitag*, IPrax 1999, 142 ff.

316 *Wolf*, in: Wolf/Horn/Lindacher, AGBG, Anh. § 2 AGBG Rn. 42; vgl. auch *Freitag*, IPrax 1999, 142, 143.

317 Vgl. BGH BGHZ 87, 112, 114 f.; *H. Schmidt*, in: Ulmer/Brandner/Hensen/Schmidt, AGBG, Anh. § 2 AGBG Rn. 19; Staudinger/*Schlosser*, BGB, 13. Bearb. (1998), § 2 AGBG Rn. 28a; *Koehler*, MMR 1998, 289, 293 f.; *Rott*, ZVglRWiss 98 (1999), 382, 389; *Waltl*, Online-Netzwerke und Multimedia, in: Lehmann (Hrsg.), Internet- und Multimediarecht, 1997, S. 185, 202; *Drexl* in: Drexl u.a. (Hrsg.), Europarecht im Informationszeitalter, 2000, S. 75, 111.

318 *Ulmer*, in: Ulmer/Brandner/Hensen/Schmidt, AGBG, § 2 AGBG Rn. 24; *H. Schmidt*, in: Ulmer/Brandner/Hensen/Schmidt, AGBG, Anh. § 2 Rn. 18; *Wolf*, in: Wolf/Horn/Lindacher, AGBG, § 2 AGBG Rn. 10; *Rott*, ZVglRWiss 98 (1999), 382, 389 f.; aA Soergel/*Stein*, § 2 AGBG Rn. 7.

319 Zutr. *Waldenberger*, BB 1996, 2365, 2369; *Waldenberger*, in: Hoeren/Sieber, HdbMultimediaR, 2000, Kap. 13.4 Rn. 46; *Koch*, Internet-Recht, 1998, S. 86; *Drexl*, in: Lehmann (Hrsg.), Rechtsgeschäfte im Netz, S. 75, 95, je mwNachw.

320 So aber *Heinrichs*, NJW 1999, 1596, 1599, der allerdings auch die Übersetzung in Englisch zulassen will. Wieso diesbezüglich eine Ausnahme gelten soll, wird aber nicht näher erläutert.

muss auch dann gelten, wenn es sich um einen inländischen Verwender und einen inländischen Kunden handelt, sofern das Angebot des Verwenders erkennbar nicht nur auf den inländischen Markt beschränkt ist, da der Verwender ein legitimes Interesse an der Verwendung einheitlicher Allgemeiner Geschäftsbedingungen hat.[321]

---

321 S. aber *Ulmer*, in: Ulmer/Brandner/Hensen/Schmidt, AGBG, § 2 Rn. 51 im Anschluss an LG Berlin NJW 1982, 343, 344: keine zumutbare Kenntnisnahme bei englischsprachigen AGB eines Flugtickets.

Fragen des E-Commerce aus der Sicht der Bankrechtspraxis

Assessor *Wulf Hartmann*, Berlin

I. Einleitung

Banken bieten ihren Kunden bereits seit geraumer Zeit an, Bankgeschäfte auf elektronischem Wege zu tätigen. Als Vorgänger des heutigen Online-Banking mit PIN und TAN wurde schon 1984 das Btx-Banking eingeführt, mit dem der Kunde der Bank Zahlungsaufträge im Wege des Bildschirmtextverfahrens (Btx) elektronisch übermitteln konnte. Seit mehreren Jahren können Firmenkunden ihrer Bank Zahlungsverkehrsdateien im Wege der Datenfernübertragung (DFÜ)[1] zur Weiterverarbeitung zuleiten. Obwohl

1 Vgl. zum Btx-Verfahren und DFÜ-Verfahren *Werner*, in: Hellner/Steuer, Bankrecht und Bankpraxis, Stand: Mai 2001, Rdnr. 19/25 ff. und 19/216 ff.

elektronischer Geschäftsverkehr (E-Commerce) zwischen Bank und Kunde somit schon längere Zeit praktiziert wird, hat dieser in den letzten Jahren erst durch die Öffnung des Internets für breite Bevölkerungskreise seine besondere Bedeutung erlangt. Dies wird an der rasch ansteigenden Zahl der per Online-Banking zugänglichen Kontoverbindungen (Online-Konten) in den letzten fünf Jahren eindrucksvoll deutlich. Gab es 1995 etwa 1,4 Millionen Online-Konten, existierten Ende des Jahres 2000 bereits über 15 Millionen online nutzbare Konten.[2] Aufgrund dieser noch im Wachsen begriffenen Bereitschaft der Kunden, ihre Bankgeschäfte online zu tätigen, beschäftigen sich die Banken intensiv mit der Entwicklung ihrer Internetangebote und der Gestaltung von elektronischen Geschäftsabschlüssen im Cyberraum. Neben dem Online-Banking-Verfahren hat heute fast jedes Kreditinstitut seinen Internet-Auftritt, um über sich und seine Produkte zu informieren sowie über die neue Vertriebsplattform Geschäfte anzubahnen, abzuschließen und abzuwickeln.

Die steigende Nutzung des Internets für Rechtsgeschäfte führt in der Bankpraxis zu vielfältigen rechtlichen Fragen, die vorrangig das Zivilrecht, aber auch andere Rechtsbereiche betreffen, wie z.B. das Wettbewerbs-, Urheber- und Datenschutzrecht. Die bisherigen Erfahrungen in der Praxis zeigen jedoch, dass sich die meisten Rechtsfragen durchaus mit den bestehenden Gesetzen und höchstrichterlich herausgebildeten Leitlinien sachgerecht lösen lassen, die auf Grund ihrer Abstraktheit grundsätzlich unabhängig davon gelten, ob das Geschäft konventionell oder auf elektronischem Wege geschlossen wurde. Gleichwohl sind seit etwa fünf Jahren auf nationaler und europäischer Ebene einige Gesetzesvorhaben zu verzeichnen, die für mehr Rechtsklarheit und -sicherheit im elektronischen Geschäftsverkehr sorgen sollen: Bereits 1997 hat der deutsche Gesetzgeber im Rahmen des „Informations- und Kommunikationsdienstegesetzes" (IuKDG)[3] sog. Multimediagesetze geschaffen, nämlich das Teledienstegesetz, das Teledienstedatenschutzgesetz und das Signaturgesetz. Letztgenanntes ist im Mai 2001 wegen

2 Quelle: Bundesverband deutscher Banken, Auskünfte der Verbände und der Postbank.

3 BGBl. I 1997, S. 1870 ff.

der EU-Richtlinie über elektronische Signaturen[4] novelliert worden.[5] Für die technische Infrastruktur von multilateral einsetzbaren qualifizierten elektronischen Signaturen gelten nunmehr EU-weit einheitliche Maßstäbe. Mit dem zum 1. August 2001 in Kraft getretenen Gesetz zur Anpassung der Formvorschriften an den modernen Rechtsgeschäftsverkehr[6] ist die „elektronische Form“ (§ 126a BGB) als gleichwertiges Pendant zur gesetzlichen Schriftform (§ 126 BGB) eingeführt worden. Bei fast allen formbedürftigen Geschäften kann der Erklärende statt seiner händischen Unterschrift nunmehr seine ihm persönlich zugeteilte qualifizierte elektronische Signatur einsetzen. Derzeit wird die EU-Richtlinie über den elektronischen Geschäftsverkehr[7] in das deutsche Recht umgesetzt. Hierzu sollen mit Wirkung zum 1. Januar 2002 ein „Elektronischer Geschäftsverkehr-Gesetz“[8] und im Rahmen des Schuldrechtsmodernisierungsgesetzes ein neuer § 312e BGB[9] geschaffen werden. Mithin bildet sich für den elektronischen Geschäftsverkehr mehr und mehr ein spezieller gesetzlicher Rahmen heraus, den Banken bei ihren Internetauftritten und -angeboten einbeziehen müssen.

Das Thema „E-Commerce aus Sicht der Bankrechtpraxis“ kann in diesem Beitrag nicht mit dem Anspruch auf Vollständigkeit behandelt werden, weil es alle Rechtsbereiche betreffen kann und keine eindeutigen Grenzen aufweist. Deswegen beschränken sich die folgenden Ausführungen auf den Bereich des elektronischen Geschäftsverkehrs zwischen Bank und Verbraucher über das Internet und hierbei auf die derzeit in der Bankpraxis – nicht zuletzt aufgrund der gesetzlichen Änderungen – im Vordergrund stehenden Fragen der Anforderungen an den Internet-Auftritt der Bank, des Zugangs

---

4 Richtlinie 1999/93/EG des Europäischen Parlaments und des Rates vom 13. Dezember 1999 über gemeinschaftliche Rahmenbedingungen für elektronische Signaturen; ABl. EG L 13 vom 19. Januar 2000, S. 12 ff.

5 BGBl. I 2001, 876 ff.

6 BGBl. I 2001, 1542 ff.

7 Richtlinie 2000/31/EG des Europäischen Parlaments und des Rates vom 8. Juni 2000 über bestimmte rechtliche Aspekte der Dienste der Informationsgesellschaft, insbesondere des elektronischen Geschäftsverkehrs, im Binnenmarkt (EU-Richtlinie über den elektronischen Geschäftsverkehr); ABl. EG Nr. L 187 vom 17. Juli 2000, S. 1 ff.

8 Entwurf der Bundesregierung für ein Gesetz über rechtliche Rahmenbedingungen für den elektronischen Geschäftsverkehr (Elektronischer Geschäftsverkehr-Gesetz – EGG); BT-Drs. 14/6098 vom 17. Mai 2001.

9 BT-Drs. 14/6040 vom 14. Mai 2001.

elektronisch übermittelter Willenserklärungen und der Sicherheit der Telekommunikation.

II. Ausgewählte Rechtsfragen des E-Commerce im Internet

1. Anforderungen an den Internet-Auftritt der Bank

a) Allgemein

Jede Bank sieht sich mit der Frage konfrontiert, welche rechtlichen Vorgaben sie bei ihrem Internet-Auftritt zu beachten hat und wie sie diese umsetzen muss. Es gibt mittlerweile eine Reihe von gesetzlichen Vorschriften für den elektronischen Geschäftsverkehr, deren Zweck es ist, mehr Transparenz für den Nutzer im Internet zu schaffen und die Virtualität des Mediums zu überbrücken. Aus den Internetseiten des Anbieters soll der Nutzer u.a. die Identität des Anbieters und den für den elektronischen Geschäftsabschluss maßgeblichen Vertragsinhalt entnehmen können. Geschäftspartner und Geschäftsinhalt sollen für den Kunden greifbar werden, um das Rechtsschutzniveau im elektronischen Geschäftsverkehr zumindest für Verbraucher an dasjenige im konventionellen Geschäftsverkehr anzugleichen. Für Verträge unter Kaufleuten können teilweise abweichende Modalitäten gelten bzw. vereinbart werden.[10]

Im folgenden soll daher ein Überblick über das Bündel der verschiedenen gewerbe-, zivil- und datenschutzrechtlichen Regelungen gegeben werden. Dabei werden auch die Weiterungen berücksichtigt, die sich aus der Umsetzung der EU-Richtlinie über den elektronischen Geschäftsverkehr ergeben. Einige gesetzliche Pflichten haben aus Sicht der Bank durchaus Schattenseiten, da der zur Befolgung zu betreibende formale Aufwand teilweise deutlich höher ist als im konventionellen Geschäftsverkehr. Auch dürfen die Rechtsfolgen von etwaigen Pflichtverletzungen nicht übersehen werden.

---

10 Vgl. u.a. Art. 10 Abs. 2 und Art. 11 Abs. 1 und 2 der EU-Richtlinie über den elektronischen Geschäftsverkehr; § 312e Abs. 2 BGB-E gemäß Regierungsentwurf eines Schuldrechtsmodernisierungsgesetzes (BT-Drs. 14/6040 vom 14. Mai 2001).

b) Anbieterkennzeichnung

Bietet die Bank über das Internet oder über einen Online-Dienst Informationen und Dienstleistungen an, dann unterhält sie nach § 2 Teledienstegesetz (TDG) einen Teledienst.[11] Als Diensteanbieterin hat sie nach § 6 Nr. 1 TDG ihren Namen und ihre Anschrift in ihrer Internetpräsentation anzugeben. Sinn und Zweck dieser Anbieterkennzeichnung ist es, dem Internetnutzer gegenüber offen zu legen, mit wem er tatsächlich kommuniziert.[12] Die zu erteilenden Angaben sollen es ihm ermöglichen, vor Abschluss eines Vertrages Erkundigungen über den Anbieter einholen zu können. Will der Nutzer rechtliche Ansprüche gegen den Telediensteanbieter vor Gericht durchsetzen, soll er mit Hilfe der Anbieterkennzeichnung über alle nach § 253 Abs. 2 Nr. 1 ZPO für das Rubrum der Klageschrift erforderlichen Angaben verfügen. Folglich ist die im Rahmen der Anbieterkennzeichnung anzugebende Anschrift nur dann vollständig, wenn sie Straße, Hausnummer, Postleitzahl und Ort enthält;[13] die alleinige Angabe eines Postfaches reicht nicht aus.[14]

Wegen der Vorgaben in Art. 5 Abs. 1 der EU-Richtlinie über den elektronischen Geschäftsverkehr[15] sieht der Regierungsentwurf eines „Elektronischer Geschäftsverkehr-Gesetzes“[16] eine Erweiterung der Anbieterkennzeichnungspflichten in § 6 TDG vor, die voraussichtlich im Januar 2002 in Kraft treten wird. Banken als juristische Personen müssen dann auf ihren Internetseiten gemäß § 6 Satz 1 Nr. 1 TDG-Entwurf[17] neben ihrem Namen

---

11 Vgl. *von Rottenburg*, Rechtsprobleme beim Direktbanking, WM 1997, 2381 (2384 f.); *Gößmann*, in: Bankrechts-Handbuch, 2. Aufl. 2001, § 55 Rdnr. 4.

12 Begründung zum Regierungsentwurf des IuKDG, BT-Drs. 13/7385, S. 21; *Roßnagel*, in: Roßnagel (Hrsg.), Recht der Multimedia-Dienste, 1/Einf., Rn. 50; *Brönnecke*, in: Roßnagel (Hrsg.), Recht der Multimedia-Dienste, § 6 TDG, Rn. 2.

13 Vgl. BGH AfP 1989, 732, 734.

14 So auch die Begründung der Bundesregierung zu § 6 Satz 1 Nr. 1 TDG-Entwurf in ihrem EGG-Entwurf in BT-Drs. 14/6098 vom 17. Mai 2001, S. 21.

15 Richtlinie 2000/31/EG des Europäischen Parlaments und des Rates vom 8. Juni 2000 über bestimmte rechtliche Aspekte der Dienste der Informationsgesellschaft, insbesondere des elektronischen Geschäftsverkehrs, im Binnenmarkt; ABl. EG Nr. L 187 vom 17. Juli 2000, S. 1 ff.

16 BT-Drs. 14/6098 vom 17. Mai 2001.

17 Vgl. § 6 TDG-Entwurf in Art. 1 EGG-Entwurf (BT-Drs. 14/6098 vom 17. Mai 2001, S. 6).

und ihrer Anschrift auch ihre Vertretungsberechtigten benennen, also die Vorstände der Aktiengesellschaft oder die Geschäftsführer der GmbH. Außerdem sind nach § 6 Satz 1 Nr. 2 ff. TDG-Entwurf Telefon-/Telefaxnummer/E-Mail-Adresse, die Handelsregisternummer, die zuständige Aufsichtsbehörde und die Umsatzsteueridentifikationsnummer anzugeben. Systematisch ist die Erweiterung der Kennzeichnungspflichten durchaus konsequent, wenn man die fast gleichlautenden Transparenzpflichten der Bank in Geschäftsbriefen nach Handels- und Gesellschaftsrecht (§§ 37a HGB, 80 AktG und 35a GmbHG) bedenkt.

Nach § 6 Satz 1 TDG-Entwurf müssen die Informationen zur Anbieterkennzeichnung „leicht erkennbar, unmittelbar erreichbar und ständig verfügbar“ sein. Die Informationen müssen daher im Internetauftritt der Bank an gut wahrnehmbarer Stelle stehen und ohne langes Suchen jederzeit auffindbar sein.[18] Diese Anforderungen sind grundsätzlich erfüllt, wenn die Bank zumindest auf ihrer ersten Internetseite, auf die der Nutzer Zugriff hat, ein Anklickfeld (Button) mit beispielsweise der Aufschrift „Recht“, „Impressum“ oder „Anbieterkennzeichnung“ vorsieht.[19] Dabei ist es sinnvoll, möglichst eine allgemein geläufige Bezeichnung für den Button zu verwenden, damit der Nutzer sofort erkennen kann, was sich dahinter verbirgt. Klickt der Nutzer dieses Feld an, erscheint die Seite mit den nach § 6 TDG erforderlichen Angaben. Mit Hilfe des Buttons erhält der Nutzer direkten Zugriff auf die Anbieterkennzeichnung. Unterhält ein Konzern oder eine sonstige Telediensteanbietergemeinschaft (Betreiber eines virtuellen Marktplatzes [electronic mall; Finanzportal]) eine Portalseite, sollte bereits auf dieser Seite ein Button vorhanden sein, der auf die Seite des für die Portalseite Verantwortlichen mit der dortigen Anbieterkennzeichnung verweist (Anbieterkennzeichnung des Gruppenverantwortlichen). Durchschreitet der Nutzer die

---

18 Vgl. die Begründung der Bundesregierung zu § 6 Satz 1 TDG-Entwurf in ihrem EGG-Entwurf in BT-Drs. 14/6098 vom 17. Mai 2001, S. 21.

19 Vgl. *von Rottenburg*, Rechtsprobleme beim Direktbanking, WM 1997, 2381 (2386); so wohl auch: Gutachten von *Bizer/Grimm* „Electronic Commerce – Anbieterkennzeichnung – Datenschutz“ im Auftrag der Arbeitsgemeinschaft der Verbraucherverbände vom 1. März 1999, S. 78 ff.; von der Arbeitsgemeinschaft der Verbraucherverbände ist im Dezember 1999 zur Umsetzung von § 6 TDG eine „Konvention zur Anbieterkennzeichnung im Elektronischen Geschäftsverkehr mit Endverbrauchern“ aufgestellt worden, die Vorschläge zur Umsetzung von § 6 TDG enthält (vgl. http://www.agv.de/).

electronic mall/das Finanzportal und kommt er auf die Seite eines einzelnen Anbieters, dann muss auch dort wieder ein Button erscheinen, der auf die Anbieterkennzeichnung des für die Seiten spezifisch Verantwortlichen verweist (Anbieterkennzeichnung des Einzelverantwortlichen).

Bisher ist die unterlassene Anbieterkennzeichnung nicht sanktioniert. Dies soll sich mit dem Elektronischer Geschäftsverkehr-Gesetz ändern. Die unrichtige oder unvollständige Kennzeichnung soll nach § 12 TDG-Entwurf als Ordnungswidrigkeit mit einer Geldbuße bis zu 100.000 DM geahndet werden können. Dies belegt den Wert, den der Gesetzgeber auf einen transparenten Internetauftritt eines Unternehmens legt. Auch kann der Verstoß gegen die Anbieterkennzeichnungspflichten nach § 22 AGBG u.a. von Verbraucherverbänden im Wege der Unterlassungsklage verfolgt werden.[20]

c) Vorvertragliche Informationspflichten

Neben dem Teledienstegesetz als gewerberechtliche Vorgabe sind von der Bank vor Abschluss eines Vertrages im E-Commerce folgende zivilrechtliche Informationspflichten zu beachten.

aa) Transparenz bei Preisen und Leistungsmerkmalen

Mit dem Überweisungsgesetz vom 21. Juli 1999[21] ist u.a. § 675a Abs. 1 Satz 1 BGB in Kraft getreten, der – ähnlich dem Preisangabenrecht – der Bank vorvertragliche Informationspflichten über Entgelte und Auslagen der Geschäftsbesorgung gegenüber (potentiellen) Kunden auferlegt.[22] Bei Überweisungen sind zusätzlich die in § 675a Abs. 1 Satz 2 BGB i.V.m. § 1 Abs. 1 Satz 2 A. der „Verordnung über Kundeninformationspflichten"[23] genannten Konditionen für Überweisungen anzugeben. Zur Umsetzung dieser Vorgaben

---

20 Begründung der Bundesregierung zu § 22 AGBG in ihrem Entwurf eines „Gesetzes über Fernabsatzverträge und andere Fragen des Verbraucherrechts sowie zur Umstellung von Vorschriften auf Euro" in BT-Drs. 14/2658, S. 53; *Gaertner/Gierschmann*, Das neue Fernabsatzgesetz, DB 2000, 1601 (1605).

21 BGBl. Teil I, Seite 1642 ff.

22 Vgl. *Gößmann/van Look*, Die Banküberweisung nach dem Überweisungsgesetz, WM-Sonderbeilage Nr. 1 zu Heft 19/2000, S. 16 ff. m.w.N.; *Schulz*, Das neue Recht der Banküberweisung, ZBB 1999, 287 (290).

23 BGBl. I 1999, 1730.

haben die Kreditinstitute bereits ihre „Preis- und Leistungsverzeichnisse“[24] entsprechend ergänzt. Das „Preis- und Leistungsverzeichnis“ ist seit jeher das zentrale Informationsmedium, um Interessierte und Kunden über die bankspezifischen Preise und Leistungsmerkmale zu unterrichten.[25] Da eine Bereitstellung von Informationen nach § 675a Abs. 1 BGB „in geeigneten Fällen auch elektronisch“ erfolgen kann, können Banken, die Bankdienstleistungen über das Internet anbieten, ihre Informationspflichten per Einstellung des „Preis- und Leistungsverzeichnisses“ oder einer sonstigen Informationsschrift in ihr Internetangebot erfüllen.[26]

Spätestens ab der vollumfänglichen Geltung des § 675a BGB für den Überweisungsverkehr zum 1. Januar 2002[27] empfiehlt es sich für die im elektronischen Geschäftsverkehr über das Internet tätigen Banken, in ihren Internetauftritt das „Preis- und Leistungsverzeichnis“ einzustellen und hierauf für den Nutzer leicht erkennbar hinzuweisen (z.B. auf der Startseite per Verweis [„Link“] mit der Bezeichnung „Preise und Konditionen“). Dies wird durch die Aussage in Art. 5 Abs. 2 der EU-Richtlinie über den elektronischen Geschäftsverkehr unterstrichen, wonach Telediensteanbieter, die auf Preise Bezug nehmen, die Preise in ihrem Angebot klar und unzweideutig ausweisen müssen. Bietet die Bank die Erteilung von Überweisungen im Wege des Homebanking oder Online-Banking an, dann wäre in Hinblick auf die Informationspflicht gemäß § 675a Abs. 1 Satz 2 BGB grundsätzlich ein Hinweis an den Kontoinhaber sinnvoll, dass er die Konditionen für den Überweisungsverkehr (u.a. Ausführungsfristen, Entgelte) im auf der Internetseite der Bank eingestellten „Preis- und Leistungsverzeichnis“ einsehen kann.

---

24 Vgl. Nr. 12 Abs. 1 Satz 1 AGB-Banken.

25 Vgl. *Gößmann/van Look*, Die Banküberweisung nach dem Überweisungsgesetz, WM-Sonderbeilage Nr. 1 zu Heft 19/2000, S. 16; *Sonnenhol*, Änderungen der AGB-Banken zum 1. Januar 2000, WM 2000, 853 (856).

26 Vgl. Gegenäußerung der Bundesregierung zur Stellungnahme des Bundesrats, BT-Drucks. 14/1067, S. 14 Nr. 2; *Gößmann/van Look*, Die Banküberweisung nach dem Überweisungsgesetz, WM-Sonderbeilage Nr. 1 zu Heft 19/2000, S. 16.

27 Vgl. Art. 228 Abs. 2 EGBGB.

Die vorvertraglichen Informationspflichten nach § 675a BGB entstehen jedoch erst in einer Vertragsanbahnungssituation.[28] Wird der Teledienst der Bank vergleichbar einer Zeitungswerbung lediglich als reines Werbemedium eingesetzt, sind die Informationspflichten nach § 675a BGB noch nicht unbedingt relevant.

Verstößt die Bank gegen ihre vorvertraglichen Informationspflichten aus § 675a BGB, könnte dies eine Haftung der Bank aus „culpa in contrahendo" begründen,[29] wenn der Kunde beispielsweise die in Rechnung gestellten Entgelte mangels der Möglichkeit der Vorabinformation über die maßgeblichen Preise in Zweifel zieht. Jedoch wird es häufig an einem Schaden des Kunden oder an einem Kausalzusammenhang zwischen Pflichtverletzung und Schaden fehlen, wenn der Kunde den Vertrag auch bei ordnungsgemäßer Information abgeschlossen hätte.[30] Auch verliert die Bank ihren Aufwendungsersatzanspruch aus der Geschäftsbesorgung nicht, da ein Verstoß gegen die Informationspflicht aus § 675a BGB keine Nichtigkeit des geschlossenen Vertrages zur Folge hat.

bb) Informationen über die Vertragsabschlussmodalitäten

Nach Art. 10 Abs. 1 der EU-Richtlinie über den elektronischen Geschäftsverkehr[31] hat der Anbieter auf seinen Internetseiten über die maßgeblichen Vertragsabschlussmodalitäten zu informieren.[32] Diese Vorgabe soll mit dem im Rahmen des Regierungsentwurfs eines Schuldrechtsmodernisierungsgesetzes vorgesehenen § 312e Abs. 1 Satz 1 Nr. 2 BGB-E in das deutsche Recht umgesetzt werden, der mit § 3 der „Verordnung über Informations-

---

28 *Gößmann/van Look*, Die Banküberweisung nach dem Überweisungsgesetz, WM-Sonderbeilage Nr. 1 zu Heft 19/2000, S. 16.

29 *Gößmann/van Look*, Die Banküberweisung nach dem Überweisungsgesetz, WM-Sonderbeilage Nr. 1 zu Heft 19/2000, S. 17.

30 *Gößmann/van Look*, Die Banküberweisung nach dem Überweisungsgesetz, WM-Sonderbeilage Nr. 1 zu Heft 19/2000, S. 17.

31 Richtlinie 2000/31/EG des Europäischen Parlaments und des Rates vom 8. Juni 2000 über bestimmte rechtliche Aspekte der Dienste der Informationsgesellschaft, insbesondere des elektronischen Geschäftsverkehrs, im Binnenmarkt; ABl. EG Nr. L 187 vom 17. Juli 2000, S. 1 ff.

32 Diese Informationspflichten gelten nach § 312e Abs. 2 BGB-E nicht für den individuellen Vertragsschluss via E-Mail.

pflichten“ (InfoVO) konkretisiert wird.[33] Danach hat eine Bank als Telediensteanbieterin den Kunden rechtzeitig vor Abgabe dessen „Bestellung“ über die technischen Schritte zur Herbeiführung des Vertragsabschlusses, die bestehenden Korrekturmöglichkeiten und die zur Verfügung stehenden Vertragssprachen zu unterrichten. Weiter ist anzugeben, ob der Vertragstext gespeichert wird und der Kunde hierauf einen Zugriff hat. Schließlich sind etwaige für die Bank maßgeblichen Verhaltenskodices einschließlich der diesbezüglichen elektronischen Zugriffsmöglichkeiten zu nennen.

Eine Bank muss bei ihrem Internetauftritt diese – einer Gebrauchsanleitung ähnelnden – Informationspflichten beachten, wenn sie tatsächlich Vertragsabschlüsse über das Internet ermöglicht. Zur praktischen Umsetzung bietet es sich beispielsweise an, im Internet-Auftritt die erforderlichen Informationen bzw. einen Hinweis auf diese Informationen in ein Pflichtfeld aufzunehmen, dass der Kunde aufrufen bzw. „durchschreiten“ muss, bevor er zu den Internetseiten gelangt, auf denen der Vertragsabschluss stattfindet. Bei der Information über die technischen Schritte zur Herbeiführung des Vertragsabschlusses und die Korrekturmöglichkeiten kann es auch genügen, wenn der Online-Dialog zwischen Bank und Kunde auf den Internetseiten selbsterklärend ist, also bei den jeweiligen Nutzungsschritten die jeweiligen Informationen erfolgen. Beim Online-Banking und Homebanking reicht es auch aus, wenn die Bank dem Kunden bereits im Rahmen der vorher „off-line“ getroffenen Teilnahmevereinbarung die erforderlichen Informationen durch die Beschreibung des Verfahrens in der Vereinbarung, den maßgeblichen allgemeinen Geschäftsbedingungen und ggf. in einer gesonderten Gebrauchsanleitung erteilt. Eine Wiederholung der Information bei jeder Online-Banking-Nutzung ist dann nicht erforderlich, da der Kunde bereits durch den Abschluss des Rahmenvertrages (Teilnahmevereinbarung) vollumfänglich informiert worden ist.

Verstößt die Bank als Diensteanbieterin gegen ihre Informationspflichten in § 312e Abs. 1 Satz 1 Nr. 2 BGB-E, kann dieser Vorgang abstrakt mit der Verbandsklage nach § 22 AGBG und § 13 UWG verfolgbar sein.[34] Die konkreten Rechtsfolgen im Verhältnis zwischen Kunde und Bank bestimmen

---

33 Vgl. BT-Drs. 14/6040 vom 14. Mai 2001.

34 *Grigoleit*, Besondere Informationspflichten am Beispiel der Reformpläne für den E-Commerce, WM 2001, 597 (599)

sich nach den allgemeinen Rechtsgrundsätzen,[35] wobei zu differenzieren ist, ob das aus einer fehlenden Unterrichtung resultierende Informationsdefizit beim Kunden tatsächlich auf dessen Willenserklärung Einfluss haben kann oder nicht.[36]

– Informationen über das Verfahren zum Vertragsabschluss und die bestehenden Korrekturmöglichkeiten

Hat der Kunde den Internetseiten der Bank keine Informationen über das Verfahren zum Vertragsabschluss und die bestehenden Korrekturmöglichkeiten nach § 312e Abs. 1 Nr. 2 BGB-E i.V.m. § 3 Nr. 1 und Nr. 3 der InfoVO entnehmen können und hat er deshalb irrtümlich eine den Vertrag begründende Willenserklärung abgegeben, dann könnte ihm ein Erklärungsirrtum unterlaufen sein, der ihm die Möglichkeit der Irrtumsanfechtung nach § 119 Abs. 1 BGB gibt.[37] Ficht der Kunde seine Willenserklärung an, dann wäre der Vertrag nach § 142 BGB nichtig. Eine Vertrauensschadenshaftung aus § 122 Abs. 1 BGB zugunsten der Bank könnte gemäß § 122 Abs. 2 BGB daran scheitern, dass die Bank mit dem Unterlassen der erforderlichen Informationen, die Ursache für den Erklärungsirrtum gesetzt hat und deshalb kein schutzwürdiges Vertrauen auf den Vertrag reklamieren kann.[38]

Es erscheint aber zweifelhaft, ob die Lösung von solchen Informationsdefiziten über das Anfechtungsrecht sachgerecht ist, da das Ergebnis immer die Nichtigkeit des Vertrages wäre. Zum einen hat sich im elektronischen Geschäftsverkehr heute schon ein gewisser Standard beim Verfahren zur Herbeiführung eines Vertragsschlusses herausgebildet, der auch bei einem durchschnittlichen Kunden bekannt sein dürfte. Entspricht das Verfahren des Anbieters diesem Standard, dann ist eine Anfechtbarkeit des Vertrages aufgrund unterlassener Informationen wegen der damit einhergehenden Nichtig-

---

35 Vgl. Gesetzesbegründung zu § 312e BGB, BT-Drs. 14/6040 vom 14. Mai 2001.

36 So auch *Grigoleit*, Besondere Informationspflichten am Beispiel der Reformpläne für den E-Commerce, WM 2001, 597 (600 ff.)

37 So wohl *Grigoleit*, Besondere Informationspflichten am Beispiel der Reformpläne für den E-Commerce, WM 2001, 597 (601); vgl. auch *Hoffmann*, Die Entwicklung des Internet-Rechts, Beilage zu Heft 14 der NJW 2001, S. 8.

38 So auch die ursprünglichen Überlegungen beim Bundesministerium der Justiz zu § 305b Abs. 5 BGB-E in dessen Diskussionsentwurf eines Schuldrechtsmodernisierungsgesetzes; vgl. *Grigoleit*, Besondere Informationspflichten am Beispiel der Reformpläne für den E-Commerce, WM 2001, 597 (600).

keit zu weitgehend. Zum anderen wäre die Nichtigkeit ein unangemessenes Ergebnis, wenn der Anbieter vor einem elektronischen Vertragsschluss zwar eine technische Korrekturmöglichkeit für den Kunden mittels „doppelten Tastklick" eingerichtet hat, es aber versäumt hat, auf diese gesondert hinzuweisen. Berücksichtigt man zudem, dass die Informationen über das Verfahren zum Vertragsabschluss und die bestehenden Korrekturmöglichkeiten einer allgemeinen Gebrauchsanleitung für den elektronischen Geschäftsverkehr sehr ähnlich sind, erscheint hier die Lösung über die Rechtsfigur der culpa in contrahendo sachgerechter, nach der der Kunde einen Schadensersatzanspruch gegen die Bank als Diensteanbieterin wegen der Verletzung vorvertraglicher Informationspflichten haben kann.

– Informationen über Vertragssprache, Speicherung und Verhaltenskodices

Bei Verletzung der übrigen Informationspflichten in § 312e Abs. 1 Nr. 2 BGB-E i.V.m. § 3 Nr. 2, 4 der InfoVO bzgl. Vertragssprache, Speicherung und Verhaltenskodices dürfte dagegen der Bestand des Vertrages nicht in Frage gestellt sein, da die vom Anbieter zu erteilenden Informationen keinen unmittelbaren Einfluss auf die Abgabe der den Vertrag begründenden Willenserklärung des Kunden haben.[39] In äußerst seltenen Fällen könnten Schadensersatzansprüche aus culpa in contrahendo relevant werden, wenn dem Kunden durch das Informationsdefizit ein Schaden entstanden sein sollte.

d) Darstellung von Vertragsinhalten und deren Vereinbarung

aa) Vertragsinhalt

Wie im konventionellen Geschäftsverkehr wird auch im E-Commerce der Vertragsinhalt durch korrespondierende Willenserklärungen bestimmt. Für den Internetauftritt der Bank bedeutet dies, dass der Vertragsinhalt für den Nutzer aus diesem erkennbar sein muss, wenn nicht wie beim Online-Banking und Homebanking zuvor die maßgebliche Rahmenvereinbarung

39 Vgl. *Grigoleit*, Besondere Informationspflichten am Beispiel der Reformpläne für den E-Commerce, WM 2001, 597 (602 f.).

„offline“ getroffen wurde[40] und das tatsächliche Online-Rechtsgeschäft (z.B. Online-Überweisung) in diesem Rahmen getätigt wird.

Oftmals wird die Bank den Vertragsinhalt auch durch allgemeine Geschäftsbedingungen (AGB) bestimmen wollen. Voraussetzung hierfür ist, dass die Erfordernisse des § 2 AGBG befolgt werden. Hierzu müssen die Internetseiten zum Vertragsabschluss einen ausdrücklichen Hinweis auf die Geltung der AGB enthalten und dem Kunden muss im Internetauftritt der Bank die zumutbare Möglichkeit der Kenntnisnahme des Inhalts der AGB eingeräumt werden.[41] Der ausdrückliche Hinweis auf die Geltung der AGB muss dabei so angeordnet und gestaltet sein, dass er von einem Durchschnittskunden auch bei flüchtiger Betrachtung nicht übersehen werden kann.[42] Mithin müssen die Internetseiten zum Vertragsabschluss einen optisch sehr deutlich gestalteten Hinweis auf die AGB enthalten.[43] In der Praxis wird es vielfach für sinnvoll erachtet, hierfür ein Pflichtfeld vorzusehen, das der Kunde im Rahmen des Online-Dialoges „durchschreiten“ muss, bevor es zu einem Vertragsabschluss kommen kann. Damit ist sichergestellt und auch beweisbar, dass der Kunde von dem Hinweis Kenntnis genommen und der Einbeziehung der AGB in den Vertrag zugestimmt hat. Für den Kunden besteht zumindest dann eine zumutbare Kenntnisnahmemöglichkeit des Textes der AGB, wenn die Internetseiten des Anbieters selber den Text der AGB enthalten oder eine Möglichkeit zum Herunterladen des Textes bieten und der Nutzer sich die AGB mittels seines Rechners bei sich ausdrucken lassen kann oder auf seinem Rechner zur eigenen Verfügung

40 Vgl. hierzu auch *Wiesgickl*, Rechtliche Aspekte des Online-Banking, WM 2000, 1039 (1043).

41 Vgl. u. a. *Ernst*, Wirtschaftsrecht im Internet, BB 1997, 1057; *Hoffmann*, Die Entwicklung des Internet-Rechts, Beilage zu Heft 14 der NJW 2001, S. 9 ff. m.w.N.; *Kamanabrou*, Vorgaben der E-Commerce-RL für die Einbeziehung von AGB bei Online-Rechtsgeschäften, CR 2001, 421 (422); *Löhnig*, Die Einbeziehung von AGB bei Internet-Geschäften, NJW 1997, 1688; *Mehrings*, BB 1998, 2373 ff.; *Werner*, in: Hellner/Steuer, Bankrecht- und Bankpraxis, Stand: Mai 2001, Rn. 19/339; *Wiesgickl*, Rechtliche Aspekte des Online-Banking, WM 2000, 1039 (1043 f); ferner: *Derleder/Pallas*, Vertragsschluss und AGB-Einbeziehung im kreditwirtschaftlichen Distanzgeschäft ZIP 1999, 1285 ff.

42 BGH NJW-RR 1987, 112.

43 Vgl. *Hoffmann*, Die Entwicklung des Internet-Rechts, Beilage zu Heft 14 der NJW 2001, S. 10; differenzierend: *Gößmann*, in: Bankrechts-Handbuch, 2. Aufl. 2001, § 55 Rdnr. 40.

speichern kann.[44] Eine diesbezügliche rechtliche Klarstellung wird voraussichtlich zum 1. Januar 2002 in Kraft treten. Veranlasst durch Art. 10 Abs. 3 EU-Richtlinie über den elektronischen Geschäftsverkehr ist im Schuldrechtsmodernisierungsgesetzentwurf der Bundesregierung der neue § 312e Abs. 1 Nr. 4 BGB-E vorgesehen. Diese Vorschrift legt dem Teledienste-anbieter im elektronischen Geschäftsverkehr die Pflicht auf, dem Kunden die Möglichkeit zu verschaffen, die Vertragsbestimmungen einschließlich der einbezogenen allgemeinen Geschäftsbedingungen bei Vertragsschluss abrufen und in wiedergabefähiger Form speichern zu können.[45]

Zur Umsetzung der Voraussetzungen der Einbeziehung von AGB in § 2 AGBG und der vertraglichen Informationspflichten in § 312e Abs. 1 Nr. 4 BGB-E muss die Bank somit technisch dafür Sorge tragen, dass der Kunde sich die maßgeblichen Internetseiten mit dem Vertragsinhalt nebst maßgeblicher AGB über seinen Browser direkt speichern oder ausdrucken kann bzw. den Vertragsinhalt nebst AGB zur Archivierung in seiner Sphäre herunterladen kann (down-load-Funktion). Dem Kunden ist somit technisch die Möglichkeit zu geben, sich einen „Durchschlag" des im Internet abgeschlossenen Vertrages samt der maßgeblichen AGB holen zu können. Die Bank sollte verfahrenstechnisch dafür Sorge tragen, ebenfalls ein Vertragsexemplar nebst vereinbarter AGB zu archivieren, um bei einem etwaigen Rechtsstreit mit dem Kunden ihre Ansprüche dokumentieren zu können.[46]

---

44 Vgl. u.a. Palandt/*Heinrichs*, 60. Aufl. 2001; § 2 ABGB Rdnr. 12.; *Ernst*, Wirtschaftsrecht im Internet, BB 1997, 1057 (1058); *Gößmann*, in: Bankrechts-Handbuch, 2. Aufl. 2001, § 55 Rdnr. 41; *Hoffmann*, Die Entwicklung des Internet-Rechts, Beilage zu Heft 14 der NJW 2001 (S. 10) m.w.N.; *Kamanabrou*, Vorgaben der E-Commerce-RL für die Einbeziehung von AGB bei Online-Rechtsgeschäften, CR 2001, 421 (422 ff.); *Löhnig*, Die Einbeziehung von AGB bei Internet-Geschäften, NJW 1997, 1688 (1689); *Werner*, in: Hellner/ Steuer, Bankrecht- und Bankpraxis, Stand: Mai 2001, Rn. 19/339; so wohl auch *Wiesgickl*, Rechtliche Aspekte des Online-Banking, WM 2000, 1039 (1044).

45 Vgl. BT-Drs. 14/6857, S. 56; vgl. hierzu auch *Kamanabrou*, Vorgaben der E-Commerce-RL für die Einbeziehung von AGB bei Online-Rechtsgeschäften, CR 2001, 421 (424 f.).

46 Vgl. zu den ansonsten entstehenden beweisrechtlichen Problemen *Gößmann*, in: Bankrechts-Handbuch, 2. Aufl. 2001, § 55 Rdnr. 342 ff. und *Werner*, in: Hellner/ Steuer, Bankrecht- und Bankpraxis, Stand: Mai 2001, Rn. 19/339.

bb) Technische Hilfestellungen für den Kunden im Rahmen des Vertragsschlusses

(1) Korrekturmöglichkeiten

Beim Abschluss der Vereinbarung hat die Bank gemäß dem im Schuldrechtsmodernisierungsgesetzentwurf der Bundesregierung zur Umsetzung von Art. 11 Abs. 2 der EU-Richtlinie über den elektronischen Geschäftsverkehr vorgesehenen § 312e Abs. 1 Satz 1 Nr. 1 BGB-E zukünftig dem Kunden „angemessene, wirksame und zugängliche“ technische Mittel zur Verfügung zu stellen, mit deren Hilfe der Kunde Eingabefehler (Tippfehler, „Klickfehler“) vor Abgabe seiner auf den Vertragsabschluss gerichteten Willenserklärung erkennen und berichtigen kann. Sinn und Zweck der Norm ist es, irrtümliche und damit grundsätzlich anfechtbare Willenserklärungen im elektronischen Geschäftsverkehr zu vermeiden. Fehlen die gesetzlich angeordneten Korrekturmöglichkeiten, dann könnte der Kunde grundsätzlich seine Erklärung nach § 119 Abs. 1 BGB anfechten, wenn er darlegen kann, dass er versehentlich gehandelt hat.[47] Der Ersatz eines Vertrauensschadens der Bank als Erklärungsempfängerin gemäß § 122 Abs. 1 BGB könnte nach § 122 Abs. 2 BGB ausscheiden, wenn sie mit dem Unterlassen der gebotenen Einräumung von Korrekturmöglichkeiten für ihre Kunden die Ursache für den Erklärungsirrtum gesetzt hat.

In der praktischen Umsetzung bedeutet dies für die Bank, dass sie dem Kunden verfahrenstechnisch die Möglichkeit geben muss, vor Abgabe einer verbindlichen Willenserklärung diese nochmals korrigieren zu können. So dürfte beispielsweise ein im Verfahren vorgesehener „Doppel-Klick“, d.h. die Bestätigung der Abgabe der Willenserklärung durch einen zweiten Tastenklick, die vom Gesetzgeber intendierte Warnfunktion erfüllen und den irrtümlichen Tastklick ausschließen. Vielfach sind solche technischen Verfahrensschritte schon in der Praxis umgesetzt.[48]

---

47 Vgl. *Hoffmann*, Die Entwicklung des Internet-Rechts, Beilage zu Heft 14 der NJW 2001, S. 8; *Wiesgickl*, Rechtliche Aspekte des Online-Banking, WM 2000, 1039 (1048).

48 *Hoffmann*, Die Entwicklung des Internet-Rechts, Beilage zu Heft 14 der NJW 2001, S. 8.

(2) Eingangsbestätigung

Damit der Kunde zukünftig immer feststellen kann, ob seine per Internet übermittelte Erklärung beim Empfänger tatsächlich eingegangen ist, soll der Empfänger nach Art. 11 Abs. 1 erster Spiegelstrich der EU-Richtlinie über den elektronischen Geschäftsverkehr verpflichtet sein, den Eingang der Bestellung des Nutzers unverzüglich auf elektronischem Wege zu bestätigen. Ausgenommen hiervon sind gemäß Art. 11 Abs. 3 der EU-Richtlinie über den elektronischen Geschäftsverkehr jedoch E-Mail-Nachrichten. Zur Umsetzung dieser Vorgabe sieht der Schuldrechtsmodernisierungsgesetzentwurf in § 312e Abs. 1 Satz 1 Nr. 3 BGB-E vor, dass der Telediensteanbieter – außer bei E-Mails – dem Absender den Zugang der „Bestellung" unverzüglich auf elektronischem Wege zu bestätigen hat.[49] Folglich hat die Bank bei Eingang einer über ihre Internetseiten übermittelten Order (z.B. Online-Überweisung per Internetseiten der Bank im Rahmen des sog. browsergestützten Online-Banking) in ihrer technischen Empfangsvorrichtung (Internet-Server) an den Absender automatisch eine elektronische Eingangsbestätigung zurückzusenden. Solche elektronischen Eingangsbestätigungen werden von der Bank heute schon beispielsweise im Rahmen des Homebanking auf Grundlage des HBCI-Standards erteilt.[50]

Bei der Formulierung der Eingangsbestätigung gilt es, den Eindruck beim Absender zu vermeiden, dass diese zugleich eine rechtsgeschäftliche Annahmeerklärung ist[51] oder mit der Ausführung der Order bereits begonnen wurde. So sollte es beispielsweise „Wir haben Ihren Auftrag erhalten" heißen und nicht „Ihr Auftrag wird bearbeitet". Gleichwohl darf nicht übersehen werden, dass nach § 362 Abs. 1 HGB eine rechtsgeschäftliche Annahmeerklärung der Bank fingiert wird, wenn die Bank binnen eines gewissen Zeitraums das Angebot nicht ablehnt. Auch ist beachtenswert, dass der die Willenserklärung abgebende Kunde aufgrund der gesetzlich angeordneten Eingangsbestätigung präzise feststellen kann, wann seine Erklärung bei der Bank technisch eingegangen ist. Er kann somit kontrollieren, ob beispielsweise seine Wertpapierorder von der Bank schnell weiterverarbeitet wurde.

49 Siehe hierzu auch *Hoffmann*, Die Entwicklung des Internet-Rechts, Beilage zu Heft 14 der NJW 2001, S. 7.

50 *Stockhausen*, Die Einführung des HBCI-Standards, WM 2001, 605 (615).

51 Vgl. *Krüger/Bütter*, Elektronische Willenserklärungen im Bankgeschäftsverkehr, WM 2001, 221 (226 f.).

Ist die Bank bei der Orderausführung – aus seiner Sicht – zu langsam, hat der Kunde mit der Eingangsbestätigung der Bank ein wichtiges Beweismittel für etwaige Schadensersatzansprüche gegen die Bank.[52]

Unterlässt die Bank als Erklärungsempfängerin die Eingangsbestätigung, dann ist hiervon die Wirksamkeit des Vertrages selber nicht berührt, da die Eingangsbestätigung selber keine Annahme oder Ablehnung eines vertraglichen Angebots des Kunden darstellt. Jedoch könnte der Kunde seine Willenserklärung gemäß § 130 Abs. 1 Satz 2 BGB widerrufen[53] mit der Begründung, dass dieser Widerruf rechtzeitig vor dem mit der Eingangsbestätigung zu dokumentierenden Zugang seiner Willenserklärung erfolgt ist. Übermittelt der Kunde wegen der fehlenden Eingangsbestätigung seiner Online-Überweisung nach Ablauf einer gewissen Zeit diese Online-Überweisung nochmals und führt die Bank die Online-Überweisung deshalb doppelt aus, dann könnte sich der Kunde auf den aus der fehlenden Eingangsbestätigung der ersten Online-Überweisung resultierenden Anschein berufen, das die erste Erklärung die Bank überhaupt nicht erreicht hat.

e) Verantwortlichkeit für Informationen

Banken bieten über das Internet insbesondere für das Wertpapiergeschäft Informationen an. Damit erbringen sie einen Teledienst nach § 2 Abs. 2 Nr. 2 Teledienstegesetz (TDG), bei dem auch die Regelungen über die Verantwortlichkeit für Dateninhalte nach § 5 TDG zu beachten sind.[54] Danach ist der Diensteanbieter für eigene Inhalte, die er zur Nutzung bereit hält, nach den allgemeinen Gesetzen verantwortlich. Die Verantwortlichkeit für fremde Inhalte bestimmt sich sodann nach § 5 Abs. 2 und Abs. 3 TDG.[55]

---

52 Ähnlich *Florian*, Rechtsfragen des Wertpapierhandels im Internet, 2001, S. 357 f.

53 Vgl. hierzu auch *Wiesgickl*, Rechtliche Aspekte des Online-Banking, WM 2000, 1039 (1048), wonach ansonsten das Widerrufsrecht des Kunden aufgrund der hohen Übertragungsgeschwindigkeiten faktisch leerläuft.

54 Allgemein hierzu u.a. *Hoffmann*, Die Entwicklung des Internet-Rechts, Beilage zu Heft 14 der NJW 2001, S. 26 ff. m.w.N.; vgl. hierzu auch *Florian*, Rechtsfragen des Wertpapierhandels im Internet, 2001, S. 153 ff.; *Gößmann*, in: Bankrechts-Handbuch, 2. Aufl. 2001, § 55 Rdnr. 4.

55 Da die EU-Richtlinie über den elektronischen Geschäftsverkehr in den Art. 12 bis 15 ebenfalls Regelungen zu der Frage enthält, inwieweit Telediensteanbieter

Übernimmt die Bank als Telediensteanbieterin fremde Informationen in ihr eigenes Internetangebot, so ist sie für diese dann verantwortlich, wenn sie vom Inhalt Kenntnis hat und es ihr technisch möglich und zumutbar ist, deren Nutzung zu verhindern. Um beim Kunden den falschen Eindruck zu vermeiden, die auf der Internetseite eingestellten Börsenkurse würden von der Bank selber stammen, kann sich ein Hinweis darauf anbieten, dass die Informationen von einem Dritten übernommen wurden und deshalb hierfür keine Gewähr übernommen werden kann.

Umstritten ist, ob für sog. Hyperlinks, also der reine Verweis auf die Internetseite von anderen Telediensten, auch eine Verantwortung für die in Bezug genommen fremden Inhalte besteht.[56] Wenn überhaupt, dann kann nur eine sehr beschränkte Verantwortung der den Hyperlink setzenden Bank als Telediensteanbieterin angenommen werden, da sie faktisch kaum in der Lage sein dürfte, die in Bezug genommenen fremden Inhalte kontinuierlich zu überwachen. Lediglich bei positiver Kenntnis von rechtswidrigen Inhalten in dem in Bezug genommenen fremden Teledienst könnte eine Verantwortung begründbar sein. In der Praxis wird in Bezug auf Hyperlinks aus Gründen der Rechtsklarheit teilweise der Hinweis aufgenommen, das für die in Bezug genommenen fremden Teledienste keine inhaltliche Verantwortung übernommen werden kann.

f) Verbraucherschutz

Die oben unter II.1.b) bis II.1.d) dargestellten gewerbe- und zivilrechtlichen Pflichten der Bank im Rahmen des elektronischen Geschäftsverkehrs dienen zumindest mittelbar auch dem Verbraucherschutz. Speziell das Bankgeschäft

---

für die von ihnen zur Verfügung gestellten oder übermittelten Informationen verantwortlich sind, enthält der Regierungsentwurf eines „Gesetzes über die rechtlichen Rahmenbedingungen für den elektronischen Geschäftsverkehr“ (Elektronischer Geschäftsverkehr-Gesetz – EGG) entsprechende Änderungen des bisherigen § 5 TDG, die für Banken als Contentprovider jedoch nur bedingt relevant sind.

56 Einzelheiten der Haftung für eigene und fremde Inhalte bei Hyperlinks sind dargestellt in der Veröffentlichung von *Eichler/Helmers/Schmieder* mit dem Titel „Link(s) – Recht(s), Technische Grundlagen und Rechtsfragen bei Hyperlinks, „Computer & Recht“, Supplement Kommunikation & Recht 2000, 23 – 26.

im Internet betreffende Verbraucherschutzgesetze gibt es jedoch bislang nicht. Das im Jahre 2000 in Kraft getretene Fernabsatzgesetz findet nach dessen § 1 Abs. 3 Nr. 3 auf Bankdienstleistungen keine Anwendung. Vielmehr gilt der Grundsatz, dass die von Banken zu beachtenden Verbraucherschutzgesetze unabhängig davon gelten, ob der Vertrag konventionell oder elektronisch zustande kommt.

Allerdings geht von einigen gesetzlichen Formvorschriften eine verbraucherschützende Wirkung dadurch aus, dass sie bei bestimmten Verbraucherverträgen ausschließlich die gesetzliche Schriftform zulassen. So unterliegen Verbraucherkreditverträge (§ 4 VerbrKG), Bürgschaften mit Verbrauchern (§ 766 BGB) und Schuldversprechen bzw. -anerkenntnisse (§§ 780, 781 BGB) der gesetzlichen Schriftform nach § 126 BGB. Die Schriftform ist nicht Internet-kompatibel, weil die dafür erforderliche händische Unterschrift auf einer Urkunde nicht elektronisierbar ist. Folglich können diese Verträge nicht ausschließlich über das Internet geschlossen werden. Diese Rechtslage ist mit dem im August 2001 in Kraft getretenen „Gesetz zur Anpassung der Formvorschriften des Privatrechts und anderer Vorschriften an den modernen Rechtsgeschäftsverkehr“[57] unverändert geblieben. Zwar ist mit diesem Gesetz eine der Schriftform gleichwertige „elektronische Form“ etabliert worden, bei der statt der händischen Unterschrift eine qualifizierte elektronische Signatur des Ausstellers gemäß Signaturgesetz zum Einsatz kommen muss. Jedoch ist im Rahmen dieses Gesetzes in § 4 VerbrKG und §§ 766, 780, 781 BGB die „elektronische Form“ für die o.g. Verträge ausdrücklich ausgeschlossen worden. Während bei der Bürgschaft sowie dem Schuldversprechen bzw. -anerkenntnis wegen deren Tragweite hierfür durchaus nachvollziehbare Gründe sprechen, verwundert das Verbot beim Verbraucherkreditvertrag. Hier kommt der Schriftform mehr eine Informations- und Dokumentationsfunktion als eine Warnfunktion zu, da der Verbraucher nach § 7 VerbrKG i.V.m. § 361a BGB seine – möglicherweise übereilte – Entscheidung binnen zwei Wochen durch Widerruf seiner Erklärung rückgängig machen kann. Mithin wäre ein ausschließlich über das Internet erfolgender Abschluss des Verbraucherkreditvertrages kaum nachteilig für den Verbraucher, da dieser von der Bank alle gemäß § 4 VerbrKG und § 312e Abs. 1 BGB-E erforderlichen Informationen zum Verbraucherkreditvertrag per

---

57 BGBl. I 2001, S. 1542; vgl. *Roßnagel*, Das neue Recht elektronischer Signaturen, NJW 2001, 1817 (1825).

Internet erhält und sich binnen zwei Wochen nach Vertragsschluss noch vom Vertrag lösen kann. Wegen des Ausschlusses der elektronischen Form beim Verbraucherkreditvertrag kann das Internet derzeit nur zur Anbahnung eines Verbraucherkreditvertrages als Informationsmedium (z.B. Darstellung der Konditionen) oder als Übermittlungsweg für das Vertragsformular dienen. Der Verbraucher hat allerdings die Möglichkeit, seinen Widerruf nunmehr nach § 361a BGB auch elektronisch der Bank zu übermitteln, wenn diese ihm z.B. hierfür eine E-Mail-Adresse in der nach § 361a BGB zu erteilenden Widerrufsbelehrung angibt.

Mittelfristig ist zu erwarten, dass der deutsche Gesetzgeber aufgrund europäischer Vorgaben besondere Verbraucherschutzvorschriften im elektronischen Geschäftsverkehr zwischen Bank und Verbraucher schaffen wird. Die Europäische Kommission hat 1999 einen geänderten Vorschlag für eine „Richtlinie des Europäischen Parlaments und des Rates über den Fernverkauf von Finanzdienstleistungen an Verbraucher“[58] vorgelegt, über den sich der Binnenmarkt-Rat mittlerweile am 27. September 2001 politisch geeinigt hat. Dem Richtlinienvorhaben liegt die Vorstellung zugrunde, die Interessen des Verbrauchers bei Abschluss eines Vertrages über Finanzdienstleistungen[59] per Briefpost, Telefon, Telefax, Online-Dienst, Internet oder E-Mail durch besondere Informationspflichten der Banken und ein zweiwöchiges Widerrufsrecht des Verbrauchers schützen zu müssen. Als Anbieter wären Kreditinstitute, Versicherer und sonstige Finanzdienstleister betroffen. Nach dem derzeitigen Beratungsstand wären von den neuen Normen vor allem vertragliche Erstkontakte zwischen Verbraucher und Bank betroffen. Die Richtlinie soll nämlich gemäß Art. 1 Abs. 2 des Entwurfs nicht für Einzelakte (z.B. Online-Überweisung) innerhalb eines Rahmenvertrages (z.B. Homebanking-Vereinbarung) gelten. Kernstück des Richtlinienvorschlags ist ein

---

58 Dokument der Europäischen Kommission Nr. KOM (1999) 385 endg. (veröffentlicht im Internet unter: http://europa.eu.int/comm/internal_market/en/finances/consumer/disselde.pdf); vgl. hierzu auch *Hadding*, Die Fernabsatzrichtlinie für Finanzdienstleistungen, ÖBA 2001, 105 (108 ff.); *Hartmann*, Richtlinienvorschlag zum Fernabsatz von Finanzdienstleistungen, Die Bank 1999, S. 163 ff.; *Riesenhuber*, Fernabsatz von Finanzdienstleistungen im europäischen Schuldvertragsrecht, WM 1999, 1441: *Werner*, in: Hellner/Steuer, Bankrecht und Bankpraxis, Stand: Mai 2001, Rdnr. 19/357 ff.

59 Der Richtlinienvorschlag geht von einem weiten Finanzdienstleistungsbegriff aus, der das Bank-, Versicherungs- und Investmentgeschäft umfasst.

Bedenkzeitkonzept, mit dem sichergestellt werden soll, dass der Verbraucher binnen einer Frist überlegen kann, ob er den geschlossenen Vertrag aufrecht halten möchte. In Art. 4 des Richtlinienvorschlags wird dem Verbraucher deshalb das Recht eingeräumt, sich binnen einer Frist von (mindestens) vierzehn Tagen durch Widerruf seiner Erklärung einseitig vom Vertrag lösen zu können (sog. „cooling-off-period"). Bestimmte zeitsensible Geschäfte, bei denen die Preise auf Grund von Marktentwicklungen schwanken können (u.a. Wertpapiergeschäfte, Hypothekarkredit), sollen aber vom Widerrufsrecht ausgenommen bleiben.

g) Teledienstedatenschutzgesetz

Das im August 1997 im Rahmen des „Informations- und Kommunikationsdienstegesetzes" (IuKDG)[60] in Kraft getretene Teledienstedatenschutzgesetz (TDDSG) ist für diejenigen Banken relevant, die über das Internet oder Online-Dienste „Informationsdienste" oder „Telebanking" anbieten und dabei personenbezogene Daten des Nutzers über die Inanspruchnahme des Teledienstes erheben, speichern und nutzen.[61] Das TDDSG regelt die Zulässigkeit der Erhebung, Verarbeitung und Nutzung personenbezogener Daten der Nutzer von Telediensten. Ferner enthält es Informationspflichten und technisch-organisatorische Pflichten der Telediensteanbieter. Ziel des TDDSG ist vor allem, die Erstellung von Verhaltens- und Persönlichkeitsprofilen von Teledienstnutzern zu vermeiden, wenn deren Einwilligung hierzu nicht vorliegt. Der Internetnutzer soll nicht ohne sein Einverständnis zum „gläsernen Menschen" werden, wenn er im Internet „surft". Bei der Gestaltung des Internetauftritts der Bank können daher auch die Vorgaben des TDDSG relevant sein, wenn dabei personenbezogene Daten erhoben, verarbeitet und/oder genutzt werden sollen.

Bei der praktischen Umsetzung des TDDSG bestanden anfänglich erhebliche Probleme, die Reichweite der neuen gesetzlichen Regelungen sowie Sinn und Zweck der recht abstrakt gehaltenen Norm zu verstehen. Im Wege einer verständigen Auslegung, insbesondere unter Zuhilfenahme des auch

---

60 BGBl. I 1997, S. 1870 ff.

61 Vgl. im Einzelnen *Hartmann*, in: Hellner/Steuer, Bankrecht und Bankpraxis, Rn. 17/378 ff.; *von Rottenburg*, Rechtsprobleme beim Direktbanking, WM 1997, 2381 (2386 ff.).

von den Datenschutzaufsichtsbehörden anerkannten „3-Schichten-Modells“,[62] das zwischen Telekommunikation, Teledienst und Geschäftsvorfall unterscheidet und damit den engen Anwendungsbereich des TDDSG offen legt, dürfte es mittlerweile gelingen, die neuen gesetzlichen Vorgaben sachgerecht in die Praxis umzusetzen. Während die virtuellen Schritte des Bankkunden auf der Internet-Seite (= Teledienstnutzung) vom Anwendungsbereich des TDDSG erfasst werden, unterliegen nach dem „3-Schichten-Modell“ die den Geschäftsvorfall (z.B. Überweisung, Wertpapierorder) betreffenden personenbezogenen Daten (z. B. Inhalt des Überweisungsauftrags, elektronische Unterschrift des Auftrags) wie bisher dem Bundesdatenschutzgesetz (BDSG). Da gerade beim Homebanking über das Internet bedeutende Transaktionen vom Bankkunden getätigt werden, ist es zur Nachvollziehbarkeit der getätigten Transaktionen sowohl für den Kunden als auch die Bank unbedingt erforderlich, dass die Inhalte der über das Internet getätigten Bankgeschäfte (Inhaltsdaten) zu Abrechnungs- und Beweiszwecken gemäß dem „3-Schichten-Modell“ nach den Vorschriften des Bundesdatenschutzgesetzes verarbeitet werden können. Bei „doppel-funktionalen Daten“, d.h. Daten, die sowohl der Teledienstnutzung als auch dem Geschäftsvorfall zugeordnet werden können (z.B. Datum und Uhrzeit des Homebanking-Auftrags), richtet sich die Anwendbarkeit von TDDSG und BDSG danach, wo der qualitative Schwerpunkt dieser Daten liegt.[63] So sind beispielsweise Datum und Uhrzeit einer Homebanking-Wertpapierorder integraler Bestandteil des Geschäftsvorfalls; die Zulässigkeit der Speicherung solcher Daten richtet sich dann auch nach dem BDSG.[64]

Auch das TDDSG soll im Rahmen des Regierungsentwurfs eines „Elektronischer Geschäftsverkehr-Gesetzes“ novelliert werden.[65] Bedeutend ist, dass die verfahrenstechnischen Anforderungen an eine elektronisch über-

---

62 Vgl. Kapitel C.I.1. Bericht der Bundesregierung über die Erfahrungen und Entwicklungen bei den neuen Informations- und Kommunikationsdiensten im Zusammenhang mit der Umsetzung des Informations- und Kommunikationsdienste-Gesetzes (IuKDG), BT-Drs. Nr. 14/1191.

63 *Hartmann*, in: Hellner/Steuer, Bankrecht und Bankpraxis, Rn. 17/421.

64 *Hartmann*, in: Hellner/Steuer, Bankrecht und Bankpraxis, Rn. 17/421; *von Rottenburg*, Rechtsprobleme beim Direktbanking, WM 1997, 2381 (2387).

65 Art. 3 des Entwurfs der Bundesregierung für ein Gesetz über rechtliche Rahmenbedingungen für den elektronischen Geschäftsverkehr (Elektronischer Geschäftsverkehr-Gesetz – EGG); BT-Drs. 14/6098 vom 17. Mai 2001.

mittelte Einwilligungserklärung in die Erhebung, Verarbeitung und Nutzung von personenbezogenen Daten abgesenkt werden sollen, um die Regelung überhaupt in der Praxis umsetzen zu können.[66] Ähnlich der geplanten Sanktionierung von Verstößen gegen die Anbieterkennzeichnungspflichten im Teledienstegesetz soll nunmehr gemäß § 9 Abs. 1 Nr. 1 TDDSG-Entwurf auch die unterlassene datenschutzrechtliche Unterrichtung des Nutzers nach § 4 Abs. 1 TDDSG-Entwurf (bisher: § 3 Abs. 5 TDDSG) als Ordnungswidrigkeit geahndet werden können. Erhebt, verarbeitet und/oder nutzt die Bank im Rahmen ihres Teledienstes personenbezogene Daten der Nutzer, muss sie in ihrem Internetangebot eine Seite mit den nach § 4 Abs. 1 TDDSG-Entwurf erforderlichen Informationen vorhalten, die beispielsweise per Anklickfeld mit der Bezeichnung „Datenschutz" auf der ersten Internetseite leicht zugänglich ist. Auf der angewählten Internetseite ist der Nutzer über Art, Umfang, und Zwecke der Erhebung, Verarbeitung und Nutzung personenbezogener Daten sowie ggf. über die Verarbeitung seiner Daten in Drittstaaten außerhalb des EU- und EWR-Raumes zu unterrichten, sofern eine solche Unterrichtung nicht bereits erfolgt ist. Ähnliche Unterrichtungspflichten sieht auch der neue § 4 Abs. 3 BDSG bei Erhebung personenbezogener Daten vor. Beim Online- bzw. Homebanking dürfte der Kunde bereits aus der gesonderten Teilnahmevereinbarung bzw. den Bedingungen alle gebotenen Informationen entnehmen können. Insbesondere die Zweckbestimmung der Verarbeitung personenbezogener Daten ergibt sich zumeist schon aus den gesondert („offline") oder online getroffenen vertraglichen Vereinbarungen.

2. *Zugang von elektronisch übermittelten Willenserklärungen*

a) Öffnung des Internets als Telekommunikationskanal zwischen Bank und Kunde

Zwischen Bank und Kunde kann überhaupt nur ein Geschäftsverkehr über das Internet stattfinden, wenn beide dazu technisch in der Lage sind und sie diesen Telekommunikationskanal für den Austausch von rechtsgeschäftlichen Erklärungen geöffnet haben. Technisch gesehen können Rechtsgeschäfte im Internet durch Austausch von Willenserklärungen per E-Mail oder

66 Vgl. § 4 Abs. 2 TDDSG-Entwurf.

im Internet-Dialog durchgeführt werden. Beim Internet-Dialog ist zu unterscheiden zwischen dem Online- bzw. Homebanking und der Telekommunikation auf der Ebene der Internetseiten der Bank (Internetnachricht). Die Internetnachricht, beispielsweise in Gestalt einer vom Kunden mit einer Nachricht versehenen „Kontakt"-Seite der Bank, ähnelt technisch gesehen wiederum dem E-Mail-Verfahren.

aa) Vereinbarung

Der Schwerpunkt elektronischer Geschäftsabschlüsse zwischen Bank und Kunde liegt heute noch ganz eindeutig beim Online- bzw. Homebanking. Hierbei vereinbaren Bank und Kunde „offline", das Internet als Kommunikationskanal für Bankgeschäfte zu nutzen. Der bereits bestehende Giro- bzw. Depotvertrag wird dabei durch eine Online-Teilnahmevereinbarung (z.B. Online-Banking-Teilnahmevereinbarung nebst Online-Banking-Bedingungen) ergänzt.[67] Integraler Bestandteil der Vereinbarung ist die Zuteilung bestimmter, höchstpersönlicher Identifikations- und Legitimationsmedien (z.B. Online-Banking-PIN/-TAN, elektronische Signatur nach dem HBCI-Standard[68]) an den Kunden.[69] Ohne diese kann er online keine Geschäfte tätigen (z.B. Online-Überweisung, Wertpapierorder) und auch keine Informationen (z.B. Kontoauszug) online abrufen. Vereinzelt vereinbaren Kreditinstitute mit ihren Kunden auch die Telekommunikation per E-Mail-Ver-

---

67 Vgl. hierzu auch *Gößmann*, in: Bankrechts-Handbuch, 2. Aufl. 2001, § 55 Rdnr. 15; *Krüger/Bütter*, Elektronische Willenserklärungen im Bankgeschäftsverkehr: Risiken des Online-Banking, WM 2001, S. 221 (222); *Stockhausen*, Die Einführung des HBCI-Standards aus bankrechtlicher Sicht, WM 2001, 605 (608, 610); *Werner*, in: Steuer/Hellner, Bankrecht und Bankpraxis, Stand: Mai 2001, Rdnr. 19/7 und 19/9; *Wiesgickl*, Rechtliche Aspekte des Online-Banking, WM 2000, 1039 (1042 f.).

68 Vgl. hierzu im Einzelnen *Stockhausen*, Die Einführung des HBCI-Standards aus bankrechtlicher Sicht, WM 2001, 605 (608 ff.).

69 Vgl. *Gößmann*, in: Bankrechts-Handbuch, 2. Aufl. 2001, § 55 Rdnr. 13 f. und 27 ff.; *Werner*, in: Steuer/Hellner, Bankrecht und Bankpraxis, Stand: Mai 2001, Rdnr. 19/41 f. und 19/123.

fahren, wobei die E-Mail-Nachricht jeweils mit einer dem Kunden zuvor zugeteilten elektronischen Signatur zu versehen ist.[70]

Das Online- und Homebanking wird nicht nur zur Erteilung von Aufträgen an die Bank (Transaktionsfunktion) sondern zunehmend auch für die Erteilung von Informationen an den Kunden (Informationsfunktion) genutzt. So werden bislang in Papierform per Post übermittelte Nachrichten der Bank an den Kunden (z.B. Kontoauszüge) elektronisch zum Abruf durch den Kunden zur Verfügung gestellt. Zahlreiche „Online-Kunden" erwarten mittlerweile sogar, dass alle vertragsrelevanten Informationen nur noch auf dem vereinbarten elektronischen Wege übermittelt werden. Diese Kunden verzichten dabei gegenüber ihrer Bank ausdrücklich darauf, überhaupt noch Kontoauszüge in Papierform übermittelt zu bekommen.[71]

Ist das Internet einmal als Kommunikationskanal zwischen Bank und Kunde vereinbart, so können hierüber grundsätzlich alle das Vertragsverhältnis betreffende Informationen ausgetauscht und dabei auch Änderungen im bestehenden Vertrag vereinbart werden. Eine solche Verfahrensweise geht mit dem in Art. 9 der EU-Richtlinie über den elektronischen Geschäftsverkehr[72] enthaltenen Grundsatz konform, dass der Abschluss von Verträgen auf elektronischem Weg dem konventionellen Vertragsabschluss gleichgestellt ist. Mithin können Änderungen in den für das Vertragsverhältnis bereits vereinbarten allgemeinen Geschäftsbedingungen auch unter Verwendung elektronischer Kommunikationsmittel im Rahmen des anerkannten Änderungsmechanismus des Nr. 1 Abs. 2 AGB-Banken vereinbart werden. Deshalb ist geplant, ab dem Jahr 2002 in Nr. 1 Abs. 2 AGB-Banken neben der schriftlichen Bekanntgabe von AGB-Änderungen auch deren Mitteilung über den vereinbarten elektronischen Kommunikationsweg zuzulassen (Nr. 1 Abs. 2 Satz 2 AGB-Banken-neu). Spiegelbildlich zur Möglichkeit der elektronischen Änderungsmitteilung soll dem Kunden in der neuen Nr. 1 Abs. 2

70 Vgl. hierzu *Oberndörfer*, Die EG-Richtlinie über „gemeinschaftliche Rahmenbedingungen für elektronische Signaturen" und das Bankgeschäft – am Beispiel von db-order, NJW-CoR 2000, 228 (229 f.).

71 Vgl. hierzu im Einzelnen *Werner*, in: Steuer/Hellner, Bankrecht und Bankpraxis, Stand: Mai 2001, Rdnr. 19/175 ff.

72 Richtlinie 2000/31/EG des Europäischen Parlaments und des Rates vom 8. Juni 2000 über bestimmte rechtliche Aspekte der Dienste der Informationsgesellschaft, insbesondere des elektronischen Geschäftsverkehrs, im Binnenmarkt (Amtsblatt EG Nr. L 178/Seite 1 vom 17. Juli 2000).

Satz 3 AGB-Banken das Recht eingeräumt werden, den Vertragsänderungen auch auf dem vereinbarten elektronischen Wege widersprechen zu können. Die elektronische Widerspruchsmöglichkeit ist für den Kunden eine einfache, schnelle und kostengünstige Lösung.

bb) Betrieb einer technischen Empfangsvorrichtung

Elektronische Geschäftsabschlüsse können auch durch Austausch elektronischer Willenserklärungen per E-Mail oder durch Übermittlung einer vom Kunden ausgefüllten Nachrichtenseite im Internet-Auftritt der Bank zustande kommen. Im Gegensatz zum Online- und Homebanking wird zwischen Bank und Kunde diese Verfahrensweise vorher nicht ausdrücklich vereinbart, sondern die Öffnung des Internets als Telekommunikationskanal erfolgt faktisch dadurch, dass die Bank eine technische Empfangsvorrichtung für die Entgegennahme von elektronischen Willenserklärungen unterhält. Fraglich ist, ob und inwieweit die Bank rechtlich gehalten ist, die ihr vom Kunden per E-Mail oder Internetnachricht elektronisch übermittelten Willenserklärungen zu beachten und zu bearbeiten. Die Beantwortung dieser Frage ist für die Bankpraxis deshalb so wichtig, weil ein Schweigen der Bank auf das elektronisch übermittelte Angebot des Kunden nach § 362 Abs.1 HGB als Annahme gewertet werden kann, wenn eine Geschäftsverbindung bereits besteht oder wenn die Bank sich zur Besorgung von Geschäften für andere erboten hat.

Die Antwort ergibt sich aus den allgemeinen zivilrechtlichen Grundsätzen zum Zugang von Willenserklärungen. Bei einer E-Mail und bei der – der E-Mail verwandten – Internetnachricht handelt es sich regelmäßig um eine Erklärung gegenüber Abwesenden,[73] da der Empfang der Nachricht von der körperlichen Anwesenheit des Nachrichtenempfängers nicht abhängt; ein echter Online-Dialog zwischen Kunde und Bankmitarbeiter („chatten") wird

---

73 *Hoffmann*, Die Entwicklung des Internet-Rechts, Beilage zu Heft 14 der NJW 2001 (S. 8); *Krüger/Bütter*, Elektronische Willenserklärungen im Bankgeschäftsverkehr: Risiken des Online-Banking, WM 2001, S. 221 (227); *Vehslage*, Das geplante Gesetz zur Anpassung der Formvorschriften des Privatrechts und anderer Vorschriften an den modernen Rechtsgeschäftsverkehr, DB 2000, 1801 (1804); *Wiesgickl*, Rechtliche Aspekte des Online-Banking, WM 2000, 1039 (1045); zum Online-Banking: *Gößmann*, in: Bankrechts-Handbuch, 2. Aufl. 2001, § 55 Rdnr. 22.

von Banken soweit ersichtlich bisher nicht angeboten. Nach § 130 Abs. 1 Satz 1 BGB wird eine Willenserklärung gegenüber Abwesenden in dem Zeitpunkt wirksam, in welchem sie ihm zugeht.

In Bezug auf per Brief übermittelte Willenserklärungen hat die Rechtsprechung deren Zugang schon dann angenommen, wenn sie derart in den Machtbereich des Empfängers gelangt ist, dass bei Annahme gewöhnlicher Umstände der Empfänger die Möglichkeit ihrer Kenntnisnahme hat.[74] Dabei ist die Erklärung nur dann in seinen Machtbereich oder seine Verfügungsgewalt gelangt, wenn ihm eine Speicherung (Konservierung) durch Briefablage, elektronische Speicherung auf einem Datenträger oder in ähnlicher Weise möglich ist.[75] Dies ist insbesondere dann der Fall, wenn die Erklärung eine Vorrichtung des Empfängers erreicht, die typischerweise für den Empfang von Willenserklärungen vorgesehen ist, also als Empfangsvorrichtung für die Entgegennahme von Willenserklärungen gewidmet ist. Ist beim Briefverkehr der Briefkasten bzw. das Postfach eine solche Empfangsvorrichtung, kann beim E-Mail-Verkehr die E-Mail-Box auf dem E-Mail-Server des Empfängers bzw. des vom Empfänger eingeschalteten Providers diese Funktion haben. Die Widmung der E-Mail-Box als Empfangsvorrichtung erfolgt regelmäßig dadurch, dass der Inhaber des elektronischen Postfachs dessen E-Mail-Adresse auf Internetseiten, Visitenkarten, Briefpapier oder Werbeträgern allgemein bekannt gibt.[76] Beim Internet-Nachrichtenaustausch ist der Inter-

74 BGHZ 67, 271, 275.

75 Vgl. *Hoffmann*, Die Entwicklung des Internet-Rechts, Beilage zu Heft 14 der NJW 2001 (S. 7); *Taupitz/Kritter*, JuS 1999, 839 (841); John, AcP 184 (1984), 385, 403 ff.; *Ultsch*, Zugangsprobleme bei elektronischen Willenserklärungen, NJW 1997, 3007; *Vehslage*, Das geplante Gesetz zur Anpassung der Formvorschriften des Privatrechts und anderer Vorschriften an den modernen Rechtsgeschäftsverkehr, DB 2000, 1801 (1804); *Wiesgickl*, Rechtliche Aspekte des Online-Banking, WM 2000, 1039 (1045); vgl. auch Begründung des Entwurfs der Bundesregierung für ein „Gesetz zur Anpassung der Formvorschriften des Privatrechts und anderer Vorschriften an den modernen Rechtsgeschäftsverkehr" in BT-Drs. 14/4987 S. 11.

76 Palandt/*Heinrichs*, 60. Aufl. 2001, § 130 BGB Rdnr. 7a; *Hoffmann*, Die Entwicklung des Internet-Rechts, Beilage zu Heft 14 der NJW 2001 (S. 7); *Krüger/Bütter*, Elektronische Willenserklärungen im Bankgeschäftsverkehr: Risiken des Online-Banking, WM 2001, S. 221 (227 f.); *Ultsch*, Zugangsprobleme bei elektronischen Willenserklärungen, NJW 1997, 3007; *Vehslage*, Das geplante Gesetz zur Anpassung der Formvorschriften des Privatrechts und ande-

net-Server des Empfängers eine solche Empfangsvorrichtung, wenn eine „Kontakt“-Seite des Internetanbieters dem Nutzer die Möglichkeit zur geschäftlichen Kontaktaufnahme über diesen Weg bietet.[77] Folglich wird diejenige E-Mail-Box der Bank zur Empfangsvorrichtung für rechtsgeschäftliche Erklärungen ihrer Kunden, deren E-Mail-Adresse im Geschäftsverkehr auf Briefbögen und Visitenkarten aufgedruckt oder allgemein publiziert wird (z.B. auf der Interseite oder in Informationsbroschüren der Bank). Der Internetauftritt der Bank bzw. der technisch dahinter stehende Internetserver der Bank wird dadurch zur Empfangsvorrichtung, dass dem Kunden eine Nachrichten- bzw. „Kontakt“-Seite angeboten wird, in die er seine Mitteilung eintippen und diese dann online an die Bank absenden kann.

Ist die Nachricht des Kunden in der von der Bank unterhaltenen Empfangsvorrichtung (E-Mail-Box, Internetserver) eingegangen, so dass die Bank technisch die Möglichkeit hat, hierauf zuzugreifen (Abrufpräsenz), dann gilt die Nachricht rechtlich als zu dem Zeitpunkt zugegangen, zu dem unter Annahme gewöhnlicher Umstände mit der Kenntnisnahme der Erklärung zu rechnen ist. Während der normalen Geschäftszeiten muss die Bank – wie beim Telefaxverkehr – stets damit rechnen, dass eine E-Mail bzw. Internetnachricht in ihre Empfangsvorrichtung eingeht.[78] Mithin gilt die zu Geschäftszeiten in der Empfangsvorrichtung der Bank eingetroffene Willenserklärung des Kunden rechtlich als umgehend, zumindest taggleich zuge-

---

rer Vorschriften an den modernen Rechtsgeschäftsverkehr, DB 2000, 1801 (1804).

77 Ähnlich wohl *Vehslage*, Das geplante Gesetz zur Anpassung der Formvorschriften des Privatrechts und anderer Vorschriften an den modernen Rechtsgeschäftsverkehr, DB 2000, 1801 (1804).

78 Vgl. *Gößmann*, in: Bankrechts-Handbuch, 2. Aufl. 2001, § 55 Rdnr. 23; *Krüger/Bütter*, Elektronische Willenserklärungen im Bankgeschäftsverkehr: Risiken des Online-Banking, WM 2001, S. 221 (228); *Taupitz/Kritter*, Electronic Commerce – Probleme bei Rechtsgeschäften im Internet, JuS 1999, 839 (842); *Ultsch*, Zugangsprobleme bei elektronischen Willenserklärungen, NJW 1997, 3007; *Vehslage*, Das geplante Gesetz zur Anpassung der Formvorschriften des Privatrechts und anderer Vorschriften an den modernen Rechtsgeschäftsverkehr, DB 2000, 1801 (1804); *Werner*, in: Steuer/Hellner, Bankrecht und Bankpraxis, Stand: Mai 2001, Rdnr. 19/60 und 19/141; *Wiesgickl*, Rechtliche Aspekte des Online-Banking, WM 2000, 1039 (1045).

gangen. Außerhalb der Geschäftszeiten eintreffende Nachrichten gelten rechtlich als spätestens am nächsten Geschäftstag zugegangen.[79]

Die dargelegte Rechtslage findet sich nunmehr auch in Art. 11 Abs. 1 2. Gedankenstrich der EU-Richtlinie über den elektronischen Geschäftsverkehr[80] wieder. Danach sollen elektronische Willenserklärungen als beim Empfänger eingegangen gelten, „wenn die Parteien, für die sie bestimmt sind, sie abrufen können". Die Bundesregierung will nach ihrem Entwurf eines Schuldrechtsmodernisierungsgesetzes[81] diese Vorgabe in einem neuen § 312e Abs. 1 Satz 2 BGB umsetzen. Hiernach gelten über einen Teledienst übermittelte „Bestellungen" als zugegangen, „wenn die Parteien, für die sie bestimmt sind, sie unter gewöhnlichen Umständen abrufen können". Mit dem zusätzlichen Merkmal der gewöhnlichen Umstände soll den Fällen Rechnung getragen werden, in denen die Nachricht auf einem E-Mail-Server eingeht, der sich nicht beim Empfänger, sondern bei einem Online-Dienstleister befindet und die Nachricht erst zeitverzögert dem eigentlichen Empfänger zum Abruf zur Verfügung gestellt wird. Mithin kommt es für den rechtlichen Zugang bei der Bank auf die Abrufpräsenz der in der Empfangsvorrichtung eingegangenen Nachricht an.

Konsequenz aus allem ist, dass die von Kunden an die Bank adressierten und in deren Empfangsvorrichtungen (E-Mail-Box, Internet-Server) eingegangenen Willenserklärungen der Bank auch rechtlich als zugegangen gelten und die Bank deshalb diese elektronische Post genauso wie eingehenden Briefverkehr behandeln muss. Die zugegangenen Willenserklärungen mit Auftrags- bzw. Weisungscharakter (z.B. Wertpapierorder) sind im Rahmen des ordnungsgemäßen Arbeitsablaufes umgehend zu bearbeiten; empfangsbedürftige und keiner Schriftform unterliegende Willenserklärungen (z.B. Kündigung des Vertrages durch den Kunden nach Nr. 18 Abs. 1 AGB-Banken) entfalten ihre Wirksamkeit mit Zugang. Ein Schweigen der Bank

---

79 *Krüger/Bütter*, Elektronische Willenserklärungen im Bankgeschäftsverkehr: Risiken des Online-Banking, WM 2001, S. 221 (228); *Taupitz/Kritter*, Electronic Commerce – Probleme bei Rechtsgeschäften im Internet, JuS 1999, 839 (842).

80 Richtlinie 2000/31/EG des Europäischen Parlaments und des Rates vom 8. Juni 2000 über bestimmte rechtliche Aspekte der Dienste der Informationsgesellschaft, insbesondere des elektronischen Geschäftsverkehrs, im Binnenmarkt; ABl. EG Nr. L 187 vom 17. Juli 2000, S. 1 ff.

81 BT-Drs. 14/6040 vom 14.5.2001.

auf ein beispielsweise per E-Mail übermitteltes Angebot (z.B. Angebot zum Abschluss eines Überweisungsvertrages nach § 676a BGB) kann nach Ablauf einer gewissen Zeit gemäß § 362 Abs. 1 HGB als Annahmeerklärung zu werten sein,[82] zumindest wenn zwischen Kunde und Bank eine laufende Geschäftsbeziehung besteht.

cc) Beschränkung auf bestimmte Telekommunikationskanäle

Aufgrund der aufgezeigten Rechtslage ist in der Bankpraxis überlegt worden, ob der Zugang von Zahlungsverkehrs- und Wertpapieraufträgen über das Internet rechtlich auf bestimmte Kanäle beschränkt werden kann. Anlass hierfür ist die Befürchtung, dass ein für den Kunden bedeutender Auftrag der Bank unbeachtet durch die Hände gleiten könnte, wenn er diesen beispielsweise per E-Mail der Bank zuleitet. Auch wird eingewandt, dass der Kunde außerhalb des vereinbarten Online- bzw. Homebanking-Verfahrens keine sicheren Identifikations- und Legtimationsmittel (z.B. Online-Banking-PIN/TAN) einsetzt. Die Bank kann dann die Authentizität des Auftrags nur durch telefonische Rückfrage beim Kunden verifizieren, was im Massengeschäft wegen des damit einhergehenden Aufwands völlig unrealistisch ist.

Hat die Bank mit dem Kunden ausdrücklich eine Homebanking- bzw. Online-Banking-Teilnahmevereinbarung oder eine sonstige Vereinbarung über die Nutzung des Internets für die Kommunikation zwischen Bank und Kunde (Online-Vereinbarung)[83] getroffen, dann dürfte sich hieraus herleiten lassen, dass der Kunde ausschließlich den vereinbarten Telekommunikationskanal für die Erteilung von konto- und depotbezogenen Aufträgen bzw. Weisungen nutzen darf und andere Verfahrensweisen – z.B. das E-Mail-Verfahren ohne Einsatz von Identifikations- und Legitimationsmedien – ausscheiden.[84] So wird zwischen Bank und Kunde in Nr. 1 der Online-Banking-

82 *Krüger/Bütter*, Elektronische Willenserklärungen im Bankgeschäftsverkehr: Risiken des Online-Banking, WM 2001, S. 221 (230).

83 Vgl. z.B. die „Bedingungen für den Zugang zur Deutschen Bank 24 über elektronische Medien" (http://www.deutsche-bank-24.de/).

84 *Krüger/Bütter* (Elektronische Willenserklärungen im Bankgeschäftsverkehr: Risiken des Online-Banking, WM 2001, S. 221 (230 f.)) halten dagegen wohl eine gesonderte Regelung in den AGB-Banken oder Sonderbedingungen für erforderlich, um den Zugang von elektronischen Willenserklärungen auf be-

Bedingungen und Nr. I.1. der Homebanking-Bedingungen nebst der jeweils dazugehörigen Teilnahmevereinbarung[85] die Abrede getroffen, die Abwicklung von Bankgeschäften im Wege der Telekommunikation über das vereinbarte Online-Banking- oder Homebanking-Verfahren durchzuführen. Im Gegenschluss folgt daraus, dass andere Verfahrensweisen nicht zugelassen sind. Des weiteren wird in Nr. 2 und 3 der Online-Banking-Bedingungen sowie Nr. I.2, II. Abs. 1 und IV. Homebanking-Bedingungen aus Sicherheitsgründen sinngemäß vereinbart, dass die Bank nur dann verpflichtet ist, vom Kunden elektronisch übermittelte Weisungen zu beachten, wenn diese mit den vereinbarten Identifikations- und Legitimationsmedien versehen sind. Ohne Online-Banking-PIN/-TAN bzw. elektronischer Signatur nach dem HBCI-Standard versehene Online-Weisungen sind für die Bank somit unbeachtlich. Aus allem folgt, dass nur über das vereinbarte Online-Banking- oder Homebanking-Verfahren ein Online-Zugriff auf Konto und Depot erfolgen kann und soll. Geht gleichwohl in die technische Empfangsvorrichtung der Bank beispielsweise eine per E-Mail übermittelte Wertpapierorder des Kunden ein, dann gilt diese Willenserklärung der Bank zwar als rechtlich zugegangen, jedoch könnte die Bank dem Kunden die mit ihm getroffene Onlinevereinbarung entgegen halten, wonach die Bank nicht verpflichtet ist, außerhalb des vereinbarten Homebanking- bzw. Online-Banking-Verfahrens übermittelte Aufträge weiterzuverarbeiten. Aus Gründen der Klarheit für den Kunden könnte es gleichwohl erwägenswert sein, noch deutlicher als bisher in der Online-Vereinbarung darauf hinzuweisen, dass neben dem vereinbarten Telekommunikationsverfahren kein anderes Verfahren für die Erteilung von Aufträgen zugelassen ist.[86]

In der Praxis kann es allerdings vorkommen, dass trotz Online-Vereinbarung aus Gefälligkeit doch der E-Mail-Auftrag vom Bankmitarbeiter ausge-

---

stimmte Kanäle zu beschränken bzw. an bestimmte technische Anforderungen zu knüpfen.

85 abgedruckt bei *Werner*, in: Hellner/Steuer, Bankrecht und Bankpraxis, Stand: Mai 2001, Rdnr. 19/34 (Online-Banking-Bedingungen), 19/81 (Online-Banking-Teilnahmevereinbarung), 19/119 (Homebanking-Bedingungen) und 19/151 (Homebanking-Teilnahmevereinbarung); die Online-Banking-Bedingungen und Homebanking-Bedingungen sind des weiteren bei *Gößmann* im Bankrechts-Handbuch, 2. Aufl. 2001, Anhänge 6 und 7 zu §§ 52-55 wiedergegeben.

86 So wohl auch *Krüger/Bütter*, Elektronische Willenserklärungen im Bankgeschäftsverkehr: Risiken des Online-Banking, WM 2001, S. 221 (230 f.).

führt wird und damit ein Vertrauenstatbestand für den Kunden geschaffen wird, auf den er sich später berufen könnte. Hier dürfte eine vertragliche Vereinbarung, die die Kommunikationskanäle begrenzt, kaum tragend sein, da das tatsächliche Handeln der Bank hierzu im Widerspruch steht. Auch bleiben die Fälle problematisch, in denen Kunde und Bank keine die Telekommunikationskanäle beschränkende Online-Vereinbarung getroffen haben und die Bank elektronische Empfangsvorrichtungen unterhält.[87] Der hierbei auftretende Widerspruch zwischen dem tatsächlichen Handeln der Bank (z.B. Unterhalten einer E-Mail-Box als Empfangsvorrichtung) und der von der Bank aus rechtlichen Gründen eigentlich nicht gewollten Öffnung eines bestimmten Telekommunikationskanales (z.B. E-Mail-Verfahren) dürfte sich nur durch sehr deutliche Hinweise an den Kunden überbrücken lassen, dass über bestimmte Empfangsvorrichtungen keine Aufträge entgegen genommen werden. So könnte beispielsweise bei der Bekanntgabe der E-Mail-Adresse im Prospekt der Bank oder auf dem Briefpapier darauf hingewiesen werden, dass über diese E-Mail-Adresse aus Sicherheitsgründen keine Aufträge entgegen genommen werden. Auf der Nachrichtenseite im Internet, mit der der Kunde der Bank eine Nachricht übermitteln kann, müsste ebenfalls ein entsprechender Hinweis aufgenommen werden. Technisch bietet das E-Mail-Verfahren zudem die Möglichkeit einer automatisierten Rückantwort der Bank, mit der der Absender der E-Mail den Hinweis erhält, dass die Erteilung von Aufträgen an die Bank auf diesem Weg nicht möglich ist.[88] Die automatisierte Rückantwort hätte auch den Vorteil, dass eine Annahmeerklärung der Bank aufgrund ihrer ablehnenden Antwort nicht nach § 362 Abs. 1 HGB fingiert werden kann.

Richtet man den Blick in die Zukunft, wird mittelfristig die Auftragserteilung über das Internet außerhalb bilateral vereinbarter Verfahren (Online-Banking, Homebanking) an Bedeutung gewinnen, wenn sich die multilateral einsetzbare qualifizierte elektronische Signatur nach dem Signaturgesetz allgemein durchsetzen sollte. Mit deren Hilfe wäre der Kunde eindeutig identifizierbar und die Integrität seiner Nachricht wäre gewähr-

---

87 Vgl. auch *Krüger/Bütter*, Elektronische Willenserklärungen im Bankgeschäftsverkehr: Risiken des Online-Banking, WM 2001, S. 221 (230 f.).

88 So auch *Krüger/Bütter*, Elektronische Willenserklärungen im Bankgeschäftsverkehr: Risiken des Online-Banking, WM 2001, S. 221 (230 f.) mit gewissen Einschränkungen.

leistet. Wahrscheinlich wird man sich dann kaum noch der dem per E-Mail eingehenden Auftrag des Kunden entziehen wollen und können, da dieser der brieflichen Anweisung mit händischer Unterschrift gleichgestellt ist.

b) Bearbeitung zugegangener elektronischer Willenserklärungen

Aus Sicht des Kunden ist Vorteil und Nutzen der Telekommunikation mit der Bank via Internet im Rahmen des Online- bzw. Homebanking, dass er zu jeder Tageszeit und von jedem Ort aus seine Willenserklärungen an die Bank übermitteln kann. Auch in der Entscheidung des Bundesgerichtshofes vom 12. Dezember 2000[89] zur Unzulässigkeit umfassender Haftungsausschlüsse für Zugangsstörungen beim Online-Banking findet sich dieser Eindruck wieder. Dort heißt es, dass die vertraglich geschuldete Hauptleistung beim Online-Banking ein „rund um die Uhr" eröffneter Zugang der Kunden zum Online-Service sei, wenn sich aus der Teilnahmevereinbarung keine zeitlichen Nutzungsbeschränkungen ergeben würden. Jedoch bedeutet eine Erreichbarkeit der elektronischen Empfangsvorrichtung der Bank „rund um die Uhr" nicht immer automatisch eine sofortige Weiterverarbeitung. Zwar liegt beim Online-Broking während der Börsenhandelszeiten der Zeitabstand zwischen Eingang der Wertpapierorder per Internet und deren Ausführung sehr eng beieinander,[90] jedoch ergibt sich diese Schnelligkeit der Weitverarbeitung aus dem spezifischen Geschäft und nicht aus dem gewählten Kommunikationskanal. Die Telekommunikationsebene ist von der Bearbeitungsebene deutlich zu unterscheiden.[91]

Die Differenzierung resultiert schon aus den technischen und organisatorischen Verfahrensabläufen bei der Weiterverarbeitung. Technisch kann die Empfangsvorrichtung der Bank so gestaltet sein, dass mittels Online-Banking eingehende Aufträge auch außerhalb der üblichen Bankarbeitszeiten zeitnah und gegebenenfalls sogar automatisiert bearbeitet werden. Vielfach ist das Online-Banking-Verfahren jedoch noch als „elektronischer Briefkasten" der

89 BGH WM 2001, 196.

90 Vgl. hierzu u.a. *Balzer*, Rechtsfragen des Effektengeschäftes der Direktbanken, WM 2001, 1533 (1536 f.).

91 So auch *Werner*, in: Steuer/Hellner, Bankrecht und Bankpraxis, Stand: Mai 2001, Rdnr. 19/59 und 19/140; ähnlich *Gößmann*, in: Bankrechts-Handbuch, 2. Aufl. 2001, § 55 Rdnr. 24.

Bank ausgestaltet, der im Rahmen der Bankarbeitszeiten – genau wie der Briefkasten – in bestimmten Zeitabständen regelmäßig geleert wird;[92] eine schnellere Bearbeitung des online zugegangenen Auftrages durch die Bankmitarbeiter als bei zeitgleich zugegangenen beleghaften Aufträgen ist dann nicht unbedingt gegeben. Organisatorisch sind der Weiterverarbeitung online eingehender Aufträge durch die üblichen Arbeitszeiten der Bank Grenzen gesetzt. Zwar kann der Kunde auch am Samstag um 23 Uhr seine Online-Überweisung per Internet der Bank übermitteln. Wird die Überweisung aber noch durch einen Bankmitarbeiter disponiert, dann kann diese Disposition erst am kommenden Bankarbeitstag erfolgen, also am nächsten Werktag.

Um die verfahrenstechnischen und organisatorischen Grenzen der Bank bei der Weiterverarbeitung online eingehender Aufträge dem Kunden zu verdeutlichen, ist in den in der Kreditwirtschaft verwendeten Online-Banking- und den Homebanking-Bedingungen[93] eine Klausel aufgenommen worden, wonach online erteilte Aufträge im Rahmen des „ordnungsgemäßen Arbeitsablaufes bearbeitet" werden.[94] Sinn und Zweck der Regelung ist dem möglicherweise bestehenden Irrtum beim Kunden vorzubeugen, seine online erteilten Aufträge würden in jedem Fall auch außerhalb der üblichen Bankarbeitszeiten oder schneller als zeitgleich zugegangene beleghafte Aufträge bearbeitet. Vielmehr gilt, dass das Online- bzw. Homebanking lediglich ein technisches Übermittlungsmedium ist, mit dem ein schneller Zugang des Auftrags bewirkt werden kann. Die online übermittelten und der Bank zugegangenen Aufträge werden jedoch ab dem Zeitpunkt des Zugangs grundsätzlich genauso schnell wie zeitgleich konventionell zugegangene Aufträge im Rahmen des ordnungsgemäßen Arbeitsablaufes disponiert, gebucht und weitergeleitet. Das Merkmal „ordnungsgemäß" unterstreicht deshalb, dass im Wege des Online- und Homebanking erteilte und eingegangene Aufträge (mindestens) so schnell wie konventionell erteilte Aufträge bearbeitet wer-

---

92 Vgl. *Werner*, in: Steuer/Hellner, Bankrecht und Bankpraxis, Stand: Mai 2001, Rdnr. 19/57 und 19/139.

93 Abgedruckt bei *Werner*, in: Hellner/Steuer, Bankrecht und Bankpraxis, Stand: Mai 2001, Rdnr. 19/34 (Online-Banking-Bedingungen) und 19/119 (Homebanking-Bedingungen); die Online-Banking-Bedingungen und Homebanking-Bedingungen sind des weiteren bei *Gößmann* im Bankrechts-Handbuch, 2. Aufl. 2001, Anhänge 6 und 7 zu §§52-55 wiedergegeben.

94 Nr. 5 Online-Banking-Bedingungen und Nr. VI Abs. 1 Homebanking-Bedingungen.

den müssen.[95] Nicht „ordnungsgemäß“ wäre es beispielsweise, wenn die Bank im Rahmen der regulären Bankarbeitszeiten es versäumen würde, regelmäßig den von ihr für das Online- bzw. Homebanking als Empfangsvorrichtung unterhaltenen „elektronischen Briefkasten“ zur umgehenden Bearbeitung der dort eingegangenen Aufträge zu leeren.

Der Zeitpunkt, wann rechtlich ein online übermittelter Auftrag ausgeführt werden muss, richtet sich weiterhin nach den für den jeweiligen Geschäftsvorfall maßgeblichen Vorgaben der Gesetze und der Rechtsprechung, die gegebenenfalls in den für den Geschäftsvorfall geltenden Bedingungen konkretisiert sind.[96] So bestimmt sich beispielsweise die Ausführungsfrist für (grenzüberschreitende) Überweisungen weiterhin nach § 676 a Abs. 2 BGB. Die rein die Telekommunikation zwischen Bank und Kunde betreffenden Online-Banking- und Homebanking-Bedingungen verzichten insofern darauf, gegenüber der konventionellen Auftragserteilung unterschiedliche Ausführungsfristen festzulegen. Für den Kunden bedeutet dies, dass beispielsweise die Länge der Ausführungsfrist für Überweisungen unabhängig davon ist, ob er die Überweisung per Online-Banking erteilt hat oder nicht.

Gleichwohl ist einzuräumen, dass die Klausel zu Bearbeitung eingehender Online-Aufträge in den Online-Banking- und den Homebanking-Bedingungen recht allgemein gehalten ist. In den Fällen, in denen die Bearbeitung online eingehender Aufträge durch die Bank zeitversetzt erfolgt, kann es sich deshalb anbieten, den Kunden hierauf beispielsweise in der Leistungsbeschreibung des Online-Banking- bzw. Homebanking-Angebots hinzuweisen.[97] Auch könnte beispielsweise in einer nach § 312e Abs. 1 Satz 1 Nr. 3 BGB-E[98] von der Bank zu erteilenden Eingangsbestätigung auf einen Sams-

95 *Gößmann*, in: Bankrechts-Handbuch, 2. Aufl. 2001, § 55 Rdnr. 25; *Krüger/Bütter*, Elektronische Willenserklärungen im Bankgeschäftsverkehr: Risiken des Online-Banking, WM 2001, S. 221 (228); *Werner*, in: Steuer/Hellner, Bankrecht und Bankpraxis, Stand: Mai 2001, Rdnr. 19/60 und 19/141.

96 Vgl. *Werner*, in: Steuer/Hellner, Bankrecht und Bankpraxis, Stand: Mai 2001, Rdnr. 19/60 und 19/141; ähnlich *Gößmann*, in: Bankrechts-Handbuch, 2. Aufl. 2001, § 55 Rdnr. 24.

97 So auch *Werner*, in: Steuer/Hellner, Bankrecht und Bankpraxis, Stand: Mai 2001, Rdnr. 19/57 und 19/139; ähnlich wohl auch LG Itzehoe ZIP 2001, 1000 (1001), wonach die Bank die vertragliche Nebenpflicht haben soll, den Kunden über die technische Abwicklung seiner Aufträge zu informieren.

98 S.o. II.1.d) bb) (2).

tagnacht online eingehenden Zahlungsauftrag von der Bank darauf hingewiesen werden, dass der Zahlungsauftrag erst am nächsten Bankarbeitstag tatsächlich bearbeitet werden kann. Auch in der Teilnahmevereinbarung selber könnten gegebenenfalls die institutsspezifischen Bearbeitungszeiten beschrieben werden.

c) Rechtslage bei Zugangsstörungen

Beschwert sich ein Bankkunde, sein im Rahmen des Online-Banking bzw. Homebanking über das Internet übermittelter Auftrag sei von der Bank gar nicht oder verspätet bearbeitet worden, kann die Ursache darin liegen, dass entweder bei der Übermittlung oder beim Online-Zugang der Bank Probleme aufgetreten sind. In diesen Fällen könnte der Kunde beispielsweise bei einer verspätet bearbeiteten Wertpapierorder den Ersatz des durch die Verspätung entgangenen Kursgewinns (Verzögerungsschaden) geltend machen.[99] Die Rechtslage stellt sich hierbei wie folgt dar.

aa) Übermittlungsprobleme

Die vom Kunden an die Bank übermittelten Willenserklärungen (Angebot, Annahme, Weisung [z.B. Überweisung, Wertpapierorder]) sind empfangsbedürftige Willenserklärungen, d.h. sie müssen zur Entfaltung ihrer rechtlichen Folgen der Bank als Erklärungsempfänger nach § 130 BGB zugehen. Hieraus folgt zugleich, dass das Risiko für technische Übermittlungsprobleme grundsätzlich der die Order abgebende Kunde trägt.[100] Funktioniert beispielsweise das Modem des Kunden nicht oder ist die Telekommunikationsstrecke gestört, dann fehlt es am (rechtzeitigen) Zugang der Willens-

---

99 Vgl. u.a. *Balzer*, Rechtsfragen des Effektengeschäftes der Direktbanken, WM 2001, 1533 (1540 f.).

100 Vgl. auch *Gößmann*, in: Bankrechts-Handbuch, 2. Aufl. 2001, § 55 Rdnr. 9; *Hoffmann*, Die Entwicklung des Internet-Rechts, Beilage zu Heft 14 der NJW 2001 (S. 9); *Krüger/Bütter*, Elektronische Willenserklärungen im Bankgeschäftsverkehr: Risiken des Online-Banking, WM 2001, S. 221 (230 f.); *Taupitz/Kritter*, Electronic Commerce – Probleme bei Rechtsgeschäften im Internet, JuS 1999, 839 (842); *Ultsch*, Zugangsprobleme bei elektronischen Willenserklärungen, NJW 1997, 3007 (3008); *Wiesgickl*, Rechtliche Aspekte des Online-Banking, WM 2000, 1039 (1045).

erklärung bei der Bank, wofür der Kunde das Risiko zu tragen hat. Auch die Überlastung des vom Kunden gewählten Internetproviders fällt in seine Risikosphäre.

bb) Empfangsprobleme in der Sphäre der Bank

Wird die elektronische Nachricht des Kunden technisch bis zum Internet-Server der Bank übermittelt, können Empfangsprobleme in der Sphäre der Bank insbesondere aus der Abschaltung des Servers auf Grund von Wartungsarbeiten, der Überlastung oder einem Defekt des Servers resultieren.

(1) Umfang der geschuldeten zeitlichen und technischen Erreichbarkeit des Online-Zugangs

In allen drei Fällen ist zuerst die Frage zu klären, ob die Bank ihrem Kunden nach der Online-Teilnahmevereinbarung eine jederzeitige Erreichbarkeit ihrer technischen Empfangsvorrichtung (Online-Zugang zum Konto/Depot) schuldet und deshalb eine (zeitweise) Nichterreichbarkeit der Empfangsvorrichtung der Bank als Verletzung vertraglicher Pflichten gewertet werden kann.

Die Teilnahmevereinbarung und auch die maßgeblichen Online-Banking- bzw. Homebanking-Bedingungen[101] enthalten keine ausdrückliche Regelung, wonach die Bank sich verpflichtet, „rund um die Uhr" online erreichbar zu sein. Der BGH hat in seiner Entscheidung vom 12. Dezember 2000[102] daraus den Gegenschluss gezogen, dass dem Kunden mangels abweichender Vereinbarung der Online-Zugriff auf den Rechner der Bank grundsätzlich „rund um die Uhr" zusteht. Diese Einschätzung wird im Schrifttum teilweise als zu weitgehend abgelehnt.[103] Grundsätzlich ist der Bewertung des BGH hinsicht-

101 Abgedruckt bei *Werner*, in: Hellner/Steuer, Bankrecht und Bankpraxis, Stand: Mai 2001, Rdnr. 19/34 (Online-Banking-Bedingungen) und 19/119 (Homebanking-Bedingungen); die Online-Banking-Bedingungen und Homebanking-Bedingungen sind des weiteren bei *Gößmann* im Bankrechts-Handbuch, 2. Aufl. 2001, Anhänge 6 und 7 zu §§ 52-55 wiedergegeben.

102 WM 2001, 196.

103 *Einsele*, JZ 2001, 609 ff.; *Stögmüller*, CR 2001, 183ff.; zustimmend hingegen *Strube* BGH EwiR § 11 AGBG 1/01, 295; vgl. auch *Werner*, in: Hellner/Steuer, Bankrecht und Bankpraxis, Stand: Mai 2001, Rdnr. 19/331.

lich des Zeitrahmens der geschuldeten Leistung beizupflichten. Der Umfang der von der Bank im Regelfall geschuldeten technischen Erreichbarkeit ihrer technischen Empfangsvorrichtung ergibt sich aus der Auslegung des Vertrags. Sinn und Zweck des Online-Banking ist es gerade, dem Kunden eine Möglichkeit zu geben, nicht nur während der normalen Bankarbeitszeiten, sondern auch darüber hinaus elektronische Willenserklärungen der Bank zu übermitteln und Informationen elektronisch abzurufen. Folglich schuldet die Bank dem Kunden grundsätzlich eine technische Erreichbarkeit über die Bankarbeitszeiten hinaus. Eine Einschränkung der Zugangszeiten nach durchschnittlichen Nutzungsgewohnheiten (z.B. Ausschluss der Kernzeiten der üblichen Nachtruhe) im Wege der Vertragsauslegung dürfte ausscheiden, da diese nicht präzise genug messbar ist. Zumeist wird von der Bank auch werblich herausgestellt, dass der Online-Zugang sieben Tage die Woche und 24 Stunden am Tag besteht.[104] Mithin schuldet die Bank grundsätzlich einen rund-um-die-Uhr erreichbaren Online-Zugang, wenn sie mit dem Kunden nichts anderes vereinbart hat oder sie dem Kunden keine besonderen Nutzungszeiten bekannt gegeben hat (z.B. über das „Preis- und Leistungsverzeichnis").

Jedoch darf die zeitliche Erreichbarkeit des Online-Zugangs von der vertraglich geschuldeten technischen Erreichbarkeit der Bank nicht völlig losgelöst gesehen werden.[105] Aus der Online-Teilnahmevereinbarung dürfte nämlich mittelbar folgen, dass dem Kunden der Online-Zugang zur Bank nur in den Grenzen des durchschnittlich technisch Möglichen zur Verfügung gestellt wird. Aufgrund der technischen Eigenschaften der Empfangsvorrichtung der Bank bestehen technisch immanente Kapazitäts- und Leistungsgrenzen. In der Regel kann deshalb weder in der Telekommunikation per Telefon/Fax noch im Internet ein Anbieter die technische Garantie der jederzeitigen Nutzbarkeit übernehmen.[106] So hat das OLG Düsseldorf[107] entschieden, dass einem Mobilfunknetz immanente Beschränkungen innewohnen und die Kunden die Möglichkeit, im Mobilfunknetz zu telefonieren, nur in den

104 Vgl. auch *Balzer*, Rechtsfragen des Effektengeschäftes der Direktbanken, WM 2001, 1533 (1540).

105 Ähnlich *Einsele*, JZ 2001, 609 (610); *Balzer*, Rechtsfragen des Effektengeschäftes der Direktbanken, WM 2001, 1533 (1540).

106 Vgl. *Stögmüller*, CR 2001, 183 (184); ähnlich *Einsele*, JZ 2001, 609 (610).

107 OLG Düsseldorf NJW-RR 1997, 374 (378).

Grenzen der technischen Möglichkeiten erwerben.[108] Auch das Telekommunikationsrecht geht nicht von einer jederzeitigen 100%igen Regelverfügbarkeit der Telekommunikationsdienstleistungen aus.[109] Technisch geschuldet wird von der Bank vielmehr ein Online-Zugang mittlerer Art und Güte gemäß § 243 BGB.[110] Hinsichtlich der Empfangskapazität bedeutet dies, dass die Empfangsvorrichtung so zu dimensionieren ist, dass gemessen an der Kundenzahl und der vorhersehbaren durchschnittlichen Auftragszahl die Möglichkeit der jederzeitigen Erreichbarkeit besteht.[111] Das System muss zudem eine hohe Betriebssicherheit aufweisen, um Betriebsausfälle weitgehend auszuschließen.[112] Technisch Unmögliches oder ein nur mit einem völlig unverhältnismäßigen (wirtschaftlichen) Aufwand herstellbares Ergebnis kann von der Bank hingegen nicht verlangt werden. Mithin scheidet eine Verletzung von Vertragspflichten aus, wenn beispielsweise unvorhersehbare Orderzahlen auftreten, die die ansonsten angemessene Online-Zugangs-Kapazität der Bank überschreiten, oder ein unbekannter Computer-Virus die Empfangsvorrichtung außer Betrieb setzt.

Mithin schuldet die Bank – wenn nicht anders vereinbart – dem Kunden einen „rund um die Uhr" erreichbaren Online-Zugang im Rahmen des technisch durchschnittlich Möglichen. Folglich sind bei der rechtlichen Bewer-

---

108 A.A. OLG Köln CR 1999, 165.

109 Vgl. Hinweise bei *Stögmüller*, CR 2001, 183 (184).

110 So auch *Stögmüller*, CR 2001, 183 (184).

111 Ähnlich *Werner*, in: Hellner/Steuer, Bankrecht und Bankpraxis, Stand: Mai 2001, Rdnr. 19/328 ff.; *Balzer*, Rechtsfragen des Effektengeschäftes der Direktbanken, WM 2001, 1533 (1541).

112 Nach Auffassung des BGH ist eine Bank aufgrund des Online-Service-Vertrages verpflichtet, geeignete Vorkehrungen für Funktionsfähigkeit und Betriebssicherheit des eigenen Rechnersystems zu treffen (BGH WM 2001, 196 (197) m.w.N.; auch das Bundesaufsichtsamt für den Wertpapierhandel geht in Nr. 2.2 ihrer Organisationsrichtlinie davon aus, dass Wertpapierdienstleistungsunternehmen die notwendigen Mittel und Verfahren bereitzuhalten haben, um ihre Dienstleistungen ordnungsgemäß durchführen zu können. Dazu gehört auch die Systempflege und die sofortige Störbeseitigung. Die Richtlinie entfaltet zwar keine drittschützende Wirkung, doch können die organisatorischen Anforderungen bei der Beurteilung der Reichweite der Vertragspflichten bzw. beim Verschulden einzubeziehen sein (vgl. *Gößmann*, in: Bankrechts-Handbuch, 2. Aufl. 2001, § 55 Rdnr. 10a; *Balzer*, Rechtsfragen des Effektengeschäftes der Direktbanken, WM 2001, 1533 (1539 f.)).

tung von Zugangsstörungen in der Sphäre der Bank immer die technischen Möglichkeiten der Bank und deren organisatorisch-technischen Vorkehrungen einzubeziehen.

(2) Abschaltung des Servers der Bank wegen Wartungsarbeiten

Der Online-Zugang in Gestalt des Bank-Servers kann vorübergehend wegen Wartungsarbeiten abgeschaltet sein. Aus solchen Wartungsarbeiten resultierende Online-Zugangs-Unterbrechungen stellen dann keinen Vertragsverstoß dar, wenn sie im Rahmen des technisch durchschnittlich Möglichen unvermeidbar sind.[113] Regelmäßige Wartungs- und Instandsetzungsarbeiten oder Änderungen und Verbesserungen an den technischen Anlagen der Bank sind notwendig, um mittel- und langfristig die Funktionsfähigkeit der elektronischen Empfangsvorrichtung zu erhalten.[114] Folglich ist die Bank verpflichtet, geeignete Vorkehrungen für Funktionsfähigkeit und Betriebssicherheit des eigenen Rechnersystems zu treffen. Hieran hat auch der Kunde ein Interesse.[115] Die Bank könnte technisch gesehen zwar zwei gleichwertige Systeme unterhalten, so dass bei der Wartung des einen Systems ersatzweise das andere System eingeschaltet würde. Doch wird es zumindest bei kleineren und mittleren Instituten zumeist wirtschaftlich völlig außer Verhältnis stehen, zwei komplette Online-Zugangs-Systeme vorzuhalten, wenn regelmäßige Wartungsarbeiten nur kurzfristige Abschaltungen erfordern. Neben der technischen Ebene ist jedoch auch die zeitliche Ebene einzubeziehen (s.o.). Da die Bank sich grundsätzlich verpflichtet hat, im Rahmen des technisch durchschnittlich Möglichen jederzeit erreichbar zu sein, sind die Routinewartungsarbeiten in nutzungsarme Zeiten zu legen (z.B. nachts) und vom zeitlichen Umfang her auf das Nötigste zu beschränken. Letztendlich dürfen zeitsensible Geschäftesvorgänge (z.B. Online-Wertpapiergeschäft) nicht in erheblicher Weise beeinträchtigt werden.[116] Überdies dürfte es sinn-

113 *Stögmüller*, CR 2001, 183 (184 f.).

114 BGH WM 2001, 196 m.w.N.; vgl. auch: *Gößmann*, in: Bankrechts-Handbuch, 2. Aufl. 2001, § 55 Rdnr. 10a; *Stögmüller*, CR 2001, 183 (184).

115 Vgl. Anm. von *Strube* zu BGH Urteil vom 12.12.2000 in EWiR § 11 AGBG 1/01, 295.

116 Eine vertragliche Pflichtwidrigkeit wird angenommen, wenn die Bank über einen Zeitraum von mindestens einer Stunde nicht erreichbar ist (vgl. *Balzer*, Rechtsfragen des Effektengeschäftes der Direktbanken, WM 2001, 1533 (1540).

voll sein, den Kunden beispielsweise in der Leistungsbeschreibung auf Wartungszeiten hinzuweisen.[117]

(3) Technische Überlastung des Servers der Bank

Der Server der Bank kann technisch überlastet sein, z.B. wegen zu vieler gleichzeitig eingehender Nachrichten. Dabei gelangt die Nachricht des Kunden an die technische Online-Zugangsschwelle der Bank, jedoch kann die Nachricht diese Schwelle gar nicht oder nur verzögert überschreiten. Eine Verletzung vertraglicher Pflichten kann vorliegen, wenn die Bank die Online-Zugangs-Kapazität schuldhaft unterdimensioniert hat bzw. nicht an vorhersehbar steigende Orderzahlen angepasst hat. Wie oben bereits festgestellt folgt aus der Vereinbarung die vertragliche Pflicht der Bank, gemessen an der Zahl ihrer Homebanking-/Online-Banking-Kunden und der durchschnittlich zu erwartenden Online-Nutzungen technisch ausreichende Empfangs-Kapazitäten vorzusehen.[118] Dieser Pflicht dürften Banken allgemein genügen. Deshalb sind in der Praxis auch nur in den Fällen akute Kapazitätsengpässe beim Online-Broking bemängelt worden, in denen auf Grund der kurzfristigen Marktentwicklung auf den Wertpapiermärkten die Zahl der Wertpapieraufträge enorm angestiegen ist.[119] Eine zivilrechtliche Haftung für daraus resultierende „Zugangsstörungen" hängt hier maßgeblich davon ab, ob die Bank schuldhaft – also zumindest fahrlässig – ihre vertraglich zu erwartenden Organisationspflichten verletzt hat.[120] Hat die Bank alle technischen und organisatorischen Vorkehrungen getroffen, die nach menschlichem Ermessen auch bei vorhersehbaren Orderfluten eine zeitnahe Auf-

117 *Stögmüller*, CR 2001, 183 (185).

118 Ähnlich *Werner*, in: Hellner/Steuer, Bankrecht und Bankpraxis, Stand: Mai 2001, Rdnr. 19/328 ff.; *Balzer*, Rechtsfragen des Effektengeschäftes der Direktbanken, WM 2001, 1533 (1541).

119 Das Bundesaufsichtsamt für den Wertpapierhandel (BAWe) hat ausgelöst durch Kundenbeschwerden über die Engpässe bei der telefonischen und elektronischen Erreichbarkeit von Online-Brokern im Februar 2000 darauf hingewiesen, dass die Institute nach § 33 Abs. 1 WpHG und Abschnitt II Nr. 2.2 der dazu ergangenen Compliance-Richtlinie verpflichtet sind, für die ordnungsgemäße Durchführung der von ihnen angebotenen Wertpapierdienstleistungen und die Bereithaltung der dafür notwendigen Mittel und Verfahren Sorge zu tragen.

120 Vgl. *Balzer*, ZBB 2000, 258 ff.; *Müller-Deku,* WuB I G 3. – 2.00 (S. 753); *Gößmann*, in: Bankrechts-Handbuch, 2. Aufl. 2001, § 55 Rdnr. 10a.

nahme und Weiterverarbeitung von Aufträgen ermöglichen, so liegt bei unerwarteten und nicht auf Fehlern der Bank und ihrer Erfüllungsgehilfen beruhenden Systemausfällen sowie unvorhersehbaren technischen Problemen kein Organisationsverschulden vor. Sind der Bank die Kapazitätsengpässe bereits bekannt oder treten technische Pannen wiederholt auf, ohne dass diese trotz tatsächlicher Abhilfemöglichkeit behoben werden, so könnten die auftretenden Verzögerungen in der Orderbearbeitung auf das Organisationsverschulden der Bank zurückzuführen sein und ggf. eine Verzögerungshaftung der Bank begründen.[121]

Bezüglich des anzulegenden Maßstabes der Organisationspflichten der Bank darf auch nicht übersehen werden, dass werbliche Anpreisungen beim Kunden hohe Erwartungen an die Erreichbarkeit der Bank und der Weiterverarbeitung seiner Aufträge wecken können. Preist die Bank werblich besondere Qualitäten ihres Online-Systems an, muss sie sich zivilrechtlich hieran messen lassen, wie das Urteil des LG Nürnberg-Fürth vom 19. Mai 1999[122] belegt.[123] Die Bank hatte in ihren Werbematerialien die Zusage abgegeben, die Kundenorder in wenigen Sekunden an die Handelsplätze weiterzuleiten. In dem konkreten Fall war ihr dies aufgrund eines Organisationsfehlers nicht gelungen und sie hatte daher dem Kunden für den hieraus entstandenen Schaden zu haften. Dieser Ansatz der Rechtsprechung könnte auch auf Zugangstörungen übertragen werden. Die Anpreisung der technischen Leistungsfähigkeit in Werbebroschüren und Informationsblättern ist aufgrund der daraus resultierenden Konsequenzen deshalb nicht unproblematisch.[124] Etwaige Widersprüche zwischen werblicher Anpreisung und vertraglichen Regelungen dürften im Zweifel zu Lasten der Bank gehen.

---

121 Vgl. *Balzer*, ZBB 2000, 258 ff.; *Müller-Deku,* WuB I G 3. – 2.00 (S. 753); *Gößmann*, in: Bankrechts-Handbuch, 2. Aufl. 2001, § 55 Rdnr. 10 f.

122 WM 2000, 1005.

123 Vgl. auch *Krüger/Bütter*, Elektronische Willenserklärungen im Bankgeschäftsverkehr, WM 2001, 221 (225).

124 Vgl. auch die Anmerkungen zum Urteil des LG Nürnberg-Fürth v. 19.5.1999 (WM 2000, 1005) von *Balzer*, in: EwiR § 325 BGB 1/2000 und *Müller-Deku*, WuB I G 3 – 2.00; *Balzer*, Rechtsfragen des Effektengeschäftes der Direktbanken, WM 2001, 1533 (1540 f.).

(4) Technischer Defekt am Bank-Server

Am Bank-Server kann ein technischer Defekt eingetreten sein, d.h. der Internet-Zugang zur Bank ist gestört. Auch hier hängt eine zivilrechtliche Haftung der Bank für aus der technischen Störung resultierende Verzögerungsschäden von der schuldhaften Verletzung einer dem Kunden vertraglich geschuldeten Organisationspflicht ab. Sie hat geeignete Vorkehrungen für Funktionsfähigkeit und Betriebssicherheit des eigenen Rechnersystems zu treffen.[125] Hat sie diese schuldhaft unterlassen, kann dies eine Haftung begründen.[126] Ein Organisationsverschulden dürfte jedoch beispielsweise dann ausscheiden, wenn trotz regelmäßiger Wartung und Reparatur der technischen Anlagen ein plötzlicher unvorhersehbarer technischer Defekt auftritt, z.B. aufgrund eines unbekannten Computervirus.

(5) Haftungsbegrenzung

Eine etwaige Haftung für etwaige technische Defizite oder Organisationsprobleme kann die Bank mit allgemeinen Geschäftsbedingungen (AGB) nicht pauschal ausschließen. Eine Verlagerung des Risikos etwaiger technischer Zugangsprobleme in der Sphäre der Bank auf den Kunden durch AGB-Klauseln ist vom Bundesgerichtshof in seinem Urteil vom 12. Dezember 2000[127] als nach dem AGBG unzulässig bewertet worden. Der BGH begründet dies damit, dass die vertraglich geschuldete Hauptleistung beim Online-Banking ein „Rund um die Uhr" eröffneter Zugang des Kunden zum Online-Service sei, wenn sich aus der Teilnahmevereinbarung keine zeitlichen Nutzungsbeschränkungen ergeben. Ein ohne Rücksicht auf ein Verschulden der Bank und den Grad ihres Verschuldens vorgesehener Haftungsausschluss für sämtliche technisch oder betrieblich bedingten zeitweiligen

---

125 Vgl. BGH WM 2001, 196 m.w.N.

126 Vgl. *Gößmann*, in: Bankrechts-Handbuch, 2. Aufl. 2001, § 55 Rdnr. 10; *Balzer*, Rechtsfragen des Effektengeschäftes der Direktbanken, WM 2001, 1533 (1536 f.).

127 BGH WM 2001, 196.

Zugangsstörungen im Online-Service der Bank sei nach § 11 Nr. 7 AGB-Gesetz unwirksam.[128]

(6) Schadensminderungspflicht des Kunden

Sollte die Bank bei einer Störung des technischen Zugangs zum Online-Banking bzw. Homebanking wegen schuldhafter Verletzung ihrer Organisationspflichten dem Kunden für die ihm hierdurch entstandenen Verzögerungsschäden haften, dann stellt sich die Frage, ob der Kunde seinerseits nicht die Pflicht zur Schadensminimierung hat, was im Rahmen des Mitverschuldens nach § 254 BGB bei der Höhe des zu erstattenden Schadens zu berücksichtigen wäre.

Eine Zugangsstörung ist für den Kunden in den meisten Fällen erkennbar, da beispielsweise der Server der Bank sich nicht meldet oder eine Eingangsbestätigung im HBCI-Dialog nicht erfolgt. Damit der Erklärende zukünftig immer feststellen kann, ob seine per Internet übermittelte Erklärung beim Empfänger eingegangen ist, soll der Empfänger nach Art. 11 Abs. 1 erster Spiegelstrich der EU-Richtlinie über den elektronischen Geschäftsverkehr spätestens ab Mitte Januar 2002 gesetzlich verpflichtet sein, „den Eingang der Bestellung des Nutzers unverzüglich auf elektronischem Wege zu bestätigen". Die Bundesregierung hat in ihrem Entwurf für ein Schuldrechtsmodernisierungsgesetz deshalb in § 312e Abs. 1 Satz 1 Nr. 3 BGB-E vorgesehen, dass der Zugang einer „Bestellung" unverzüglich auf elektronischem Wege zu bestätigen ist. Am Ausbleiben der unverzüglichen Eingangsbestätigung wird die Zugangsstörung somit erkennbar.

Ist die Zugangsstörung für den Kunden erkennbar, dann ist es ihm grundsätzlich zumutbar, zu versuchen, auf einem anderen ihm von der Bank bekannt gegebenen Weg (z.B. Telefon, Telefax) den eilbedürftigen Auftrag an die Bank zu übermitteln.[129] Unterlässt er den Versuch einer Ersatzzustellung, dann ist dies im Rahmen des § 254 BGB schadensmindernd zu berück-

128 So auch *Krüger/Bütter*, Elektronische Willenserklärungen im Bankgeschäftsverkehr, WM 2001, 221 (226); *Balzer*, Rechtsfragen des Effektengeschäftes der Direktbanken, WM 2001, 1533 (1541).

129 Vgl. *Werner*, in: Hellner/Steuer, Bankrecht und Bankpraxis, Stand: Mai 2001, Rdnr. 19/328; *Balzer*, Rechtsfragen des Effektengeschäftes der Direktbanken, WM 2001, 1533 (1541).

sichtigen. Ansonsten hätte der Kunde die Möglichkeit, auf Kosten der Bank von der Zugangsstörung zu profitieren. In der Praxis wird deshalb beispielsweise in der Online-Banking-Teilnahmevereinbarung darauf hingewiesen, dass im Falle der technischen Zugangsstörung er seinen Auftrag der Bank telefonisch oder per Fax unter einer in der Vereinbarung genannten Telefon-/Telefaxnummer erteilen kann.[130] Die Bank bietet dem Kunden dabei von sich aus eine Ersatzlösung bei für ihn erkennbaren Zugangsstörungen an.

3. Sicherheit der Telekommunikation zwischen Bank und Kunde

a) Technische und rechtliche Sicherheit

aa) Allgemein

Für den langfristigen Erfolg des elektronischen Geschäftsverkehrs ist von hervorragender Bedeutung, dass die Telekommunikation zwischen Bank und Kunde über das Internet sicher ist. Zwar ist ein über das Internet geschlossener Vertrag rechtlich auch dann vollumfänglich wirksam, wenn das gewählte Telekommunikationsverfahren technisch völlig unsicher ist.[131] Jedoch ist der Bestand eines solchen Vertrages und die damit verbundene Rechtssicherheit im E-Commerce faktisch gefährdet, wenn in einer rechtlichen Auseinandersetzung der Vertragsparteien es mehrere Ansatzpunkte für den Absender einer via Internet übermittelten Willenserklärung gibt, den vertraglichen Anspruch des Erklärungsempfängers aus technischen Gründen in Frage zu stellen:

- Ist die *Integrität* der elektronisch übermittelten Willenserklärung nicht geschützt, kann vom Absender vorgetragen werden, seine über das Internet übermittelte Erklärung sei durch Eingriff eines Dritten auf dem Übermittlungsweg verfälscht worden. Ein solcher Einwand kann dadurch ausgeschlossen werden, dass die ausgetauschten Nachrichteninhalte mittels technischer Verschlüsselung vor Verfälschungen geschützt werden. Bei der Telekommunikation über geschlossene Netze (z.B. Online-

---

130 Eine solche Klausel ist nicht als überraschend gemäß § 3 AGBG zu qualifizieren, da sie lediglich eine Konkretisierung der Schadensminderungspflicht des Kunden gegenüber seiner Bank darstellt (vgl. auch *Balzer*, Rechtsfragen des Effektengeschäftes der Direktbanken, WM 2001, 1533 (1541)).

131 Vgl. *Trapp*, Zivilrechtliche Sicherheitsanforderungen an eCommerce, WM 2001, 1192 (1194).

Banking über das Telefonnetz) ist dagegen ein Zugriff Unberechtigter auf die Nachrichteninhalte weitgehend ausgeschlossen; eine Verschlüsselung ist dann nicht zwingend.

- Ist aus der elektronisch übermittelten Willenserklärung nicht eindeutig entnehmbar und später auch nicht nachweisbar, wer der tatsächliche Urheber der Erklärung (*Identität*) ist, kann die in der Erklärung benannte Person die Urheberschaft bestreiten, also die Fälschung einer Erklärung behaupten. Auch weiß der Erklärungsempfänger nicht, ob er eine echte Willenserklärung des in der Erklärung benannten Urhebers vorliegen hat (*Authentizität*). Diese Unsicherheit kann nur dadurch ausgeschlossen werden, dass der Erklärende sich gegenüber dem Empfänger legitimiert und dieser den Erklärenden identifizieren kann.

Hieraus folgt, dass die verfahrenstechnische Gewährleistung von Integrität, Identität und Authentizität der ausgetauschten Nachrichten die entscheidende Voraussetzung für die rechtliche Durchsetzbarkeit von Ansprüchen aus einem per Internet geschlossenen Vertrag ist.[132] Mit anderen Worten: Ohne ausreichende technische Sicherheit der eingesetzten Verfahren kann es kaum Rechtssicherheit geben.

bb) Integrität der Nachricht

Der Schutz der Integrität und der Vertraulichkeit einer Nachricht wird technisch heute dadurch gewährleistet, dass Kunde und Bank für ihre Telekommunikation zum einen ein geschlossenes Telekommunikationsnetz verwenden, in das andere keine unmittelbare Zugangsmöglichkeit haben. Beim Btx-Banking und beim DFÜ-Verfahren ist dies die übliche Verfahrensweise. Bei der Telekommunikation über das grundsätzlich für jeden zugängliche Internet kommen dagegen technische Verschlüsselungsverfahren zur Anwendung, bei der die Nachricht codiert wird und nur von dem dechiffriert werden kann, der den Code kennt.

132 Vgl. *Trapp*, Zivilrechtliche Sicherheitsanforderungen an eCommerce, WM 2001, 1192 (1194).

cc) Legitimierung und Identifizierung des Kunden

Aus rechtlicher Sicht ist von vorrangiger Bedeutung, den Absender einer elektronischen Nachricht eindeutig und beweissicher bestimmen zu können. Nur dann ist es der Bank als Erklärungsempfänger möglich, beispielsweise einen Zahlungsauftrag zu Lasten eines bestimmten Kunden auszuführen und gegebenenfalls in einem Rechtsstreit ihre Ansprüche gegen den Kunden zu beweisen. Hierfür ist es erforderlich, technisch sehr sichere Identifikations- und Legitimationsmedien zu verwenden. Bei den zur Verfügung stehenden Identifikations- und Legitimationsmedien ist zwischen bilateralen und multilateralen Verfahren zu unterscheiden:

– Bilaterale Verfahren

Im seit 1984 praktizierten Btx-Banking (heute: *Online-Banking*) sorgt der Einsatz der dem Kunden individuell zugeteilten persönlichen Identifikationsnummer (PIN) und Transaktionsnummern (TAN) dafür, dass die Willenserklärungen diesem eindeutig zugeordnet werden können.[133] Beim Homebanking auf Grundlage des HBCI-Standards stellt eine elektronische Signatur die sichere Zuordnung zum Kunden her, die mit Hilfe des dem Kunden von der Bank individuell zugeteilten Identifikations- und Legitimationsmediums (z.B. HBCI-Chipkarte) erzeugt wird.[134] Beide Verfahren setzen voraus, dass dem Kunden vor Nutzung des Homebanking bzw. Online-Banking „offline" Identifikations- und Legitimationsmedien (PIN/TAN oder Chipkarte zur Erzeugung der elektronische Signatur) ausgehändigt werden. Diese Medien dienen ausschließlich der Kommunikation zwischen Bank und Kunde im zuvor vereinbarten Umfang. Es sind daher *bilaterale Verfahren*, bei denen sich die Vertragsparteien bereits kennen müssen.

– Multilaterale Verfahren

Zu Beginn des 21. Jahrhunderts stehen wir an der Schwelle, dass auch multilaterale Identifikations- und Legitimationsverfahren Realität werden können,

---

133 Vgl. *Gößmann*, in: Bankrechts-Handbuch, 2. Aufl. 2001, § 55 Rdnr. 13 f. und 27 ff.; *Werner*, in: Steuer/Hellner, Bankrecht und Bankpraxis, Stand: Mai 2001, Rdnr. 19/41f. und 19/123.

134 Hierzu ausführlich: *Stockhausen*, Die Einführung des HBCI-Standards aus bankrechtlicher Sicht, WM 2001, 605 ff.

die besonders für die Kommunikation zwischen bislang Unbekannten von Bedeutung ist. Das hierfür erforderliche technische Mittel ist eine multilateral verwendbare elektronische Signatur, deren Ausgabe und Verwaltung von einem vertrauenswürdigen Dritten (Zertifizierungsinstanz) vorgenommen wird. Mit dem Signaturgesetz von 1997,[135] das im Mai 2001 novelliert worden ist,[136] ist eine technische Signaturinfrastruktur kodifiziert worden, die die Voraussetzungen für ein technisch sehr sicheres multilaterales Verfahren schafft.[137] Eine staatlich überwachte Zertifizierungsinstanz gibt dabei an eine natürliche Personen auf Antrag eine Signaturkarte in Gestalt einer Chipkarte aus, mit deren Hilfe sie eine „qualifizierte elektronische Signatur" für ihre elektronische Willenserklärung erzeugen kann, die im elektronischen Geschäftsverkehr vergleichbar der händischen Unterschrift den Aussteller der Willenserklärung für jeden Erklärungsempfänger eindeutig erkennbar macht. Zur Prüfung der Gültigkeit und Reichweite der empfangenen elektronischen Signatur kann der Erklärungsempfänger bei der ausgebenden Zertifizierungsstelle eine entsprechende (Online-)Nachfrage stellen. Die Multilateralität wird technisch durch den Einsatz sog. asymmetrischer Verschlüsselungsverfahren (Schlüsselpaar aus öffentlichem und privaten Signaturschlüssel) hergestellt, bei denen die Kenntnis eines bei der Zertifizierungsstelle abrufbaren öffentlichen Schlüssels ausreicht, die elektronische Signatur zu lesen, die zuvor mit dem privaten Schlüssel des Ausstellers erzeugt wurde. Da ausschließlich der Signaturinhaber mit der ihm ausgehändigten Signaturkarte über den privaten Signaturschlüssel verfügt, kann nur er – durch Eingabe der Signaturkarte in den Kartenleser eines Personal Computers und des die Signaturkartenfunktion schützenden Pass-Wortes – die ihn ausweisende Signatur erzeugen. Das multilaterale Verfahren unterscheidet sich von bilateralen Verfahren dadurch, dass die Identifikations- und Legitimationsmedien nicht vorher zwischen den Vertragsparteien „offline" vereinbart werden müssen. Zudem ist die multilaterale Signatur nicht nur im

---

135 BGBl. I 1997, S. 1870 ff.; darauf basierend wurde am 22.10.1997 die SigV verkündet, BGBl. I 1997, S. 2498.

136 BGBl. I, Nr. 22 vom 21.5.2001, S. 876 ff.

137 Zur gesetzlichen elektronischen Signatur vgl. u.a. *Bieser*, Das neue Signaturgesetz, DStR 2001, S. 27 ff.; *Roßnagel*, Das neue Recht elektronischer Signaturen, NJW 2001, 1817 ff.; *Taupitz/Kritter*, Electronic Commerce – Probleme bei Rechtsgeschäften im Internet, JuS 1999, 839 (845 f.); *Tettenborn*, Die Novelle des Signaturgesetzes, CR 2000, 683 ff.

Kunde-Bank-Verhältnis nutzbar, sondern aufgrund ihrer Allgemeingültigkeit für jeden elektronischen Geschäftsabschluss geeignet, auch wenn sich die Vertragsparteien vorher nicht kennen.

b) Rechtslage bei missbräuchlicher Verwendung von Identifikations- und Legitimationsmedien durch unberechtigte Dritte

aa) Ausnutzung der technischen Lücke

Missbrauchsfälle im elektronischen Geschäftsverkehr zwischen Bank und Kunde kommen bislang kaum vor. Selbst große Banken berichten, dass die Zahl der Missbrauchsfälle im Online-Banking in der Praxis äußerst gering sei. Dies dürfte vor allem daran liegen, dass die zum Einsatz kommenden technischen Verfahren ein hohes Maß an Sicherheit bieten und die Kunden sehr sorgfältig mit ihren Identifikations- und Legitimationsmedien (PIN/TAN, HBCI-Signatur) umgehen.

Gleichwohl ist für die Bankpraxis die Beantwortung der Frage wichtig, wie sich die Rechtslage für die Bank darstellt, wenn der Online-Kunde – wahrheitsgemäß oder wahrheitswidrig – vorträgt, seine Identifikations- und Legitimationsmedien seien von einem unberechtigten Dritten missbraucht worden. Am Beispiel des Online-Banking würde dies bedeuten, dass ein Bestreiten der Urheberschaft der Online-Überweisung den Aufwendungsersatzanspruch der Bank aus der Ausführung der Überweisung in Frage stellt. Die grundsätzliche Erheblichkeit dieses Bestreitens ergibt sich aus den technischen Eigenschaften der heute zur Verfügung stehenden Identifikations- und Legitimationsmedien. Auch wenn bilaterale und multilaterale Verfahren ein hohes Maß an Rechtssicherheit durch deren technische Sicherheit gewährleisten, gibt es bei beiden Verfahren im Vergleich zur händischen Unterschrift als Beweismittel beim schriftlichen Vertrag eine technische Lücke.

Während die Unterschrift unmittelbar von Hand erfolgt und wie ein Fingerabdruck die ganz individuellen biometrischen Kennzeichen des Unterschreibenden auf dem Papier hinterlässt, weist die elektronische Signatur oder die PIN/TAN selber keine biometrischen Merkmale der durch sie ausgewiesenen Person auf. Der zur Erzeugung der elektronischen Signatur erforderliche Schlüssel befindet sich auf der von der Bank oder einer Zertifizierungsinstanz nach dem Signaturgesetz dem Signaturinhaber höchstpersönlich ausgegebenen Chipkarte als Identifikations- und Legitimationsmedium. Setzt er dieses Medium beispielsweise im Rahmen des Homebanking am häuslichen Personal Computer (PC) ein, dann wird die Signatur nach Einschieben der Karte in das PC-Kartenlesegerät und Eingabe einer die Nutzung der Karte schützenden Geheimzahl erzeugt. Folglich kann prinzipiell jeder, der die Signaturkarte in Besitz hat und deren Geheimzahl kennt, im Namen des berechtigten Signaturinhabers elektronisch unterschreiben. Wie bei einem Siegelring wird zwar der Aussteller und der Inhalt der Willenserklärung fälschungssicher dokumentiert; ob jedoch die durch die Signatur ausgewiesene Person tatsächlich gehandelt hat, ist nicht erkennbar. Genauso sieht es beim Einsatz von PIN/TAN aus. PIN und TAN können als Identifikations- und Legitimationsmedien von jedem eingesetzt werden, der von diesen Kenntnis erlangt hat.

Für den Aufwendungsersatzanspruch der Bank für die Ausführung der Online-Überweisung ist diese technische Lücke problematisch. Dies liegt an einem Wechselspiel von Darlegungs- und Beweislast sowie dem Umstand, das die Bank als Empfänger von Weisungen ihrer Kunden grundsätzlich das Missbrauchsrisiko[138] trägt. Die Bank als Erklärungsempfänger kann zwar zur Begründung des von ihr geltend gemachten Aufwendungsersatzanspruches nach §§ 675, 670 BGB darlegen und beweisen, dass die empfangene elektronische Willenserklärung das Siegel einer bestimmten Person trägt. Sie kann auch durch Sachverständigengutachten ggf. den Beweis dafür antreten, dass das gewählte technische Verfahren selber sicher ist. Jedoch könnte der (vermeintliche) Aussteller (= Kontoinhaber) im Gerichtsverfahren den Aufwendungsersatzanspruch der Bank dadurch faktisch beseitigen, dass dieser – wahrheitsgemäß oder wahrheitswidrig – glaubhaft vorträgt, er habe diese Erklärung nicht abgegeben. Bezugnehmend auf die bereits dargestellte technische Lücke trägt er hierzu vor, das elektronische Legitimations- und Identifikationsmedium sei insgesamt abhanden gekommen oder sei ihm ohne sein Bemerken von einem anderen verwendet worden. Es würde demzufolge ein gefälschter Überweisungsauftrag vorliegen, für den nach geltender höchst-

138 Vgl. BGH WM 1997, 838 und 1250 sowie BGH WM 2001, 1515 und 1712 zu gefälschten Überweisungsaufträgen m.w.N.; OLG Hamm WM 1997, 1203 zum Missbrauch der ec-Karte; vgl. auch *Langenbucher*, Die Risikozuordnung im bargeldlosen Zahlungsverkehr, München 2001, S. 145.

richterlicher Rechtsprechung die Bank das Missbrauchsrisiko trägt.[139] Hätte die Bank bei einem beleghaften Überweisungsauftrag mit händischer Unterschrift noch die Möglichkeit, mittels eines Schriftsachverständigen die biometrische Urheberschaft der Unterschrift zu beweisen, scheidet dieser Weg wegen der oben beschriebenen technischen Lücke aus.

Im weiteren soll daher dargestellt werden, ob und wie die aufgezeigte technische Lücke rechtlich gefüllt werden kann.

bb) Rechtsscheinhaftung

In der Literatur wird teilweise angenommen, dass in bestimmten Fällen eine Haftung für den zurechenbar veranlassten Rechtsschein der Urheberschaft der Online-Überweisung gegeben sein kann.[140] Zwei Fallgruppen der Rechtsscheinhaftung könnten hier relevant werden, die Blanketthaftung[141] oder die Rechtsscheinsvollmacht. Die Grundsätze der Blanketthaftung können jedoch nur zum Tragen kommen, wenn z.B. die elektronische Signatur tatsächlich vom Kunden der Online-Überweisung bereits hinzugefügt wurde, aber der Überweisungsbetrag noch offengelassen wurde. Bestreitet der Kunde jedoch überhaupt ein Blankett gefertigt zu haben, dann dürfte eine Blanketthaftung faktisch ausscheiden, da die Bank mangels Einblickmöglichkeiten in die Sphäre des Kunden kaum das Gegenteil beweisen kann. Eine Haftung nach den Grundsätzen der Rechtsscheinsvollmacht kann in Frage kommen, wenn der Bankkunde seine Identifikations- und Legitimationsmedien bewusst an eine andere Person weitergibt und es damit zulässt, dass diese dann in seinem Namen – berechtigt oder unberechtigt – online Überweisungen tätigt.[142] Auch hier ist für die Bank der Nachweis schwer zu erbringen, dass der Kunde tatsächlich Dritten die Identifikationsmedien zur Verfügung gestellt hat, da sich diese Vorgänge alleine in der Sphäre des Kunden abspielen.

---

139 Vgl. BGH WM 1997, 838 und 1250 sowie BGH WM 2001, 1515 und 1712 zu gefälschten Überweisungsaufträgen m.w.N.

140 Vgl. *Trapp*, Zivilrechtliche Sicherheitsanforderungen an eCommerce, WM 2001, 1192 (1198 f.); *Gößmann* im Bankrechts-Handbuch, 2. Aufl. 2001, § 55 Rdnr. 26.

141 Vgl. hierzu auch BGH WM 1992, 1392 zur Blanketthaftung des Ausstellers bei Sammelüberweisungen.

142 *Gößmann* im Bankrechts-Handbuch, 2. Aufl. 2001, § 55 Rdnr. 26; *Langenbucher*, Die Risikozuordnung im bargeldlosen Zahlungsverkehr, München 2001, S. 145 f.

Teilweise wird eine Rechtsscheinshaftung auch dann angenommen, wenn die Transaktion des vermeintlichen unberechtigten Dritten aus dem Online-Banking-System des Kunden stammt.[143] Hierzu müsste jedoch die Bank zuerst nachweisen, dass die Online-Überweisung tatsächlich von dem System versendet wurde und dass sie gerade auf diesen Anschein vertraut hat. Da die Bank als Erklärungsempfänger oftmals bei der Entgegennahme von Online-Aufträgen gar nicht feststellt bzw. feststellen kann, von welchem Kundensystem aus die Online-Überweisung abgesendet wurde, dürfte der Rechtsscheinshaftung allgemein nur beschränkte Bedeutung zukommen.[144]

cc) Sphärenhaftung

Berücksichtigt man, dass es alleine im Machtbereich des berechtigten Inhabers der Identifikations- und Legitimationsmedien liegt, diese vor dem Zugriff Unberechtigter zu schützen bzw. deren Verwendung zu verhindern, wenn das technische Verfahren auf Grund seines Sicherheitsstandards eine Ausspähung in sonstiger Weise ausschließt, dann könnte einiges für eine Sphärenhaftung des Kunden sprechen. Eine solche Sphärenhaftung ist jedoch bisher weder gesetzlich vorgesehen noch findet sie derzeit in der höchstrichterlichen Rechtsprechung allgemeine Anerkennung.[145] Deshalb wird in den Online-Banking- und Homebanking-Bedingungen bislang bewusst auf eine von der gesetzlichen Verschuldenshaftung abweichende vertragliche Haftungsregelung verzichtet.[146] Dies ist darin begründet, dass in der höchstrichterlichen Rechtsprechung die Regelung einer verschuldensunabhängigen Haftung in Allgemeinen Geschäftsbedingungen grundsätzlich als nicht vereinbar mit dem AGB-Gesetz angesehen wird. Der Bundesgerichtshof hat sich bereits in seinen Entscheidungen zu den Massa-Card-Bedingungen,[147]

143 Vgl. *Gößmann,* in: Bankrechts-Handbuch, 2. Aufl. 2001, § 55 Rdnr. 26; *Trapp*, Zivilrechtliche Sicherheitsanforderungen an eCommerce, WM 2001, 1192 (1196 f.).

144 Auch in der Rechtsprechung des BGH wird nur in Ausnahmefällen eine Rechtsscheinshaftung des Bankkunden angenommen (vgl. zum Überweisungsverkehr BGH WM 2001, 1712 (1713)).

145 BGH WM 1995, 1485; 1997, 910; 2001, 1712 (1713).

146 *Werner*, in: Steuer/Hellner, Bankrecht und Bankpraxis, Stand: Mai 2001, Rdnr. 6/82.

147 BGH WM 1991, 1110.

zur Haftung bei der Anmietung von Fernschreibanlagen[148] sowie zu Nr. 23 AGB-Banken a.F.[149] und Nr. 11 der alten Fassung der Scheckbedingungen[150] mehrfach mit der Zulässigkeit der Überwälzung einer verschuldensunabhängigen Haftung auf den Kunden auseinandergesetzt. Dabei hat er ausgeführt, dass die formularmäßige Überbürdung einer verschuldensunabhängigen Haftung auf den Vertragspartner des Verwenders grundsätzlich eine der gesetzlichen Risikoverteilung widersprechende, unangemessene Benachteiligung des Kunden ist, die die Haftungserweiterung nach § 9 Abs. 2 Nr. 1 AGBG unwirksam macht.[151] Eine derartige Haftungsverantwortlichkeit könne nur ausnahmsweise wirksam vereinbart werden, wenn sie durch höherrangige Interessen des AGB-Verwenders gerechtfertigt sei oder die den Vertragspartner benachteiligenden Abweichungen vom dispositiven Gesetzesrecht durch Gewährung anderer rechtlicher Vorteile kompensiert würden.[152] Die in jenen Entscheidungen aufgestellten Grundsätze dürften grundsätzlich auch auf den elektronischen Geschäftsverkehr über das Internet gelten, wie beispielsweise die Kommunikation im Online-Banking. Allerdings darf nicht übersehen werden, dass im Gegensatz zu bilateralen Verfahren, bei der die Kreditwirtschaft die Ausgestaltung des Verfahrens in der Hand hat (Systemveranwortlichkeit), bei multilateralen Verfahren weder Bank noch Kunde Einfluss auf die Güte des Systems haben. Zumindest beim gesetzlichen Signaturverfahren erscheint es deshalb durchaus diskussionswürdig, ob wegen fehlender Systemverantwortung des Erklärungsempfängers und alleiniger Kontrollierbarkeit des Signaturmediums (Chipkarte) durch den berechtigten Signaturinhaber nicht doch die Annahme einer Sphärenhaftung des Signaturinhabers für die in seiner alleinigen Sphäre liegenden Missbrauchrisiken nahe liegen könnte.

dd) Anscheinsbeweis

Die technische Lücke in Gestalt des fehlenden biometrischen Bezugs von elektronischer Signatur bzw. PIN/TAN zum berechtigten Nutzer lässt sich

148 BGH DB 1992, 1519 ff.
149 BGH WM 1991, 1368.
150 WM 1997, 910 ff.
151 BGH DB 1992, 1518, 1519 m.w.N. in Fußnote 5.
152 BGH WM 1991, 1101 unter 2.

– in Anlehnung an die Rechtsprechung zum PIN-Einsatz im Geldautomatensystem[153] – zumeist sachgerecht durch den „Beweis des ersten Anscheins" lösen,[154] der auf zwei Ebenen relevant werden kann.

(1) Aufwendungsersatzanspruch

Auf der Ebene der Aufwendungsersatzanspruchs der Bank spricht der Beweis des ersten Anscheins dafür, dass der mit einem individuellen, nur dem Kontoinhaber persönlich zur Verfügung gestellten Identifikations- und Legitimationsmedium (PIN/TAN, Chipkarte zur Erzeugung der elektronischen Signatur) „unterschriebene" Überweisungsauftrag von demjenigen stammt, dem dieses Medium zugeteilt worden ist, wenn das Verfahren selber technisch sicher ist.[155] Allerdings kann die Darlegung der „ernstlichen Möglichkeit eines abweichenden Verlaufes" durch den Anspruchsgegner ausreichen, den Anschein zu erschüttern. Hingegen beseitigt die bloß vage Vermutung eines anderen Geschehensablaufes den Anschein nicht.[156] Beim Einsatz von qualifizierten elektronischen Signaturen nach dem novellierten Signaturgesetz ist die Rechtsfigur des Anscheinsbeweises nunmehr auch

---

153 OLG Celle WM 1985, 655 = WuB I D 5. – 1.85 U.H. Schneider; LG Köln WM 2001, 852 = WuB I D 5c. – 2.01 Aepfelbach.

154 S. bereits für Btx-Banking: OLG Oldenburg NJW 1993, 1400, 1401 (1404 f.); OLG Köln VersR 1993, 840; vgl. *Werner*, in: Steuer/Hellner, Bankrecht und Bankpraxis, Stand: Mai 2001, Rdnr. 6/82; vgl. auch *Canaris*, Bankvertragsrecht, erster Teil, 3. Aufl. 1988, Rdnr. 527 ee-gg; *Kümpel*, Bank- und Kapitalmarktrecht, 2. Aufl. 2000, Rdn. 4.661; a.A. *Trapp*, Zivilrechtliche Sicherheitsanforderungen an eCommerce, WM 2001, 1192 (1198 f.); die Annahme eines Anscheinsbeweises hat noch keine höchstrichterliche Bestätigung gefunden: Der BGH konnte die Frage, ob ein Anscheinsbeweis für die befugte Benutzung bei einer ec-Karte oder die Verletzung von Sorgfaltspflichten anzunehmen ist, bislang offen lassen (vgl. BGH WM 2000, 2421).

155 *Kümpel*, Bank- und Kapitalmarktrecht, 2. Aufl. 2000, Rdnr. 4.662; *von Rottenburg*, Rechtsprobleme beim Direktbanking, WM 1997, 2381 (2389); *Stockhausen*, Die Einführung des HBCI-Standards aus bankrechtlicher Sicht, WM 2001, 605 (618); *Werner*, in: Steuer/Hellner, Bankrecht und Bankpraxis, Stand: Mai 2001, Rdnr. 6/85; *Wiesgickl*, Rechtliche Aspekte des Online-Banking, WM 2000, 1039 (1050).

156 *Stockhausen*, Die Einführung des HBCI-Standards aus bankrechtlicher Sicht, WM 2001, 605 (618).

gesetzlich in § 292a ZPO geregelt.[157] Danach soll der Anschein der Authentizität nur durch Tatsachen erschüttert werden können, die ernstliche Zweifel daran begründen, dass die Erklärung mit dem Willen des Signaturschlüsselinhabers abgegeben worden ist.

Mithin muss der Anspruchsgegner zur Erschütterung des Anscheinbeweises schon sehr plausibel und nachvollziehbar darlegen, dass er nicht Urheber ist. Allerdings ist nicht zu verkennen, dass der Anspruchsgegner Umstände aus seiner Sphäre vortragen könnte, die für die andere Seite kaum nachprüfbar sind. So belegt die Rechtsprechung zum Missbrauch von ec-Karten,[158] die ebenfalls die Kenntnis der ec-PIN voraussetzt, dass die Gerichte bei einem plausiblen Vortrag des Anspruchgegners schnell von einer Beseitigung des Anscheinsbeweises hinsichtlich des Aufwendungsersatzanspruches der Bank ausgehen.[159]

(2) Schadensersatz

Ist der Aufwendungsersatzanspruch von der Bank auf Grund der Erschütterung des diesbezüglichen Anscheinsbeweises nicht gerichtlich durchsetzbar, kann auch auf einer zweiten Ebene der Beweis des ersten Anscheins Bedeutung erlangen, wobei dann zwischen bilateralen und multilateralen Verfahren zu unterscheiden ist:

– Bilaterale Verfahren

Bei bilateralen Verfahren (z.B. Online-Banking mit PIN und TAN) beruht die Öffnung des Internets als Kommunikationskanal und die Zuteilung der für Online-Verfügungen erforderlichen Identifikations- und Legitimationsmedien auf der vertraglichen Vereinbarung zwischen Bank und Konto-/Depotinhaber. Dabei wird dem Kunden zumeist die vertragliche Pflicht auferlegt, seine persönlichen Identifikations- und Legitimationsmedien (z.B. PIN/TAN, Chipkarte mit elektronischer Signatur) geheim zu halten bzw. niemand anderen auszuhändigen oder verfügbar zu machen, damit die Bank

---

157 Vgl. hierzu auch *Roßnagel*, Das neue Recht elektronischer Signaturen, NJW 2001, 1817 (1826).

158 OLG Hamm WM 1997, 1203.

159 Vgl. auch *Rüßmann*, Haftungsfragen und Risikoverteilung bei ec-Kartenmissbrauch, DuD 1998, 395, 396; *Hoppe*, ZBB 1999, 88, 89.

sicher sein kann, dass die Online-Verfügung vom Konto-/Depotinhaber selber stammt.[160] Kommen die Medien gleichwohl abhanden, hat der Kunde die vertragliche Pflicht, umgehend den Online-Zugang zu seinem Konto/ Depot von der Bank sperren zu lassen.[161] Verletzt der Kunde diese vertraglichen Pflichten schuldhaft und kommt es deshalb zu einem Schaden für die Bank, ist der Kunde der Bank aus positiver Vertragsverletzung ersatzpflichtig. Für diesen Anspruch hat die Bank wie beim Aufwendungsersatzanspruch ebenfalls die Darlegungs- und Beweislast. Auf Grund des Umstandes, dass Online-Verfügungen immer den Einsatz der individuellen Identifikations- und Legitimationsmedien voraussetzen, kommt hier ebenfalls die Rechtsfigur des Beweises des ersten Anscheins zum Tragen, wenn das Verfahren als solches technisch sicher ist.[162] Trägt der Kontoinhaber vor, seine Identifikations- und Legitimationsmedien seien abhanden gekommen und hat er deshalb keine Sperrung des Online-Zugangs durch die Bank veranlasst, spricht der Beweis des ersten Anscheins dafür, dass er seine vertraglichen Sorgfaltspflichten (sorgfältige Aufbewahrung, rechtzeitige Sperrmitteilung) gegenüber der Bank verletzt hat. Gleiches gilt, wenn er die unerkannte Verwendung seiner Identifikations- und Legitimationsmedien anführt. Hier spricht der Beweis des ersten Anscheins ebenfalls dafür, dass er seine vertraglichen Geheimhaltungspflichten fahrlässig verletzt hat.

In der Gesamtbetrachtung kommt man mit Hilfe des Anscheinsbeweises zu ausgewogenen Ergebnissen. Danach hat der Kontoinhaber das Risiko des missbräuchlichen Einsatzes seiner Identifikations- und Legitimationsmedien nur dann zu tragen, wenn das Verfahren als solches technisch sicher ist und

---

160 Vgl. Nr. 7 der „Bedingungen für die konto-/depotbezogene Nutzung des Online-Banking mit PIN und TAN" (Online-Banking-Bedingungen); Nr. IV.2. der „Bedingungen für die konto-/depotbezogene Nutzung des Online-Banking mit elektronischer Signatur" (Homebanking-Bedingungen).

161 Vgl. Nr. 7 Abs. 2 der „Bedingungen für die konto-/depotbezogene Nutzung des Online-Banking mit PIN und TAN" (Online-Banking-Bedingungen); Nr. V. Abs. 1 der „Bedingungen für die konto-/depotbezogene Nutzung des Online-Banking mit elektronischer Signatur" (Homebanking-Bedingungen).

162 *Werner*, in: Steuer/Hellner, Bankrecht und Bankpraxis, Stand: Mai 2001, Rdnr. 6/85; *von Rottenburg*, Rechtsprobleme beim Direktbanking, WM 1997, 2381 (2389); *Wiesgickl*, Rechtliche Aspekte des Online-Banking, WM 2000, 1039 (1050); *Stockhausen*, Die Einführung des HBCI-Standards aus bankrechtlicher Sicht, WM 2001, 605 (618); einschränkend *Langenbucher*, Die Risikozuordnung im bargeldlosen Zahlungsverkehr, München 2001, S. 149 ff.

sich aufgrund seines schuldhaften Verhaltens ein Missbrauchsrisiko in seiner Sphäre verwirklicht, welches nur er alleine beherrschen kann, nämlich die sorgfältige Aufbewahrung und die Sperrmöglichkeit der Identifikations- und Legitimationsmedien. Handelt er entsprechend den vertraglichen Sorgfaltspflichten, trägt alleine die Bank das Missbrauchsrisiko. Dieses Risiko kann die Bank durch die Vereinbarung von Online-Verfügungslimits (z.B. pro Transaktion oder Tag) in der Online-Banking- bzw. Homebanking-Teilnahmevereinbarung der Höhe nach begrenzen.[163] Eine solche in einer Klausel standardisierte Verfügungsgrenze steht auch nicht etwa im Widerspruch zu § 9 AGBG, da die Bank ein berechtigtes Interesse daran hat, ihre Risiken zu begrenzen und damit letztendlich auch versichern zu können. Eine Benachteiligung des Kunden ist zumindest dann nicht gegeben, wenn die Bank dem Kunden die Möglichkeit bietet, über das vereinbarte Limit hinausgehende Verfügungen von seinem Konto bzw. aus seinem Depot auf konventionellem Wege (z.B. per Brief oder am Bankschalter) zu tätigen.

– Multilaterale Verfahren

Bei multilateralen Verfahren, wie z.B. dem gesetzlichen Signaturverfahren, ist die Rechtslage komplizierter. Wie oben bereits dargelegt wurde, ist es für multilaterale Verfahren kennzeichnend, dass zwischen den Vertragsparteien kein Rahmenvertrag mit etwaigen vertraglichen Sorgfaltspflichten besteht. Der Erklärungsempfänger kann mangels eines Vertrages gegen den durch die elektronische Signatur Ausgewiesenen keinen Schadensersatzanspruch aus Verletzung von vertraglichen Sorgfaltspflichten geltend machen, wenn ein Dritter diese missbräuchlich einsetzt. Fraglich ist, ob aus einer anderen Rechtsgrundlage die Pflicht des Inhabers einer qualifizierten elektronischen Signatur nach dem Signaturgesetz resultiert, diese Unberechtigten nicht zugänglich zu machen bzw. den Zugangscode für die Chipkarte geheim zu halten.

Zu denken wäre an eine deliktische Haftung des Signaturinhabers aus § 823 Abs. 2 BGB in Verbindung mit dem Signaturgesetz. Voraussetzung

---

163 Abgedruckt bei *Werner*, in: Hellner/Steuer, Bankrecht und Bankpraxis, Stand: Mai 2001, Rdnr. 19/81 (Nr. 3 der Vereinbarung über die Nutzung des Online-Banking mit PIN und TAN [Online-Banking]) und 19/151 (Nr. 3 der Vereinbarung über die Nutzung des Online-Banking mit elektronischer Signatur [Homebanking]).

wäre, dass das Signaturgesetz dem Inhaber besondere Sorgfaltspflichten auferlegt, die drittschützende Wirkungen haben. Adressat der im Signaturgesetz geregelten Pflichten ist unmittelbar nur der Zertifizierungsdiensteanbieter. Aus §§ 6 und 8 Signaturgesetz sind zwar mittelbar Verhaltenspflichten des Signaturschlüsselinhabers entnehmbar, doch erscheint zweifelhaft, ob diese Vorschriften den Anforderungen des § 823 Abs. 2 BGB an eine drittschützende Gesetzesnorm vollauf genügt. Möglicherweise hat aber der zwischen Zertifizierungdiensteanbieter und Antragsteller (= späterer Signaturschlüsselinhaber) zu schließende Vertrag drittschützende Wirkung. So wird nach § 6 Abs. 1 Signaturgesetz der Antragsteller vom Zertifizierungsdiensteanbieter über Maßnahmen unterrichtet, die erforderlich sind, um die Sicherheit und Überprüfbarkeit von qualifizierten elektronischen Signaturen zu gewährleisten. Die Details dieser Unterrichtungspflichten sind gemäß § 24 Nr. 1 Signaturgesetz in der Signaturverordnung beschrieben. Nach § 4 Signaturverordnung unterrichtet die Zertifizierungsstelle den Antragsteller darüber, dass der Datenträger mit dem privaten Signaturschlüssel in persönlichem Gewahrsam zu halten ist und bei dessen Verlust unverzüglich die Sperrung des Signaturschlüssel-Zertifikates zu veranlassen ist. Persönliche Identifikationsnummern oder andere Daten zur Identifikation gegenüber dem Datenträger mit dem privaten Signaturschlüssel sind geheim zu halten. Bei Preisgabe oder Verdacht der Preisgabe dieser Identifikationsdaten ist unverzüglich deren Änderung vorzunehmen. Diese Vorgaben sind vom Sinn und Zweck her auch darauf gerichtet, dass der Signaturschlüssel-Inhaber im Interesse aller Erklärungsempfänger im elektronischen Geschäftsverkehr sorgfältig mit der Signatur und der sie schützenden Medien umgeht. Danach könnte einiges dafür sprechen, dass jeder Empfänger einer gesetzlichen qualifizierten elektronischen Signatur aus Vertrag mit Schutzwirkung für Dritte die Einhaltung der vertraglich zwischen Zertifizierungsdiensteanbieter und Signaturinhaber vereinbarten Sorgfaltspflichten verlangen kann. Dagegen könnte aber angeführt werden, dass – im Unterschied zu einem bilateralen Verfahren (z.B. PIN/TAN) – die elektronische Signatur nach dem Signaturgesetz von ihrem berechtigten Inhaber im Rechtsverkehr mit einer unbegrenzten Anzahl potentieller Erklärungsempfänger (Kunde-Bank, Bürger-Behörde, Bürger-Bürger, Aktionär-Aktiengesellschaft etc.) eingesetzt werden kann. Mithin könnte es an den für den Vertrag mit Schutzwirkung für Dritte erforderlichen abgrenzbaren Kreis der aus dem Vertrag Drittbegünstigten fehlen.[164] Es bleibt abzuwarten, wie die Rechtsprechung zukünftig solche Fälle bewerten wird.

Aufgrund des Fehlens einer eindeutig drittschützenden Sorgfaltspflicht des Signaturschlüsselinhabers beim Umgang mit dem Signaturmedium wäre es für die Entwicklung des elektronischen Geschäftsverkehrs mit gesetzlichen elektronischen Signaturen vorteilhaft gewesen, wenn der Gesetzgeber die von der Kreditwirtschaft geforderte Zurechnungsregelung[165] geschaffen hätte. Danach sollte die gesetzliche Vermutung aufgestellt werden, dass eine mit einer qualifizierten elektronischen Signatur versehene Willenserklärung von der mit der Signatur ausgewiesenen Person stammt. Die grundsätzliche Zuweisung des Missbrauchsrisikos an die Person, der die individuelle Signatur zugeteilt wurde (berechtigter Signaturinhaber), hätte für mehr Rechtssicherheit im elektronischen Geschäftsverkehr mit gesetzlichen Signaturen gesorgt, die auf einer staatlich überwachten multilateralen Infrastruktur beruhen. Alleine der berechtigte Signaturinhaber ist in der Lage, das in seiner Sphäre liegende Risiko einer missbräuchlichen Nutzung der Signatur durch sorgfältige Handhabung, durch eine Sperrmitteilung bei Verlust und durch Begrenzung ihrer Nutzungsmöglichkeiten (Beschränkung auf bestimmte Geschäfte, Verfügungshöchstgrenze) auszuschließen bzw. zu kontrollieren.

III. Fazit in Thesenform

– Anforderungen an den Internet-Auftritt der Bank

Die anstehende Umsetzung der EU-Richtlinie zum elektronischen Geschäftsverkehr in das deutsche Recht wird eine Erweiterung der gesetzlichen Pflichten zur Folge haben, die bei der Gestaltung des Internet-Auftritts einer Bank zu beachten sind. Die gesetzlichen Vorgaben zur Anbieterkennzeichnung und vorvertraglichen Information, zu Vertragsabschlussmodalitäten,

164 Ähnlich im Ergebnis auch *Roßnagel*, Das neue Recht elektronischer Signaturen, NJW 2001, 1817 (1820 f.), wonach die durch Unterschrift des Signaturinhabers bestätigte Kenntnisnahme der Unterrichtung der Zertifizierungsstelle keine Erklärung des Signaturinhabers ist, sich zukünftig alle Signaturen, die mit dem Signaturschlüssel erzeugt werde, zurechnen zu lassen.

165 Vgl. *Schröter*, Rechtssicherheit im elektronischen Rechtsverkehr, WM 2000, 2134.

Inhaltsverantwortlichkeit und Datenschutz zielen darauf ab, den Nutzer des Internet-Angebots der Bank weitgehend so zu stellen, als würde er auf konventionellem Wege Informationen abrufen und Geschäfte tätigen. Bei der Umsetzung der Informationspflichten muss es ausreichen, diese dem Kunden auf den Internetseiten leicht zugänglich zur Verfügung zu stellen. Ein Verstoß gegen die Informationspflichten hat nicht die Nichtigkeit des im Internet geschlossenen Vertrages zur Folge. Die Rechtsfolgen ergeben sich entweder aus den speziell geregelten Sanktionen oder den allgemeinen Bestimmungen des Zivilrechts.

– Zugang elektronisch übermittelter Willenserklärungen

Die Öffnung des Internet-Zugangs der Bank gegenüber Kunden für den elektronischen Geschäftsverkehr kann durch Vereinbarung (z.B. Online-Banking-Teilnahmevereinbarung) oder Unterhalten einer technischen Empfangsvorrichtung (z.B. Bekanntgabe der E-Mail-Adresse) erfolgen. Telekommunikations- und Verarbeitungsebene sind zu unterscheiden. Der Zeitpunkt, wann rechtlich eine elektronisch übermittelte Willenserklärung des Kunden von der Bank bearbeitet sein muss, richtet sich nach den für den jeweiligen Geschäftsvorfall maßgeblichen rechtlichen Regeln. Für in der Sphäre der Bank liegende Zugangsstörungen kann die Bank dann haftbar sein, wenn ihr ein Organisationsverschulden nachgewiesen werden kann. Beim Schadensersatz ist gegebenenfalls ein Mitverschulden des Kunden zu berücksichtigen.

– Sicherheit der Telekommunikation zwischen Bank und Kunde

Ohne ausreichende technische Sicherheit kann es kaum eine rechtliche Sicherheit im elektronischen Geschäftsverkehr geben. Auf Grund des hohen Sicherheitsstandards der von Banken angebotenen Verfahren gibt es kaum Missbrauchsfälle. Bei der Legitimation und Identifikation des Kunden ist bei der rechtlichen Beurteilung zwischen bilateralen Verfahren (PIN/TAN, HBCI-Signatur) und multilateralen Verfahren (z.B. elektronische Signatur nach Signaturgesetz) zu unterscheiden. Bei den heutigen Legitimations- und Identifikationsmedien fehlt es an einer biometrischen Verbindung zum berechtigten Inhaber. Diese technische Lücke kann bisher nur durch den Anscheinsbeweis geschlossen werden. Die zukünftige Entwicklung wird zeigen, ob für multilaterale Verfahren nicht eine Zurechnungsregelung notwendig ist.

Tagungsbericht*

I. Einleitung

Gegenstand der diesjährigen Tagung der Bankrechtlichen Vereinigung – wissenschaftliche Gesellschaft für Bankrecht e.V. am 29. Juni 2001 in Kiel waren einerseits die „Entgeltklauseln in der Kreditwirtschaft" und andererseits der „e-Commerce von Kreditinstituten". Dank dieser beiden hochaktuellen Themen konnten knapp 200 Teilnehmer in den attraktiven Tagungsort, den „Kaisersaal" des Kieler Yacht Clubs, gelockt werden. Zu den Bankentgelten gibt es zwar seit nunmehr über zehn Jahren eine nicht unumstritten gebliebene, inzwischen aber gefestigte Rechtsprechung des BGH. Allerdings deutet sich in einem äußerst lukrativen Teilbereich der Bankentgelte, nämlich bei den Zinsanpassungsklauseln bei Krediten mit variablen Zinsen, eine Änderung der höchstrichterlichen Rechtsprechung an. Vor dem Hintergrund der drängenden Frage, wie Zinsanpassungsklauseln in diesem wirtschaftlich hoch bedeutsamen Bereich der Bankentgelte zukünftig zu formulieren sind, war das Interesse der Teilnehmer hier sicher. Das gleiche lässt sich auch vom zweiten Tagungsabschnitt sagen, der sich mit dem e-Commerce von Kreditinstituten beschäftigte. Denn der e-Commerce spielt bei den Banken eine immer wichtigere Rolle. Man braucht nur an die Zunahme des onlinebanking infolge der Verschlankung des Filialnetzes der deutschen Großbanken oder an diverse andere e-Commerce-Projekte zu denken. In diesem Bereich gibt es viele Rechtsfragen, wie etwa der Vertragsabschluss per Internet, die spezifischen Anforderungen für die Geschäftsbedingungen, Fragen des Datenschutzes, der Datensicherheit und der teils ergangenen, teils im Gesetzgebungsverfahren befindlichen Regelungen zum elektronischen Geschäftsverkehr, die noch nicht abschließend geklärt sind.

Die Begrüßung erfolgte durch Prof. Dr. *Walther Hadding*, dem wissenschaftlichen Leiter des Instituts für deutsches und internationales Recht des

---

* Auszüge aus *A.-K. Pahlke*, Bankrechtstag 2001 der Bankrechtlichen Vereinigung e.V. am 29. Juni 2001 in Kiel – „Entgeltklauseln in der Kreditwirtschaft und E-Commerce von Kreditinstituten", ZBB 2001, 287; *T. Mackenthun/ J. Sonnenhol*, Entgeltklauseln in der Kreditwirtschaft – e-Commerce von Kreditinstituten – Bericht über den Bankrechtstag am 29. Juni 2001 in Kiel, WM 2001, 1585.

Spar-, Giro- und Kreditwesens an der Johannes-Gutenberg-Universität (Mainz) und Vorstand der Bankrechtlichen Vereinigung. *Hadding* dankte den aus dem Vorstand der Bankrechtlichen Vereinigung ausscheidenden Mitgliedern, Vorsitzender Richter am BGH i.R. Dr. h.c. *Karl-Dietrich Bundschuh* und Chefsyndikus i.R. Prof. Dr. *Theodor Heinsius* für ihre sehr erfolgreiche Arbeit seit der Gründung der Bankrechtlichen Vereinigung. Zugleich begrüßte er die neuen Vorstandsmitglieder, *Gerd Nobbe*, Vorsitzender Richter des für Bankrecht zuständigen XI. Zivilsenats des BGH, und Dr. *Klaus Kohler*, Chefsyndikus i.R. der Deutsche Bank AG. Schließlich dankte *Hadding* der Landesbank Schleswig-Holstein Girozentrale und ihrem Vorstandsvorsitzenden, Prof. Dr. *Dietrich Rümker*, für die tatkräftige Unterstützung bei der Ausrichtung der diesjährigen Tagung.

Auch *Rümker* hieß die Teilnehmer des Bankrechtstages in Kiel herzlich willkommen. In seinen Begrüßungsworten ging er im wesentlichen auf die Veränderungen im Bankgewerbe unter dem Aspekt „Basel II" und – in der Auseinandersetzung mit Brüssel – „Anstaltslast" sowie „Gewährträgerhaftung" ein. Zum ersten Tagungsabschnitt vertrat *Rümker* die Ansicht, dass die bisherige Rechtsprechung eine verursachergerechte Verteilung der Kosten verhindere.

II. Entgeltklauseln in der Kreditwirtschaft (1. Abteilung)

Die Einführung in den ersten Tagungsabschnitt übernahm Prof. Dr. *Norbert Horn*, Direktor des Instituts für Bankrecht an der Universität Köln. Der Diskussion über die Entgeltklauseln in der Kreditwirtschaft fügte er zwei ökonomische Aspekte hinzu: Zunächst erörterte er die grundlegende Frage, ob Bankentgelte ausdifferenzierend nah an der Kostenentstehung zu gestalten seien oder ob eine Verteilung auf alle Kunden und damit eine Quersubventionierung erfolgen solle. Danach wandte er sich dem Problem zu, wie eine Anpassung über längere Zeit erhobener Bankentgelte erfolgen könne. Die Kreditinstitute legten die Bankentgelte einseitig auf der Basis von AGB fest. Dementsprechend könne die Entwicklung der Bankentgelte theoretisch dem Markt überlassen bleiben, indem der Wettbewerb der verschiedenen Anbieter von Bankdienstleistungen um Kunden durch positive oder negative Selektion der jeweiligen AGB zu einer Anpassung der Bankentgelte führen würde. In der Praxis hätten sich die Marktkräfte jedoch nicht immer als stark genug erwiesen (Marktversagen). Es frage sich daher, ob und wie das Recht hier korrigierend eingreifen könne. Es folgten Ausführungen zu der Rechtsprechung des BGH zu den Bankentgelten.

In seinem Vortrag „Entgeltklauseln in der Kreditwirtschaft" untersuchte Prof. Dr. *Peter Kindler*, Ruhr-Universität Bochum, die Rechtsprechung des BGH zu den Bankentgelten. Hierzu setzte er sich mit den drei in der Rechtsprechung entwickelten Fallgruppen, in denen Bankentgelte unzulässig sind – Bank erbringt keine Dienstleistung, ohnehin von der Bank geschuldete Nebenleistung, Bank erfüllt nur ihre gesetzlichen Pflichten –, auseinander und diskutierte weitere Fälle. An der Rechtsprechung des BGH kritisierte er die mangelnde Beachtung des sich aus § 354 I HGB ergebenden Grundsatzes, wonach der Kaufmann nichts umsonst mache.

[Beitrag *Kindler*, S. 1 ff.]

In der anschließenden Diskussion bezweifelte Prof. Dr. *Peter Derleder*, Universität Bremen, die Anwendbarkeit von § 354 I HGB in diesem Zusammenhang. Die Norm beruhe darauf, dass gerade keine Vereinbarung getroffen worden sei. Demgegenüber liege mit den Entgeltklauseln der Bankenpraxis eine Absprache über Entgelte vor. Auf diese und auf die in die gleiche Richtung zielende Frage von Professor Dr. *Karsten Schmidt*, Universität Bonn, antwortete *Kindler*, dass das Fehlen einer Abrede in § 354 I HGB nicht zum Grundgedanken der Norm gehöre. Vielmehr lasse sich die Kernaussage des § 354 I HGB („Der Kaufmann tut nichts umsonst.") den Regeln über Bankentgelte stimmig zugrunde legen. Von der Orientierung an der klaren und subsumtionsfähigen Regelung des § 354 I HGB erhofft sich *Kindler* eine stärkere Dogmatisierung der Inhaltskontrolle von Entgeltklauseln. *Rainer Metz*, Verbraucherzentrale Nordrhein-Westfalen, kritisierte, dass der größte Teil der Preisverzeichnisse der Banken – höchstens 12 von 60 bis 80 Einzelpositionen – durch den BGH rechtlich nicht kontrolliert werde.

Prof. Dr. *Wolfgang Schön*, Universität Bonn, sprach sich hinsichtlich der Entgeltklauseln für die Verwaltung von Freistellungsaufträgen für eine differenzierte Betrachtung aus: Während die Quellensteuererhebung im rein öffentlichen Interesse erfolge, erleichtere der Freistellungsauftrag dem Kunden die Zinseinkünfte von vornherein steuerfrei zu stellen, so dass hier an eine Kostenbeteiligung zu denken sei. Dazu ergänzte Dr. *Jens Nielsen*, Hamburg, dass es sich bei den Kosten, die den Kreditinstituten durch Kontopfändungen entstünden, um nach § 670 BGB ersatzfähige Aufwendungen handele. Diesen

Überlegungen pflichtete *Kindler* grundsätzlich bei. Daher könnten die Banken die durch Pfändungen entstehenden Kosten als Aufwendungs- oder Schadensersatz geltend machen.

Abschließend verwies Rechtsanwalt Dr. *Helmut Bruchner*, stv. Chefsyndikus der HypoVereinsbank AG, München, auf die neue Entscheidung des BGH zur Pfändung in die offene Kreditlinie.[1] Pfändungen seien für Kreditinstitute insbesondere durch die vielfältigen bankseitig zu beachtenden Überwachungsvorschriften mit einem hohen Verwaltungsaufwand verbunden. Der Kunde könne nicht erwarten, von diesen Kosten freigestellt zu bleiben.

Die beiden folgenden Referate von Prof. Dr. *Peter Derleder*, Universität Bremen („Preisbestimmung durch Klauseln über variable Zinsen "), und von Rechtsanwalt Dr. *Helmut Bruchner*, stv. Chefsyndikus der HypoVereinsbank AG, München („Klauseln über variable Zinsen aus der Sicht der Kreditwirtschaft") beschäftigten sich mit den durch ein obiter dictum des XI. Zivilsenats vom 19. Oktober 1999[2] wieder in die Diskussion geratenen Anforderungen an die Anpassungsklauseln in Bankverträgen mit variablen Zinsen.

[Beitrag *Derleder*, S. 55; Beitrag *Bruchner*, S. 93]

Johann Becher, HypoVereinsbank AG, München, eröffnete die Diskussion mit dem Hinweis, dass der BGH in der von *Derleder* und *Bruchner* zitierten Entscheidung vom 6. März 1986 die ihm vorgelegte Zinsanpassungsklausel nur wegen einer Änderung der Refinanzierungsmöglichkeiten zu beurteilen gehabt habe. Zinsen umfassten darüber hinaus aber auch Eigenkapital- und Risikokosten. Änderungen bei diesen Kosten dürften – auch im Hinblick auf Basel II – ebenfalls zu Zinsanpassungen aufgrund einer entsprechenden Klausel berechtigen. *Derleder* stimmte *Becher* insoweit zu, dass die genannte BGH-Entscheidung auf diese Frage nicht eingehe. Zinsanpassungsklauseln in ihrer bisherigen Form halte er jedoch für ungeeignet, um Änderungen der Eigenkapital- und Risikokosten zu berücksichtigen. Eine Formulierung für diese Fälle zu finden, die den Anforderungen des Transparenzgebotes standhalte, dürfte nach seiner Einschätzung sehr schwer werden.

Sodann kritisierte *Becher* – wie auch schon *Bruchner* – den von *Derleder* vorgeschlagenen Deckelungsgrundsatz. Dieser Grundsatz stimme nicht mit

---

1 BGH WM 2001, 898.
2 BGH WM 1999, 2545.

dem Äquivalenzprinzip überein und könne dazu führen, dass beispielsweise ein geringer Wettbewerb bei Neukrediten über den Umweg des Deckelungsgrundsatzes auf die Zinsen für Altkredite durchschlage. *Karsten Schmidt* hielt es für entscheidend, dass bei einer Zinsanpassung das bei Vertragsschluss festgelegte Äquivalenzverhältnis erhalten bleibe. *Derleder* betonte, dass auch nach seiner Meinung das Äquivalenzprinzip bei Zinsanpassungen gewahrt bleiben müsse. Dieses Ziel wolle er mit der von ihm vorgeschlagenen Orientierung an einem nach festen Kriterien zu bestimmenden Mittelwert als Maßstab für die Anpassung erreichen. *Derleder* lehnt aber eine Verwendung von Zinsanpassungen ab, die mit dem Zweck erfolgen, den Banken ihre Anfangsmarge zu erhalten.

Danach sprach *Derleder* die in den Vorträgen deutlich gewordenen Unterschiede zwischen ihm und *Bruchner* darüber an, was das Äquivalenzinteresse sei. Während *Bruchner* versuche, das nachvollziehbare Interesse der Kreditinstitute durchzusetzen, die Marge über die Zeit zu wahren, sehe er in dem Prinzip nur eine Kostenverwaltung durch die Kreditinstitute, die aufgrund der Zusammenhänge zwischen Aktiv- und Passivgeschäft auch zu Margeneinschränkungen führen könne. Auch *Bruchner* betonte, dass im Ausgangspunkt zwischen ihm und *Derleder* keine Unterschiede bei der Bewertung des Äquivalenzprinzips bestünden. Erst durch die Verknüpfung mit dem „marktwirtschaftlichen Prinzip" verändere *Derleder* dieses Grundgefüge, indem er die Ebene der Refinanzierungsbedingungen verlasse und auf eine andere Ebene, nämlich das Neugeschäft, abstelle. Die amtliche Zinsstatistik bei Zinsanpassungen heranzuziehen, hielt *Bruchner* für bedenklich, weil sie sich nur auf wenige Kreditarten beziehe und im übrigen zu einer Gleichschaltung aller Zinsen führen würde.

Derleder verteidigte seine Ansicht, wonach Grundpfandkredite bei Zinsanpassungen eine Sonderstellung einnähmen. Eine Zinsanpassung in diesen Fällen nach den allgemeinen Kriterien könne dazu führen, dass sich ein günstiger Grundpfandkredit bereits bei der ersten Anpassung des Euribor in einen teuren Kredit verwandele. Dieses Ergebnis lasse sich vermeiden, wenn die Erhaltung des bei Vertragsschluss bestehenden Äquivalenzverhältnisses durch einen Mittelwert sichergestellt werde. *Bruchner* wandte hiergegen ein, dass es sich bei den Grundpfandkrediten um Festzinskredite handele, bei denen eine kongruente Refinanzierung erfolge.

Metz stellte fest, dass unterbliebene Zinssenkungen keinen Einzelfall darstellen würden. Im übrigen berufe sich *Bruchner* zu Unrecht für einen Vertrauensschutz auf den Gesetzgeber des Verbraucherkreditgesetzes. Dieser habe die Entscheidung des BGH von 1986 nicht vor Augen gehabt, denn das hätte der entsprechenden EG-Richtlinie widersprochen. Ebenso wie *Metz* lehnte auch Rechtsanwalt *Reinfrid Fischer*, Chefsyndikus i.R. des Deutschen Sparkassen- und Giroverbandes, Zinsanpassungen aufgrund eines Zinserhöhungsrückstaus ab. Zinsanpassungen – Erhöhungen wie Senkungen – aufgrund eines Rückstaus widersprächen marktwirtschaftlichen Prinzipien. Wenn in einer konkreten Marktsituation nicht richtig reagiert werde, könne keine zweite Chance beansprucht werden.

III. e-Commerce von Kreditinstituten (2. Abteilung)

In seiner Einleitung zum zweiten Tagungsabschnitt betonte *Stephan Steuer*, Chefsyndikus und stellvertretender Hauptgeschäftsführer des Bundesverbands deutscher Banken e.V., Berlin, die gewaltigen Aufgaben, vor die die Kreditwirtschaft durch die rasante Entwicklung des e-Commerce gestellt sei. Es gelte nicht nur auf die wirtschaftlichen Auswirkungen angemessen zu reagieren, sondern auch in rechtlicher Hinsicht eine Vielzahl von Fragestellungen zu bewältigen.

Diese Einschätzung wurde von Prof. Dr. Dr. h.c. *Arnold Picot*, Universität München, in seinem Vortrag „Banken und Firmenkunden im Internetzeitalter geteilt. Das Internet sei sowohl Ursprung als auch Motor einer neuen Ökonomie. Im folgenden stellte *Picot* den Einfluss des Internets auf das Firmenkundengeschäft der Banken dar und skizzierte verschiedene Szenarien, die sich als Folge der Internetökonomie für die Banken ergeben könnten.

[Beitrag *Picot*, S. 145]

Unmittelbar im Anschluss an *Picot* referierte Prof. Dr. *Gerald Spindler*, Universität Göttingen, zu dem Thema „Bankrecht und e-Commerce – Sicherheit im Rechtsverkehr“. Einleitend betonte *Spindler*, dass Vertrauen einer der Schlüsselfaktoren für den Erfolg oder Misserfolg des e-Commerce sei. Erforderlich sei Sicherheit bei der Datenübertragung, bei der Feststellung der Identität des Vertragspartners und des Inhaltes der übermittelten Erklärungen. Die Offenheit der Netze und der Charakter der dort getätigten Geschäfte stellten grundlegende Risiken für das Bankgeschäft dar. Den besonderen Bedingungen des e-Commerce müsse durch eine vorsichtige Modifizierung der allgemeinen rechtlichen Grundsätze Rechnung getragen werden. Das gelte einerseits für den vom Kunden zu verlangenden Sorgfaltsmaßstab, andererseits für die Inhaltskontrolle von AGB und für Haftungsfragen. Es folgten Ausführungen, wie das Vertrauen in die Identität und Authentizität elektronischer Willenserklärungen gewährleistet werden könne und zur Beweisverteilung und Haftung bei den verschiedenen technischen Verfahren.

[Beitrag *Spindler*, S. 171]

Wulf Hartmann, Abteilungsdirektor im Geschäftsbereich Recht des Bundesverbandes deutscher Banken, Berlin, wertete zu Beginn seines Vortrags „Fragen des e-Commerce aus der Sicht der Bankrechtspraxis" die steigende Zahl von Online-Konten (1,5 Mio. 1995 zu 15 Mio. im Jahre 2001) als Indikator für die zunehmende Verbreitung des Internet-Banking. In den folgenden Ausführungen befasste sich *Hartmann* mit den rechtlichen Anforderungen an den Internetauftritt einer Bank, mit Fragen des Zugangs von elektronisch übermittelten Willenserklärungen und mit der Sicherheit der Telekommunikation zwischen der Bank und dem Kunden.

[Beitrag *Hartmann*, S. 267]

Steuer dankte den Referenten, die mit ihren Vorträgen ein umfassendes Bild vom e-Commerce der Kreditinstitute gezeichnet hätten, angefangen vom großen Wurf der wirtschaftlichen Auswirkungen des e-Commerce für Kreditinstitute im Referat von *Picot* bis hin zu den hierfür erforderlichen einzelnen kleinen (Anpassungs-)Schritten der rechtlichen Ausgestaltung in den Referaten von *Spindler* und *Hartmann*.

In der anschließenden Diskussion fragte Rechtsanwalt *Wolfgang Burghardt*, München, ob die Teilnahme am e-Commerce eine allgemeine Pflicht der Bank begründe, jederzeit erreichbar zu sein, oder ob es rechtlich zulässig sei, nach Art der getätigten Geschäfte zu differenzieren und Betriebszeiten festzulegen. Dies bejahte *Spindler* unter der Voraussetzung, dass den Kunden deutlich angegeben werde, zu welchen Zeiten die Bank erreichbar sei. Im übrigen sei zu differenzieren zwischen der ständigen Erreichbarkeit, die die technische Ebene betreffe, und dem zeitlichen Rahmen für die Bearbeitung elektronisch erteilter Aufträge, der durch die allgemeinen Vertragsbedingungen der Bank bestimmt werde.

Die Frage von Prof. Dr. *Wolfgang Wiegand*, Institut für Bankrecht, Universität Bern, zu den Folgen der Verletzung einer vorvertraglichen Informationspflicht über die Vertragsabschlussmodalitäten im elektronischen Ge schäftsverkehr wurde übereinstimmend dahingehend beantwortet, dass in diesen Fällen meistens eine culpa in contrahendo vorliege. Ein Erklärungsirrtum stelle eher den Sonderfall dar.

Auf Nachfrage von Rechtsanwalt Dr. *Markus Escher*, München, wies *Spindler* darauf hin, dass es nach dem Schreiben des BAKred an den Bundesverband deutscher Banken vom 16. Mai 2000 (Az. Z5-B 399) prinzipiell möglich sei, unter Verwendung des digitalen Signaturverfahrens eine Kontoeröffnung vollständig online abzuwickeln. *Hartmann* ergänzte, dass die grundsätzliche Anerkennung dieser Möglichkeit aber noch nicht in die Praxis umgesetzt worden sei. Es sei deshalb derzeit noch nicht möglich, ein Konto vollständig online zu eröffnen.

Nach Ausführungen zu der hohen Bedeutung der permanenten Erreichbarkeit bei bestimmten Geschäftsarten wie etwa dem Intra-Day-Handel oder dem Sekundenhandel, fragte *Bundschuh* nach der Verteilung der Darlegungs- und Beweislast bei technischen Zugangsstörungen auf Seiten der Online-Bank an. *Hartmann* charakterisierte die Darlegungs- und Beweislast als „Wechselspiel“: Der Kunde habe vorzutragen, dass die Zugangsstörung durch einen technischen Fehler auf Seiten der Bank verursacht worden sei. Die Bank habe dann – gegebenenfalls durch die Vorlage der Protokolle über den Serverbetrieb – darzulegen, dass ihre technischen Anlagen empfangsbereit waren. *Spindler* stimmte dem zu und ergänzte, dass eine analoge Anwendung des § 282 BGB mit der Folge in Betracht käme, dass die Bank die Beweislast träfe. Weiter wies er darauf hin, dass es den Kunden mit Blick auf das Fernmeldegeheimnis schwer fallen dürfte, den Nachweis zu erbringen, dass er mit der Bank kommuniziert habe. Bei Zugangsstörungen müssten die Kunden nach Ansicht von *Hartmann* von Ausweichmöglichkeiten wie etwa einem Telefonanruf zur Schadensminderung Gebrauch machen. Dazu wandte *Spindler* ein, dass die Schadensminderungspflicht des Kunden jedoch nicht soweit gehe, dass er diverse Kommunikationsmittel bis hin zum Aufsuchen einer Bankfiliale ergreifen müsse.

Professor Dr. Dr. Dr. h.c. mult. *Klaus J. Hopt*, Max-Planck-Institut für ausländisches und internationales Privatrecht, Hamburg, bezog sich auf die von *Picot* skizzierten Chancen und Risiken für die Banken im Bereich des Firmenkundenkreditgeschäfts und fragte nach der Wahrscheinlichkeit dafür, dass sich die eine oder die andere der beiden Entwicklungen vollzöge. *Picot* hielt die simultane Verwirklichung beider Entwicklungen für wahrscheinlich. Kleine Banken würden sich verstärkt aus dem Firmenkundenkreditgeschäft zurückziehen, während die Großbanken diesen Geschäftszweig umstrukturieren und ausweiten würden. Durch die Umstrukturierung des Firmenkundenkreditgeschäfts sah *Picot* für mittelständische Unternehmen die Gefahr, dass sie bei der reformierten Art der Kreditvergabe nicht berücksichtigt werden könnten. Es sei zu vermuten, dass hier die Eigenmittelfinanzierung eine stärkere Rolle übernehmen oder auf andere Finanzierungsformen ausgewichen werde.

Hinsichtlich der Begrenzung des Haftungsrisikos durch Verfügungsbeschränkungen sprach sich *Claudia Klein*, WGZ-Bank, Düsseldorf, für die von *Spindler* favorisierte Zulassung einer Regel-Ausnahme-Lösung aus. Sie veranschaulichte die Notwendigkeit einer solchen Ausnahmeregelung am Beispiel des Online-Broking, bei dem sich angesichts der Votalität der Märkte unmittelbare Nachteile aus einer betragsmäßigen Begrenzung ergeben könnten. Hierzu gab *Hartmann* zu bedenken, dass derzeit eine Differenzierung nach Verfügungen in verschiedenen Geschäftsarten nicht möglich sei. Die Technik lasse derzeit nur eine einheitliche Verfügungsbeschränkung für alle Verfügungen zu.

Auf die Frage von *Klein* nach dem Umfang der Pflichten der Bank beim Einsatz von Software zog *Spindler* eine Parallele zur Produkthaftung. Danach treffe die Banken die Pflicht, die Software zu testen, in der Praxis auftretende Fehler zu beobachten, diese auszuwerten und die Kunden auf erkannte Fehler aufmerksam zu machen. Hierzu wandte *Hartmann* ein, dass die Kunden beim online-banking jedoch meistens nicht von der Bank erworbene Software einsetzten.

Die von *Heinsius* zitierte Aussage, wonach der IT-Bereich der Banken um etwa fünf bis zehn Jahre der Entwicklung hinterherhinke, relativierte *Picot* dahingehend, dass die Banken IT-technisch durchaus auf der Höhe der Entwicklung seien. Jedoch sei die Umsetzung im Bankbetrieb gerade bei großen Banken eine langwierige Entwicklung. Dabei lägen die Defizite häufig nicht auf dem technischen Gebiet, sondern vielmehr im personell- und organisatorischen Bereich. Weiter sprach *Heinsius* die immensen Kosten an, die für die Banken durch die Erstinvestition auf dem IT-Gebiet entstünden. Hier verwies *Picot* auf die erheblichen Skalierungseffekte und Kosteneinsparungsmöglichkeiten durch gemeinsame Entwicklungen mehrerer Banken oder Bankgruppen und führte das „Clear-Stream-Modell" der Banken an. Auch die Kreditkartenunternehmen, die mittlerweile einen erheblichen Anteil des Zahlungsverkehrsvolumens abwickeln, hätten frühzeitig gemeinsame

IT-Entwicklungen genutzt. Kartellrechtlich hielt *Picot* ein gemeinsames Vorgehen der Banken für unbedenklich, weil es um Effizienzsteigerungen gehe, von denen letztlich auch der Kunde profitiere.

Abschließend wies Dr. *Markus Escher*, München, darauf hin, dass nur wenige Banken über komplett eigene Internetzugänge verfügen. Die meisten Banken stellten ihr online-Angebot im Internet über Access-Provider oder Internet-Provider zur Verfügung. Damit stelle sich die Frage, ob diese Provider als Telekommunikationsunternehmen i.S.d. § 1 TKV anzusehen seien. Wenn diese Frage zu bejahen sei, komme diesen Unternehmen das Haftungsprivileg nach § 7 TKV zugute. Damit wäre ein begründeter Schadensersatzanspruch wegen eines Vermögensschadens einer Bank gegen ihren Provider gemäß § 7 II TKV summenmäßig begrenzt: grundsätzlich auf 25.000 DM pro Nutzer und auf höchstens 20 Mio. DM. *Spindler* stimmte *Escher* darin zu, dass sich hier ein ernst zu nehmendes Problem stellen könne. In der Tat sei die Leistung des Internetproviders als Telekommunikationsdienstleistung i.S.d. § 1 TKV anzusehen. Damit komme den Providern das Haftungsprivileg des § 7 II TKV zugute. Entscheidend sei in diesem Zusammenhang, ob § 1 TKV abdingbar sei.

Stichwortverzeichnis